持续改善

陈勤业　著

Carlos
U0951234

知识产权出版社
全国百佳图书出版单位

图书在版编目（CIP）数据

持续改善/陈勤业著. —北京：知识产权出版社，2015.6

ISBN 978-7-5130-3379-4

Ⅰ.①持… Ⅱ.①陈… Ⅲ.①企业管理—研究 Ⅳ.①F270

中国版本图书馆 CIP 数据核字（2015）第 046889 号

内容提要

本书由开篇、设计开发评价篇、持续改善篇、精益六西格玛篇、法律完善研究篇、经验分享篇，共六部分组成；其中“持续改善篇”是我社 2012 年 1 月出版的《持续改善——迈向顶级企业的秘笈》（英文版）的中译本。本书内容涵盖企业管理、法律法规、质量标准、人力资源、环境保护、设计开发等多个方面，翔实而丰富，是陈勤业博士数十年来理论研究与实战经验的结晶，是对“持续改善”的深度解析，是“持续改善”的精华所在。

本书对相关人员及有关企业和组织有理论与实践的指导意义。

责任编辑：荆成恭　　　　**责任出版**：刘译文

持续改善

陈勤业　著

出版发行：	知识产权出版社有限责任公司	网　址：	http：//www.ipph.cn
社　址：	北京市海淀区马甸南村 1 号	邮　编：	100088
责编电话：	010-82000860 转 8341	责编邮箱：	jcggxj219@163.com
发行电话：	010-82000860 转 8101/8102	发行传真：	010-82000893/82005070/82000270
印　刷：	北京科信印刷有限公司	经　销：	各大网上书店、新华书店及相关专业书店
开　本：	787mm×1092mm　1/16	印　张：	25.75
版　次：	2015 年 6 月第 1 版	印　次：	2015 年 6 月第 1 次印刷
字　数：	426 千字	定　价：	78.00 元

ISBN 978-7-5130-3379-4

出版权专有　侵权必究

如有印装质量问题，本社负责调换。

持續改善

陳勤 署

選堂

饒宗頤

国学大师饶宗颐教授书名和作者姓名题字

Jao Tsung-I
Petite Ecole

捐贈證書

承蒙　　陳勤業博士

惠贈《持續改善：邁向頂級企業的秘笈》，已收編入館藏，供研究人員及讀者參閱。不勝感荷，謹致謝忱。

特發此證，以資紀念。

香港大學
饒宗頤學術館館長

二〇一二年三月二十日

地址：香港　薄扶林 大學道2號2樓
電話：(852) 22415598　　傳真：(852) 25592562
電郵：jaotipe@hku.hk　　網址：www.jaotipe.hku.hk

THE HONG KONG
POLYTECHNIC UNIVERSITY
香港理工大學
凝聚智慧 創建未來
INNOVATION AND APPLICATION FOR THE FUTURE
75th

Professor Timothy W. Tong, Ph.D., JP
President
唐偉章教授
校長

3 July 2012

Ir Prof. Hon Philip Chan

Dear Prof. Chan

Thank you for sending me a copy of your book, *"Continuous Self-improvement Spirals: Towards World Class Organization Secret 持續改善：邁向頂級企業的秘笈"*.

The book has provided readers with much food for thought. Please accept my personal congratulations, as well as those of The Hong Kong Polytechnic University, on the successful publishing of this book.

With warmest regards

Sincerely

Timothy W. Tong, Ph.D.
President

Hung Hom Kowloon Hong Kong 香港 九龍 紅磡
Tel 電話 (852) 2766 5211 Fax 傳真 (852) 2363 1349
Email 電郵 pptong@polyu.edu.hk
Website 網址 www.polyu.edu.hk

香港工業專業評審局
The Professional Validation Council of Hong Kong Industries

工程院士
Engineering Fellow

茲證明

陳勤業教授工程師

已獲選為本局

工程院士

(汽車零部件業)

此證頒發於二零一四年十二月八日。

This is to certify that

Ir Prof. Chan Kan Ip, Philip

has been awarded

Engineering Fellow

(Auto Parts Industry)

of the Council given under our hands

and seal on 8 December 2014.

主席 陳秩龍
President Flint Chan

秘書長 王錫堯
Secretary General Sidney Wong

2014 榮譽院士及資歷院士證書頒授典禮
第八屆執委會就職典禮

恭賀

陳勤業教授工程師,中國工業工程專家
(Ir Prof Dr PHILIP CHAN Postdoc)
UQÀM 加拿大魁北克大學士後兼博士後導師

榮獲

香港工業專業評審局評審之
2014首屆

工程院士 FEng®

廖寶城博士,加拿大魁北克大學管理與科技博士後,
國際博士後協會香港分會主席

陳清泉教授工程師,香港首位中國工程院院士
徐揚生教授,2007年當選中國工程院院士,香港中文大學(深圳)校長

盧偉國立法會議員(工程界),博士工程師 BBS JP;香港工程師學會前會長
謝偉銓立法會議員(建築、測量及都市規劃界),測量師,BBS;
香港測量師學會前會長

曹光明博士,加拿大魁北克大學博士後研究員,
江蘇幸運寶貝安全裝置製造有限公司董事長

邱柏民教授,加拿大魁北克大學管理與科技博士後,
中國地質大學客座教授,囊才顧問有限公司董事長

高少偉博士,加拿大魁北克大學管理與科技博士後,
伊麗嘉珠寶有限公司董事長
第八屆[十大中華經濟英才]最佳誠信獎得主

溫慧賢博士,國際六西格瑪執行委員會主席

李光耀加拿大魁北克大學博士後研究員,
信興電器服務中心有限公司董事總經理

胡曉明工程師BBS JP,全國人大代表,香港城市大學校董會主席
施榮懷太平紳士,全國政協委員,香港中華廠商聯合會會長
梁廣灝工程師SBS OBE JP,香港工程師學會前會長,香港工程科學院院士
莫錦強先生
趙家賢調解員,香港和解中心前副會長,深圳民商事調解中心優秀調解專家
李榕博士,深圳市政協常委,深圳市質量協會會長
東莞市超潤化工科技有限公司胡先生SG Technology Co. Ltd.

致意

前 言

努力不懈 持续改善 成就事业 回馈社会

蔡凤妹生活照

怀着沉痛的心情写这篇前言是因为母亲蔡凤妹于四月二十八日零晨二点三十七分安祥离世，终年八十八岁，在此感谢慈母自小之教导，本人才有今天的成就并不忘回馈社会。

家母寄居尘世八十八年，一生足令我赞叹喝彩。她在第二次世界大战结束后，由中国内地前往中国香港定居，当时的社会环境，女性多没受过教育，但她常训勉儿女们不要怀忧丧志，必须做一番事业，并且要回馈社会。她经常对儿女说：越是优秀的人越努力，越是富有的人越勤奋，越是智慧的人越谦卑。这一现象的根本原因在于优秀的人总能看到比自己更好的，而平庸的人总是看到比自己更差的。她让我们永远记住一句话：跟别人学，跟自己比，持续改善，每天进步一点点。越努力，越幸运；越担当，越成长；越感恩，越有福报；越付出，越得到！所以成就出一门五杰，各有所长，事业有成，并在不同领域回馈社会。

母亲是爱的化身，日夜为我守护，不辞劳苦，舍己付出，恩与爱不胜数
我软弱，您安慰；我悖逆，您流泪；为我尽心恳切祈祷，教我一路端正道
母亲是爱的使者，全心为家付出；辛勤不歇如蚕丝尽，恩与爱心深印
我痛苦，您心碎；我喜乐，您宽慰；母亲您真伟大、可敬，及时行孝紧握机会；母亲您真伟大、可敬，及时行孝紧握最后在此歌颂机会

首届中国优秀质量人（全国质量奖个人奖）唯一港人得主

陈勤业教授（工程院士）于2015年4月28日

作者简介

陈勤业博士（Philip Chan）于 2008 年取得天津大学管理科学与工程博士后；2000 年，被评为首届中国工业工程专家；2005 年，入选中国质量协会理事，并被评为六西格玛专家，他还是唯一入选首届中国优秀质量人（全国质量奖个人奖）的香港人；2009 年，他获得了中国科协高级机械工程师资格认证并于同年入选中华十大财智人物；2012 年，完成加拿大魁北克大学管理与科技博士后的工作；同年持续进修并成为中国政法大学法学博士后研究员，2014 年获评“工程院士”。更获委任为江西兴国和普宁市政协委员参政议政。

陈勤业博士热衷于服务、工程、教育和质量界，任中国企业家博士香港俱乐部会长，香港实务工程师学会荣誉会长，工业精英会副会长，香港工程师学会考官，英国营运工程师学会香港分会高级顾问，中国机械工程学会港澳台办事处荣誉顾问，国际六西格玛协会、香港六式码学会、香港质量协会荣誉顾问，国际博士后协会会长，北京大学、天津大学和北京师范大学客座教授，比立勤国立大学、太历国立大学、国立雷省科技大学客座教授、博导及考官，2011 年荣获加拿大魁北克大学博士后导师的殊荣。2015 年 2 月获斯坦福大学、伯克利加州大学和加州州立大学委任为博士后导师。

陈勤业博士还热衷于慈善服务并担任中华儿童安全基金会会长；另外为实现社会公平正义，还担任香港国际仲裁中心及北京、上海、广州、泉州仲裁委员会和珠海国际仲裁院的仲裁员和海外多个仲裁委员会的仲裁员。

陈勤业博士曾任职自动人行道、电扶梯、手机充电器、婴儿推车和儿童汽车座关键零件五个行业的全球最大的集团公司的总监、总经理、副总裁、总裁和首席执行官职务达 20 年。

如果您想陈勤业博士有更多的了解，请参看他的博客：http：//blog. sina. com. cn/chenqinye。

电邮：philip. chan@ lifelong. edu. hk，philipchan88@ yahoo. com 或 philip@ pcconsulting88. com。

教育经历

中国政法大学法学博士后研究员

加拿大魁北克大学管理与科技博士后

中国天津大学管理科学与工程博士后

英国华威大学博士研究工程师（1998—2014 年）

荣誉文学博士

工商管理哲学博士

刑事司法学硕士

质量管理硕士

工商管理硕士

应用管理本科

电机工程本科

土木工程本科

机械工程高级文凭

2009 年英国牛津大学（Oxford University）高级行政人员进修（一周）

2009 年国家行政学院进修（3 天）

2010 年中央党校进修（一周）

2011 年中国浦东干部学院进修（9 天）

2011 年清华大学法学院仲裁员培训班（3 天）

2013 年中华文化学院国情研修理（一周）

专业资格

1）Mediation & Arbitration（调解和仲裁领域）

Accredited Mediator of Hong Kong Mediation Centre——香港和解中心认可调解员

Accredited Mediator of Hong Kong Mediation Accreditation Association Limited——香港调解资历评审协会认可调解员

Arbitrator, Hong Kong International Arbitration Centre——香港国际仲裁中心仲裁员

Panel Arbitrator, Zhuhai Court of International Arbitration——珠海国际仲裁院仲裁员

Panel Arbitrator, Beijing Arbitration Commission——北京仲裁委员会仲裁员

Panel Arbitrator, Shanghai Arbitration Commission——上海仲裁委员会仲裁员

Panel Arbitrator, Guangzhou Arbitration Commission——广州仲裁委员会仲裁员

Panel Arbitrator, Quanzhou Arbitration Commission——泉州仲裁委员会仲裁员

MCIArb——英国皇家特许仲裁学会会员

List of Arbitrators & Mediators, Hong Kong Institute of Engineers (HKIE)——香港工程师学会认可调解员和仲裁员名单

Internal List of Arbitrators, Mediators & Experts of Internal Chamber of Commerce HK & China——国际商会—中国香港区会内部认可调解员、仲裁员和专家名单

Arbitrator & Mediator, Kuala Lumpur Regional Centre for Arbitration (KLRCA)——马来西亚仲裁中心仲裁员和调解员

Arbitrator & Mediator, Indian Institute of Arbitration and Mediation (IIAM)——印度仲裁调解委员会仲裁员和调解员

2) Engineering (工程领域)

F Eng——工程院士

FHKIE——香港工程师学会资深会员 (MCL, ELL, INF, MIE, LTE, ACE, CAI, BS, ENY)

RPE——香港注册工程师 (机械, 电机, 信息科技, 制造与工业工程, 物流与运输, 飞机工程, 屋宇装备和能源等学部)

REA——香港注册能源效益评核人

FCIBSE——英国皇家特许屋宇设备工程师学会院士

FIET——英国工程与科技学会院士

FSOE——英国营运工程师学会院士

Chartered Engineer ——英国皇家特许工程师（屋宇设备，工程与科技，营运工程，信息科技）

MIFireE——英国消防工程师学会会员

China Registered Industrial Engineering Expert——中国工业工程专家

SCMES（Life）Registered China Senior Mechanical Engineer——中国机械工程学会高级会员（终身）与高级机械工程师专业技术资格证书

SCSEE——中国电机工程学会高级会员

3）Leadership & Corporate Governance（领导力和企业治理领域）

FCMI——英国皇家特许管理学会院士

CMgr. ——英国皇家特许经理

F. CIM Chartered Manager——加拿大管理学会院士，加拿大特许经理

FHKIoD——香港董事学会资深会员

4）Marketing & Sales Leadership（市场及营销领导力领域）

FCIM——英国皇家特许市务学会院士

Chartered Marketer——英国皇家特许市务师

FHKIM（Life）——香港市务学会资深院士（终身）

CPM（Asia Pacific）——亚太认许市务师

ProM Professional Marketer——香港专业市务师

China CMO——中华人民共和国市场总监业务资格证书

5）Financial Management（财务管理领域）

FCMA（Fellow Certified Management Accountant），Australia——澳洲资深管理会计师

FITA——香港信息财务师协会院士

6）Quality & Environmental Leadership（质量与环保领导力领域）

China Six Sigma Expert——中国六西格玛专家

RQP（MBB & SSC）——注册六西格玛黑带大师和倡导者

FCQI——英国皇家特许质量学会院士

CQP——英国皇家特许质量师

CEnv Chartered Environmentalist——英国皇家特许环保师

IRCA QMS 2000 Principal Auditor and Environmental Management System Lead Auditor——英国质量管理系统首席审核员和环保管理系统领导审核员

SCAQ——中国质量协会高级会员

7）Logistics & Transport Management（物流及运输领域）

FCILT——英国皇家特许物流及运输学会院士

8）Information System Strategy（计算机领域）

FBCS——英国计算机学会院士

CITP Chartered IT Professional Fellowship——英国皇家特许资深信息科技师

9）Surveying（测量领域）

MRICS——英国皇家特许测量师

M CInst CES——英国特许土木工程测量师

香港公职（现任和曾任）

工业精英会副会长

雇员再培训局商业技术顾问

民政事务局公共事务论坛成员

工业贸易署中小企业营商友导导师

圣约翰救伤队第一联队副会长

香港实务工程师学会荣誉会长

香港六式码学会/国际六西格玛学会/香港品质协会荣誉顾问

国际博士后协会会长

香港工程师学会评审员

湘港/粤港青年交流促进会常务会董

苏港青年交流促进会参使

香港汕头同学会导师

香港中国研究生会常务理事

世界中医药学会/香港专业注册中医协会名誉会长

香港专业及资深行政人员协会创会会员

香港潮州商会会员

新界潮人总会会员

香港普宁同乡联谊会会董

中国内地公职（现任和曾任）

普宁历届政协委员联谊会荣誉会长
普宁市政协委员
江西兴国政协委员
昆山博士联谊会副会长
中国质量协会理事
中国市场学会理事
广州海外联谊会常务理事
江西、上海海外联谊会理事
中国企业家博士俱乐部香港俱乐部主席
深圳市邵阳商会荣誉顾问
深圳质量协会专家委员会副主任委员
人民日报社中国经济周刊专家顾问理事会常务理事
世界经理人杂志专家及专栏作家

学术职位及成果

伯克利加州大学/斯坦福大学/加州州立大学博士后导师
加拿大魁北克大学博士后导师
魁北克大学博士后学会中国社会经济发展研究中心研究员
北京大学汇丰商学院、天津大学管理学院、北京师范大学（PKU、TJU、BNU）客座教授
比立勤国立大学（BSU）、太历国立大学（TSU）、国立雷省科技大学（NEUST）客座教授、博士生导师及考官、课程总监
著作《持续改善：迈向顶级企业的秘笈》（英文版）获香港大学饶宗颐学馆收藏供研究人员及读者参阅

获奖情况

首届中国优秀质量人（全国质量奖个人奖唯一获奖港人），2005 年
中华十大财智人物，2009 年
首届都市盛世商界奇才，2011 年

目　录

开　篇

第一篇　设计开发评价篇

产品设计开发过程质量成熟度评价系统的应用研究

陈勤业　孙　磊

持续改善

第二篇　持续改善篇

企业中质量过程改进的组织变革评析与启示

——启动自我持续改善螺旋式上升模式

王永生　孙磊　殷亚敏　译

持續改善

持续改善

持续改善

第三篇 精益六西格玛篇

精益六西格玛实施流程及关键成功因素分析的研究

持續改善

第四篇　法律完善研究篇

绿色壁垒　国际惯例　劳动争议

持續改善

持續改善

第五篇 经验分享篇

开 篇

推荐语

黄星华
(Dominic Shing Wah Wong)
博士，教授，GBS，OBE，JP
原香港特区房屋局局长
国际专业管理学会荣誉会长
2011 年 6 月

在过去的 20 年，中国内地和香港特别行政区的企业部门发生了翻天覆地的变化。经济全球化、放松管制、消费者不断提高的期望值、变动不拘的商业环境以及愈演愈烈的竞争等诸多因素对企业的生存发展提出了极为严峻的挑战。可持续发展和获取盈利成为所有商业实体关注的焦点。

本书论述的主题是企业的绩效管理和组织的发展。作者通过对中国的一家全球化企业的运作情况进行案例研究，全面阐述了该电扶梯公司的持续改善过程及螺旋式上升模式。该研究主要集中于参与式学习和个人启示，并大量讨论了学习型企业和自我超越。这些内容构成了这一精彩案例研究的主体。本书强调了为了取得持久成功，组织内部成员之间的分工协作精神，体现了商业环境中的“香港精神”。

在此，我对本书的作者陈勤业博士的研究工作、为拓展提高人们的能力所做出的努力，以及对持续改进企业管理所做出的重大贡献表示钦佩。

我认为这本书将促进终身学习。这里所讨论的“自我完善螺旋”，传递了在生活中不断学习的信息，这个进程将帮助人们进行自我认识、自我管理和自我实现。

我向商业界人士和非商业界人士推荐该书，并希望您在本书中发现对您有用的东西。

张　楚
教授，博士生导师
中国政法大学知识产权研究中心主任
2013 年 3 月

本书为如何实现持续的组织变革提供了一个缩影。考虑到当今时代的巨大变化，本研究中为达到目标所采取的方法具有革命性的意义。

作者选取了在全球拥有 1 000 个分支机构、每天的运载量高达 5 亿人的电扶梯公司作为研究的主题。

本研究将启迪个体作为实现组织变革的方法和手段。本研究所讨论的两个行为螺旋都和增强经营效率相关。本研究体现了组织内部的成员在解决问题过程中的通力协作，并利用典型的行动研究螺旋模式来帮助参与者，使他们适应自我提升的文化，这是学习组织的支柱。

我相信，读者会发现该研究具有深远意义，同时为处于同种情况的组织提供指导。另外，这将作为对该主题进行进一步研究的基础。

陈勤业博士在该研究领域具有 30 年以上的国际经验，其在工程管理和质量控制领域的咨询和教学经验获得了学术和商业领域诸多同行和评论家的尊重。早在 20 世纪 80 年代，他就成为将工程管理和质量控制技巧介绍到中国企业的先行者之一。除了工程管理和质量控制外，陈教授的研究领域还包括战略营销、物流和组织变革。

陈教授曾获得天津大学的管理科学与工程学的博士后以及加拿大魁北克大学管理与科学技术博士后。他先后获得了工程学的理学学士学位、工商管理学硕士学位、质量管理的理科硕士学位、工商管理哲学博士学位。他在中国（包括香港）、英国、美国和澳大利亚获得了专业工程师资格，还被数家国外的大学指定为博士生导师，并被聘为客座教授。2011 年被魁北克大学委任为博士后导师。

和许多有幸阅读这本制作精美、颇有深度的研究书籍的人一样，在此，我对作者令人赞赏的工作态度表示深深的敬意。

江绍伦
（Kong Shiu Loon）
多伦多大学荣誉教授
2011 年 6 月

现代企业的繁荣建立在创新和效率之上。技术、销售和管理技术对成功来说都至为关键，然而，“人”是成功的主要驱动力。只有那些能为员工提供持续帮助、优化并改善其理念、技巧和生产力的公司，才能在 21 世纪日益激烈的全球化竞争中占据优势。

1913 年，雨果·孟斯特伯格出版了其开创性著作《心理学与工业效率》，其将心理学原理应用于培训和行为研究，自那时起西方工业便做出调整来应对变革的挑战，并在 20 世纪实现了持续增长和不断创新。而中国在进行现代化进程时，在建立本土工业的尝试中却举步维艰。造成中国落后和失败的原因诸多，未能认识到个体的独特性和创造性就是其中之一。另外一个原因是未能将心理学作为人的研究的一部分，尤其是在创新的过程中没有帮助个人解放创新的潜力和协同能力。我很高兴，本书的作者，不仅发现了行为研究在改善中国工业企业中所扮演的重要角色，还将其应用到电扶梯工业，尤其是将其应用到改善中国境内的世界最大电扶梯公司的产品和服务上。

陈勤业博士从事教学、管理、咨询、审计工作，并为实现全要素生产率增长的行为研究和培训系统提供指导。另外，他敏锐地认识到儒家智慧在人类发展及进步方面的作用，他积极应用并努力将其发扬光大。在过去的 20 年，根据联合国教科文组织有关人类未来一系列的宣言精神，全世界很多著名的学者致力于此。儒家思想具有整体性，它和中国古代思想中关于人类的发展过程是不断的自我反省和自我调整的过程的理念相呼应。人类是自由和奋斗的。生活的目的在于爱和幸福，是通过自我成长和为他人服务来实现的。面对 21 世纪初期这么多的自然灾害和人为灾害，人类必须放弃个人主义和贪婪，接受我们的生存必须依靠普遍而科学的意识并实践孔子的智慧这一事实。

中国的企业面临着来自国内外的史无前例的困难和挑战，在此之际，本书的出版是非常及时的。本书是在中国的大地上为提高企业总生产力所做的深入细致的实验，其对科学管理的建议将帮助中国的经理们做出改变并获得成功。我谨向各个领域的领导者推荐此书。

何　桢
（Zhen He）
博士，天津大学工业管理系主任
经管学院教授兼副院长
2011 年 6 月

创造和维持一个学习型企业一直是企业领导的愿景，关键是如何实现，其中的奥秘又在哪里。

中国有句古话，“工欲善其事，必先利其器”。企业的不断成功来源于员工和客户。员工就像公司的“工具”，企业为了赢得客户满意，并使其发展为忠实的客户，关键就在于拥有能干且尽职尽责的员工，以及一种自我完善的文化来实现持久的成功。

作为陈勤业博士 2015 年出版的作品，这本书为我们提供了问题的答案。通过对中国新兴市场上一家典型跨国公司行为的研究，作者探索了如何将传统的公司转变成以市场为导向、富有活力的组织。

我真诚地希望本书能够帮助企业主和主管们尽快解决他们遇到的诸多管理问题，消除参与式学习的疑问，走上组织改变的快速轨道。

对于陈博士在过去的 20 年对服务管理实践所投入的热情和努力，我深感钦佩。本书另一价值体现在过程改善、组织发展和客户忠实度管理上。对行为研究的诊断、规划、执行和评估获得了颇有教益的成果，洞察力深刻。

在未来的岁月里，在追求我们愿景的道路上，在我们共享更多的知识和经验的同时，我衷心地渴望能够读到本书的持续更新和扩展的内容。

钟志平
(Chi Ping Chung)
教授，BBS，JP
香港工业总会主席
创科实业有限公司联合创始人
2011 年 7 月 8 日

暂时的成功并不代表永远成功，在国际市场上尤其如此。世界上最大的电扶梯公司很早以前就认识到这一点。如何才能保证在一个文化迥异、有着不同需求和基础设施的新兴国家成功地销售产品？公司意识到，在复杂的市场背景下，需要将公司转化成一个学习型组织，给予每一位员工改善表现、提高能力的机会。

关于如何达到上述目标，本书通过有趣的描述，向我们展示了加强质量改善的方法和途径。陈博士解释了诊断、规划、实施和评价的重要性，以及如何将组织转变成以客户为导向的公司。这里的关键在于员工参与到过程的各个层面，使员工对目标有着清晰的理解，其重中之重是尽量减少公司的内部冲突。结果表明，员工在参与过程中提高了信心，改变了他们的工作态度。

这一深入的研究，表明了在实践上，组织需要采纳新的思维方式和措施，才能居于不败之地。在中国拓展国内市场遇到的挑战特别严峻。读者将会受益于陈博士为推进质量管理所做的研究和努力。

陈伯强
(Pak Keung Chan)
博士，教授
加拿大魁北克大学博士后
新美亚大中华区总裁
天津财经大学荣誉教授和荣誉博士
2014 年 1 月

本书的主题是如何持续改善并将公司转变成享有良好声誉的企业，乃至世界上最大的企业之一。

也许您已注意到，在过去的 20 年中，陈博士曾经在瑞典雄霸儿童安全集团（Swedish Holmbergs）、好孩子集团（GoodBaby Group）、诺基亚 - 赛尔康（Nokia - Salcomp）、中国迅达（China Schindler）和通力电梯（KONE Elevator）五家跨国企业担任高级管理职务。基于其权威的学术知识和质量管理知识，陈教授通过全面质量管理创造了持续改善的概念模型，并应用了行为研究螺旋和三个层次的循环框架。

21 世纪，基于中国经济的蓬勃发展，全世界都在关注中国，“十二五”计划表明，中国已经将注意力从增强国家实力转变成促进人民生活的富裕美满。

在不久的将来，中国很可能在新的通信设备和可再生能源等不同领域取得巨大的进步，并稳固地获得核心技术，达到世界标准。

在中国，任何抓住机遇的跨国企业都不会后悔。

我坚信，在中国乃至全世界，任何应用了持续改善理论的企业，都会获得长足的发展，甚至会成为世界最大的企业之一。

因此，我强烈推荐所有管理者将陈博士的书作为参考。本书还可作为大学工商管理专业学生很好的参考用书。

范家辉
(Andrew Fan)
如新企业集团大中华区总裁
香港城市大学首届杰出校友奖获得者
2011 年 6 月

“优秀是卓越的敌人”是吉姆·柯林斯（Jim Collins）的著作《从优秀到卓越》的开篇语，它真切地反映了直销人员经常的内在骚动。过去的成功总是一个人追求未来成功的障碍。人们从成就中获得满足感，很多人更乐意待在这一舒适的区域，而不是投入下一场战斗。一旦实现了梦想，很多人会停滞不前，认为人生的终点已止于此。很多人没有意识到，应该树立更为远大的梦想，满足就意味着倒退。

陈博士关于自我持续改善螺旋的新书给我们——曾经成功，很可能仍然很成功的人——及时地提了一个醒。本书主要讨论了个人启发，把其作为实现组织变革的一个方法和手段。这个焦点包含了一个学习型系统的诸多鲜明的特征，如创新性、多功能性以及纪律。研究进一步揭示了企业的运营策略，那就是把人作为可持续发展的核心要素。作为一家全球领先的跨国直销企业的高级主管，我对本书将自我改善提升的文化融入一个传统、成熟行业所处的高度动荡的运行环境所做出的努力表示赞赏。

经验可以帮助我们学习并变得更好，从而使我们正确的做事。在高度竞争的商业环境中，经验是一笔财富。但同时，它也会使人陷入进退两难的困境。对高级管理人员来说，“经验”既是一个有益因素，也可能是一个阻碍因子。这是因为，随着经验的增加，习惯思维模式的边界也在增加。思考的质量就这样逐步地退化，思考模式也倾向于拒绝改变。更可怕的是，我们可能对此毫无知觉。本书中的案例研究为我们揭示了一个企业的变革模式，研究者在这家公司有着 20 多年工作经验。因此，本书对过程变化以及如何完成自我超越的描述为我们提供了巨大的参考价值。

儒家“四书”中的经典《大学》有云：“止于至善。”它向我们阐述了一个持续学习的态度，一种追求卓越的使命，因为没有“至善”，但一直存在一种“更好”的方法。我迫不及待地向那些正在苦苦寻觅商业突破的方法以及寻找自我突破的包括高级管理者、中层管理人员及一线经营者在内的各个层面的人士推荐此书。

明报 2005 年 12 月 9 日

2005·12·09 星期五 明報

電郵：sedit@mingpao.com

賽爾康管理要員奪殊榮

賽爾康技術有限公司全球品質及環保總經理陳勤業是企業裏的學者。他是天津大學的客座教授和博士生導師。最近，陳勤業獲得英國劍橋國際名人傳記中心及美國國際名人傳記中心頒授終生及世界成就獎，更成為首位香港人當選首屆中國優秀質量人。該獎項由中國質量協會及中華全國總工會頒發，表揚陳勤業在品管及環保方面的貢獻。

陳勤業與賽爾康提出賽爾康成本概念，分為三種：品質成本、不及格品質成本和機會成本。在品質管制上投入的資源應該增加，而重視品質成本正可預防機會成本和不及格品質成本增加。

陳勤業更成立「集團公司持續改善委員會」，為公司董事會與高層管理間架起溝通橋樑，針對六西格瑪所需資源、改善項目確定和文化建設等戰略問題磋商。目前，賽爾康是全球六大手機廠商的充電器主要供應商，為全球最大兩個手機廠商Nokia和Motorola提供充電器。而這兩家企業為供應商所做的評分中，賽爾康都位列第一。

陳勤業把賽爾康的品質管制進一步推廣到賽爾康的供應商。賽爾康制定了供應商發展計劃，利用標杆管理等手段，在每個季度根據品質等指標為供應商打分。同時，利用賽爾康大學的管道，為供應商及關係企業提供品質管制工具及文化培訓；供應商通過培訓後，節約成本，也降低賽爾康的採購成本。

香港商报 2005 年 11 月 19 日

香港商報

Hong Kong Commercial Daily http://www.hkcd.com.hk B12

陳勤業：內地推行六西格碼先行者

賽爾康技術（深圳）有限公司全球品質及環保總經理陳勤業博士

【商報訊】日前，賽爾康技術（深圳）有限公司全球品質及環保總經理陳勤業博士獲評爲首屆「中國傑出質量人推選活動」的中國優秀質量人獎，也是目前爲止唯一獲得該項稱號的香港人。面對殊榮，陳勤業表示，榮譽主要源自賽爾康成功推行六西格碼管理，同時也力證了六西格碼管理正備受國人關注。

六西格碼作爲一套組織嚴密、系統的理論系統，融合了當代統計技術最新成果，是一種新的經營方法和高級的管理工具。有專業人士將其定義爲旨在從每件產品、過程和交易中盡可能消滅缺陷的方法，其核心目標是減少成本和增加收入，提高企業競爭力，該系統代表了幾近完美的質量和服務水平。從20世紀 90 年代中期開始，六西格碼理念在世界頂級公司得到迅速應用。近年，六西格碼質量系統從美國傳向歐洲、日本等地，進而傳入中國。

作爲一名港人，且同時擁有兩個碩士學位、兩個博士學位、天津大學的客座教授和博士生導師等多個頭銜，陳勤業不貪戀國外的高薪和優越的創業環境，毅然選擇內地從事自己鍾愛的質量事業。陳勤業於 2004 年 1 月正式加盟賽爾康，作爲賽爾康第一位六西格碼黑帶大師，他經常將自己的經驗與研究成果通過重點大學、企業間的交流和媒介推介等方式在中國其他企業予以推廣，並對賽爾康質量管理方面進行大刀闊斧的改革，對其深圳工廠推行六西格碼管理，在降低成本、提高質量和環保方面成績顯著，上年爲公司節約成本 250 萬元，今年預計可節約成本 2300 萬元，到 2008 年可達 5000 萬元的財務收益目標。

2005 年，賽爾康成功獲得香港六式碼協會的第一個註冊六式碼組織，並成爲內地首家註冊六西格碼組織。對於在六西格碼管理還處於導入階段的中國來說，賽爾康在推行六西格碼管理率先一步，起著領頭軍的作用。

目前，賽爾康是全球六大手機廠商在充電器方面的主要供應商，也可謂是全球充電器行業老大，在全球最大的兩個手機廠商 Nokia 和 Motorola 兩個企業爲供應商所作的評分中，賽爾康均名列第一，Nokia 和 Motorola 有關人士稱，賽爾康產品的環保指標已超出他們的預期。

陳勤業表示，賽爾康的戰略目標是確保公司擁有世界級的、有效的商業運營過程和服務體系，力求滿足並超越客戶的需求。現時，賽爾康一方面搞精益生產，一方面在搞六西格碼。他說，賽爾康下一步的改造將圍繞精益六西格碼展開，力爭實現企業搞精益生產與六西格碼相結合達到 1+1 大於 2 的效果，並將成果在全國內予以推廣。

商報記者 肖湘森

香港经济日报 2006 年 6 月 20 日

香港經濟日報

6 Sigma管理術 電池商省千五萬

高階管理

通用電氣、摩托羅拉、花旗銀行、諾基亞等大企業，他們都有一共通點，就是花資源推行「六西格瑪」（6 Sigma），增強管理效率，通用電氣更是當中表表者，將六西格瑪發揚光大。究竟，「六西格瑪」為何如此吸引？

高層參與 第2次獲大成功

賽爾康是一家手機電池製造商，因利用六西格瑪，成功大幅壓縮成本。2004年，該公司因此慳回250萬元，去年更總共省下1,500萬元，其中在一項目改進工序中，應用6 Sigma後可減除產品測試，結果慳取超過1,000萬元。

該公司因降低成本，所以增加了市場佔有率（從2004年的20%升至現時23%），也因減低價格，提升了競爭力，成為去年全球最大的同類製造商。

賽爾康全球品質及環保總經理陳勤業説，最初是諾基亞芬蘭廠房推行，及後廠房搬來廣東，先後推行兩次六西格瑪改革，但首次卻未成功，「是諾基亞要求本公司推行，但當時高層參與性不足，最終未能成功。」

汲取首趟教訓，第二次則加強了高層參與，由上而下推行。每次管理層會議，均把六西格瑪納入議程，另把公司每年策略跟六西格瑪掛鈎，並選出「黑帶」項目，並由高層成立小組推行。

考核內容 高級大師慳50萬

專責六西格瑪的小組，包括黑帶資格員、綠帶的實習生及工程師，負責制定及推行，另有黑帶成員領導推行項目。並要求公司各級員工參加培訓，包括高層成員；該公司現有2名黑帶大師、6名黑帶、58名綠帶、另所有員工都擁有黃帶資格（按：六西格瑪分四個級別，其中最高為黑帶大師，要求亦最多，包括完成五個可慳取50萬的考核計劃）。

他又指，公司目標是持續改善流程，把水平訂高於客戶要求，在服務水平、質量、生產流程均求進步。另會要求供應商，進行軟性建議，要求他們也推行，並完成培訓。

推行6 Sigma困難，他坦言是營造公司整體文化，「因大部分員工不想改變，部分則表面推行，實際原地踏步。」為此，在推廣六西格瑪文化時，會按員工要求而定，例如在內地，現金獎吸引力較大，但他卻不大建議；另可把成績最佳的綠帶，免費提供黑帶課程，以作獎勵。此外，也推出內部刊物《今日賽爾康》，簡介報告推行狀況，發給6,000多名員工參考。

■本報記者 陳家明

分析統計 減缺陷率

知識庫

6 Sigma（6σ）概念源於摩托羅拉公司，其後為各國先進企業如波音公司、美國康柏、通用電氣、日立、花旗銀行及美國運通等公司採用。從統計學的分析，6σ表示缺陷率低於百萬分之3.4。從管理學的角度，它被視為「企業動力於品質上力求完善，能帶來夢想般的成果」。

諾基亞已在芬蘭廠推行六西格瑪，故自然要求配件供應商具備這管理水平。圖為賽爾康全球品質及環保總經理陳勤業。（陳家明攝）

高文化員工企業最適合

推行方法

「哪類公司適合推行六西格瑪？」這是很多企業都想知的問題。生產力促進局顧問梁耀生説，這管理概念最初在美國是由電子製造業牽頭帶起，如摩托羅拉也有使用，但其實各類公司如銀行業等，也可推行。

港電子玩具業推行

不過，六西格瑪較適合高教育水平員工的企業，「因背後有不少理論，若員工有高學歷，會較易上手，學歷較低就要花點時間理解。」

至於在港的推行情況，他坦言，相對歐美步伐較慢，「本港中小企很多都有資歷深、忠心的員工，思想上相對保守，推行便遇阻力。」本港製造業較多推行，如電子、電鍍、玩具、五金業均有運用。

他又指，雖華人管理層較保守，但隨着全球競爭劇烈，利潤減少情況下，老闆開始明白到需要與時並進，改善管理模式。

如何推行才能成功？他建議，不應持「三分鐘熱度」，需持之以恒，若僅推半年至九個月，難見成效。「另一要點是管理層支持，不應交予別人推行，需由上而下，員工看見老闆有決心，自己也會執行，這樣才能成功。」

■本報記者

香港文汇报 2005 年 11 月 29 日

陳勤業膺「首屆中國優秀質量人」

陳勤業建議，從長遠發展考慮，品質應獨立於企業目前收入增長，做戰略性規劃。

【本報訊】賽爾康技術有限公司全球品質及環保總經理陳勤業是一名在企業裡的學者，他是天津大學的客座教授和博士生導師。

最近，陳勤業獲得英國劍橋國際名人傳記中心及美國國際名人傳記中心所頒授的終生及世界成就獎，更成為了首位香港人當選首屆中國優秀質量人，以表揚陳勤業對於品管及環保方面的貢獻。他將於十一月下旬赴京領取此榮銜。

陳勤業與賽爾康所定義的賽爾康成本概念，將這一概念分為三種：品質成本、不及格品質成本和機會成本。在品質管制上的投入應該增加，而對品質成本的重視正可以預防機會成本和不及格品質成本的增加。

陳勤業將賽爾康的品質管制進一步推廣到其供應商中。在他主持下，賽爾康制定了供應商發展計劃，利用標杆管理等手段，在每個季度根據品質等指標為供應商打分；同時利用賽爾康大學的管道，對供應商及關係企業進行品質管制工具及文化培訓；供應商在通過培訓後節約了成本，同時也降低了賽爾康的採購成本。

對於內地企業在品質管制方面的問題，陳勤業坦言：很多內地企業的品質管制是從屬於收入增長的，往往因為短期收入的增長拋棄品質；或者做品質僅是為擴大知名度和服務於其他短期目標；他建議：如果從企業長遠的發展來考慮，品質應獨立於企業目前的收入增長，做戰略性規劃。

梁智鴻醫生
金紫荊星章·太平紳士

DR. C. H. LEONG
G.B.S., O.B.E., M.B.,B.S.(H.K.), D.Sc(Hon.)(H.K.), D.Sc.(Hon.)(Aberdeen), F.R.C.S.(Eng.), F.R.C.S.(Eng.)(Hon.), F.R.C.S.(Edin.), F.D.S.R.C.S.(Edin.), F.R.A.C.S., F.R.C.S., F.A.M.Singapore, F.A.M.Malaysia, F.C.S.H.K., F.C.S.H.K.(Hon.), F.H.K.C.C.M.(Hon.), F.H.K.C.P.(Hon.), F.C.D.S.H.K.(Hon.), F.H.K.C.E.M.(Hon.), F.H.K.A.M.(Surgery), F.H.K.A.M.(Hon.), J.P.

瑞典雄霸兒童安全製品有限公司

陳勤業教授

陳教授

欣悉 閣下榮獲中華十大財智人物特別獎，可喜可賀，特此向您致以由衷賀忱。

閣下不僅是一位出色的企業管理人，也是一位學者，作育英才，相信憑閣下之才智，定能發揮所長，貢獻社會。

順祝

生活愉快！身體健康！

梁智鴻

梁智鴻

二零一零年四月十四日

CHL/cs

中国质量协会
CHINA ASSOCIATION FOR QUALITY

贺信

陈勤业先生：

喜闻您荣获“2009 中华十大财智人物”特别奖，谨此表示热烈祝贺！

质量创造价值。作为六西格玛黑带大师和质量管理领域的资深人士，您为质量管理事业尤其是贵公司的品质管理及流程优化做出了很大的贡献，为广大客户提供了优质的产品和服务。

祝您在以后的工作中取得更大的成就，为质量事业做出更多的贡献！

此致

敬礼

马林

二〇一〇年三月十七日

陈勤业：写意人生　行者无疆

——“2009·中华十大财智人物”特别奖得主

“2005·首届中国优秀质量人（全国质量奖个人奖）”

唯一获奖港人

刘　芳
“2009·中华十大财智人物”
评选组委会特约记者
2010年3月

自20世纪80年代以来，一位地道的香港人——陈勤业，就开始了他在内地的事业拓展。从通力到讯达，以及后来的赛尔康、好孩子和雄霸集团，陈勤业经常要过空中飞人的日子，但唯独来往于内地和香港对他来说不叫出差。

在内地和香港之间飞来飞去的近30年中，陈勤业的普通话也在不断进步，当他慢条斯理地讲解企业发展与管理之间的关系，并时不时地用极高的英文水准添加注解时，配搭着金边眼镜的他温文尔雅，俨然是一个学者。作为三个学士学位、三个硕士学位、一个博士学位和三个博士后的拥有者，以及天津大学的客座教授和博士生导师，陈勤业当然是一个学者；作为瑞典雄霸儿童安全制品有限公司总裁及首席执行官，陈勤业又是一个管理者。

也许，正是这种双重身份，让陈勤业把事业带入了一个新境界。

与国内市场联姻

陈勤业的职业生涯有两个关键词，一个是内地，一个是外企。现在已经有很多香港人在内地做生意，但陈勤业几乎从一开始工作就把根扎在了内地。

他很有远见，而这种远见，有很大一部分源自他20世纪80年代在内地工作的经历。20世纪90年代，陈勤业的很多香港朋友选择移民，但他看到了内地和香港的前景，选择留在内地发展。有朋友鼓动陈勤业移民加拿大，他说：这很短见。

事实证明他是对的，很多移民出去的人在国外找不到工作，看到香港和内地的发展，又想各种办法回香港或来内地。陈勤业说：邓小平很有远见。

虽然在内地上班，但陈勤业却从没脱开与中国以外的地方的联系。

陈勤业曾经先后在通力和讯达两个全球电梯行业排名前三的企业工作。在通力，他做服务、质量和培训经理；到了讯达，他做服务和质量总监及总经理。在讯达中国的工作经历让他记忆尤深：讯达中国是中国最早的中外合资企业之一，其前身是上海电梯厂，在那个买电梯还要走后门的年代，上海电梯厂有过一段辉煌的历史，企业领导整天想的就是怎么提高产量，质量对他们来说还是太遥远的事。但随着改革的深化，上海电梯厂遇到了危机：卖方市场一去不复返了，竞争加剧了，产品要讲质量了。20 世纪 90 年代初，上海电梯厂与瑞士讯达合作，成立合资厂，由中方控股，管理人员和管理方式仍是中方的，结果还是亏本。20 世纪 90 年代末期，瑞士讯达全面接管该企业，开始寻找质量管理人才，陈勤业进入讯达中国，经过几年努力，讯达中国扭亏为盈。

在外资企业工作的经历，让陈勤业结识了许多来自各行各业的名企的高层管理人员，他总想从他们那里获得一些东西；一旦发现好的想法，他总是迫不及待地将这一想法落实到企业的质量管理中。

可以说，中国内地市场的变化，为陈勤业提供了职业发展的机会。

与赛尔康共同发展

从 20 世纪 90 年代初到 21 世纪初，手机充电器的市场价格 10 年间降了 90%，降低成本，提升质量和环保水平，变得尤为重要。即使是赛尔康（全球六大手机厂商在充电器方面的主要供应商，为全球最大两个手机厂商诺基亚和摩托罗拉提供充电器）这样的全球手机充电器老大都扛不住了，降低成本成为企业的战略选择。赛尔康一方面在芬兰总部做六西格玛改革；另一方面开始陆续关掉其在芬兰的工厂，将生产全面转向中国，但效果并不明显。

2003 年，陈勤业正式加盟赛尔康。他回忆说："2004 年第二季度，国产手机通过各种营销手段很快占领国内市场的半壁江山。可是好景不长，由于质量问题，企业马上面临高额的售后服务费用，随之他们丢失的不仅是市场份额，还有自己的品牌乃至整个国产品牌形象的损毁。为什么会这样呢？那是因为这些企业家根本就没有把质量作为企业的长期发展战略来抓，而是只看着企业的短期利润。"

陈勤业与赛尔康高层一起定义了赛尔康的成本概念，将这一概念分为三种：质量成本、不及格质量成本和机会成本。在三者关系上，陈勤业与赛尔康高层达成了一致意见：在质量管理上的投入应该增加，而对质量成本的重视可以预防机会成本和不及格质量成本的增加。

在他的主持下，赛尔康成为中国首家获香港六西格玛协会“注册六西格玛组织”称号的公司，并成立了“集团公司持续改善委员会”，对六西格玛所需资源、大的改善项目的确定和文化建设等战略问题进行磋商，并成立了“推进精益六西格玛”委员会。

在产品质量方面，陈勤业要求质量监控部门进行监督，企业的质量部在管理者代表的领导下负责企业质量管理体系的有效运行，并向管理者代表报告体系运行情况，负责对体系运行情况进行监控；将监控工作中发现的严重的或未能解决的问题，及时向管理代表汇报，并协调各方采取纠正和预防措施，予以解决。

在陈勤业的主持下，成立了公司质量系统管理中心及各事业部质量管理分中心，调配优秀质量系统管理人员来负责质量监督审核事宜，重新制订年度审核计划，加强内部审核频次，尤其针对新的业务流程或变动较大、问题较多的流程进行重点审核及监控。

但陈勤业注意到，在摩托罗拉的计分卡里，赛尔康的指标只与第二名相差0.03。所以他认为，要继续保持领先，就要全面超越客户的需求，拉开与第二名的距离。

为达到这一目标，陈勤业为自己的工作做了规划：①内部审核。通过审核发现的不符合项，采取相应的纠正措施并使其成为符合项，达到质量改进的要求，同时这也是维持质量管理体系的重要方法与步骤。②客户及第三方认证机构的审核。审核这个工厂的品质管理体系是否良性，是否能够保证生产出优质的产品来满足客户的要求。基于此目的来接受审核，认真处理审核发现的问题，可以提高客户的满意度，同时万一有问题，公司也能有一定的流程去及时处理解决。③组织管理评审。通过管理评审，可以确定各部门之间的协调配合是否较以前更好，质量管理体系能否有效运行。

陈勤业通过对赛尔康质量管理一系列大刀阔斧的改革，对其深圳工厂推行精益六西格玛管理，在降低成本、提高质量和环保方面成绩显著，当年就为公司节约成本250万元，在赛尔康工作的几年间，其推行的有力举措为公司节约成本逾数千万元。

在诺基亚和摩托罗拉对供应商所做的评分中，赛尔康年年都位列第一；这两个企业的有关人士称：赛尔康产品的环保指标已经超出了他们的期望。

推动六西格玛的先行者

自 1987 年摩托罗拉公司开始实施六西格玛改进计划至今，伴随着六西格玛管理实践取得丰硕成果，六西格玛管理已逐渐被广大企业界认同为依靠质量取得效益的有效途径。当今，从美国到欧洲、亚洲，再到中国，掀起了一股六西格玛热潮，并逐渐把六西格玛的视点从制造业拓展到服务业，成为组织在业务变革、战略和流程改进以及解决问题方面的最佳实践。对于在六西格玛管理还处于导入阶段的中国企业来说，赛尔康在推行六西格玛管理方面领先一步，起着领头军的作用。

2004 年，陈勤业博士作为赛尔康的第一位六西格玛黑带大师成功注册，职责包括在不同领域指导和培训新的黑带专家并管理跨功能部门的六西格玛专案。“原来在赛尔康，我们只有兼职的六西格玛员工，没有全职的。我们设立的激励机制是，获得六西格玛绿带和黑带的员工会得到更多的奖金，同时在同等条件下，他们会比非六西格玛员工优先升职。这样的激励机制看似简单，但会使六西格玛在中国企业的推行效率大大提高。”在他的主持下，赛尔康制订了供应商发展计划，利用杠杆管理等手段，在每个季度根据质量等指标为供应商打分；同时利用赛尔康大学的渠道，对供应商及关联企业进行质量管理工具和文化培训；供应商通过培训后节约了成本，同时也降低了赛尔康的采购成本。

陈勤业经常将自己的经验与研究成果通过重点大学、企业间的交流和媒介推荐等方式在中国其他企业予以推广。多次在香港大学、深圳商贸学院、天津大学讲授六西格玛项目管理学，并经常应邀到国内许多大型企业传授六西格玛管理经验。2005 年，赛尔康成功地获得香港六西格玛协会的第一个“注册六西格码组织”称号，也是国内首家注册六西格玛组织的企业，是公司六西格玛组织的又一个新的里程碑，也为公司确保世界级的品质水准奠定了坚实的基础，同时，公司的主要客户对赛尔康持续发展六西格玛做出的努力给予了很高的评价。

陈勤业称，赛尔康的战略目标是确保公司拥有世界级的、有效的商业运营过程和服务体系，力求满足并超越客户的需求。陈勤业说：此精益六西格玛非彼精益六西格玛。照他的解释，现在企业搞的精益六西格玛，其实跟精益生产和六西格玛相互独立的状态没什么两样，都还是精益生产和六西格玛的简单相加。直到现在，还没有任何一个企业可以证明精益生产与六西格玛结合起来，能起到“1 +1 >2”的效果。赛尔康要搞的，则是后者。

2005 年年底，赛尔康技术（深圳）公司获香港六西格玛组织颁发的首个“六西格玛大奖”，获“2005 年度全国优秀六西格玛项目”荣誉奖，并被评为“全国六西格玛推广先进企业”。陈勤业博士同时获评为首届“中国杰出质量人推选活动”的中国优秀质量人奖，也是目前唯一获此殊荣的香港人。

陈勤业说：“在宏观层面，不管是什么产品，质量管理体系都是相同的。质量管理体系是国际通行的，对所有产品都适用。ISO 9001 这样的质量管理体系认证也是有很广泛适用性的认证。其中，质量方针和质量手册都是具有普遍性的，可以应用于不同的领域。”

陈勤业认为，从微观层面考察，尤其是在实际操作方面，不同的产品在质量管理上的差异就很大了。不同产品在质量上受关注的侧重点不同，例如，电梯主要强调稳定性，儿童车则注重舒适性，而充电器则注重环保。每种产品的制造流程也有区别，各个环节的操作都具独特性。所以，不同产品的操作手册、工作流程和工作表格等都有很大的区别。

“好的质量管理者应当是在严格遵守质量管理体系标准的前提下，懂得针对不同的产品进行灵活变通。他应该能够在上任后很快了解自己公司产品的特性，同时尽快制订最适合产品的质量管理方案。”对质量管理颇有心得的陈勤业如是说。

与好孩子集团一起成长

2006 年 6 月 1 日，这是一个孩子们欢欣雀跃的日子，陈勤业到任好孩子集团，职位是好孩子集团制造副总裁兼汽车座椅事业部总经理。好孩子集团已在欧美市场取得成功，当时面临着中国巨大市场的需求，好孩子集团需要的正是既有国际化企业背景又熟稔内地形势的人才。既懂得全面营运、质量和生产管理理论与实践经验，又有多年外企工作经历的陈勤业恰逢其时。

作为兼任汽车座椅事业部总经理的陈勤业，要先理顺该事业部的生产和内部关系并采用一个独特的创新管理方法，就是“倒三角形管理方法”，这个方法的核心理念是将企业内部的上下级关系定位为客户关系。简单来说就是：我为我的下属服务，我为他们提供足够的资源和支持，而他们则为企业外部客户直接服务并提供高质量产品及服务，以超越客户需求为目标。

之前，好孩子集团的结构是垂直的，生产、销售、财务、行政各自为政；从 2006 年 1 月起，好孩子集团按产品线将生产、销售、财务、行政等各自归口，形成事业部制。陈勤业所在的汽车座椅事业部，承担着非常重要的任务，也是问题比较集中的部门。陈勤业说，聚焦很重要，“为什么诺基亚能成功？它以前也做很多业务，后来它把其他业务都卖出去了，自己专注于手机这个主要业务。结果它成功了，并成为行业全球老大”。

通过观察，陈勤业注意到，好孩子集团内部的质量管理系统已经很健全，但却有国内企业的通病：执行不力。强化执行需要意识的觉醒。为此，在向高层不断提出强化质量管理建议的同时，陈勤业在好孩子集团的企业刊物上连续发文，以通俗易懂的形式向员工传播质量意识，同时自己集中精力搞汽车座椅事业部并使其成为好孩子集团的标杆。有了在赛尔康大力推广供应商管理的经验，陈勤业自然会对好孩子集团的供应商进行考察。令他惊讶的是，好孩子集团的小部分供应商连基本的质量管理手段都没有，却有 ISO 9000 的证书。陈勤业在考察完之后，按照供应商质量水平及其所提供零部件的重要程度，给供应商划了三个等级，派人去供应商那里帮助其提升质量；随后，陈勤业进一步完善了对供应商管理的质量要求计划，增加了一些具有针对性的质量要求和条件。陈勤业说：“我们首先抓关键零部件供应商的质量建设，其次依次推进，最终要使供应商的产品质量完全达到我们的要求，但这需要一段时间。”

以前，因为公司结构的问题，研发和生产各自独立。在完成事业部编制改造以后，陈勤业开始将研发和制造结合起来。在产品的研发设计阶段，后端的工程部门就开始参与进来，并提出本部门的意见。陈勤业介绍，这样做的一个考虑是，工程部门有很多实际的体会和经验，这正可弥补研发设计人员在这方面的不足。他介绍，对研发设计的质量改造（DFSS）在 2008 年年初开始。要做到零缺陷必须一开始就做对，所以研发设计的质量改造（DFSS）是必要的。

陈勤业总是能很快将他的质量知识落到实处，他帮助好孩子集团建立起了针对经理层的 KPI（关键绩效指标）及行动计划。在完善考核机制和理顺生产关系的同时，陈勤业还为好孩子集团设计了更长远的质量发展计划。

再上征程肩负重任

如今肩负着瑞典雄霸儿童安全制品有限公司总裁及首席执行官的重任，陈勤业开始了新征程。雄霸是一家拥有 70 多年历史的全球最大儿童汽车安全座椅安全部件制造商，在 2004 年，雄霸在香港建立了亚洲区基地，专事生产各类安全卡扣、卡带套装以及调节器和其他相关配件。

一般而言，儿童汽车安全座椅的行业特点是竞争对手少。一个行业竞争对手少，原因一般有两个：一是没钱赚；二是有钱赚，但风险大。陈勤业说："儿童汽车安全座椅行业属于后者。风险大的原因是它对安全的要求太高。一款产品如果发生安全问题，首先是同款产品全部召回，之后所有产品都会受到质疑，进而导致客户的信任危机。如果是影响大的跨国公司，还有可能引发外交问题。一些想进入这一领域的企业，刚进入时一直赚钱，但因为一个安全问题，就可能导致破产。这样大的风险让我们在外部少了很多竞争，但也促使我们集中精力关注内部的生产，确保产品的安全性。"

正是出于对行业的清醒认识，陈勤业进入雄霸后，首先把公司产品的质量体系认证从 ISO 9000 提高到 ISO/TS 16949。通过了这项专门针对汽车及其零部件的质量认证，也使陈勤业对产品的质量和安全性提出了更高的要求。

同时，陈勤业力主加强对供应商的管理。儿童安全座椅在很大程度上非常依赖原材料的质量，供应商管理的好坏直接决定了产品的质量。陈勤业解释说："最近丰田的召回事件，原因就是供应商的来料出现了问题。为了避免这样的事件发生，我们在来料检验（IQC）这一环节非常的谨慎。"雄霸公司会派质量人员到主要的供应商那里检查原材料质量，确保没有问题后才实施采购。到货后雄霸还会进行第二道检查，如果质量不符合要求，马上退货。另外，雄霸还设立了供应商评分卡，根据四重标准对所有的供应商分别进行评分。这四重标准分别是：产品的质量、价格、售后服务和物流、创新性和技术含量。对于评分高的供应商，会增加进货。同时，这些评分对供应商公开，以便激励他们做得更好。雄霸每年还会评比最佳供应商，发给奖杯、奖状。对获奖供应商来说，这样的荣誉也会为他们带来更多客户。

"除了来料检验外，我们在过程质量控制（PQC）和出货检验（OQC）方面也有非常严密的制度，这几道关卡共同保障了我们产品的安全性。"陈勤业对质量控制的细节了然于心。

正是基于这些严格的质量控制，雄霸成为全球最大的儿童汽车安全座椅供应商，业绩也在逐年增加。2009 年，雄霸的业绩并没有受到 2008 年金融危机的影响，利润比之前五年的总和还要多。

目前，儿童安全座椅的市场主要还是分布在美国和欧洲，中国由于没有相应的法律、法规和标准，还未能形成规模。但是，2009 年中国已经成为汽车行业的最大市场，而且预计 2010 年 6 月，中国儿童汽车座椅的安全标准也将出台，到时中国的儿童汽车安全座椅市场肯定会迅速扩大，这也会给这一行业和雄霸公司带来非常好的机会。

"我们已经做好了准备，以前我们的工厂主要在中国香港和欧洲，这次要抓住中国儿童汽车座椅相关标准出台这个契机，力争占据中国内地最大的市场份额"，陈勤业成竹在胸。

从业和授业是一件事

陈勤业很忙。作为瑞典雄霸儿童安全制品有限公司总裁及首席执行官，陈勤业是一个管理人，肩负着为雄霸产品在中国开辟市场的重任。作为一个多所高校的客座教授和博士生导师，他还需要经常去香港理工大学、天津大学、菲律宾比立勤国立大学等高等院校讲课。虽然忙，但陈勤业似乎乐此不疲。俗话说"教学相长"，在他的各种教学和科研活动中，他结识了来自各行各业的不少人，他总是想从他们那里获得一些东西；一旦在研究工作中有了一个好的想法，他总是迫不及待地将这一想法落实到企业的质量管理中。这也正是他有底气说出"超越客户需求"的话的原因。

在赛尔康时，陈勤业就引进天津大学的三位质量专业的博士生实习，这三位博士提交了一篇有关精益六西格玛的论文，而这些成果也可以应用到公司的生产中。对于国内企业在质量管理方面的问题，陈勤业坦言："很多国内企业的质量管理是从属于收入的增长的，往往因为短期收入的增长而抛弃质量；或者做质量仅是为扩大知名度和服务于其他短期目标"。他建议，如果从企业长远的发展来考虑，质量应独立于企业目前的收入增长，做战略性规划。

在陈勤业看来，企业管理者在公司，面对的是为企业服务的下属和员工；教授在校园，面对的则是来学习知识的学生。企业管理者主要负责领导和控制，教授的任务则是授业和解惑。看起来，企业管理者更多地索取，而教授则更多地给予。虽然两者的确有很多不同，但实际上，企业管理者和教授之间是有很多共通之处的。

一个成功的企业管理者在领导员工，向员工索取的同时，也会对员工的成长负责，将自己的经验传授给他们；而一个好的教授，也懂得从学生那里获得知识的道理，在教学的过程中和学生共同进步。“在我看来，这两个角色是相辅相成、互相促进的。我的学生中，有专职的大学生、研究生，也有很多在职的学生，其中也包括企业管理者。在同他们相处的过程中，我学习了很多宝贵的企业管理知识，然后将它们应用到我自己的企业管理中来，取得了很好的效果。我的一个博士生是美国一家健康食品公司大中华区的总裁，他在公司产品的销售中运用了很多独特的管理方法，销量得到了很大提高。他把这些方法讲给我听，我学到之后把其中一些用在自己的公司，同样提升了销量。这就是教授这个角色为我管理者的角色带来的促进。如果只做管理者，我得到的回报是1；如果只做教授，我得到的回报也是1。但如果同时担任两个角色，我将得到‘1 +1 >2’的回报。”

陈勤业说，在接下来的岁月里，他还要继续为企业管理者和教授这两个角色共同努力，发挥自己最大的价值贡献社会，同时也让自己继续获得“1 +1 >2”的回报。“若干年后，从业方面我将会退休，到时我会专心于授业，把自己几十年的管理经验毫无保留地教给我的学生，尽自己的能力帮助华人管理者在全球取得成功。”

把从业和授业看作一件事

——瑞典雄霸儿童安全制品有限公司总裁及首席执行官陈勤业

《品质》

2010年5月

自20世纪80年代以来，一位地道的香港人——陈勤业，就开始了他在内地的事业拓展。从通力和讯达，以及后来的赛尔康、好孩子和雄霸集团，陈勤业经常要过空中飞人的日子。

在内地和香港飞来飞去的近30年中，陈勤业的普通话也在不断进步，当他慢条斯理地讲解企业发展与管理之间的关系，并时不时地用极高的英文水准添加注解时，配搭着温文尔雅的金边眼镜的他，俨然是一个学者。作为三个学士学位、三个硕士学位和两个博士学位的拥有者，以及天津大学的客座教授和博士生导师，陈勤业当然是一个学者；作为瑞典雄霸儿童安全制品有限公司总裁及首席执行官，陈勤业又是一个管理者。

30年的工商业历程，历练了陈勤业对事对物的准确判断，在质量领域、管理领域以及研究、教学等方面都颇有建树。陈勤业博士于1999年被邀担任“世界经理人”管理诊所质量专家；2000年入选中国第一批工业工程专家库，现为全国六西格玛推进工作委员会专家委员、香港六西格玛学会名誉顾问、注册六西格玛黑带大师及导师、英国注册高级质量顾问师、香港工程师学会院士。获英国剑桥国际名人传记中心（LIVING SCIENCE AWARD）科学奖（2004）并入选美国《Marquis Who's Who In the World》（2004版）。2005年10月受邀担任美国国际名人传记中心ABI委任研究部顾问［Research Board of Advisors，American Biographical Institute Inc（2005）］；2005年11月获美国国际名人传记中心ABI美国荣誉勋章［American Medal of Honor，American Biographical Institute Inc（2005）］，并受邀担任英国剑桥国际名人传记中心委任理事长［Honorary Director General（International Biographical Centre，Cambridge，England）2005］；2005年，成为首批中国优秀质量人；2005年11月底受邀担任《中国经济周刊》专家顾问常务理事，12月受邀担任英国皇家特许管理学会香港分会 CPD（持续的专业的发展）分部主席；2009 年入选“中华十大财智人物”称号。

也许，正是这种双重身份，让陈勤业把事业带入了一个新境界。

《品质》杂志：恭喜您获得“2009·中华十大财智人物”特别奖。在组委会为您写的获奖理由中，提到您是“具有理论和实践双重成就的财智人物鲜艳旗帜”。您同时具有企业管理者和教授的双重身份，您认为这两种身份有何不同？如何转换？学术研究和实践管理有无共通之处？

陈勤业：企业管理者在公司，面对的是为企业服务的下属和员工；教授在校园，面对的则是来学习知识的学生。企业管理者主要负责领导和控制，教授的任务则是授业和解惑。看起来，企业管理者更多的是索取，而教授则更多的是给予。两者的确是有很多不同。

但实际上，企业管理者和教授之间是有很多共通之处的。一个成功的企业管理者在领导员工、向员工索取的同时，也会对员工的成长负责，将自己的经验传授给他们。而一个好的教授，也懂得从学生那里获得知识的道理，在教学的过程中和学生共同进步。

在我看来，这两个角色是相辅相成、互相促进的。我的学生中，有专职的大学生、研究生，也有很多在职的学生，其中也包括企业管理者。在同他们相处的过程中，我学习了很多宝贵的企业管理知识，然后将它们应用到我自己的企业管理中来，取得了很好的效果。我的一个博士生是美国一家健康食品公司大中华区的总裁，他在公司产品的销售中运用了很多独特的管理方法，销量得到了很大提高。他把这些方法讲给我听，我学到之后把其中一些用在自己的公司，同样提升了销量。这就是教授这个角色为我管理者的角色带来的促进。如果只做管理者，我得到的回报是 1；如果只做教授，我得到的回报也是 1；但如果同时担任两个角色，我将得到“1 + 1 > 2”的回报。

《品质》杂志：儿童汽车安全座椅这一行业有什么特点？未来的发展前景如何？雄霸产品质量在全球位居前列，请问其在质量控制方面是怎样做的？您在雄霸公司任职期间，在产品的质量管理方面都做了哪些工作？

陈勤业：儿童汽车安全座椅这个行业的特点是竞争对手少。一个行业竞争对手少，原因一般有两个：一是没钱赚；二是有钱赚，但风险大。我们这个行业属于后者。风险大的原因是它对安全的要求太高。一款产品如果发生安全问题，首先是同款产品全部召回，之后所有产品都会受到质疑，进而导致客户的信任危机。如果是影响大的跨国公司，还有可能引发外交问题。一些想进入这一领域的企业，刚进入时一直赚钱，但因为一个安全问题，就可能导致破产。这样大的风险让我们在外部少了很多竞争，但也促使我们集中精力关注内部的生产，确保产品的安全性。

2008 年加入雄霸后，我首先把公司产品的质量体系认证从 ISO 9000 提高到 ISO 16949。这是专门针对汽车及其零部件的质量认证，对产品的质量和安全性都提出了更高的要求。

我在雄霸做的另一个工作是加强对供应商的管理。我们主要从事组装，非常依赖原材料的质量，所以供应商管理的好坏直接决定了我们产品的质量。最近丰田的召回事件，原因就是供应商的来料出现了问题。为了避免这样的事件发生，我们在来料检验（IQC）这一环节非常的谨慎。我们会派公司的质量人员到主要的供应商那里检查原材料质量，确保没有问题后再实施采购。到货后我们还会进行第二道检查，如果质量不符合要求，马上退货。另外，我们还设立了供应商评分卡，根据四重标准对所有的供应商分别进行评分。这四重标准分别是：产品的质量、价格、售后服务和物流、创新性和技术含量。对于评分高的供应商，我们会增加进货。我们会向供应商公开得分，这样可以激励他们做得更好。每年我们还会评比最佳供应商，发给奖杯奖状。对获奖供应商来说，这样的荣誉也会为他们带来更多客户。

除了来料检验外，我们在过程质量控制（PQC）和出货检验（OQC）方面也有非常严密的制度，这几道关卡共同保障了我们产品的安全性。

正是基于这些严格的质量控制，雄霸成为全球最大的儿童汽车安全座椅供应商，业绩也在逐年增加。2009 年，我们的业绩并没有受到 2008 年金融危机的影响，2009 年一年我们的利润比之前五年的总和还要多。

目前，这一行业的市场主要还是分布在美国和欧洲，中国由于没有相应的法律、法规和标准，还不能形成规模。但 2009 年中国已经成为汽车行业最大的市场，而且 2010 年 6 月，中国儿童汽车座椅的安全标准也将出台。到时候中国的儿童汽车安全座椅市场肯定会迅速扩大，也会给这一行业和我们公司带来非常好的机会。

我们已经做好了准备，2009 年我们在北京开设了一个办事处，今年打算在内地兴办两个工厂。以前我们的工厂主要在中国香港和欧洲，这次要抓住中国儿童汽车座椅相关标准出台这个契机，力争占据中国内地最大的市场份额。

《品质》杂志：在您的职业生涯中，先后涉及了包括电扶梯、手机充电器、儿童车等不同领域的产品的质量管理工作，您认为这些不同的产品在质量管理方面的不同点和共同点在哪里？

陈勤业：在宏观层面，不管是什么产品，质量管理体系都是相同的。质量管理体系是国际通行的，对所有产品都适用。ISO 9001 这样的质量管理体系认证也是有很广泛适用性的认证。其中，质量方针和质量手册都是具有普遍性的，可以应用于不同的领域。

从微观层面考虑，尤其是在实际操作方面，不同的产品在质量管理上的差异就很大了。不同产品在质量上受关注的侧重点不同，例如，电扶梯主要强调稳定性，儿童车则注重舒适性，而充电器则注重环保。每种产品的制造流程也有区别，各个环节的操作都具独特性。所以，不同产品的操作手册、工作流程和工作表格等都有很大的区别。

好的质量管理者应当是在严格遵守质量管理体系标准的前提下，懂得针对不同的产品进行灵活变通。他应该能够在上任后很快了解自己公司产品的特性，同时尽快制订最适合产品的质量管理方案。

《品质》杂志：在全球都提倡低碳环保的大趋势下，作为六西格玛专家，您认为产品质量管理应当对此进行哪些改进？在雄霸公司，您又对产品生产做了哪些低碳环保的工作？

陈勤业：低碳环保是全球工业的大趋势，是为人类造福的事业，也是每个企业必须承担的社会责任。在欧美国家，对产品的环保标准都有严格的规定，不达标的产品被禁止出售。中国目前这方面的具体要求还比较少，但出台只是时间问题。好的企业应该顺应这一趋势，提前在产品的环保方面下功夫。

雄霸作为组装企业，对供应商来料的环保标准也有严格的检查制度。在采购前，我们会检查供应商的相关证书，证实其环保资质。同时我们会定期将买来的原材料送到专业的检测机构，看其是否超标。这些都是在我们的供应商管理政策中明文规定的。

《品质》杂志：您与内地的关系一直非常紧密，在您看来诞生于国外的六西格玛在引进中国内地的过程中，需要进行哪些本土化的调整？

陈勤业：六西格玛管理是摩托罗拉首创，由 GE 发扬光大的。虽然是舶来品，但它的理念和目标应该是全球通行的。但在具体推行方面，中国内地有自身的特点。外国员工的自发性和积极性都强一些，中国员工则更需要不时给予精神和物质的鼓励。

原来在赛尔康，我们只有兼职的六西格玛员工，没有全职的。我们设立的激励机制是，获得六西格玛绿带和黑带的员工会得到更多的奖金，并且在同等条件下，他们会比非六西格玛员工优先升职。这样的激励机制看似简单，但会使六西格玛在中国内地的推行效率大大提高。

《品质》杂志： 您今年 49 岁，正当事业的壮年，在从业和授业两方面，您为自己制订了什么发展方向？有哪些近期和长远的目标？

陈勤业： 在接下来的岁月里，我还要继续为企业管理者和教授这两个角色共同努力，发挥自己最大的价值贡献社会，同时也让自己继续获得“1 + 1 > 2”的回报。若干年后，从业方面我将会退休。到时我将会专心于授业，把自己几十年的管理经验毫无保留地教给我的学生，尽自己的能力帮助华人管理者在全球取得成功。

第一篇　设计开发评价篇[1]

产品设计开发过程质量成熟度评价系统的应用研究

陈勤业　孙　磊[2]

概　　要

随着全面质量管理知识在国内逐渐推广和普及，越来越多的企业开始认识到做好质量管理工作需要从源头抓起。设计开发阶段是产品质量形成和定型的重要过程，做好这个阶段的质量管理工作对于提高产品质量水平至关重要。

当前流行的产品设计开发过程质量管理有很多种方法，例如 ISO 9001 质量管理体系、先期产品质量策划 APQP、项目管理知识体系 PMBOK、门径管理系统 SGS、产品及周期优化法 PACE、集成产品开发 IPD、产品生命周期管理 PLM、产品价值管理 PVM 等。本课题通过对以上质量管理方法进行研究，结合本人十多年实际项目设计开发质量管理经验，创立了一套在产品设计开发质量管理过程中普遍适用的产品成熟度评价系统。

产品设计开发过程一般会区分不同阶段，例如：产品定义阶段、样件阶段、中试阶段、小批量阶段和量产阶段。设计开发质量管理从项目立项开始，

---

[1] 本篇为陈勤业指导的孙磊的博士论文。

[2] 孙磊，博士、资深六西格玛黑带（MBB），著有《质量管理实战全书》《设计开发质量管理》，主要研究方向为设计开发质量管理、服务质量管理、精益六西格玛、质量分析与改进。

就会针对每个阶段设定阶段质量目标。阶段质量目标根据产品设计开发工作又会分为硬件质量目标、软件质量目标、结构质量目标、可靠性质量目标等。

产品设计开发各个阶段过程中，项目质量管理人员主导项目组成员对工作结果进行阶段性质量评审，目的是通过质量评审，让项目组成员、企业领导、客户及项目利益相关者对项目质量状况有整体概念。随着企业自身及客户的要求越来越严格，概括性的质量信息越来越得不到大家的认可和接受。

然而，在实际项目阶段评审过程中，大家会发现要真正描述项目质量成熟度是非常困难的，很难对项目质量进行量化衡量和风险评估，更难去做项目质量成熟度报告。造成很多时候企业质量管理人员采用一刀切的方式：要么评估有多少个缺陷未关闭，要么评估缺陷改善进度是怎样的。总是很难将这两者和谐地统一起来，本论文通过创新的方式方法，独创了一套设计开发阶段质量成熟度评价系统（产品成熟度评价系统）。通过产品成熟度评价系统可以轻松测量设计开发过程的质量状态，轻松解决设计开发过程中质量管理的老大难问题，让我们与企业一起轻松体检新产品的质量健康指数。

关键词：设计开发；过程管理；质量管理；质量成熟度；产品成熟度评价系统

1.1 引　　言

有人说质量是设计出来的，有人说质量是制造出来的，有人说质量是检验出来的，还有人说质量是管理出来的，你认为呢？

据一项统计数据显示，制造和售后服务过程的质量问题80%出自设计开发阶段，而企业对设计开发阶段的质量管理似乎束手无策。本章首先阐述设计开发质量管理的目的，然后介绍设计开发质量管理的发展及在设计开发过程中实施质量管理的重要性，再探讨设计开发管理中常见的质量问题、困惑，最后提出结合作者实战经历而独创的产品成熟度评价系统，轻松便知设计、开发过程的质量成熟度。

1.1.1 开展设计开发质量管理的目的

产品质量是设计出来的，不是制造出来的，更不是检验出来的。这句话说明设计开发过程是产品质量形成最为关键的阶段，设计一旦定型，产品的固有质量也就随之确定（如图1－1－1所示）。做好产品开发设计过程的质量管理，保障设计开发过程的工作质量和过程质量，是企业保障产品质量至关重要的环节。

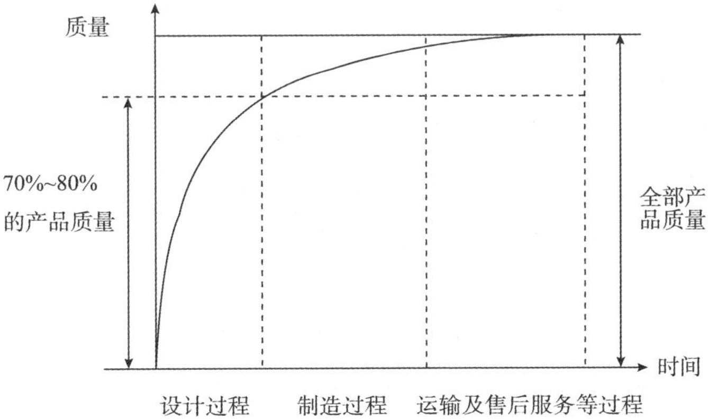

图1－1－1　质量决定曲线

宏碁集团创办人施振荣先生曾经为企业发展提出著名的"微笑曲线"（如图1－1－2所示），微笑曲线中间是制造；左边是设计开发；右边是品牌。微笑嘴形的一条曲线，两端朝上。在产业链中，附加值更多体现在两端，即设计开发和品牌，处于中间环节的制造附加值最低。随着经济全球化进程的加快，当前制造产生的利润低，全球制造也已供过于求，但是设计开发与品牌的附加价值高，因此产业未来应朝微笑曲线的两端发展，也就是在左边加强设计开发创造智慧财产权，在右边加强顾客导向的品牌营销与服务。

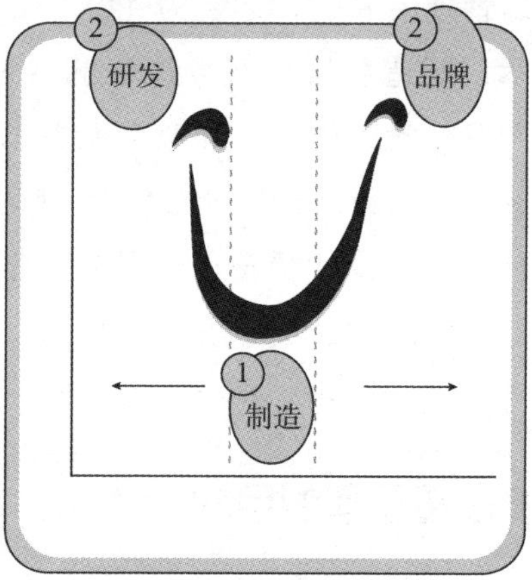

图1－1－2　微笑曲线

1.1.1.1　设计开发质量管理的好处

- 从产品源头管理质量。
- 第一次就将产品做好，减少变更。
- 以最低的成本、最快的速度完成产品设计开发。

1.1.1.2　设计开发质量管理要预防而不是救火

- 事先完整的策划，可以减少返工，从而减少时间、成本的浪费。
- 如果只是一味地先做了再说，先冲、冲、冲，那么很有可能后续需要一串的救火工作。
- 比系统而不是比高手，运行的系统才能发挥作用。

1.1.1.3　质量管理在设计开发过程中的重要作用

- 确保符合设计开发项目利益相关方的需求。
- 为客户提供质量保证，为组织创造更多的利润。

- 促进早期风险识别，保证设计开发进度。
- 闭环管理，提升设计开发项目管理水平。
- 建立知识管理的系统。

1.1.2 设计开发质量管理的发展

早期的设计开发重心主要落在基础研究和发明研究方面，因而在很长一段时期内学者们认为产品设计开发是不可管理的，所能提供的只是一个合适的氛围，以激发灵感和创造力。这一观念甚至延续到了20世纪70年代，许多关于产品设计开发方面的文献还是集中于创造性上。这便是第一代设计开发管理的基本思想。第一代设计开发管理以科研和发明为导向，以为设计开发主要是科学家与发明家的事情。这一时期，尽管一项又一项发明如雨后春笋般破土而出，但是由于缺乏对设计开发过程的制度化管理和质量控制，产品设计开发的失败率是非常高的。在企业设计开发机构中的科学家与发明家和国家一级的科研机构，以及学院中的科研机构中的科学家与发明家或是独立的科学家与发明家一样，根据自己的科研方向和兴趣选择研究课题。企业高层致力于创造出宽松的设计开发环境，但不参与设计开发的相关决策；而质量部门对设计开发部门基本采取“三不政策”：不参与、不负责、不关心。

1930年，美国专利局的一位要员宣称：该发明的都已经发明了，专利局可以关门了。这一预言当然没有实现，美国专利局自然没有关门，但他却预测到了发明时代即将让位于新的设计开发时代：随着阳春白雪式的基础研究和发明研究逐渐减少，下里巴人式的与生产与实际生活紧密关联的应用研究逐步兴起，并占据了主导地位。之后的数十年中，新产品的设计开发速度大大超过了基础研究和发明的速度。企业开始建立和加强以产品创新为导向的设计开发部门，质量部门逐步开始涉及产品设计开发的质量管理。很多学者也注意到结构化、制度化的管理并不一定会遏制创新，很多积极的管理手段和方法虽然设立了各种界限，但它们明确了各个岗位的职责，更加注重创造力和授权，而企业的实践也证明了这些管理对创造力的影响是正向的、积极的。

20世纪80年代中期，罗伯特·E. 库伯提出的门径管理（Stage - Gate）流程以及后来在此基础上提出的NPD（New Product Development）模式，标志着第二代设计开发管理模式应运而生。门径管理和NPD模式作为第二代设计开发管理模式的代表，强调结构化设计开发和设计开发过程的控制，至今仍然为许多优秀企业所应用。不过，在今天看来，这两个管理在系统性和操作性方面都有相当大的局限性。门径管理和NPD都过于关注产品设计开发流程的本身，而对于产品设计开发的其他关键要素，如产品战略、市场分析及技术研究、质量控制等方面涉及不多。而这一时期的质量管理体系还没有对设计开发过程的质量控制定义足够的规范，主要关注的是产品本身质量的控制。

到了20世纪90年代，各种质量管理体系开始对设计开发过程的质量管理建立了规范、制度的管理要求。其中，尤以汽车行业质量体系QS 9000的五大工具书之首——APQP（Advanced Product Quality Plan 先期产品质量规划）为代表。APQP以质量的基本模型PDCA为基础，成功地结合了门径管理和NPD的精髓，融合了PACE设计开发模式（Product And Cycle Excellence，迈克尔·E. 麦克格拉斯提出）的管理思想，建立了完善的结构化方法对设计开发质量进行管理，确保某产品最终能达成设计目标并使顾客满意，其结构模型如图1-1-3所示。

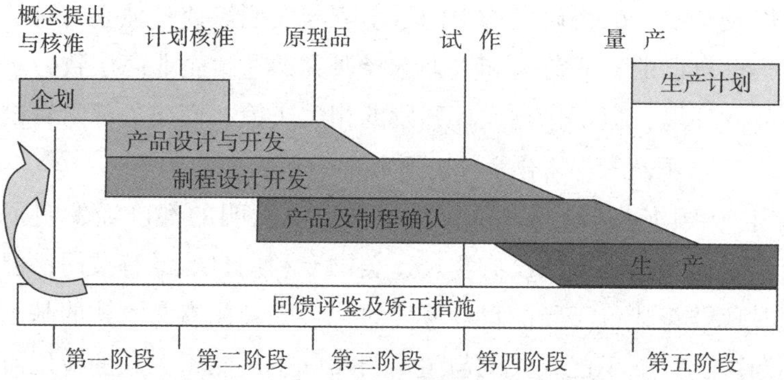

图1-1-3 APQP结构模型图

APQP将最高管理层引入了设计开发管理流程，使设计开发项目具有了“上达天听”的地位；“多方论证”的理念，也使得更多部门参与到设计开发管理中，强化了产品立项前的市场分析、产品规划和风险预防，完善了项目设计开发过程中的输入、输出管理；指导和推荐了每一阶段中需要使用的质量工具、手法，使APQP更便于实践操作；同时将生产过程和产品设计开发紧密结合，提高了设计开发产品的可生产性。

APQP、PACE以及后续的集成产品设计开发IPD（Integrated Product Development）模式，将设计开发质量管理带入了第三代管理模式。这些管理模型在众多企业得到了广泛的应用，大大促进了企业设计开发管理水平和设计开发产品质量的提升，使设计开发的成功率得到了显著的提高。

近几年又有学者提出了第四代设计开发管理的概念，不过因为尚未形成稳定的模型，所以当前国际先进企业普遍实施的是第三代或是改良后的第二代设计开发质量管理模式。

1.1.3 设计开发质量管理的重要性

新产品的设计开发，一直紧密伴随着人类发展的历史。春秋战国的指南针，东汉的浑天仪、地动仪，宋末元初的纺机，都是中华民族智慧和创新的成功结晶。

可是相对于新发明、新产品推陈出新的不断加速，对产品设计开发质量管理的研究在很长的一段时期内却没有引起人们的重视。传统上，产品设计开发被看作一门艺术，创新产品是天才与灵感相结合的产物。它并不是什么可以被管理的东西，它是偶然发生的。产品设计开发没有作为一个过程来进行审核、管理或引导，这也造成了很多新产品结局的迥异。

宣纸，是基于纸的发明衍生出的新产品。它的设计开发者们精选材料，严格工艺（生产需要数百道工序，每道都有其独特的配方和工艺要求），注重品质，最终成就了这一享誉中外的名品。

火枪，是火药发明后的重要应用产品。中国的明代对此投入了大量的人力和财力等资源，并在设计开发成功后进入大批量生产。可是，在实际使用中却遇到了致命的缺陷——炸膛。一般每发射四五次，就会出现一次炸膛。射击的士兵由于面部贴近枪膛，最轻的结果也是重伤与毁容，严重的就是直接丧命。这样的产品难道还有人敢用吗？结果数十万支火枪在军械库中生锈腐烂，士兵们却只能用血肉和冷兵器抵御着外族的侵略。最后明朝灭亡，同时还导致了对火器的研究的投入不断减少，与国外的武器差距越拉越大。而与之形成显著差异的是当时欧洲的火枪，其设计原理基本一致，可是由于水力机械等大型生产设备的引入，枪械的使用可靠性远高于国内。在成功使用的同时，也促进了相关研究的不断进展，在军备上获得了更大的优势。

一言以蔽之，没有稳定的质量，新产品就是“短命的孩子”。

设计开发过程是整个产品质量形成至关重要的环节。有一项统计发现，如果产品在设计开发过程中发现问题并加以解决需要花费一元钱，那么在量产过程发现问题并加以改善则至少需要花费 100 元钱的代价，这就是质量管理中著名的 10 倍质量法则（如图 1－1－4 所示）。

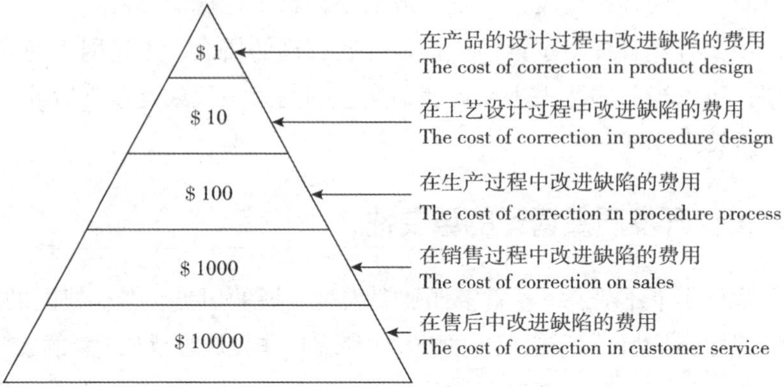

图 1－1－4　10 倍质量法则

在这一阶段质量人员一定要建立必要的评审点，实施分阶段质量控制，设立阶段质量目标。同时，应确定各有关部门和人员的职责、权限、组织和技术接口以及所需的各种资源。同时，在此阶段还需要引入可制造性设计 DFM（Design For Manufacture），即在新产品设计开发过程中就考虑到生产方面的各项要素，以便提高设计开发质量，减少返工成本，缩短设计开发周期，降低总体设计开发成本与周期。

从设计开发质量管理的发展，我们可以看到，质量管理在设计开发过程中所扮演的角色戏份越来越重，其重要性越来越高，所发挥的作用也越来越大。时至今日，设计开发过程质量管理已成为实现设计开发目标的重要手段，其作用主要可以归纳为以下几点。

1）确保符合设计开发项目利益相关方的需求

一个组织设计开发项目的利益相关方通常包括项目经理、项目组成员、资源提供方（通常是组织，也可能包括赞助商或客户）、顾客或用户。设计开发产品的最终目的是让客户满意，所以在利益相关方中，客户的需求是处于首要地位的。质量，即满足客户的需求。因此，在设计开发项目的三要素——质量、成本、时间中，质量是处于最基础地位的要素。而设计开发质量管理强调项目前期风险评估、中期评审、后期监控，以确保质量这一基础要素的达成。

2）为组织创造更多的利润

很多人认为，质量管理是个花钱的事。特别是设计开发中的质量管理，常常被下放到“偏远山区”。其实，设计开发出的产品质量高低，是影响到客户是否会与组织继续合作的主要因素。而且，它直接会影响到生产的效率和成本，适宜的质量，能够提升生产效率，从而创造出利润。

3）促进早期风险识别，保证设计开发进度

设计开发质量管理在设计开发过程中设立了多个阶段的评审，预测下阶段的可能风险，确认上阶段的输出（目标）是否完成，并制订相应对策，从而大幅降低项目的风险，保证设计开发的进度。

4）闭环管理，提升设计开发项目管理水平

设计开发质量管理沿用了质量改善的基本模型 PDCA，强调了纠正和预防措施的重要性。相应的经验通过 FMEA、Control Plan、Checklist 等工具，传承运用到后续的设计开发工作中，可以不断提升设计开发项目的管理水平，减少可能出现的问题。

1.1.4 设计开发管理过程中常见的误区

尽管目前设计开发质量管理已经进入了第三代管理模式，但是国内的很多企业并没有跟上国际先进管理方法的步伐。很多企业经常犯这样或那样的错误，导致了设计开发项目的延误和失败。

1.1.4.1 没有正确理解客户的需求

很多企业都强调，客户要求至上。可是，客户究竟想要什么，客户概念中的“质量好”是什么含义，并不是简单想一想就知道的，如图 1－1－5 所示。

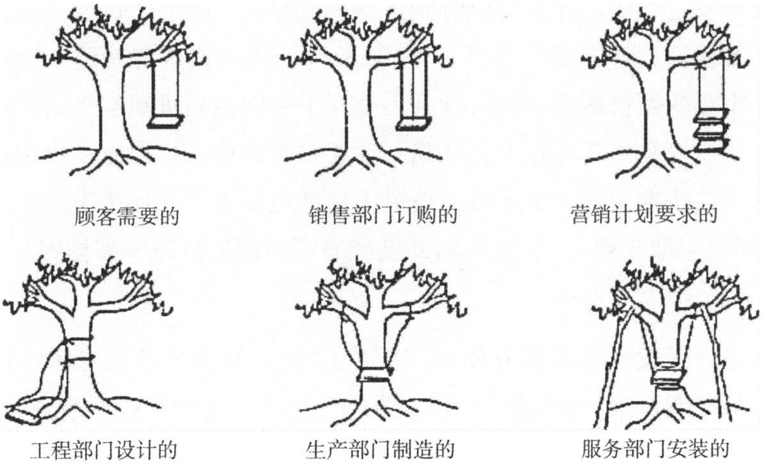

图 1－1－5 传统的设计过程

某市著名的机床厂参加了马来西亚的一次行业展会。在展会上，他们推出的某款家用台式机床好评如潮，不但获得了可观的订单，连带去的样机也被试用后大感满意的用户直接买走了。厂领导高兴之余，指示设计开发部门开发出更精密美观的新产品，以争取更多的客户。设计开发部门投入了大量的资源，加班加点，在次年展会前成功设计开发出了两款新的家用机床。新产品不但加工精度有了明显提高，外形也更小巧美观。出于对前景的预估，机床厂还生产了一批产品，以便在获得订单后更快交货给客户。

结果却让人大失所望，新产品看者众多，买者寥寥，售出的数量少得可怜。展会的最后一天，参展人员遇到了上次曾大量订货的一位客户。这位客户在试用了新机床之后，也没有购买。参展人员沮丧地问客户，为什么产品改良了，反而不受欢迎了。客户笑着说，这里的用户加工的物品体积很大。上次的机床大，加工的尺寸也大，能加工的东西多；新品做得小巧美观了，可是能加工的东西少了；至于精度高，用户们对之前的加工精度已经很满意了，不需要更高了。

参展人员后悔道："这个问题应该在上次展会的时候就问啊！"

还有一种常见的情况是企业重内部标准，轻用户标准。很多公司只认行业标准、内部标准，认为产品只需要满足以上要求就是质量好，结果造成了客户的不满意甚至退货。这就是失败的设计，失败的产品！

1.1.4.2 "这个问题不严重，可以先放一放，要保证设计开发进度"

设计开发过程中，经常可以听到这样一句话："这个问题不严重，可以先放一放，要保证设计开发进度。"一旦开了这个先例，接着就是一个小问题被搁置、两个小问题被搁置，然后就是十个百个小问题被堆积起来。产品是设计开发出来了，可是由于存在太多缺陷，需要多次维修，生产效率也很低，结果无法保证产品按期交货，进度反而被更大程度地延误了。还是失败！

"千里之堤溃于蚁穴"，古人对此已经有了清醒的认识，那你呢？

1.1.4.3 专家"一言堂"

很多设计开发型企业都有作为"镇宅之宝"的设计开发专家。这些专家有着深厚的专业技术、丰富的工作经验，产品设计开发过程中遇到什么难题，只有他们能够解决，离开他们就"玩"不转了。在长期的工作中，会形成一个习惯，有什么问题问专家。他说 OK 就行，说 NO 就改道，逐渐形成了"一言堂”的气氛。

可是专家不是那么好找的。随着企业规模的不断增加，设计开发任务肯定越来越多，一个人的精力是有限的，当被分散后，自然会导致对一些问题的判断失误。一个人的思考面也是局部的，即便是专家也是一样，很多潜在风险需要不同岗位的人员从各个角度思考才能发现。最后出了问题，专家一拍脑袋：“当时怎么没想到呢?”或者一脸苦笑：“人嘛，总是会犯错误的。”失败，失败中的失败！

“一言堂”格局下，还容易让其他人养成依赖性，制约了人才的发展。这就是大中型企业不能依赖个人英雄搞设计开发的原因。

1.1.4.4 其他的误区

（1）设计师脑力劳动，看不见摸不着，难管！

（2）质量人员又不懂技术，怎么去管理设计开发产品啊?

（3）设计就只能这样了，质量你看着办吧。

（4）客户还有这项要求啊！我怎么不知道呢?

……

还有很多很多的错误观念，在此就不一一列举了。重点是，怎么去管好设计开发过程中的质量呢？靠流程、靠制度、靠预防、靠培训！

1.1.5 产品成熟度评价系统在产品设计开发质量管理中应用的主要内容

2007～2009年，我带领质量团队通过精心研究与实践探索，独创了一套设计开发阶段质量成熟度评价系统（产品成熟度评价系统），该成熟度评价系统在2009年分别获得上海市及全国优秀质量技术奖，同时也获得国家专利。本章将首次发布该成熟度评价系统的整套内容，通过产品成熟度评价系统轻松测量设计开发过程的质量状态、轻松解决对设计开发过程中质量管理的老大难问题，让我们与企业一起轻松体检新产品的健康指数。

很多电子产品的开发过程涉及机械工程、电子电气、材料科学、通信工程、软件工程等多个领域，是一个复杂而又漫长的系统工程。在设计完成及理论评审之后，一般会通过几个阶段进行大量的实际验证及改善：如样件阶段、中试阶段、小批量阶段、量产阶段。每个阶段都会按照测试计划进行各种测试来验证产品是否符合设计的阶段要求，具体的测试项目有数百项之多。

电子产品其实如大家使用的 WINDOWS 操作系统，可能存在着各种各样的缺陷。每个开发阶段经过大量的测试后，都会发现若干缺陷。如果只对缺陷的数量作控制，可能一些很严重的缺陷没有得到及时解决，导致最后项目失败；若只是对重要缺陷制订出改善措施就进入下一阶段，可能下个阶段仍存在很多缺陷，无法保证产品按期顺利进入批量生产阶段；而若是所有缺陷都必须改善后才能进入下一阶段，又没有办法满足项目的时间计划，现在的通信终端产品更新换代的速度是有目共睹的，开发周期可以说就是项目的生命。那么，在面临这样的难题时，如何才能既保证产品的质量，又最大限度地满足项目的时间要求呢？在此为大家介绍某大型企业产品设计开发的决策系统：通信产品成熟度应用系统（Maturity – Utilized System of Telecommunication，产品成熟度评价），希望能给读者带来一些帮助。

1.1.5.1 产品成熟度

产品成熟度是产品基于设计开发各个阶段的完善程度，反映了产品设计开发工作在不同阶段所达到的完整程度和质量水平，直观地表达产品在开发中的具体进度，并且能够基于设计开发平台定制相应的管理流程来进行管理和控制，从而实现产品设计开发质量管理的目的。

产品成熟度作为衡量产品设计开发完成度的重要指标，通过结合企业自身开发流程对产品成熟度的研究和设置，能够极大地推动企业产品设计开发的能力和效率，同时为产品后续的制造和售后支持环节提供强有力的支撑作用。

产品成熟度是对产品固有质量和可靠性的完备程度以及可应用程度的综合度量。通过对产品成熟度的评估，产品开发者可以及时了解产品设计开发的进展和完成情况，从而对产品设计开发的风险进行有效的控制，以达到减少产品设计开发的风险，推动产品的设计开发和培育，实现产品的持续完善，促进产品市场化的目的。本节研究的目的在于确定产品的成熟等级分类以及对产品成熟度进行评价，指导产品开发者对影响产品成熟的关键因素进行全过程的质量控制，促进产品有效成熟。

1.1.5.2 产品成熟度评价系统介绍

产品成熟度评价系统由四部分构成：产品成熟度评价系统模型图（如图 1 – 1 – 6所示），矩阵模型，矩阵计分定义，产品成熟度评价阶段目标。产品成熟度评价系统运用在整个设计开发流程的各个节点评估阶段，囊括了设计开发过程中所有的测试和检查结果，该系统可以直观量化地体现出项目当前的质量成熟度水平，并可以作为评估项目是否能进入下一阶段的决策依据。

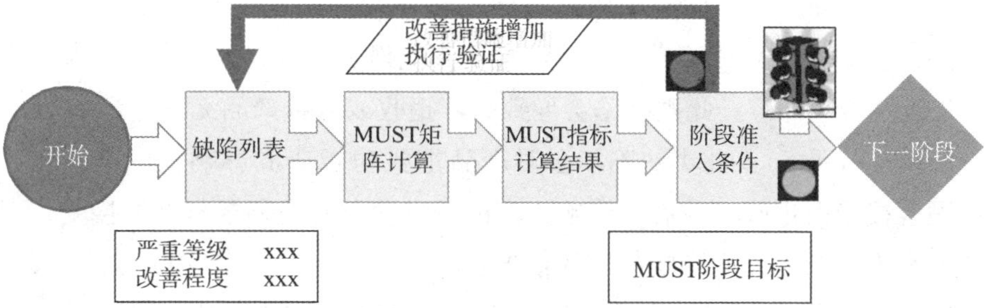

图 1－1－6　产品成熟度评价系统模型图

评价项目阶段成熟度时，产品成熟度评价矩阵的计算方法具体为：每个缺陷的得分等于它的严重等级权重系数与缺陷改善度权重系数之积，再将各个缺陷得分相加，结果就是该阶段成熟度的最终得分，见表 1－1－1。

表 1－1－1　产品成熟度评价矩阵模型

改善程度（evolution）	缺陷严重等级（severity）				
	A（20）	B（10）	C（5）	D（1）	Total
4	$X_{(A,4)}$	$X_{(B,4)}$	$X_{(C,4)}$	$X_{(D,4)}$	
3	$X_{(A,3)}$	$X_{(B,3)}$	$X_{(C,3)}$	$X_{(D,3)}$	
2	$X_{(A,2)}$	$X_{(B,2)}$	$X_{(C,2)}$	$X_{(D,2)}$	
1	$X_{(A,1)}$	$X_{(B,1)}$	$X_{(C,1)}$	$X_{(D,1)}$	
Total					
产品成熟度评价指标	＊＊＊＊＊＊				
产品成熟度评价阶段目标	＊＊＊＊＊＊				

项目成熟度的计算式如下：

$$MUST\text{ 指标} = \sum_{s=A}^{D}\sum_{e=1}^{4} s \times e \times X_{(s,e)}$$

其中：

s——缺陷严重等级（severity）

e——改善程度（evolution）

$X_{(s,e)}$——对应等级的缺陷数量下面对产品成熟度评价矩阵模型中的计分定义做一个详细说明。

1）严重等级（s）

严重等级分为4个级别，具体定义如下：

A级（权重20）：此类缺陷会导致通信产品无法满足认证要求（比如射频、EMC、安全等）或不满足法律法规及其他强制标准要求。

B级（权重10）：此类缺陷会导致顾客拒收或导致产品无法生产。

C级（权重5）：此类缺陷不会对产品主要功能造成影响，但可能无法被有些顾客接受而拒收，或者会影响生产的难易度；其他顾客虽然能接受，但是会使顾客不满意，因而影响品牌的信誉。

D级（权重1）：此类缺陷只是轻微的瑕疵，不会影响产品性能及生产，出现频率很低，一般仅在内部专业测试时才会发现。

2）改善程度（e）

改善程度分为4个等级，具体定义如下：

4级：问题原因未知——问题发生的根本原因未找到或问题无法重现的。不过，也可能出现在没有确定根本原因的情况下找到了改善方法的情况；

3级：改善方法未知——改善方法没有找到或者还没有足够的论证（通过计算、论据或手工模型及仿真等方式）证明改善措施有效；

2级：改善方法未确认——改善方法已经被论证但尚未被实际确认（通过测试或被认可）；

1级：改善方法未应用到生产——方法已经确认，不过可能由于需要准备时间等原因改善方法尚未应用到生产。

3）缺陷计数方式 $X_{(s,e)}$

每一阶段对应的标准抽样数量如下。

- 样件阶段：12台。
- 中试阶段：40台。
- 小批量阶段：85台。

对于样品进行检测后发现的缺陷依照以下原则进行计数。

（1）在产品测试中发现的每个问题，都计算为一个缺陷。

（2）在不同类别的测试中发现的同一现象缺陷，必须计算为不同的缺陷，因为导致问题发生的原因可能是不同的（例如在做跌落试验和环境实验中都出现了LCD显示屏破裂的现象，就记为2个缺陷）。

（3）在一项测试中发现的不同器件的缺陷点必须分别计算为不同的缺陷（比如在跌落试验中有 2 个元件发生破损，就应该计为 2 个缺陷）。

（4）在没有明显的证据表明 2 个问题的发生有着相关性的情况下，每个问题应单独作为一个缺陷列出（例如通信产品天线弹簧损坏、发射功率强度不达标、灵敏度不合格这三个缺陷）。

（5）如果特殊情况下抽样数量变动，缺陷计数后需要乘以系数，系数的计算方法为：f = 实际抽样数量/标准抽样数量。

4）阶段准入目标

- 准入中试阶段：< 800。
- 准入小批量阶段：< 300，且不能有（4，A）、（3，A）和（4，B）问题。
- 准入量产阶段：< 150，且不能有（4，A）、（3，A）、（2，A）、（3，B）和（4，B）问题。

阶段目标的设定，主要参考了一些国际知名通信产品品牌（如 MOTOROLA、SAMSUNG、PHILIPS）的质量要求，同时依据企业多个项目的实际开发经验，并结合顾客及最终用户的关注问题及需求，衡量了项目开发的进度要求和改善周期，经过了专家组的评估和修改，最后设立的合理标准。

当然，对于每个设计行业，由于各有其特殊性，标准的设立可以根据自身的特点再进行调整以更符合实际情况。

例如，某一项目在中试阶段，尚未进入小批量阶段前进行了相关系列测试，发现了一些问题，经过改善措施的确定后，具体分布如下，见表 1－1－2。

表 1－1－2　产品成熟度评价矩阵模型举例

改善程度（evolution）	缺陷严重等级（severity）				
	A（20）	B（10）	C（5）	D（1）	总计
4	1	2	0	0	3
3	0	3	4	5	12
2	0	0	3	4	7
1	0	0	0	0	0
小计	1	5	7	9	22
产品成熟度评价指标	363				
产品成熟度评价阶段目标	<300				

指标计算过程如下。

A：$20\times[(4\times1)+(3\times0)+(2\times0)+(1\times0)]=80$；

B：$10\times[(4\times2)+(3\times3)+(2\times0)+(1\times0)]=170$；

C：$5\times[(4\times0)+(3\times4)+(2\times3)+(1\times0)]=90$；

D：$1\times[(4\times0)+(3\times5)+(2\times4)+(1\times0)]=23$；

产品成熟度评价指标 $=80+170+90+23=363$。

由于指标计算结果超过目标，所以项目必须经过进一步改善，当前状态不能够进入小批量试验阶段。

传统的开发流程通常是只用是否存在严重缺点作为通过与否的判定，只是一个简单的定性方式，容易造成项目质量和进度顾此失彼的情况。而通过产品成熟度评价矩阵计算，指标以定量的方式可以清晰呈现出各阶段的总体成熟度，每一个小得分又可以体现出所有问题的重要性以及缺陷等级，综观整个模型后项目开发阶段总体状况一目了然。在对每个阶段设立了产品成熟度评价阶段目标作为准入门槛后，让决策人员既可以明确判断项目是否可以进入下一阶段，也更容易抓住改善的重点和时机。当产品成熟度评价指标超过目标值时，可以使项目组成员更容易抓住问题要害，将关注着重放在对重要问题的解决和验证上；当产品成熟度评价指标满足目标值时，可以将改善和下阶段工作同步进行，合理分配设计开发资源、加快项目进度、节约项目成本、提高项目收益。

1.1.6 产品成熟度评价系统在产品设计开发质量管理中应用的意义

对于企业管理层来说，他们关心的是当前设计开发的产品什么时候可以批量生产并出货。对于客户来说，他们关心的是当前设计开发阶段的产品成熟度状态是怎样的，项目设计开发团队如何证明当前阶段的产品是成熟的、稳定的和安全的。因此，相关的质量管理活动需要回答这些问题，即如何评估当前设计开发产品的成熟度？

很多企业通过测试结果来评估产品质量状态，这样做会有一个缺点——不够直观，需要专业人员才能理解产品当前的成熟度，管理层和客户无法从整体上准确理解并判断产品质量成熟度，很容易抓住某个点或问题不放，非要有个明确结果才放行进入下阶段；很容易直接导致项目整体进度延误，项目团队的位置就会很尴尬，越解释反而更像在掩饰，有点王婆卖瓜的味道了。

产品成熟度评价系统是衡量设计开发阶段产品质量状态的一个重要方法和工具，通过在产品设计开发质量管理中应用产品成熟度评价系统，就可以精确量化当前阶段产品软件、硬件、结构、可靠性等设计开发质量成熟度状态，为企业管理层、项目团队和客户提供准确判断依据。

本节通过探讨产品成熟度的概念，把产品生命周期管理理论与产品设计开发相结合，给出了产品成熟度的分级定义，建立了产品成熟度的管理模型，最后探讨了产品成熟度在产品设计开发质量管理中的应用。通过对产品成熟度管理策略的研究与应用，产品设计人员能够直观地在产品设计开发过程中获取产品各阶段的详细信息，提高产品设计开发效率，缩短产品设计开发周期，帮助企业在产品设计过程中不断地提高产品质量和自身的核心竞争力。

1.2 设计开发过程常见的质量管理方法

无论是民营企业、国有企业还是跨国企业，无论企业的规模有多大、发展的历史有多久，只要你所在的组织有设计开发的职能，就一定需要对设计开发过程的质量管理按相关的制度与流程来管理。当然不同性质、不同规模、不同背景的企业对设计开发过程质量管理的方法与成熟程度各不相同。根据我们多年的行业总结及对不同企业设计开发过程质量管理的研究，其中最为常见的企业设计开发过程都采用了 ISO 9000 国际质量管理体系第 7 模块产品实现之 7.3 章节设计与开发过程的质量管理。汽车行业普遍在 ISO 9000 族国际质量管理体系标准的基础上增加了五大核心质量管理工具，尤其是先期产品质量策划（APQP）的使用，对前期项目管理，尤其对先期质量从源头管理的角度上实现了一个具体的落实方法。国际上著名的企业 IBM 根据内部的设计开发过程管理的经验，开发了集成产品开发模式（IPD）。美国项目管理协会开发了专门的项目管理知识体系（PMBOK）。西门子企业开发的产品生命周期管理（PLC）及在设计开发过程管理的相关体系，使得设计开发过程管理从部门内部工作逐步变成了团队合作的结晶，从黑匣子的工作模式逐步变成了公开、透明的管理模式，同时也大大提升了管理的效率、风险的早期识别与管控。

1.2.1 ISO 9000 族国际质量管理体系标准

1.2.1.1 ISO 9000 族国际质量管理体系标准的简介

20 世纪 50 年代，国际标准化组织（ISO）在总结发达国家质量管理经验的基础上起草并正式颁布了一套质量管理国际标准——ISO 9000 族标准，其中 ISO 9000 质量管理体系标准作为质量管理体系认证的准则。ISO/TC176（TC：技术委员会）分别于 1994 年、2000 年、2005 年对 ISO 9000 质量管理标准进行了全面的修订。标准不断吸收国际上先进的质量管理理念，采用 PDCA 循环的质量哲学思想，对于产品和服务的供需双方具有很强的实践性和指导性。标准一经问世，立即得到世界各国的普遍欢迎，到目前为止世界上已有70多个国家直接采用或等同转为相应国家标准，有50多个国家建立质量管理体系认证/注册机构，形成了世界范围内的贯标和认证“热”。目前，全球已有100万家工业企业、政府机构、服务组织及其他各类组织导入ISO 9000并获得第三方认证。

1.2.1.2 ISO 9001：2008质量管理体系标准中对设计和开发过程的要求阐述

在ISO 9001：2008质量管理体系标准中对7.3设计和开发要素要求如下。

7.3 设计和开发

7.3.1 设计和开发策划

组织应对产品的设计和开发进行策划和控制。

在进行设计和开发策划时，组织应确定：

a）设计和开发的阶段；

b）适合于每个设计和开发阶段的评审、验证和确认活动；

c）设计和开发的职责和权限。

组织应对参与设计和开发的不同小组之间的接口实施管理，以确保有效的沟通，并明确职责分工。

随着设计和开发的进展，在适当时，策划的输出应予以更新。

注：设计和开发评审、验证和确认具有不同的目的，根据产品和组织的具体情况，可单独或以任意组合的方式进行并记录。

理解要点：

（1）组织应对设计和开发进行策划，以便于对设计和开发进行控制，从而实现设计和开发的输出能满足输入的要求，将顾客需求转化为组织的要求，最终确保设计和开发的结果能满足产品的要求。

（2）在设计和开发策划时，组织应确定：

a）设计和开发的各个阶段的划分。

b）各阶段所需的评审、验证和确认活动，包括评审、验证和确认的时机，相关职能以及评审、验证和确认的要求，分别包括以下内容。

7.3.2　对设计和开发的输入进行评审；
7.3.3 和 7.3.5　对设计和开发的输出进行验证；
7.3.4　在适宜阶段对设计和开发进行评审；
7.3.6　在产品交付或实施之前，完成对设计和开发的确认。
应确定每个设计阶段参与相关活动人员的职责和权限要求。

（3）对设计和开发过程中设计小组之间的接口进行管理，明确小组的职责分工，接口关系确保小组之间的有效沟通。

（4）随着设计和开发的进展，当设计和开发的要求发生变更时，应更新策划的输出。

7.3.2　设计和开发输入
应确定与产品要求有关的输入，并保持记录。这些输入应包括：
a）功能要求和性能要求；
b）适用的法律法规要求；
c）适用时，来源于以前类似设计的信息；
d）设计和开发所必需的其他要求。
应对这些输入的充分性和适宜性进行评审。要求应完整、清楚，并且不能自相矛盾。

理解要点：

（1）设计和开发的输入是设计和开发过程的基础和设计结果制定的依据准则。

（2）确定与产品要求有关的输入，即考虑产品有关的要求，包括：

a）对所设计和开发的产品功能和性能的要求，一般在产品要求说明书中写明，如符合性、可信性、可用性、寿命等。

b）产品使用的法律和法规要求，如安全、健康、环境等要求，包括国家、行业等要求。

c）如适用，可输入以前类似设计的信息，这类设计过程所能提供的有关经验，应吸取的教训。

d）设计和开发所必需的其他要求，如为满足产品安全性以及维护、保养、处置等要求。

（3）应对产品设计和开发的输入进行充分性（反映产品）的所有要求和

适宜性（组织能够实现，适宜于组织的现状及未来的要求）的评审，同时评审其完整性和清楚性，不能自相矛盾。

7.3.3 设计和开发输出

设计和开发输出的方式应适合于对照设计和开发的输入进行验证，并应在放行前得到批准。

设计和开发输出应：

a）满足设计和开发输入的要求；

b）给出采购、生产和服务提供的适当信息；

c）包含或引用产品接收准则；

d）规定对产品的安全和正常使用所必需的产品特性。

注：生产和服务提供的信息可能包括产品防护的细节。

理解要点：

（1）设计和开发过程的目的就是将设计和开发的输入转化为输出、采购、生产和服务提供相应的信息，如规范、图纸、样品，同时为测量提供相应的标准。

（2）设计和开发输出应包括：

a）设计和开发的输出应满足输入的要求。

b）设计和开发的输出应能够提供采购、生产和服务提供的适当信息，如物料清单（BOM）、采购规范、材料规范、生产和服务过程规范、试验规范、图纸、样品，以及有关测试、验证报告等。

c）包含或引用产品接收准则，如验收标准。

d）规定为确保产品的安全性及正常使用必需的相关的特性要求，如功能、时间、物理特性。

7.3.4 设计和开发评审

应依据所策划的安排，在适宜的阶段对设计和开发进行系统的评审，以便：

a）评价设计和开发的结果满足要求的能力；

b）识别任何问题并提出必要的措施。

评审的参加者应包括与所评审的设计和开发阶段有关的职能的代表。评审结果及任何必要措施的记录应予保持。

理解要点：

（1）在适宜的阶段，依据策划的安排评价设计和开发过程的结果满足要求的能力并识别可能出现的或已出现的问题，防止和纠正出现设计易产生的不合格。

（2）设计和开发评审的内容可以包括：

a）应该选用的原材料和机器设备是否可以采购到。

b）产品设计和生产能力是否相符。

c）资源的能力（如选择的材料和设备）。

d）测量能力。

e）设计过程进展。

f）满足验证和确认的目标。

g）使用中可能出现的危害。

h）可能出现或已出现的问题。

（3）对评审所识别的问题应采取必要的纠正预防或改进措施。

（4）评审的参加人员应包括有关的职能代表以保证评审的有效性。

（5）应记录评审的结果以及所采取的措施（如评审报告、纠正预防措施）。

7.3.5 设计和开发验证

为确保设计和开发输出满足输入的要求，应依据所策划的安排对设计和开发进行验证。验证结果及任何必要措施的记录应予保持。

理解要点：

（1）设计和开发验证的范围：设计原始资料，设计输入的有关资料，设计方案的技术经济指标、图纸等。

（2）设计和开发验证的方法可以是：多级评审、多重计算、图纸会签或试验验证等。

（3）通常在设计阶段结束，试样或最终产品阶段对设计和开发的输出做验证，从而确保设计和开发输出满足输入的要求。

（4）验证：通过提供客观证据对规定要求已得到满足的认定，认定可包括下述活动：

a）检测和实验（最常用的验证方法）。

b）将新设计规范与证实的类似设计规范进行比较。

c）文件发布前的评审。

（5）应记录验证结果，验证结果的记录方式可以是验证报告、检测报告、试用报告或其他形式。当验证为不能满足要求时应采取相应的措施纠正预防。

7.3.6　设计和开发确认

为确保产品能够满足规定的使用要求或已知的预期用途的要求，应依据所策划的安排对设计和开发进行确认。只要可行，确认应在产品交付或实施之前完成。确认结果及任何必要措施的记录应予保持。

理解要点：

设计和开发的确认目的是确保产品能够满足顾客、组织、法律法规等规定的要求以及已知预期使用或应用的要求。

（1）确认：通过提供客观证据证明对特定的预期使用或应用要求已得到满足的认定。确认方式可以采用顾客或权威机构确认，也可在组织内部进行，还可将三种方式任意组合。

a）顾客确认：顾客使用、试用、反馈的信息。

b）权威机构：国家检测部门、专家小组的认定。

c）组织实际使用条件或模拟条件下对批量生产的产品的认定。

（2）对设计和开发进行确定的时机应按策划的要求进行，通常应在产品交付或实施前完成。一般考虑确认在产品试产或批量生产阶段进行，在顾客使用条件下对满足规定的或预期用途的认定。

（3）应记录确认的结果，当确认后发现不能满足要求时应采取并记录相应的纠正预防措施。

7.3.7　设计和开发更改的控制

应识别设计和开发的更改，并保持记录。应对设计和开发的更改进行适当评审、验证和确认，并在实施前得到批准。设计和开发更改的评审应包括评价更改对产品组成部分和已交付产品的影响。更改的评审结果及任何必要措施的记录应予保持。

理解要点：

（1）组织应识别在何种情况下进行设计和开发的更改，并保持记录。

（2）下述原因都有可能引起设计和开发的更改：

a）在后续阶段发现了设计和开发阶段的疏忽或错误（例如材料选择错误）；

b）在设计和开发确认之后发现难以生产或难以提供服务；

c）需方或供方要求更改；

d）需要改进产品的功能、性能安全性、法规或其他要求已改变；

e）设计和开发验证之后要求必须更改；

f）纠正措施要求必须更改，等等。

（3）在适当时，应对设计和开发的更改进行评审、验证和确认，并在实施前得到批准。对设计和开发的更改进行评审、验证和确认的程序同上。

（4）设计和开发更改的评审应包括评价更改对产品组成部分和已交付产品的影响。

（5）应保持对设计和开发的更改记录以及对更改的评审结果和任何必要措施的记录。必要措施包括要求重新进行设计和开发的输出。

1.2.2 先期产品质量策划 APQP

1.2.2.1 先期产品质量策划（APQP）简介

先期产品质量策划（APQP）或者说是产品质量先期策划和控制计划 APQP（Advanced product quality planning）是 ISO/TS 16949 汽车行业质量管理体系的五大核心工具之首，源于福特汽车的先期质量策划（AQP），后来被 AIAG 引用到原汽车行业质量管理体系 QS 9000 标准之核心质量管理工具中变成产品质量先期策划（APQP）。

先期产品质量策划是一种结构化的方法，用来确定和制订确保某产品使顾客满意所需的步骤。其目标是促进与所涉及的产品开发过程的每一个阶段的有效联系，以确保阶段所要求的步骤与输出按时完成。有效的先期产品质量策划（APQP）依赖于高层管理者对努力达到使顾客满意这一宗旨的承诺。

先期产品质量策划（APQP）五个阶段如图 1－2－1 所示。

先期产品质量策划（APQP）有如下的益处：

（1）引导资源，使顾客满意；

（2）促进对所需更改的早期识别；

（3）避免晚期更改；

（4）以最低的成本及时提供优质产品。

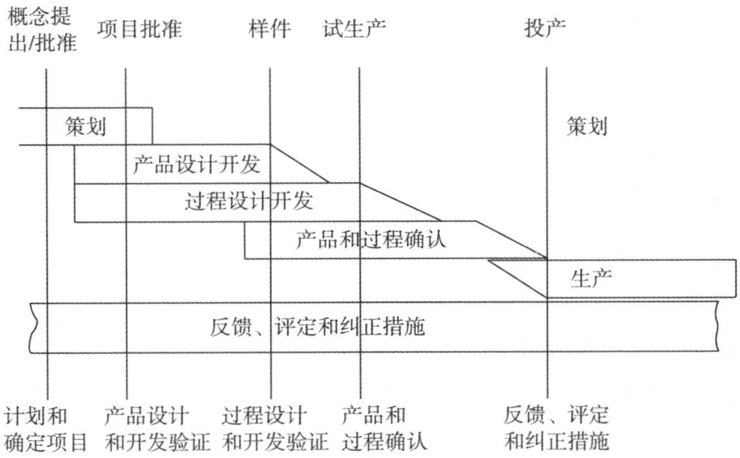

图 1－2－1　先期产品质量策划五个阶段

1.2.2.2　先期产品质量策划（APQP）五个阶段详细阐述

先期产品质量策划（APQP）在开展中采用了过程管理方法。每个阶段都采用输入、过程、输出的管理模式。即第二阶段的输入是第一阶段的输出。下面分别来阐述先期产品质量策划（APQP）五个阶段的详细内容。

第一阶段（一）　计划和确定项目的输入

> 1）顾客的呼声
>
> （1）市场调研；
>
> （2）保修记录和质量信息；
>
> （3）小组经验。
>
> 2）业务计划/营销策略
>
> 3）产品/过程基准资料
>
> 4）产品/过程设想
>
> 5）产品可靠性研究
>
> 6）顾客输入

1）顾客的呼声

“顾客的呼声”包括来自内部和/或外部顾客们的抱怨、建议、资料和信息。以下各段提供了收集这种信息的一些方法。

（1）市场调研

产品质量策划小组可能需要获取反映顾客呼声的市场研究资料和信息。以下来源有助于识别顾客关注的事项/需求，并将这些关注事项转变为产品和过程特性：

- 对顾客的采访；
- 顾客意见征询与调查；
- 市场测试和定位报告；
- 新产品质量和可靠性研究；
- 竞争产品质量的研究；
- 运行情况良好（TGR）报告。

（2）保修记录和质量信息

为了评定在产品的设计、制造、安装和使用当中再发生不合格的可能性，应制订一份顾客所关注问题/需要的清单，这些应作为其他设计要求的扩展来考虑并且应包括在对顾客需要的分析中。

以下项目中的许多内容有助于小组识别顾客关注问题/需要，并优选出适当的解决方案：

- 运行情况不良（TGW）报告；
- 保修报告；
- 能力指数；
- 供方工厂内部质量报告；
- 问题解决报告；
- 顾客工厂退货和拒收；
- 现场退货产品分析。

（3）小组经验

小组适当时可利用包括如下内容的任何信息来源：

- 来自更高层要求或过去质量功能开发（QFD）项目的输入；
- 媒介的评论和分析：杂志和报刊报告等；
- 顾客的信件和建议；
- 运行情况良好（TGR）/运行情况不良（TGW）报告；
- 销售商意见；
- 现场服务报告；
- 利用指定的顾客代理所作的内部评价；
- 道路行驶体验；
- 管理者的意见或指示；

- 由内部顾客报告的问题和议题；
- 政府的要求和法规；
- 合同评审。

2）业务计划/营销战略

顾客业务计划和营销策略将成为产品质量计划的设定框架。业务计划可将限制性要求施加给小组（诸如进度、成本、投资、产品定位、研究与开发资源）而影响其执行方向。营销战略将确定目标顾客、主要的销售点和主要的竞争者。

3）产品/过程基准资料

基准确定将为建立产品和过程能力目标提供输入，设计和开发也需要提供基准和概念。成功的基准确定方法为：

- 识别合适的基准；
- 了解你目前状况和基准之间产生差距的原因；
- 制订缩小与基准差距、符合基准或超过基准的计划。

4）产品/过程设想

设想产品具有某些特性、某种设计和过程概论，它们包括技术革新、先进的材料、可行性评估和新技术。所有这些都应用作输入。

5）产品可靠性研究

这一类型的资料考虑了在一规定时间内零件修理和更换的频率，以及长期可行性、耐久性试验的结果。

6）顾客输入

产品的后续顾客可提供与他们的需要和期望有关的有价值信息，此外，后续产品顾客可能已进行部分或全部前面已提到的评审和研究。顾客和/或供方应使用这些输入以开发统一的衡量顾客满意的方法。

第一阶段（二）　计划和确定项目的输出

1）设计目标
2）可靠性和质量目标
3）初始材料清单
4）初始过程流程图
5）产品和过程特殊特性的初始清单
6）产品保证计划
7）管理者支援

1）设计目标

设计目标就是将顾客的呼声转化为初步和可度量的设计目标。设计目标的正确选择确保顾客的呼声不会消失在随后的设计活动中。

2）可靠性和质量目标

可靠性目标是在顾客需要和期望、项目目标及可靠性基准的基础上建立起来的。顾客需要和期望的例子可以是无安全问题和可维修性。有些可靠性基准可以是竞争者产品的可靠性、消费者的报告或在一设定时间内修理的频率。总的可靠性目标可用概率和置信度表示。质量目标是基于持续改进的目标，诸如零件/百万（PPM）、缺陷水平或废品降低率。

3）初始材料清单

小组在产品/过程设想的基础上应制订一份初始材料清单，并包括早期分承包方名单。为了识别初始特定产品/过程特性，有必要事先选定合适的设计和制造过程。

4）初始过程流程图

预期的制造过程应从初始材料清单和产品/过程设想发展而来的过程流程图来描述。

5）产品和过程特殊特性的初始清单

除了由供方根据产品和过程经验选择外，特殊的产品和过程特性均由顾客确定。在这一阶段，小组长应确保制订出通过对有关顾客需要及期望的分析而得出的产品和过程特殊特性的初始清单。这一清单的制订基于（但不限于）以下方面：

- 基于顾客需要和期望分析的产品设想；
- 可靠性的制造过程中确定的过程特殊特性；
- 从预期的制造过程中确定的过程特殊特性；
- 类似零件的失效模式及后果分析（FMEA）。

6）产品保证计划

产品保证计划将设计目标转化为设计要求。产品质量策划小组在产品保证计划上所做的努力的程度取决于顾客的需要、期望和要求。产品保证计划可采用任何清晰易懂的格式，它包括但不限于以下措施：

- 概述项目要求；
- 确定可靠性、耐久性和分配目标和/或要求；
- 评定新技术、复杂性、材料、应用、环境、包装、服务和制造要求或其他任何会给项目带来风险的因素；

- 进行失效模式分析（FMEA）；
- 制订初始工程标准要求。

产品保证计划是产品质量计划的重要组成部分。

7）管理者支援

产品质量策划小组成功的关键之一是高层管理者对此工作的兴趣、承诺和支援，小组在每一产品质量策划阶段结束时应将新情况报告给管理者以保持其兴趣，并进一步取得他们的承诺和支持。在小组的要求下，可以更频繁地报告新情况和/或要求帮助，这种新情况报告是正式的，留有提问和解答的机会。产品质量策划小组的功能目标就是通过表明所有的策划要求和/或关注问题已写入目标来保持管理者的支持。管理者参加产品质量策划会议对确保项目成功极其重要。

第二阶段　产品设计和开发的输出

1）设计失效模式及后果分析
2）可制造性和装配设计
3）设计验证
4）设计评审
5）样件制造的控制计划
6）工程图样（包括数据资料）
7）工程规范
8）材料规范
9）图样和规范的更改
10）新设备、工装和设施要求
11）产品和过程特殊特性
12）量具和试验设备要求
13）小组可行性承诺

1）设计失效模式和后果分析

DFMEA 是一种评定失效可能性及失效影响的分析技术。DFMEA 的一种形式为系统失效模式及后果分析（SFMEA）。DFMEA 是一种动态文档，随顾客需要和期望不断更新，DFMEA 的制订为小组提供了评审以前选择的产品和过程特性并作出必要补充、改变和删减的机会。克莱斯勒、福特和通用汽车企业的潜在失效模式及后果分析参考手册应作为一种可接受的 DFMEA 的方法。

2）可制造性和装配设计

可制造性和装配设计是一种同步工程，用来优化设计功能、可制造性和易于装配之间的关系。第一章中所确定的顾客需要和期望范围将决定供方产品质量策划小组进行此活动的程度。不包括或涉及制订可制造性和装配设计计划的正式方法。产品质量策划小组至少要考虑以下所列的项目：

- 设计、概念、功能和对制造变差的敏感性；
- 制造和/或装配过程；
- 尺寸公差；
- 性能要求；
- 部件数；
- 过程调整；
- 材料搬运。

产品质量策划小组的知识、经验、产品、过程、政府法规和服务要求有可能需要考虑其他因素。

3）设计验证

设计和开发验证必须按计划予以实施，以确保输出满足设计和开发输入的要求。验证的结果及任何必要的措施必须予以记录。

应制订设计验证计划，计划应包括验证项目、时间、人员、验证方法、验证报告。

4）设计评审

设计评审是由供方设计工程部门并且应包括其他被影响部门管理者的一些定期安排的会议。设计评审不但是防止问题和误解的有效方法，而且还提供了监视进展及向管理者报告的机制。

设计评审不只是技术体验，而是一系列的验证活动。设计评审至少应包括以下方面的评价：

- 设计/功能要求的考虑；
- 正式的可靠性和置信度目标；
- 部件/子系统/系统工作循环；
- 计算机类比和台架试验结果；
- 设计失效模式及后果分析（DFMEA）；
- 可制造性和装配设计的评审；

- 试验设计（DOE）和装配产生的变差结果；
- 试验失效；
- 设计验证进展；

设计评审的主要功能是跟踪设计验证进展。供方可通过使用计划和报告格式，即由克莱斯勒、福特和通用汽车企业制订的设计验证设计和报告（DVP&R）来跟踪设计验证进展。

计划和报告是保证以下方面的正式方法：

- 设计验证；
- 通过采用综合的试验计划和报告对部件和总成的产品和过程确认。

5）样件制造的控制计划

样件控制计划是对样件制造过程中的尺寸测量和材料与功能试验的描述，产品质量策划小组应确保制订样件控制计划。

样件的制造为小组和顾客提供了一个极好的机会来评价产品或服务满足顾客呼声目标的程度。产品质量策划小组负责的所有样件都应被评审，以便：

- 保证产品或服务符合所要求的规范和报告资料；
- 保证已对产品和过程特殊特性给予特别的注意；
- 使用资料和经验以制订初始过程参数和包装要求；
- 将关注问题、变差和/或成本影响传达给顾客。

6）工程图样（包括数据资料）

顾客设计不排除策划小组以如下方式评审工程图样的职责。工程图样可包括必须在控制计划上出现的特殊（政府法规和安全性）特性。如没有顾客工程图样，应由策划小组评审控制图样以决定哪些特性影响配合、功能、耐久性和/或政府法规中的安全要求。

应对工程图样进行评审来确定是否具有足够的资料以表明每个零件的尺寸布置。应清楚地标示控制或基准平面/定位面，以便能为现行的控制设计适当的功能量具和设备，应评价尺寸以保证可行性和工业制造和测量标准相一致。适当时，小组应保证数据资料和顾客的系统兼容并进行有效的双向交流。

7）工程规范

对控制规范详细的评审和了解将有助于产品质量策划小组识别有关部件或总成的功能、耐久性和外观要求。样本容量、频率和这些参数的接受标准一般在工程规范的过程试验中予以确定，否则样本容量和频率由供方决定并列入控制计划中。在这两种情况下，供方应确定哪些特性影响或控制满足功能、耐久性的外观要求的结果。

8）材料规范

除了图样和性能规范外，对于涉及物理特性、性能、环境、搬运和贮存要求的特殊特性应评审材料规范，这些特性也应包括在控制计划中。

9）图样和规范的更改

当需要更改图样和规范时，小组应保证这些更改能立即通知到所有受影响的领域并用适当的书面形式通知这些部门。

10）新设备、工装和设施要求

DFMEA，产品保证计划和/或设计评审可能提出新设备和设施的要求。产品质量策划小组应在进度图表上增加这些内容以强调此要求项目。小组应保证新的设备和工装有能力并能及时供货。要监测设施进度情况，以确保能在计划的试生产前完工。

11）产品和过程特殊特性

第一阶段所述的质量策划阶段，小组应在了解顾客愿望的基础上识别初始特殊特性。产品质量策划小组应根据特性明细通过评价技术信息在设计特性的评审和设计开发过程中达到一致。

12）量具与试验设备要求

量具/试验设备要求也可在这一时间识别，产品质量策划小组应将这些要求增加到进度图表中，然后监测进展，以保证满足所要求的进度。

13）小组可行性承诺

在这一时间，APQP小组应评定所提出的设计的可行性，顾客的自行设计不排除供方评定设计可行性的义务。小组应确信所提出的设计能按预定的时间以顾客可接受的价格付诸于制造、装配、试验、包装和足够数量交货。

第三阶段　过程设计和开发的输出

1）包装标准
2）产品/过程质量管理体系评审
3）过程流程图
4）车间平面布置图
5）特性矩阵图

6）过程失效模式及后果分析（PFMEA）
7）试生产控制计划
8）过程指导书
9）测量系统分析计划
10）初始过程能力研究计划
11）包装规范
12）管理者支持

1）包装标准

顾客通常会有包装标准并将其体现到产品包装规范中去。如没有提供标准，则包装设计应保证产品在使用时的完整性。

2）产品/过程质量管理体系评审

产品质量策划小组可对制造厂的质量管理体系手册进行评审，生产产品所需的任何额外的控制和/或程序上的更改都应在质量管理体系手册中予以体现并且包括在制造控制计划中，这成为产品质量策划小组基于顾客输入、小组经验和以往经验对现有质量管理体系的一个改进机会。

3）过程流程图

过程流程图示意性地表示了现有的或提出的过程流程，它可用来分析制造、装配过程自始至终的机器、材料、方法和人力变化的原因。它是用来强调过程变化原因的影响。流程图有助于分析总的过程而不是过程中的单个步骤。当进行 PEMEA 和设计控制计划时，流程图有助于产品质量策划小组将注意力集中在过程上。

4）车间平面布置图

为了确定检测点的可接受性，控制图的位置，目视辅具的应用，维修站和缺陷材料贮存区，应制订并评审车间平面布置。所有的材料流程都要与过程流程图和控制计划相协调。

5）特性矩阵图

特性矩阵图是推荐用来显示过程参数和制造工位元之间关系的分析技术。

6）过程失效模式及后果分析（PFMEA）

PFMEA 应在开始生产之前、产品质量策划过程中进行，它是对新的/修改的过程的一种规范化的评审与分析；是为新的/修改的产品项目指导或预防、解决或监视潜在的过程问题。PFMEA 是一种动态文档，当发现新的失效模式时需要对它进行评审和更新。

如要进一步了解 PFMEA 的建立和保持，请参见克莱斯勒、福特和汽车企业的潜在失效模式及后果分析（FMEA）参考手册。

7）试生产控制计划

试生产控制计划是对样件研制后且在批量生产前，进行的尺寸测量和材料、功能试验的描述。试生产控制计划应包括正式生产过程生效前要实施的附加产品/程序控制。试生产控制计划的目的是遏制初期生产运行过程中或之前的潜在不符合。例如：

- 增加检验次数；
- 增加生产过程中的检查和最终检验点；
- 统计评价；
- 增加审核。

8）过程指导书

质量策划小组应确保向所有对过程操作负有直接责任的操作人员提供足够详细的可理解的过程指导书，这些指导书的制订依据以下资料：

- 失效模式及后果分析（FMEA）；
- 控制计划；
- 工程图样、性能规范、材料规范、目视标准和工业标准；
- 过程流程图；
- 车间平面布置图；
- 特性矩阵图；
- 包装标准；
- 过程参数；
- 生产者对过程和产品的经验和知识；
- 搬运要求；
- 过程的操作者。

用作标准操作程序的过程指导书应予以公布，指导书应包括诸如机器的速度、进给量、循环时间等设定的参数，这些说明应使操作人员和管理人员易于得到。有关过程指导书的信息可参阅克莱斯勒、福特和通用汽车企业的质量管理体系要求。

9）测量系统分析计划

产品质量策划小组应保证制订一个进行所需的测量系统分析的计划。这个计划至少应包括保证量具线性、准确性、重复性、再现性和与备用量具的相关性的职责。参见克莱斯勒、福特和通用汽车企业测量系统分析参考手册。

10）初始过程能力研究计划

产品质量策划小组应保证制订一个初始过程能力研究计划。控制计划中被标记的特性将作为初始过程能力研究计划的基础。进一步的定义参见克莱斯勒、福特和通用汽车企业的生产件批准程序手册和克莱斯勒、福特和通用汽车企业的基础统计过程控制参考手册。

11）包装规范

产品质量策划小组应保证设计并开发单个的产品包装（包括内部的分隔部分）。适当时可使用顾客的包装标准或一般包装要求。任何情况下包装设计应保证产品性能和功能特性在包装、搬运和拆封的过程中保持不变。包装应与所有的材料搬运装置，包括机器人相匹配。

12）管理者支持

要求产品质量策划小组在过程设计和开发阶段结束时安排正式的评审，以增强管理者的承诺。该评审的目的就是将项目状况通报高层管理者并获得他们的承诺，以协助解决任何未决的议题。

第四阶段　产品和过程确认的输出

1）试生产 2）测量系统评价 3）初始过程能力研究 4）生产件批准 5）生产确认试验 6）包装评价 7）生产控制计划 8）质量策划认定和管理者支持

1）试生产

应采用正式生产工装、设备、环境（包括生产操作者）、设施和循环时间来进行试生产。对制造过程的有效性的确认从生产的试运行开始。试生产的最小数量通常由顾客设定，但产品质量策划小组可以超过这个数量。试生产的输出（产品）用来进行如下工作：

- 初始过程能力研究；
- 测量系统评价；
- 最终可行性；
- 过程评审；
- 生产确认试验；
- 生产件批准；
- 包装评价；
- 首次能力（FTC）；
- 质量策划认定。

2）测量系统评价

在试生产当中或之前，应使用规定的测量装置和方法按工程规范，检查控制计划标记的特性，并进行测量系统的评价。参见克莱斯勒、福特和通用汽车企业测量系统分析参考手册。

3）初始过程能力研究

应对控制计划中标记的特性进行初始过程能力研究。该研究评价生产过程是否已准备就绪。有关初始过程能力研究的详细资料，参见克莱斯勒、福特和通用汽车企业的生产件批准程序参考手册和克莱斯勒、福特和通用汽车企业基础统计程序控制参考手册。

4）生产件批准

生产件批准的目的是确认由正式生产工装和过程制造出来的产品是否满足工程要求。参见克莱斯勒、福特和通用汽车企业生产件批准程序参考手册。

5）生产确认试验

生产确认试验是指确认由正式生产工装和过程制造出来的产品是否满足工程标准的工程试验。特殊要求参见克莱斯勒、福特和通用汽车企业的质量管理体系要求。

6）包装评价

所有的试装运（可行的情况下）和试验方法都应评价产品免受在正常运输中损伤和在不利环境下受到保护，顾客规定的包装不排除产品质量策划小组对包装方法的评价。

7）生产控制计划

生产控制计划是对控制零件和过程的体系的书面描述。生产控制计划是一种动态文档，应根据实际生产经验来更新控制计划的增加/删减（可能需要采购机构的批准）。生产控制计划是试生产控制计划的逻辑扩展。大量生产为生产者提供评价输出、评审控制计划并做出适当更改的机会。

8）质量策划认定和管理者支持

产品质量策划小组应保证遵循了所有的控制计划和过程流程图。建议产品质量策划小组在制造厂进行评审并对此工作做正式的认定，在首次产品装运之前需要对以下项目进行评审：

- 控制计划。对于所有受影响的操作，任何时候都应具备可供使用的控制计划；
- 过程指导书。验证文档包含控制计划中规定的所有特殊特性，并已记录了所有 PFMEA 建议。将过程指导书和过程流程图与控制计划进行比较；
- 量具和试验设备。当按控制计划需要特殊量具、检具或试验设备时，要对量具的重复性和再现性［量具的双性（GR&R）］和正确用法进行验证。

在质量策划认定之前需要管理者支持。小组应能表明满足所有的策划要求或关注问题已文档化，并且安排一次管理者评审。该评审的目的是将项目状况通报给高层管理者以取得他们的承诺，以在未决议题中得到其帮助。

第五阶段　反馈、评定和纠正措施的输出

反馈、评定和纠正措施贯穿于质量策划的全过程，质量策划不随过程确认和就绪而终止。

在这一阶段所获取的经验为顾客和供方提供了所需的知识，并根据相关知识来建议通过减少过程、库存和质量成本达到降低价格，并为下一个产品提供合理的零件和系统。

1）减少变差 2）顾客满意 3）交付与服务

1）减少变差

控制图和其他统计技术应用作识别过程变差的工具，分析和纠正措施应用来减少变差。要做到持续地改进不仅需要注意变差的特殊原因，还要了解其普遍原因并寻找且减少这些变差来源。应为顾客评审提出包括成本、时间进度和预期改进在内的建议。通常减少或消除普通原因可降低成本。供方应积极地提出基于价值分析、减少变差等的建议，由顾客来决定是否实施，或进行协商，或进入下一个较高水平产品的设计阶段。关于长期能力、变差的特殊与普通原因的详细资料参见克莱斯勒、福特和通用汽车企业的基础统计程序控制参考手册。

2）顾客满意

产品或服务的详细的策划活动和所显示的过程能力并不总能保证顾客满意。产品或服务应在顾客环境中完成。在产品的使用阶段需要供方的参与。在这一阶段，供方和顾客可以学到的东西最多，可以评价产品质量策划工作的有效性。为了使顾客满意，供方和顾客应合作以进行必要的改变来纠正缺陷。

3）交付与服务

在质量策划的交付和服务阶段，供方和顾客要继续进行合作以解决问题并做不断地改善。对于顾客的备件和服务操作也同样要考虑其质量、价格和交付。如果第一次就不能纠正问题，通常会损害供方的信誉及其与顾客合作的关系。供方和顾客共同来倾听“顾客呼声”是很重要的。

在这一阶段所获取的经验为顾客和供方提供了所需的知识，并根据相关知识来建议通过减少过程、降低库存和质量成本以降低价格，并为下一个产品提供合理的零件或系统。

1.2.3 项目管理知识体系（PMBOK）

1.2.3.1 项目管理知识体系的背景

20 世纪 50 年代，由美国项目管理协会（PMI）总结了项目管理实践中成熟的理论、方法、工具和技术所提出的项目管理知识体系 PMBOK（Project Management the Body of Knowledge）。其后经过数次修订，目前最新版是 PMBOK 2005。项目管理知识体系是项目管理专业领域知识的总称。该体系（PMBOK）定义了 42 个基本的项目管理过程，从过程输入、输出以及采用的工具和技术的角度给出了项目管理过程的详细描述。这 42 个项目管理过程基本覆盖了项目管理实践中的基本管理过程，但是，这些项目管理过程必须和产品实现过程结合起来，才能完成整个项目活动。

1.2.3.2　项目管理知识体系领域与项目管理过程概述

项目管理知识体系 PMBOK 重点从知识领域的角度将项目管理过程组成九个项目管理知识领域：项目范围管理、项目时间管理、项目成本管理、项目质量管理、项目人力资源管理、项目沟通管理、项目采购管理、项目风险管理和项目整体管理，每个知识领域包括数量不等的项目管理过程，如图 1－2－2 所示。

图 1－2－2　项目管理知识领域

模块 1　项目整体管理

描述了用以保证各种项目要素能够相互协调所需要的各个过程，由项目计划制订、项目计划实施和综合变更控制构成。

模块2 项目范围管理

描述了用以保证项目包含且只包含所有需要完成的工作，以便顺利完成项目所需要的各个过程，由启动、范围计划编制、范围定义、范围核实和范围变更控制构成。

模块3 项目时间管理

描述了用以保证能够按时完成项目所需的各个过程，由活动定义、活动排序、活动历时估算、进度计划编制和进度计划控制构成。

模块4 项目成本管理

描述了用以保证在批准预算内完成项目所需要的各个过程，由资源计划编制、成本估算、成本预算和成本控制构成。

模块5 项目质量管理

描述了用以保证项目满足其所执行标准的要求而所需要的各个过程，由质量计划编制、质量保证和质量控制构成。

模块6 项目人力资源管理

描述了用以保证参加项目的人员能够被最有效使用而所需要的各个过程，由组织的计划编制、人员获取和队伍组建构成。

模块7 项目沟通管理

描述了用以保证项目信息能够被及时、正确地产生、收集、发布、储存和最终处理而所需要的各个过程，由沟通计划编制、信息发送、绩效报告和管理收尾构成。

模块8 项目风险管理

描述了有关识别、分析和应对项目风险的各个过程，由风险管理计划、风险识别、定性风险分析、定量风险分析、风险应对计划编制和风险监控构成。

模块9 项目采购管理

描述了用以从执行机构以外获得物资和服务所需要的各个过程，由采购计划编制、询价计划编制、询价、供方选择、合同管理和合同收尾构成。

1.2.3.3 项目管理知识体系五个过程域的简介

项目管理知识体系 PMBOK 把项目管理运作分为五个过程，分别为启动过程、计划过程、执行过程、监控过程与收尾过程，如图 1－2－3 所示。

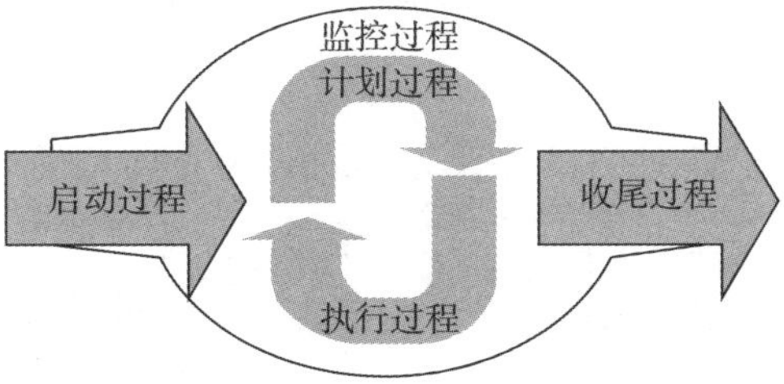

图 1－2－3　项目管理知识体系五个过程

（1）启动过程。成立项目组开始项目或进入项目的新阶段。启动是一种认可过程，用来正式认可一个新项目或新阶段的存在。

（2）计划过程。定义和评估项目目标，选择实现项目目标的最佳策略，制订项目计划。

（3）执行过程。调动资源，执行项目计划。

（4）监控过程。监控和评估项目偏差，必要时采取纠正行动，保证项目计划的执行，实现项目目标。

（5）收尾过程。正式验收项目或阶段，使其按程序结束。每个管理过程包括输入、输出、所需工具和技术。各个过程通过各自的输入和输出相互联系，构成整个项目管理活动。

1.2.3.4　项目知识管理体系（PMBOK）的项目质量管理介绍

项目质量管理体系包括了保证项目满足其目标要求所需要的过程。它涵盖了全面管理职能的所有活动，这些活动决定着质量的政策、目标、责任，并在质量管理体系中凭借质量计划编制、质量控制、质量保证和质量提高等措施决定着对质量方针的执行、对质量目标的完成以及对质量责任的履行。

（1）质量计划编制——确定与项目相关的质量标准，并决定如何满足这些标准。

（2）质量保证——定期评价总体项目绩效，以提供项目满足相关质量标准的信心。

（3）质量控制——监控具体项目结果以确定其是否符合相关的质量标准，并制定相应措施来消除导致绩效不令人满意的原因。

这些过程彼此之间及其与其他知识领域的过程之间存在相互的影响。根据项目需要，每一过程都包含了一个或多个人或团体的共同努力。在每一个项目阶段中，每一过程一般至少涉及一次。虽然这里各个过程是作为彼此独立、相互间有明确分界的组成部分分别介绍的，但在实践中，它们可能会交叉重叠，互相影响。

项目质量管理不仅针对项目的管理，同时针对项目的产品。任何方面没能满足质量要求都将对部分或全部项目以及相关人员造成严重的消极后果。例如：

- 通过项目管理团队加班以达到顾客要求，可能会增加雇员之间的摩擦，造成消极后果；
- 为了达到项目进度计划目标而匆匆进行项目质量检查，可能有些缺陷不会被发现，从而造成消极后果。

1）质量计划编制

输入	方法和技术	输出
① 质量方针	① 收益/成本分析	① 质量管理计划
② 范围说明书	② 制订基准计划	② 操作定义
③ 产品说明书	③ 流程图	③ 检查表
④ 标准和规范	④ 试验设计	④ 其他过程输入
⑤ 其他过程输出	⑤ 质量成本	

质量计划编制就是确定与项目相关的质量目标和标准并决定达到目标和标准的方法。它是项目计划制订中主要的组成过程之一，应该定期进行，并与其他项目计划编制过程同步。例如，预期的质量管理可能要求对成本和进度做调整，或预期的产品质量可能要求对一个特定问题做详细的风险分析。在ISO 9000系列出台之前，这里所描述的质量计划编制活动作为质量保证的一部分而被广泛讨论。

本文讨论的质量计划编制技术是在项目上最常用到的。同时，还有许多技术对特定的项目或某些应用领域有用。

项目管理团队应意识到现代质量管理的基本宗旨——质量出自计划，而非出自检查。

（1）质量计划编制的输入

① 质量方针。质量方针是“由组织的最高管理层正式发布的该组织关于质量的总宗旨和总方向”。执行组织的质量方针可以被项目随时作为标准采用并应用于项目。但是，如果执行组织缺少正式的质量方针，或项目涉及多个执行组织（如合资），则项目管理团队需要为项目编制质量方针。

无论质量方针源于何处，项目管理团队都应了解所执行的质量方针。项目管理团队有责任保证项目干系人全面获知质量方针。

② 范围说明书。范围说明书是质量计划编制的关键输入，因为它书面说明了主要的项目可交付成果和项目目标，用以定义主要项目干系人的需求。

③ 产品说明书。虽然产品说明书的成分在范围说明书中有所体现，但是产品描述经常包含可能影响质量计划编制的技术要点和其他注意事项的详细内容。

④ 标准和规范。项目管理团队必须考虑到特定应用领域中可能影响项目的标准和规范。

⑤ 其他过程输出。除了范围说明书和产品说明书，其他知识领域的过程可能产生应视作质量计划编制一部分的输出。例如，采购计划编制可能需要确定承包商的质量要求，而该要求应该在总体质量管理计划中有所反映。

（2）质量计划编制的方法和技术

① 收益/成本分析。质量计划编制过程必须考虑收益/成本之间的平衡，符合质量要求根本的好处在于降低返工率，这意味着较高的生产率、较低的成本和项目干系人满意度的提高。达到质量要求的主要成本是项目质量管理相关活动所发生的成本。

② 制订基准计划。制订基准计划涉及将实际的或根据计划的项目实践同其他项目的情况进行比较，以产生改进的思想，并且提供一套衡量业绩的标准。其他项目可以是执行组织内部的项目，也可以是其外部的项目；可以是同一个应用领域的项目，也可以是其他应用领域的项目。

③ 流程图。流程图是反映与一个系统相联系的各部分之间相互关系的图。常用在质量管理中的流程图技术包括因果分析图，也称鱼刺图，它反映了潜在问题或结果与各种因素之间的相互关系。流程图能帮助项目管理团队预测在何处可能发生何种质量问题，因此可以有助于制订处理问题的办法。

④ 试验设计。试验设计是一种统计方法，它帮助人们识别影响特定变量的因子。这项技术最常用于项目产品分析（例如，汽车设计人员可能希望确定能够以合理的成本产生最满意的驾驶特性的悬架和轮胎的组合方案）。事实上，它也同样能应用于诸如成本和进度计划平衡的项目管理问题。例如，高级工程师比初级工程师成本高，但能在较短的时间内完成指定的工作。适当设计的“实验”（在这种情况下，根据初级和高级工程师的不同组合计算各自的项目成本和工期）通常能从相关有限的几种情况中决定最佳的方案。

⑤ 质量成本。质量成本是指为了达到产品/服务质量而进行的全部工作所

发生的所有成本。这些努力包括为确保与要求一致而做的所有工作，以及由于不符合要求所引起的全部工作。这些工作引起的成本包括三种：预防成本、鉴定成本和故障成本，后者又可分解为内部与外部成本。

（3）质量计划编制的输出

① 质量管理计划。应该说明项目管理团队执行其质量方针的方式。按照ISO 9000术语，质量管理计划应描述项目的质量管理体系："实施质量管理所需的组织结构、责任、程序、过程和资源。"质量管理计划为项目总体计划提供输入，并为项目提出质量控制、质量保证和质量提高方面的措施。质量管理计划可以是正式的或非正式的、非常详细的或简要概括的，这取决于项目的要求。

② 操作定义。操作定义以非常专业的术语说明了某事物是什么及其在质量控制过程中如何测量的。同时，项目管理团队必须指出每一个活动是必须按时开始，还是只需要按时结束；是为单个活动进行测量，还是仅仅对某些可交付成果进行测量，如果是后者，是哪些可交付成果。在某些应用领域，操作定义也称为度量标准。

③ 检查表。检查表，通常由详细的条目组成，用于核实一系列要求的步骤是否已经实施的结构化工具。检查表可以简单或复杂。它们通常采用命令式的（"做这个!"）或询问式的（"你做完了吗?"）短语。许多组织拥有标准的检查表以保证频繁执行的任务的一致性。在某些应用领域，检查表来自专业协会或商业服务组织。

④ 其他过程的输入。质量计划编制过程可以为其他领域进一步的活动确定需求。

2）质量保证

输入	方法和技术	输出
① 质量管理计划 ② 质量控制测量结果 ③ 操作定义	① 质量计划编制的方法与技术 ② 质量审计	① 质量提高

质量保证是在质量管理体系中实施的全部有计划、有系统的活动，以提供满足项目相关标准的信心。它应贯穿于整个项目。在ISO 9000系列出台之前，质量计划编制中描述的活动被广泛地包括在质量保证中。

通常质量保证由质量保证部或类似名称的组织单位提供，但并非必须如此。

质量保证的提供对象可能是项目管理团队和执行组织的管理层（内部质量保证），或是顾客和间接涉及项目工作的其他单位（外部质量保证）。

（1）质量保证的输入

① 质量管理计划。质量管理计划在前面章节中进行了描述。

② 质量控制测量结果。质量控制测量结果是质量控制测试和测量的记录，其记录格式用于比较和分析。

③ 操作定义。操作定义在前面章节中进行了描述。

（2）质量保证的方法和技术

① 质量计划编制的方法与技术。在前面章节描述的质量计划编制的工具和技术同样适用于质量保证。

② 质量审计。质量审计是对其他质量经营活动的结构性审查。质量审计的目的是识别出取得的可提高本项目或执行组织内的其他项目实施水平的经验。质量审计可能是计划安排的或随机的，可以由经过适当培训的内部审计员或诸如质量管理体系注册机构的第三方进行。

（3）质量保证的输出

① 质量提高。质量提高包括为提高项目效率和效果而采取措施，从而向项目干系人提供额外收益。在大多数情况下，实施质量提高措施需要准备变更申请或采取纠正措施，并且应按照总体变更控制程序处理。

3）质量控制

输入	方法和技术	输出
① 工作结果 ② 质量管理计划 ③ 操作定义 ④ 检查表	① 检查 ② 控制图 ③ 帕累托图 ④ 统计抽样 ⑤ 流程图 ⑥ 趋势分析	① 质量提高 ② 验收决定 ③ 返工 ④ 完成的检查表 ⑤ 过程调整

质量控制是监控具体项目结果以决定它们是否符合相关的质量标准及确定并排除不满意结果原因的方法。质量控制应贯穿于整个项目。项目结果包括产品结果（如可交付成果）和项目管理结果（如成本和进度计划绩效）。通常质量控制由质量控制部或具有类似名称的组织单位执行，但并非必须如此。

项目管理团队应具有质量控制统计的工作知识，尤其是抽样和概率，以帮助他们评估质量控制的输出。另外，他们必须知道以下所列各项之间的差别。

- 预防（把错误排除在过程之外）和检查（把错误排除在到达顾客之前）。
- 特性抽样（结果符合或不符合）和变量抽样（结果是在测量符合程度的连续坐标系排列表示）。
- 特殊原因（异常事件）和随机原因（正常过程偏差）。
- 许可的误差（如果在许可的误差规定范围内，结果是可以接受的）和控制限度（如果结果在控制限度内，表明过程在控制之中）。

（1）质量控制的输入

① 工作结果。工作结果包括过程结果和产品结果。可以在有关实际结果的信息中得到关于计划或期望结果的信息（来自项目计划）。

② 质量管理计划。质量管理计划在前面章节中进行了描述。

③ 操作定义。操作定义在前面章节中进行了描述。

④ 检查表。检查表在前面章节中进行了描述。

（2）质量控制的方法和技术

① 检查。检查包括为确定结果是否符合需求所采取的诸如测量、检查和测试等活动。检查可在任何层次上执行（例如，可能检查单个活动的结果，也可能检查项目的最终产品）。检查也被称为审查、产品审查、审计和巡回检查；在一些应用领域，这些词汇具有狭义和特定的意义。

② 控制图。控制图是过程的结果随时间变化的图形显示。它用于确定过程是否“在控制之中”（例如，结果中的偏差是因随机变化而产生的，还是异常事件引发的。若是异常事件引发的，就需要确定异常事件的起因并进行纠正）。当过程在控制之中时，不应该对其进行调整。为了提供改进，过程可以改变，但当其在控制之中时不应进行调整。

控制图可以用来监控任何类型的输出变量。虽然通常用于跟踪诸如批量加工等重复活动，控制图也能用于监控成本和进度计划的偏差、范围变更的幅度和频度、项目文档中的错误或其他管理结果，以帮助确定“项目管理的过程”是否在控制之中。

③ 帕累托图。帕累托图是一种按发生频率排序的直方图，它显示了可识别原因的种类和所造成的结果的数量。等级排序用于指导纠正措施——项目管理团队应采取措施首先解决造成最大数目缺陷的问题。帕累托图概念上与帕累

托定律相关，此定律认为绝大多数的问题或缺陷产生于相对有限的起因。

④ 统计抽样。统计抽样涉及选取收益总体的一部分进行检查（例如，从75张设计图纸中随机抽取十张）。适当的采样经常能降低质量控制成本。关于统计抽样有一整套完整的知识体系。在一些应用领域，项目管理团队有必要熟悉各种抽样技术。

⑤ 流程图。流程图在前面章节中进行了描述。在质量控制中它用来帮助分析问题是如何产生的。

⑥ 趋势分析。趋势分析涉及根据历史结果，利用数学技术预测未来的成果。趋势分析经常用于监控：

- 技术绩效——鉴定出了多少错误或缺陷，还剩多少没有得到纠正。
- 成本和进度计划绩效——在一段时间内，完成了多少有重大偏差的活动。

（3）质量控制的输出

① 质量提高。质量提高在前面中进行了描述。

② 验收决定。检查的项目不是接受就是拒绝。拒绝的项目可能需要返工。

③ 返工。返工是为符合要求和规范而对缺陷或不合格项所采取的措施。在大多数应用领域，返工，尤其是不曾预料到的返工，是项目超限的常见原因。项目管理团队应尽最大努力减少返工。

④ 完成的检查表。当运用检查表的时候，完成的检查表应作为项目记录的一部分。

⑤ 过程调整。过程调整涉及质量控制测量的结果，一般地都是需要立即采取的纠正和预防措施。但在有些情况下，过程调整可能需要按照总体变更控制的程序处理。

1.2.4 门径管理系统（SGS）

1.2.4.1 门径管理系统简介与基本思想

门径管理系统，简称SGS（Stage - Gate System）。由罗勃特·G. 库珀（Robert G. Cooper）于20世纪50年代创立一种新产品开发（NPD，New Product Development）流程管理技术，并应用于美国、欧洲、日本的企业指导新产品开发。此法被视为新产品发展过程中的一项基础程序和产品创新的过程管理工具。其基本思想是把项目做正确——听取消费者的意见，做好必要的前期准备工作，采用跨职能的工作团队以及做正确的项目——进行严格的项目筛选和组合管理。

1.2.4.2 门径管理系统运作路线图与关键节点模型

门径管理流程是一个运作的路线图，指导一个新产品项目从创意的产生到产品上市的全过程。它允许组织利用管理决策关卡将新产品开发的工作量划分为几个阶段。在获得批准进入下一个阶段之前，负责给定阶段的团队必须成功地完成该阶段内预先定义的一系列相关活动。

门径管理流程是一个有效地控制开发费用的方式，因为它们允许管理层对当前阶段的费用进行评估，经过批准后才能进入下一个阶段。对组合方法进行恰当的自动化和整合后，它们还能够加速决策过程，并保证将资金投入最有价值的投资。

门径管理以设计新产品设计开发的门径管理流程及新产品的生命周期评估（新产品构思—确定范围—确立商业项目—新产品开发—测试与修正—投放市场）为主线，确定新产品设计开发的流程管理目标，关注产品开发流程。

新产品开发流程——门径管理流程，其模型如图 1－2－4 所示。

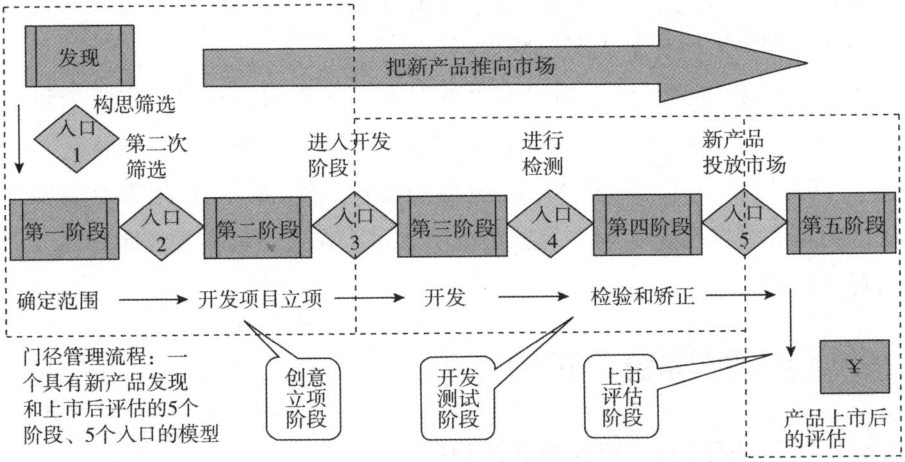

图 1－2－4 门径管理流程模型

（1）观察。快速地对每一个项目进行初步调查。通过案头研究提供信息，限制项目数量。

（2）构建产品框架。进行更为细致的市场调研和技术研究，产品框架必须包括产品功能定义、产品开发理由以及产品项目方案。

（3）开发。新产品详细的设计和开发，并行简单的产品测试。同期亦要敲定产品生产方案与市场方案。

（4）测试与确认。在实验室、生产一线以及市场上展开大规模产品测试。

（5）投产、上市。大规模生产、推广与销售。产品/运营、市场投放、分销渠道、质量保证都是这一步的工作，还要执行投产上市后的评估。

1.2.5 产品及周期优化法（PACE）

1.2.5.1 产品生命周期优化法的简介

PACE（Product And Cycle Excellence，产品生命周期优化法，是全球领先的设计开发咨询机构 PRTM 企业提出的设计开发管理模式），是 50% 以上的世界 500 强所采用的一套先进、成熟的设计开发管理思想、模式和方法，以提升创新能力。

PACE 认为产品开发是一个可以管理、可以控制及改善的流程；产品开发过程需加以定义和实施，以保证企业相关人员都能有共同的认识，知道如何协调和配合；产品开发需在一个公共决策流程中予以管理，高层管理者或产品经理管理的重心就是决策和均衡开发进程的关键点，产品开发步骤需纳入一个逻辑流程框架中，每个阶段都需要按部就班地操作，不应该忽视任何一项准备工作；产品开发项目小组与管理高层需建立新的组织模型，产品开发团队应有一位经授权的产品经理和若干跨职能的成员，管理高层应转为产品管理委员会。

1.2.5.2 产品生命周期优化法（PACE）的优点

产品生命周期优化法（PACE）给企业带来巨大效益，以下几点最为典型：

（1）产品投入市场时间缩短了 40% ~60%；

（2）产品开发浪费减少了 30% ~50%；

（3）产品开发生产力提高了 25% ~30%；

（4）新产品收益（占全部收益的百分比）增加了 100%。

以上这些收益一般在实施 PACE 项目管理要素之后可获得，如阶段性审核、核心小组、结构化开发以及开发工具和技巧等。这些要素对快速、高质、可预见项目的执行均起到重要作用，同时也是第一重要改进阶段的组成部分。

1.2.5.3 产品及周期优化法（PACE）的主要核心内容

PACE 认为产品开发要关注七个核心要素，包括阶段评审决策、建立跨职能的核心小组、采用结构化的开发流程、运用各种开发工具和技术，此外还要建立产品战略、进行技术管理、对多个产品及资源的投入进行管道管理。

1.2.5.4 产品生命周期优化法（PACE）阶段评审决策机制

所有的企业都有一个新产品决策流程，尽管他们可能并没有认识到这是一个有明确定义的流程。在决策流程薄弱的企业，因优柔寡断造成的延误很普遍。例如，如果某个实际流程是顺序性的，要求许多经理一一确认某产品设计概念的优劣，那么启动延误就会发生。我们看到，许多良机的错失，只是因为产品先驱们不知道如何运作这种不正规的决策流程。

产品开发是由决策流程来推动的，这一流程在最初阶段决定要开发什么产品及如何分配产品开发资源，在开发过程中决定这一产品是否继续开发下去。通过这一流程，高层领导可以引导产品开发，实施产品战略，并授权项目小组开发新产品。

在 PACE 流程中，新产品决策是通过阶段评审过程实施的，这种阶段评审需要在开发过程中一些具体定义点上做出决策。一个产品开发项目必须在预定时间内达到明确定义的目标，才能获准进入下一阶段。

产品审批委员会（PAC）是指在一个部门或一个企业内负责主要新产品决策的高层领导小组。PAC 有权在开发周期内的具体决策点通过给新产品拨付资金或修改新产品的途径来批准或拒绝新产品。PAC 负责通过产品开发活动实施企业的战略，所以，具有资源分配权，以推进新产品的开发。

PACE 通过阶段评审过程来做出决策分配资源。没有这样一个过程，高层领导就几乎不可能有效地引导新产品的开发。然而，只有一个评审过程（或有类似的一个过程，如把关过程或阶段开发过程）是不够的。定义不清、实施不当，或与开发过程中的其他必要要素不协调，都可能使评审过程效率低下。

阶段评审流程在产品开发中还扮演另一个重要角色。通过它，PAC 可以直接明了授权项目小组分阶段开发产品。项目小组对产品提出详细的建议，提交产品开发计划，并申请下一个开发阶段所需的资源。如果 PAC 批准工作小组的各项建议，它会赋予项目小组以权力、责任，以及实施小组计划的下一阶段所需要的资源。

阶段评审流程就像一个漏斗，在最初的概念阶段会有很多产品创意涌入，在开发过程中，经过每个阶段的决策筛选，最后只剩下很小一部分最可能取得市场成功的产品，它们会得到正确的投资，如图 1-2-5 所示。

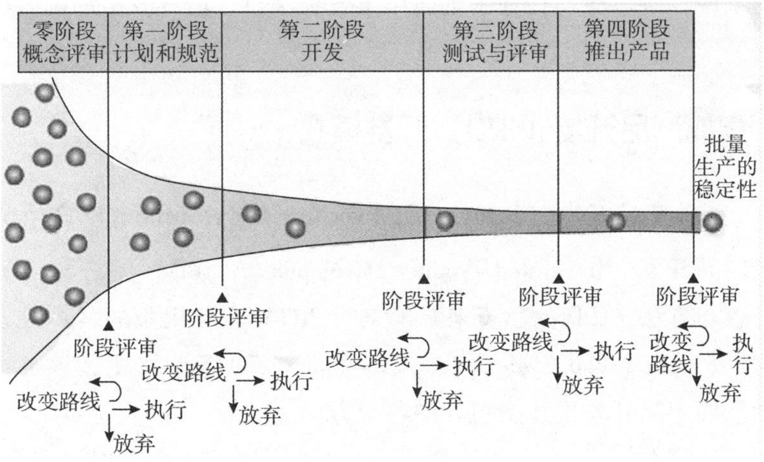

图 1-2-5　阶段评审流程

项目小组的构成是产品开发流程的一个关键要素。一个高效的项目小组能极大地增进沟通、协调和决策。核心小组（core team approach）是有权开发特定产品的一个小型跨部门项目小组。一个典型的核心小组有 5～8 个成员，有权利也有责任管理所有与开发该特定产品相关的任务。这些特定任务分配到核心小组的每个成员身上，每个成员都利用为该项目服务的人员完成这些任务。小组成员们对指定给他们的工作进行引导，与职能部门打交道，并作为核心小组的一员集体做出决策。PACE 则在开发工作的每一阶段通过阶段评审过程赋予核心小组人员责任和权利。每个核心小组都有一个指导和引导小组工作的领导人。小组在执行每一开发阶段时遵守与 PACE 签订的“合同”，该合同规定出重大项目目标以及可变动的范围。

在 PACE 范围内，核心小组用结构化开发流程开发产品，这将确保一致性并避免各小组创立各自的流程。一个通用的结构化流程也可以使用通用的周期时间指南并为持续改进打下基础。

按照 PACE 的方法，一个结构化开发流程包括几个等级。在阶段评审流程所提供的框架中，一般有 15～20 个主要步骤来定义一个企业的产品开发流程，每一步又分成 10～30 项任务，规定每一步如何在企业里得以实施。这些任务又为每一步骤定义出标准周期时间，因此可以根据这些基本步骤绘制进度表、预估资源需求、制订计划并进行管理。每一项任务还可进一步细分成各种各样的开发活动。根据任务的性质，每一步骤的开发活动数量从几个到三四十个不等。总的来说，各步骤与任务永远适用于各种项目，但开发活动则因项目不同而不同。

1.2.6 集成产品开发（IPD）开发模式

1.2.6.1 集成产品开发（Integrated Product Development）产生背景

集成产品开发（Integrated Product Development，IPD）是一套产品开发的模式、理念与方法。IPD 的思想来源于美国 PRTM 企业出版的《产品及生命周期优化法》（Product and Cycle – time Excellence，PACE）一书，该书中详细描述了这种新的产品开发模式所包含的各个方面。

最先将 IPD 付诸实践的是 IBM 企业，1992 年 IBM 在激烈的市场竞争下，遭遇到了严重的财政困难，企业销售收入停止增长，利润急剧下降。经过分析，IBM 发现他们在设计开发费用、设计开发损失费用和产品上市时间等几个方面远远落后于业界最佳。为了重新获得市场竞争优势，IBM 提出了将产品上市时间压缩一半，在不影响产品开发结果的前提下，将设计开发费用减少一半的目标。为了达到这个目标，IBM 企业率先应用了集成产品开发（IPD）的方法，在综合了许多业界最佳实践要素的框架指导下，从流程重整和产品重整两个方面来达到缩短产品上市时间、提高产品利润、有效地进行产品开发、为顾客和股东提供更大价值的目标。

IBM 企业实施 IPD 的效果不管在财务指标还是质量指标上都得到验证，最显著的改进在于以下几个方面：

（1）产品设计开发周期显著缩短；

（2）产品成本降低；

（3）设计开发费用占总收入的比率降低，人均产出率大幅提高；

（4）产品质量普遍提高；

（5）花费在中途废止项目上的费用明显减少。

在 IBM 成功经验的影响下，国内外许多高科技企业采用了集成产品开发（IPD）模式，如美国波音企业和深圳华为企业等，都取得了较大的成功。实践证明，IPD 既是一种先进思想，也是一种卓越的产品开发模式。

1.2.6.2 集成产品开发 IPD 核心思想和框架

集成产品开发 IPD 作为先进的产品开发理念，其核心思想概括如下。

（1）新产品开发是一项投资决策。IPD 强调要对产品开发进行有效的投资组合分析，并在开发过程设置检查点，通过阶段性评审来决定项目是继续、暂停、终止还是改变方向。

（2）基于市场的开发。IPD 强调产品创新一定是基于市场需求和竞争分析的创新。为此，IPD 把正确定义产品概念、市场需求作为流程的第一步，开始就把事情做正确。

（3）跨部门、跨系统的协同。采用跨部门的产品开发团队（Product Development Team，PDT），通过有效的沟通、协调以及决策，达到尽快将产品推向市场的目的。

（4）异步开发模式，也称并行工程。就是通过严密的计划、准确的接口设计，把原来的许多后续活动提前进行，这样可以缩短产品上市时间。

（5）重用性。采用公用构建模块（Common Building Block，CBB）提高产品开发的效率。

（6）结构化的流程。产品开发项目的相对不确定性，要求开发流程在非结构化与过于结构化之间找到平衡。

集成产品开发 IPD 框架是 IPD 的精髓，它集成了代表业界最佳实践的诸多要素，具体包括异步开发与共用基础模块、跨部门团队、项目和管道管理、结构化流程、顾客需求分析（$ APPEALS）、优化投资组合和衡量标准共七个方面，即 IPD 框架，如图 1－2－6 所示。

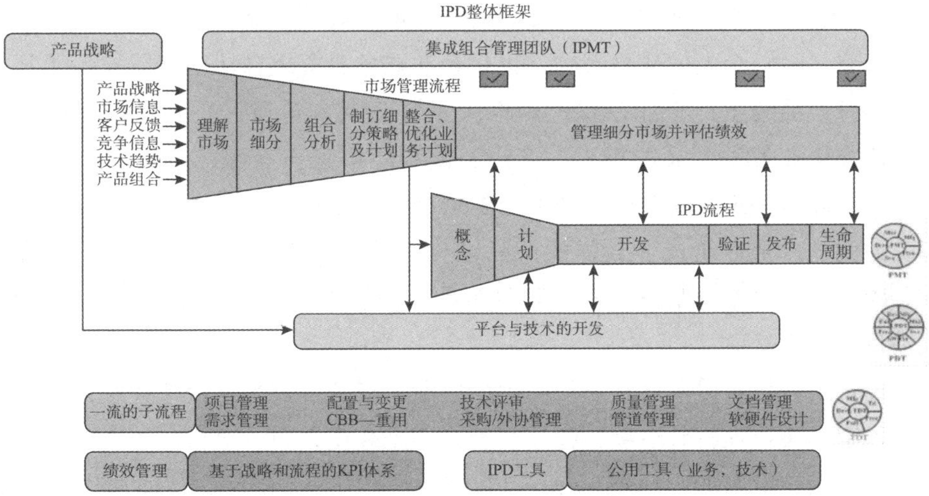

图 1－2－6　IPD 框架

1.2.6.3　集成产品开发 IPD 框架中核心内容的简介

1）市场管理

市场管理从顾客、投资、市场等产品生存的外在客观环境因素来影响产品的特性和生命，包括以下三个方面。

（1）顾客需求分析

可以说，没有需求就没有软件，缺乏好的、及时的市场需求是项目方向偏离和产品失败的最主要原因。IPD 使用一种用于了解顾客需求、确定产品市场定位的工具——$APPEALS 进行需求分析。$APPEALS 从八个方面衡量顾客对产品的关注，确定产品的哪一方面对顾客是最重要的。$APPEALS 的含义如下：$——产品价格（Price）；A——可获得性（Availability）；P——包装（Packaging）；P——性能（Performance）；E——易用性（Easy to use）；A——保证程度（Assurances）；L——生命周期成本（Life cycle of cost）；S——社会接受程度（Social acceptance）。

（2）投资组合分析

IPD 强调对产品开发进行有效的投资组合分析。如何正确评价、决定企业是否开发一个新产品，以及正确地决定对各个新产品的资金分配额，就需要测定新产品的投资利润率。只有明确了投资利润率的各种静态和动态的决定因素和计算方法，企业才能对产品战略做出正确的判断和决策，进而确定产品开发的投资。

企业能否有效地掌握投入资金的对策，取得好的产品资金效果，提高资金运营效率，是一个大的战略问题，也是企业业务投资组合计划的任务。尤其是经营多种产品的生产企业，要正确地决定资金投入对策，还必须研究产品结构，研究企业各种产品的投入、产出、创利与市场占有率、市场成长率的关系，然后才能决定对众多产品如何分配资金。这是企业产品投资组合计划必须解决的问题。企业组成什么样的产品结构？总的要求应是各具特色，经济合理。因此，需要考虑服务方向、竞争对手、市场需求、企业优势、资源条件、收益目标等因素。

投资组合分析要贯穿整个产品生命周期，在开发过程设置检查点，通过阶段性评审来决定项目是继续、暂停、终止还是改变方向。通常在各个阶段完成之后，要做一次 GO/NO GO 决策，以决定下一步是否继续，从而可以最大限度地减少资源浪费，避免后续资源的无谓投入。

（3）衡量指标

投资分析和评审的依据是事先制订的衡量指标，包括对产品开发过程、不同层次人员或组织的工作绩效进行衡量的一系列指标。如产品开发过程的衡量标准有硬指标（如财务指标、产品开发周期等）和软指标（如产品开发过程的成熟度）；衡量标准有投资效率、新产品收入比率、被废弃的项目数、产品上市时间、产品盈利时间、共用基础模块的重用情况等。

2）流程重整

IPD 中的流程重整主要关注于跨部门的团队、结构化的流程、项目和管道管理。在结构化流程的每一个阶段及决策点，由不同功能部门人员组成的跨部门团队协同工作，完成产品开发战略的决策和产品的设计开发，通过项目管理和管道管理来保证项目顺利地得到开发。

（1）跨部门团队

组织结构是流程运作的基本保证。在 IPD 中有两类跨部门团队，一个是集成产品管理团队（IPMT），属于高层管理决策层；另一个是产品开发团队（PDT），属于项目执行层。

IPMT 和 PDT 都是由跨职能部门的人组成，包含了开发、市场、生产、采购、财务、制造、技术支援等不同部门的人员，其人员层次和工作重点都有所不同。IPMT 由企业决策层人员组成，其工作是确保企业在市场上有正确的产品定位，保证项目、保证资源，控制投资。IPMT 同时管理多个 PDT，并从市场的角度考察他们是否盈利，适时终止前景不好的项目，保证将企业有限的资源投到高回报的项目上。

PDT 是具体的产品开发团队，其工作是制订具体产品策略和业务计划，按照项目计划执行并保证及时完成，确保小组将按计划及时地将产品投放到市场。

PDT 是一个虚拟的组织，其成员在产品开发期间一起工作，由项目经理组织，可以是项目经理负责的项目单列式组织结构。

（2）结构化流程

IPD 产品开发流程被明确地划分为概念、计划、开发、验证、发布、生命周期六个阶段，并且在流程中有定义清晰的决策评审点。这些评审点上的评审已不是技术评审，而是业务评审，更关注产品的市场定位及盈利情况。决策评审点有一致的衡量标准，只有完成了规定的工作才能够由一个决策点进入下一个决策点。下面是典型的产品开发流程。

① 在概念阶段初期，一旦 IPMT 认为新产品、新服务和新市场的思想有价值，他们将组建并任命 PDT 成员。

② PDT 了解未来市场、收集信息、制订业务计划。业务计划主要包括市场分析、产品概述、竞争分析、生产和供应计划、市场计划、顾客服务支持计划、项目时间安排和资源计划、风险评估和风险管理、财务概述等方面信息，所有这些信息都要从业务的角度来思考和确定，保证企业最终能够盈利。

③ 业务计划完成之后，进行概念决策评审。IPMT 审视这些项目并决定哪些项目可以进入计划阶段。

④ 在计划阶段，PDT 综合考虑组织、资源、时间、费用等因素，形成一个总体、详细、具有较高正确性的业务计划。

⑤ 完成详细业务计划以后，PDT 提交该计划给 IPMT 评审。如果评审通过，项目进入开发阶段。PDT 负责管理从计划评审点直到将产品推向市场的整个开发过程，PDT 小组成员负责落实相关部门的支持。

⑥ 在产品开发全过程中，就每一活动所需要的时间及费用，不同层次人员、部门之间依次做出承诺。

（3）项目和管道管理

项目管理是使跨部门团队集合起来更好地行动的关键。首先要有一个目标，即项目所要达到的效果，一旦我们将顾客的需求转换为对产品的需求时，就可以制订详细计划。该计划中的各部分将具体划分为每个职能部门的工作，即这个计划不只是设计开发部门的计划，也是企业各个部门共同的计划。一个产品从概念形成到上市期间会涉及许多不同的紧密相连的活动，就好像不同职能部门彼此之间是有关系的。同样在一个项目中他们彼此之间的活动也是有关联的，所有的活动加起来就是整个的产品开发。

接下来安排活动的时间，然后对每个活动进行预算和资源的调配，在项目实施过程中还需要不断地与计划对照，因为没有任何一个计划是完善的，所以可以在细的层面上对计划进行一定的调整，但是 PDT 做出的承诺不能改变。整个项目的进行过程都需要 PDT 的参与，因此，PDT 在产品开发全流程中自始至终存在。

管道管理类似于多任务处理系统中的资源调度和管理，指根据企业的业务策略对开发项目及其所需资源进行优先排序及动态平衡的过程。

3）产品重整

IPD 提高开发效率的手段是产品重整。产品重整主要关注于异步开发和共用基础模块（CBB）。

（1）异步开发

异步开发模式的基本思想是将产品开发在纵向分为不同的层次，如技术层、子系统层、平台层等。不同层次工作由不同的团队并行地异步开发完成，从而减少下层对上层工作的制约，每个层次都直接面向市场。

通常，在产品开发过程中，由于上层技术或系统通常依赖于下层的技术，因此开发层次之间的工作具有相互依赖性，如果一个层次的工作延迟了，将会造成整个时间的延长，这是导致产品开发延误的主要原因。通过减弱各开发层次间的依赖关系，可以实现所有层次任务的异步开发。

为了实现异步开发，建立可重用的共用基础模块是非常重要的。

（2）共用基础模块

共用基础模块（Common Building Blocks，CBB）指那些可以在不同产品、系统之间共用的零部件、模块、技术及其他相关的设计成果。由于部门之间共享已有成果的程度很低，随着产品种类的不断增长，零部件、支持系统、供应商也在持续增长，这将导致一系列问题。事实上，不同产品、系统之间，存在许多可以共用的零部件、模块和技术，如果产品在开发中尽可能多地采用了这些成熟的共用基础模块和技术，无疑这一产品的质量、进度和成本会得到很好的控制和保证，产品开发中的技术风险也将大为降低。因此，通过产品重整，建立 CBB 数据库，实现技术、模块、子系统、零部件在不同产品之间的重用和共享，可以缩短产品开发周期、降低产品成本。CBB 策略的实施需要组织结构和衡量标准的保证。

不管是异步开发还是共用基础模块的实现，都需要很高水平的系统划分和接口标准制订，需要企业级的构架师进行规划。

1.2.7 产品生命周期管理（PLM）

1.2.7.1 产品生命周期管理（Product Liftcycle Management）简介

产品生命周期管理（PLM，Product Liftcycle Management）是指对产品从概念设计、详细设计、生产、投用、维护和后期服务直到产品退出市场并消亡的完整生命周期的管理，是一种先进的企业信息化思想，它让人们思考在激烈的市场竞争中如何用最有效的方式和手段来为企业增加收入和降低成本。国际上也将 PLM 定位于协同产品定义管理（collaborative Product Definition management，cPDm）领域，将企业生命周期模型分解为三个主要的生命周期：产品生命周期、制造生命周期、企业运营生命周期（如图 1－2－7 所示）。

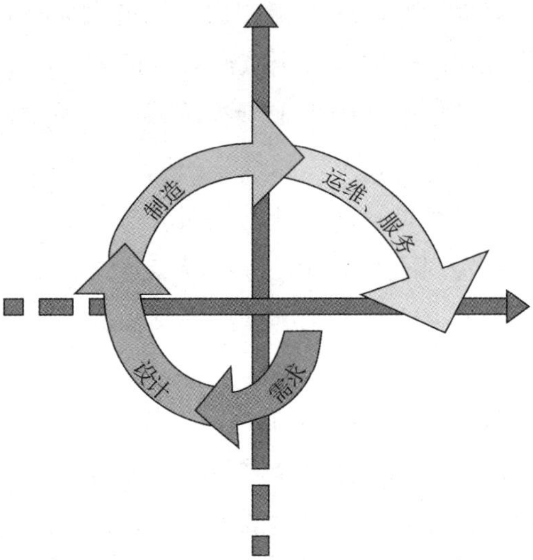

图 1－2－7　产品生命周期

产品定义包括了一套完整的信息，如定义产品是如何设计、如何制造及如何服务的。产品定义是企业的一种智力资源，任何产品定义都必须是可保持、可维护和可扩展的，并且它不仅限于一家企业使用，还应广泛地应用于各大企业，包括它们的供应商、合作商及顾客。产品生命周期的管理就是对产品定义的管理，是对企业智力资产的管理。

一个完整的产品生命周期，是从早期的顾客需求和产品概念开始，直到产品过时，生产商停止供应，产品消亡，这就是完整的产品生命周期，它涉及机械设备、电子元件、药品、软件等多种类型的产品。

产品制造生命周期包含了所有与产品的生产和销售相关的活动。企业运营生命周期提供了企业的人力、物力、财力和所需资源。产品生命周期管理是对智力资产的管理，产品制造生命周期是对有形资产的管理，企业运营生命周期是对资源的管理。

1.2.7.2　产品生命周期管理的理论体系技术框架

产品生命周期管理起源于产品数据管理，它是以工程设计为基础的。但是，近些年来，随着企业间协作关系的不断发展，以及工业技术领域的拓展，对产品数据管理的认识已在相当大程度上有所拓展和提高，产品数据管理中被加入了协同、集成、可视化等概念。它的概念为支持产品生命周期的管理提供了企业应用的理论基础。如图 1－2－8 所示。

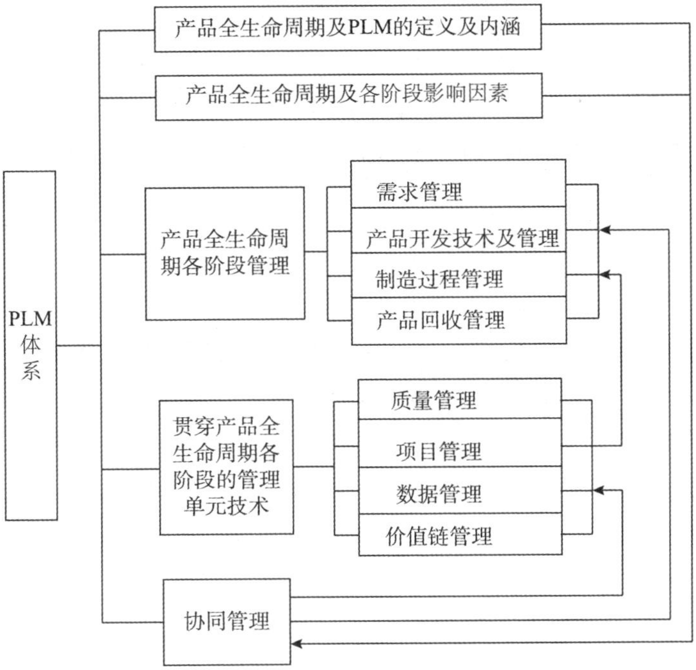

图 1－2－8　产品生命周期管理（PLM）理论体系技术框架

1.2.8　产品价值管理（PVM）

1.2.8.1　产品价值管理的简介

产品价值管理（PVM）的思想是基于盈利模式、唐纳德·莱曼（D. Lehmann）和莫尔·克劳福德（Merle Crawford）的《产品管理》（Product Management），以及 SGS 门径管理系统，于 2002 年创立的最新产品开发和产品管理模式，在欧洲、美国、日本被许多中小企业及全球知名品牌企业所采用。PVM 详细介绍了盈利模式及其设计方法，以顾客、需求和市场为焦点，以竞争和利润为导向，从企业愿景、战略落实到产品规划，围绕产品管理和产品生命周期轴线，讨论了新产品从概念构思到商业化的整个过程，强调基于商业模式的价值链和价值流分析，合理的战略与严密的评价程序是产品创新（开发）的可靠保证。

1.2.8.2 产品价值管理（PVM）的基本思想

（1）做正确的事——战略决定方向，模式决定绩效，强调产品规划和产品管理。

（2）正确地做事——流程决定方法，关注产品需求分析、产品策划、技术开发和营销组合管理。

（3）正确地做成正确的事——能力决定成败，认为项目管理是成功的保证。

1.2.8.3 产品价值管理（PVM）核心内容

（1）PVM 十分重视盈利模式和价值链分析，认为“成功基于优秀的组织，卓越源于非凡的盈利模式”。强调产品规划和产品管理，把研究重心从具体的产品开发层面提升到产品价值和战略层面。

（2）PVM 也认为需要有效的产品开发流程入口管理和决策评审，把产品开发流程和市场管理流程有机地融合在一起，以减少没有价值的产品浪费有限的企业资源。

（3）PVM 突出产品需求分析、产品概念和营销组合的协调，以实现顾客价值，发挥企业资源的组合优势。

（4）PVM 强调项目管理对于产品设计开发的核心作用，主张产品管理实行产品经理制。

（5）PVM 关注技术开发平台建设、核心技术开发和成本价值工程，认为系统化的思维方式是改善设计开发绩效的正确途径而非“KPI + BSC”。

（6）PVM 同时认为企业就是经营核心竞争力，倡导 R&D 策略联盟，企业间的竞争将转向产品管理的竞争。

1.3 质量信息系统及项目问题管理

产品设计开发过程中，通过对不同阶段的开发产品进行全方位地检验、测试、试生产和用户体验，可以详细了解开发产品是否达成项目设计交付目标，结合成熟度评价系统的应用，可以有效保证产品开发过程中的质量风险得到有效控制。

做好成熟度评价的前提是有完整的产品开发质量数据和质量问题分析数据，用“数据”说话最直接、最清晰明了、最有说服力。但我们很多企业却一直存在着没有质量信息、质量信息采集与管理不规范、质量问题追溯不易、质量决策与分析信息不全等问题。没有质量数据和质量问题分析数据，成熟度评价系统就成为无源之水、无本之木，是无法发挥其效用的。

因此，需要在企业质量管理中建立质量信息系统，将各类检验、测试、试生产、用户体验和产品质量相关的数据进行系统分类和保存，项目质量管理人员通过有计划地跟踪问题分析、验证，确保项目开发过程中所有项目相关问题得到有效关闭和管理，再针对项目问题进行全面收集、汇总和整理，以数据的形式反映当前项目质量状态，以质量成熟度评价系统分值的方式反映当前项目质量风险，达到项目质量风险可控的目的。

1.3.1 建立质量信息系统

为了能够正确地了解及解决问题，首先必须收集及分析相关资料，以确定问题的真相。没有确实的资料，就去尝试解决一个问题，与凭借感觉及预感拍脑袋下决定是没什么两样的，这并不是科学或客观的方法。去现场搜集资料，有助于真实了解目前专注的地方，以此作为质量控制、问题分析、管理决策、持续改善的出发点，因而建立质量信息系统至关重要。

质量信息系统是一个由企业根据质量经营现状和要求建立的能进行质量信息的收集、传递、存储、加工、维护和使用的系统。

质量信息系统模型，如图 1－3－1 所示。

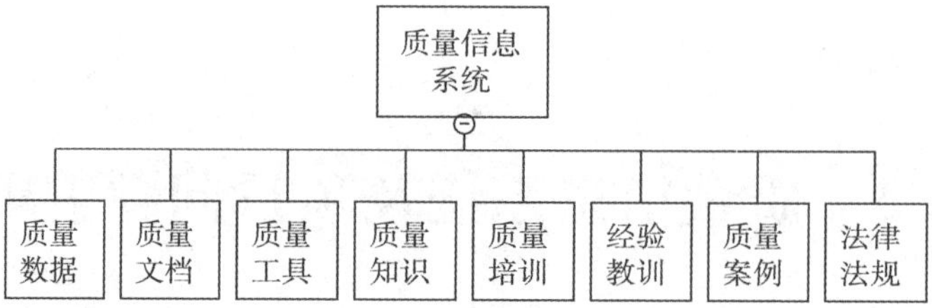

图1－3－1　质量信息系统

1.3.1.1　企业建立质量信息系统的意义

通过建立质量信息系统可以实现数据的搜集、信息求证和分析，经验的积累……质量信息系统的好处包括以下方面。

（1）是企业管理沉淀，一种重要资源。

（2）是质量经营中一个重要的组成部分。

（3）质量管理工作因为有效的质量信息流动并迅速反应而更加有效。

（4）是决策的基础，向企业高层提供决策性的信息，向中层提供效果性的信息，向基层提供操作性的信息。

（5）是实施管理控制的依据，如果你不知道自己在什么地方，你就无法控制，这有赖于你的信息系统。

（6）是联系企业内外的纽带，向股东展示质量的能力，向企业显示质量经营的状况，向顾客提供质量保证的信赖，向供应链提供质量改进的方向。

（7）具有广泛的质量信息和质量知识，质量经营活动选择的范围就可以扩大，选择范围扩大，就意味着可以选择更为有利的方法。相反，如果信息种类和信息量不是很充分，那么从中产生的方法必然是视野狭窄有限的东西。

（8）通过掌握广泛、准确的质量信息，为企业质量经营设定正确的方向，将使质量管理工作事半功倍。

（9）给企业提供十分巨大的质量改进机会，从而提高质量经营水平。

1.3.1.2　企业如何建立质量信息系统

质量信息系统不仅保存了项目质量数据，为项目设计开发过程质量成熟度评价系统提供数据基础，还能够整合质量文档、质量工具、质量知识、质量培训、经验教训和质量案例，从多个层面进行质量信息的控制与优化，促使整个质量管理过程都处于受控状态，为企业员工成长，为企业管理决策提供信息保障。

1.3.1.3 建立质量信息系统应注意的几个问题

实践证明，由于企业在质量信息系统建设之前考虑不周，导致系统建设好以后实际应用效果不佳的例子屡见不鲜。往往是一套系统并没有怎么使用，就需要构建新的系统，做成了“半拉子”工程。因此，我认为，企业在进行系统建设之前，应注意以下几方面的问题。

（1）在初期的准备阶段进行一些规划、调研、咨询、论证工作。

（2）准确定位自身需求，确定系统实现目标。

（3）参照行业中已取得成功的案例，吸收经验，博采众长。

（4）明确系统的目标和规模，甄别需要哪些信息，并非大而全就是最好的。

（5）并非需要自己建立，可以进行市场调查，选择优秀的系统集成商。

（6）信息系统安全问题，考虑备份和不同权限分配。

1.3.2 项目问题管理

中国有句古话叫“授人以鱼，不如授人以渔”，说的是传授给人既有知识，不如传授给人学习知识的方法。道理其实很简单，鱼是目的，钓鱼是手段，一条鱼能解一时之饥，却不能解长久之饥，如果想永远有鱼吃，那就要学会钓鱼的方法。项目设计开发过程会出现各式各样的问题，教人解决一个问题，不如教人解决问题的方法。

1.3.2.1 项目问题管理基本概念

问题是指目标与现实的差距。所以如果没有目标，也就没有问题。问题管理是以解决问题为导向，以挖掘问题、表达问题、归结问题、处理问题为线索和切入点的一套管理理论和管理方法。也可以说，问题管理就是借助问题进行的管理。

项目问题管理的目的是在设计开发过程中减少问题发生的数量、限制问题扩散的范围、缩短解决问题的时间、降低问题的严重程度。

解决问题的原则：三不放过。

（1）找不到具体责任人不放过——责任人没有受到教育不放过。

（2）找不到问题的真正原因不放过——在于你敢不敢把自己摆进去。

（3）找不到最佳解决方案不放过——方案落实不到位不放过。

1.3.2.2 项目问题管理活动内容

1）基本流程，如图 1-3-2 所示。

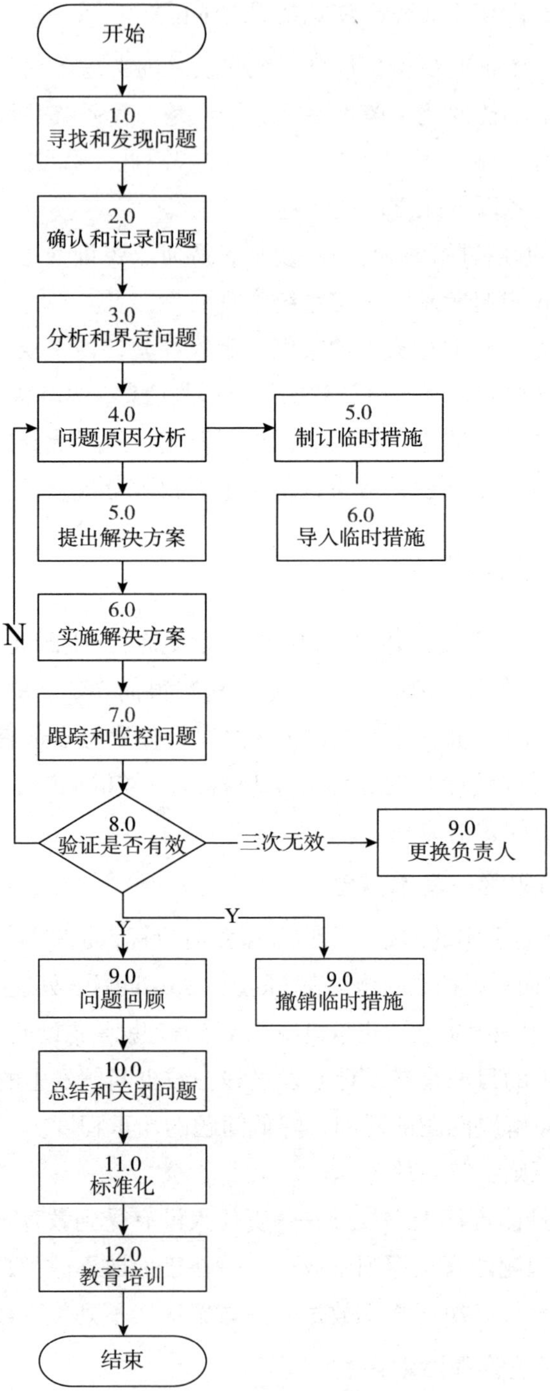
开始
1.0
寻找和发现问题
2.0
确认和记录问题
3.0
分析和界定问题
4.0
问题原因分析
5.0
制订临时措施
6.0
导入临时措施
5.0
提出解决方案
6.0
实施解决方案
N
7.0
跟踪和监控问题
8.0
验证是否有效
三次无效
9.0
更换负责人
Y
Y
9.0
问题回顾
9.0
撤销临时措施
10.0
总结和关闭问题
11.0
标准化
12.0
教育培训
结束

图 1－3－2　问题管理流程

2）项目问题管理主要任务

拟定问题跟踪表、问题确认、召开问题分析会议、设计修改、设计变更控制、问题跟踪、验证和关闭。

3）质量相关文档

风险评估报告、评审报告、调试报告、来料检验报告、试产报告、零件试流报告、测试报告、试用报告、顾客问题反馈记录。

4）项目问题质量常用管理方法和工具

问题跟踪工具、5W3H 分析法、问题解决七步法、8D 报告、过程能力分析、实验设计 DOE。

5）质量管理重点和注意事项

（1）问题发生后首先要做的是保留不良品，复现不良现象和步骤，记录问题和现场数据，给出临时措施，而不是去找谁的责任，要如何如何处罚，这样做没有任何意义，反而会引起大家的恐慌，不是去努力分析和解决问题，反而全力去如何撇清自己与问题间的关系，避免惹祸上身。一旦出现这种局面，各部门和人员之间就会相互推诿，谁也不愿意去处理问题，变成好像谁去处理谁就要承担责任一样。只有就事论事，先分析解决问题，问题解决了，谁导致的、什么原因导致的自然一目了然，该谁负责就由谁负责，该谁承担就由谁承担，自然不会再出现争议了，此点请质量处理人员务必谨记。

（2）问题发生第一时间去现场，看现物，了解问题实际现象，并记录问题复现过程和实际数据，必要时可以拍照片和视频记录。

（3）保留不良品，并标记清楚，避免误用。

（4）第一时间给出临时措施，避免问题和损失进一步扩散。

（5）明确问题责任部门和人员，跟踪责任人问题原因分析，提出改善措施，找到问题发生根源。

（6）确认措施导入结果，确保问题有效关闭。

1.4 产品设计开发过程质量成熟度评价系统的应用研究

1.4.1 产品成熟度评价系统应用研究

以下是某3G产品设计开发过程中应用产品成熟度评价系统的实际情况介绍（项目代号6600）。

1.4.1.1 产品定义阶段

项目组在识别并确认项目要求后，制订了项目计划，并对各个阶段的节点明确定义了产品成熟度评价阶段目标。

（1）准入中试阶段：< 800。

（2）准入小批量阶段：< 300，且不能有（4，A）、（3，A）和（4，B）问题。

（3）准入量产阶段：< 150，且不能有（4，A）、（3，A）、（2，A）、（3，B）和（4，B）问题。

1.4.1.2 样件阶段

测试完成后，项目组依照产品成熟度评价矩阵计算出了当前的产品成熟度评价指标。因为各阶段测试问题较多，此处只列出指标计算结果，就不列明细了，见表1－4－1。

表1－4－1　6600项目样件阶段产品成熟度评价矩阵指标

改善程度（evolution）	缺陷严重等级（severity）				
	A（20）	B（10）	C（5）	D（1）	Total
4	0	1	1	1	3
3	1	6	5	6	18
2	1	7	5	10	23
1	0	0	0	0	0
Total	2	14	11	17	44
产品成熟度评价指标	647				
产品成熟度评价阶段目标	<800				

经过计算产品成熟度评价指标符合阶段目标而且比较安全，经项目组评审讨论，决定项目可以进入中试阶段，改善验证和优化同步进行，项目进度得到提前。

1.4.1.3 中试阶段

项目组按照测试计划进行了完整的测试后，依照分类测试的结果，项目组汇总了所有的缺陷和分析措施，并定义了严重度和改善度。

分类计算出产品成熟度评价指标后累加，得到中试阶段的汇总产品成熟度评价指标，见表 1－4－2。

表 1－4－2　6600 项目中试阶段缺陷汇总表

改善程度（evolution）	缺陷严重等级（severity）				
	A（20）	B（10）	C（5）	D（1）	Total
4	0	0	0	0	0
3	0	4	1	0	5
2	0	5	2	2	9
1	0	0	1	2	3
Total	0	9	4	4	17
产品成熟度评价指标	266				
产品成熟度评价阶段目标	< 300，且灰色区域缺陷数为 0				

项目组评审讨论之后认为，虽然指标数 266 达到了 < 300 的阶段目标，但接近于阶段目标值，为了确保小批量阶段顺利通过，对于（B，3）级的 4 个缺陷，项目组专门手工制作了改善试验品后对其中可靠性的 3 项进行了模拟验证测试，确认了改善措施的有效性，针对软件 BUG 也专门升级了一个版本确认 B 级问题（1 项 B3 和 2 项 B2）。此时，产品成熟度评价指标降低为 166，项目顺利通过节点评审，进入小批量阶段，见表 1－4－3。

表 1－4－3　6600 项目中试阶段产品成熟度评价矩阵指标

改善程度（evolution）	缺陷严重等级（severity）				
	A（20）	B（10）	C（5）	D（1）	Total
4	0	0	0	0	0
3	0	0	1	0	5
2	0	3	2	2	9
1	0	6	1	2	3
Total	0	9	4	4	17
产品成熟度评价指标	166				
产品成熟度评价阶段目标	< 300，且灰色区域缺陷数为 0				

1.4.1.4　小批量阶段

因之前各阶段进行了严格控制，小批量阶段生产顺利进行，经过测试后发现，绝大多数缺陷都改善有效，产品成熟度评价指标计算出来也非常令人满意，见表1－4－4。

表1－4－4　6600项目小批量阶段产品成熟度评价矩阵指标

改善程度（evolution）	缺陷严重等级（severity）				
	A（20）	B（10）	C（5）	D（1）	Total
4	0	0	0	0	0
3	0	0	0	0	0
2	0	0	0	1	1
1	0	0	0	2	2
Total	0	0	0	3	3
产品成熟度评价指标	4				
产品成熟度评价阶段目标	＜150，且灰色区域缺陷数为0				

1.4.1.5　量产阶段

项目顺利转入量产阶段，整个项目组在利用了产品成熟度评价系统进行控制后，有效地保证了项目的进度，同时项目的质量也得到了很好的保证，给其他新项目采用产品成熟度评价系统做出了一个优秀的典范。

量产之后，项目组进行了前40 000台产品的质量跟踪，不良率为1400 PPM，对比未使用产品成熟度评价系统前的量产阶段产品平均不良水准2700 PPM，降低了近50%，有效提高了量产阶段产品的质量，提升了顾客的满意度。

1.4.2　产品成熟度评价系统特点小结

（1）创立了适合国内通信产品开发系统的成熟度应用评估体系，将数学公式引入计算量化指标，取代传统的定性判定。用数学公式运算得到量化的产品成熟度评价指标，能够更直观体现出项目开发的成熟度水准，与准入节点要求比较，从而作为开发进入下一阶段的门槛决策，使项目的进度和质量更能得到保证。

（2）产品成熟度评价系统有效地将产品生命周期模型、CMMI模型、

APQP 等工具的精髓与通信产品行业设计开发的特点及设计开发经验三方面相结合。将整个设计开发流程按照产品生命周期模型分为各个阶段，融汇 APQP 的管理精髓，囊括了设计开发过程中所有的测试和验证结果，通过设立阶段准入节点的产品成熟度评价阶段目标要求，使各阶段的评审更规范化、科学化，从而在设计开发过程中能更科学地解决问题，使项目列支成本大幅降低。减少了传统开发模式对“大厨”的依赖性，降低了因个人疏忽导致缺陷发生的概率。

(3) 产品成熟度评价系统具有科学的预测性，及时预警项目状态。以产品成熟度评价指标的计算情况作为判断依据，让决策人员既可以对项目阶段成熟度一目了然，也更容易抓住改善的重点和时机。当产品成熟度评价指标超过目标值时，可以预警项目组（尤其项目经理）需要及时采取措施，同时也可以使项目组成员更容易抓住问题要害，将关注重点放在对重要问题的解决和验证上，更科学合理地安排验证及仿真实验等，节省项目时间；当产品成熟度评价指标满足目标值时，可以将改善和下阶段工作同步进行，合理分配设计开发资源，加快项目进度，节约项目成本，提高项目收益。

参考文献

[1] 孙磊．质量管理实战全书［M］．北京：人民邮电出版社，2011.
[2] 周辉．产品设计开发管理［M］．北京：电子工业出版社，2012.
[3] 马林，何桢．六西格玛管理［M］．北京：中国人民大学，2007.
[4] 马林．日本的质量经营［M］．北京：中国经济出版社，2009.
[5]（美）刘易斯．项目计划，进度与控制［M］．北京：清华大学出版社，2002.
[6] 张中华．管理学通论［M］．北京：北京大学出版社，2005.
[7]（日）今井正明．改善［M］．北京：机械工业出版社，2010.
[8]（日）今井正明．现场改善［M］．北京：机械工业出版社，2010.
[9]（日）久米均．设计开发的质量管理［M］．北京：中国质检出版社，2011.
[10]（日）久米均．质量经营入门［M］．北京：中国经济出版社，2009.
[11] 胡红卫．设计开发困局［M］．北京：电子工业出版社，2009.
[12] 马逢时．六西格玛管理统计指南［M］．北京：中国人民大学出版社，2013.
[13] 郭富才，金小云．设计开发困局突围［M］．北京：电子工业出版社，2011.
[14] 中国质量协会．质量经理手册［M］．北京：中国人民大学，2010.
[15] GB/T19001：2008，质量管理体系要求［S］.
[16] QC080001，电子与电器元件和产品有害物质过程管理体系要求（HSPM）［S］.
[17] 项目管理质量协会．项目管理知识体系指南（PMBOK 指南）［M］．王勇，张斌，译．北京：电子工业出版社，2009.
[18] AIAG. APQP 实施手册［M］．上海：AIAG，2008.
[19] 刘树华，鲁建厦，王家尧．精益生产［M］．北京：机械工业出版社，2010.
[20] Kerzner H. Project management：a systems approach to planning，scheduling and controling［M］．10th ed. USA：John Wiley & Sons，Inc. Hoboken，New Jersey，2009.

致　谢

在论文即将完成之际，回首四年博士生涯，心中倍感充实，感慨良多。论文的开题和写作都是在我的导师陈勤业教授的精心指导下进行的，倾注了导师大量的心血。陈老师深厚的学术造诣、严谨的治学风格、严肃的科学态度、乐观开朗的性格、幽默机智的谈吐深深地令我钦佩。尤其是他渊博的学识、敏锐的洞察力，为我论文的指导提供了关键启发和帮助。师恩如海，衔草难报。谨以此文向导师表达最深的敬意！

本论文的顺利完成，离不开老师、同学、同事的关心和帮助。他（她）们给予我在学习、生活中的指导和关怀，在诸位良师身上折射出的对学术的深切责任感为我树立了良好的榜样，这种潜移默化的作用将对我今后的工作、学习起着不可估量的影响，我为之深深感激，并铭记于心。在此，我谨向各位老师表示衷心的感谢！特别要感谢父母及家人常年对我的包容、支持和理解！没有他们的付出也不可能有我的今天。

感谢在百忙之中评阅论文和出席博士论文答辩委员会的诸位专家、教授！

特别感谢所有支持过我、帮助过我、鼓励过我和理解过我的人们！

最后，感谢四年的博士生涯，感谢岁月与困难对我的磨砺！

孙　磊

第二篇　持续改善篇[1]

企业中质量过程改进的组织变革评析与启示

——启动自我持续改善螺旋式上升模式

王永生　孙磊　殷亚敏　译

概　　要

世界最大电扶梯制造商始建于1874年，在全世界有1 000个分支机构和销售办事处，拥有员工38 000人。1997年，营业收入达到62亿瑞士法郎，纯利润达到1.428亿瑞士法郎，分别比1996年增长19.5%和61.2%。作为一家国际性跨国公司，世界最大电扶梯制造商提供各种各样的升降梯、电扶梯以及综合性服务。这家世界最大电扶梯制造商的产品在全世界沿水平、垂直或倾斜方向每天运输量高达5亿人。无论是在巴黎的卢浮宫、中国香港公园塔、日本大阪关西机场、巡航游轮“海洋君主号”，还是苏黎世威德酒店（Hotel Widder），创新的技术与壮观的建筑都融为一体。世界最大电扶梯制造商的产品成为所有这些富有创造性建筑物的重要组成部分。目前，该公司在七大洲都

---

[1] 本篇原为英文，由作者陈勤业委托王永生、孙磊、殷亚敏译成中文。

王永生，硕士，供职于主流网媒，曾从事知识产权、采矿、新能源领域工作，热爱翻译，译有《财富的尽头》《知识产权许可策略》等。

孙磊，博士、资深六西格玛黑带（MBB），著有：《质量管理实战全书》《设计开发质量管理》，主要研究方向为设计开发质量管理、服务质量管理、精益六西格玛、质量分析与改进。

殷亚敏，硕士，现供职于某出版单位，从事版权相关业务，参与译著《财富的尽头》《知识产权许可策略》。

有其运营机构，欧洲是最大的市场。在所有新兴市场中，远东地区具有最大的增长潜力。

正如许多发展中国家一样，中国具有广阔而多样化的市场，员工都比较顺从，且倾向于固守当前的管理体制。由于文化差异以及企业总部与中国遥远的距离，将这家世界最大电扶梯制造商的企业文化融入中国分公司存在诸多困难。鉴于瞬息万变的市场和残酷的竞争，势必需要将该分公司变成一个以市场为导向的充满活力的组织，从而在面对客户多样化需求之时充满竞争力。

这家世界最大电扶梯制造商（中国公司）的终极目标是将企业打造成一个员工能力能够得到自觉、持续提升的学习型组织。在这样的企业环境中，员工们能够提高自身的能力，具有无限的思考空间，每一位参与者的灵感或愿望都能够得以实现，同时员工们具有共同的价值观和共享的知识体系。对这家世界最大电扶梯制造商（中国公司）的员工来说，学习型组织是一个很抽象的概念，期望他们仅仅通过学习适当的词汇和定义就理解吸收学习型组织的理念是不合理的。这种组织的变化以维护常规业务的稳定性为中心，同时以通过参与进行学习的模式让员工参与到过程中。仅仅是强迫员工遵循瑞士公司的模式会适得其反，参与式学习的过程能够帮助员工集中于他们需要了解的主题，鼓励他们说出自己的想法。本研究对过程改进进行了概述。

本研究以启发个人作为实现组织变革的媒介为中心。本研究的启示作用在于引导参与者，在自我持续改善螺旋式上升的行动研究规划中，去思考自我改善对组织和个人的重要性。

本研究中描述的两种行动螺旋式上升关注运作效率的提高。然而，实际行动研究螺旋式上升的目标是帮助参与者适应自我改善的文化，这是学习型组织的精髓。随后的员工责任评估以及客户满意度调查结果表明，员工和客户对此都做出了积极的反应。

本研究体现了组织成员为解决他们之间的问题而进行的合作——采用了典型的塔维斯托克流派行动研究螺旋式公式。路线图是基于行动研究的标准元素。

- 诊断
- 计划
- 执行
- 评估

使用行动研究法的基本原理基于下列四个方面的因素。

（1）与传统的自上而下的过程改进方法不同，行动研究方法鼓励参与式学习，这对激励员工参与很有效。一个充满敬业精神的团队是激励自我超越的基本标准——这是学习型组织的基本构成要素。

（2）行动研究能整合来自各个部门和各级员工的不同观点和评价——在执行期间产生出更切实际的解决方案和更敬业的参与者。

（3）通过行动研究螺旋式上升，参与者不仅在各自的部门里工作，同时也参与了整个组织的运作。他们也充分意识到其所采取行动的相互关联性结果，以及他们对组织的整体影响。

（4）正如其他体验式学习方式一样，行动研究允许组织者倾听团队成员的反馈。这是一种沟通的双向流动，有助于减少企业冲突和成员不满意的可能性。这就确保了可以进行政策的微调，以适应实际环境。

第一种和第二种螺旋式上升诊断和规划的结果，即质量维护性能方案与客户忠诚度管理计划，旨在将公司转变为以客户为中心的组织机构。然而，行动计划研究方法本身在提高参与者信心方面以及改变对工作态度方面是很关键的。在最新的改善进程中，官僚主义作风倾向减少了，取而代之的是灵活的、更加注重实效的方法。

进程的评估成分起到了评价行动研究螺旋式上升有效性的作用——无论他们是否能提高客户满意度与员工敬业程度。对他们自己而言，客户满意度和员工敬业程度的实际提高并不重要——是起到关键作用的隐藏的参考值。换句话说，评估表明行动研究法能奏效——参与者接受该方法，该方法的使用行之有效。

2.1 引　　言

2.1.1 组织背景

世界最大电扶梯制造商——升降梯和手扶电扶梯公司始建于1874年，在全世界有1 000个分支机构和销售办事处，拥有员工38 000人。1997年，营业收入达到62亿瑞士法郎，纯利润达到1.428亿瑞士法郎，分别比1996年增长19.5%和61.2%。作为一家国际性跨国公司，世界最大电扶梯制造商提供各种各样的升降梯、电扶梯以及综合性服务。这家世界最大电扶梯制造商的产品在全世界沿水平、垂直或倾斜方向每天运输量高达5亿人。无论是在巴黎的卢浮宫、中国香港公园塔、日本大阪关西机场、巡航游轮“海洋君主号”，还是苏黎世威德酒店（Hotel Widder），创新的技术与壮观的建筑都融为一体。世界最大电扶梯制造商的产品成为这些富有创造性建筑物的重要组成部分。

2.1.2 变革之需要

2.1.2.1 20世纪的革命

20世纪末发生的变革将在21世纪产生爆发式效果。很显然，过去建立的很多机构将会遇到麻烦。就社会层面而言，中国企业家的兴起标志着某种意义的长期趋势；就组织层面而言，组织的变革已经进行了10年，并正在扩大；就各级政府层面而言，具有在以资讯技术为动力的基础上彻底改造政府的巨大动力。其根本目标是提高政府的服务回应能力。基于信息技术能力的企业再造进程是20世纪90年代质量革命的主要组成部分。

组织期望客户需求更多的定制产品和服务。组织机构必须支持快速的产品或服务的改进循环，对定制产品或服务的更多要求需要更高速的改进循环以及提供合理的价格。优秀的竞争性组织有能力快速适应竞争性的变化。

2.1.2.2 信息技术

在20世纪70年代，个人计算机的出现开启了计算的新阶段。20世纪80年代初，个人计算机的普及对组织的影响初现端倪。起初，计算机的使用使个人的办公能力大大增强，随着计算机容量的不断增加、软件的功能日益强大使大多数的组织功能建立在计算机这个平台上。

2.1.2.3 质量革命

日本市场的成功，促进了质量革命的开展。日本组织围绕全面质量管理（TQC）的原则而展开。大多数的竞争者在他们的组织中采用了质量原则。大多数的一流公司，以及希望增强竞争力的公司，都竭力尝试适应全面质量管理原则。

质量革命一直按照客户之需求决定着生产，改善所有的流程尽可能快速而精确地回应客户的需求，改变每一进程，调整不会促进该目标的所有理念。质量革命之所以给组织带来巨大的影响，是因为传统意义的简单化工作和失去个性的角色，导致不能科学地利用员工。而快速反应、高质量输出的组织能够尽可能地利用员工的智慧和良好愿望，以实现高质量的目标。

2.1.2.4 国际化

无论是电扶梯行业的大小各异的公司还是大多数行业的公司都受到了国际化趋势的影响。国际化对公司的影响主要体现在以下几个方面：

（1）竞争者可以成为一家国际性公司；

（2）对其他国家而言，供货商可以是本土的；

（3）客户可以来自一个或者多个国家；

（4）可以通过国际化集团进行融资；

（5）外籍人员团体可以纳入员工的群体。

2.1.2.5 复合变化

以上三种趋势的复合变化相互交织，突出了要求变革的压力。国际化协议使国际贸易变得更加容易。质量革命提升了公司全球化的可靠性。这也增强了制造商拓展其全球化供应链的信心。这三个因素不仅各有其动力，而且三者之间的相互作用促进了整体效果的增强。

大多数的公司秉持时代已然不同、亟须变革的理念。意识程度和对变革的准备在公司中却有很大差异，有些公司对变革很敏感，但却误读了所需的革命性转变；有些公司对变革适度敏感，但却尚未做好变革的准备。

早期的质量革命以全面质量控制原则为基础。信息技术和环境的快速变革极大地改变了质量革命，表明了质量革命的不同阶段。

2.1.3 推进变革的主要因素

2.1.3.1 社会经济结构的变化

建筑行业是香港经济的一个重要领域。建筑行业约占香港 GDP 总值的6%。

政府和大多数私人开发商所采取的一般策略是“从最低价格竞标者购入”，这样最低价格投标者就会入选。这促使承包商们陷入价格战，而非质量的较量。

传统的中国管理模式和商业方式通常具有等级制、非正式性的特点。决策力特点集中体现为各种活动的高标准化、较少的日常程序以及低层次的专业化。建筑行业组织的创建者基本上都采用这种管理模式。由于技术的快速发展和过去10年中建筑项目规模大幅提升以及复杂性提高，为使组织在该行业保持竞争力，对现存管理结构进行变革就不可避免了。

幸运的是，尽管世界经济持续不景气，中国香港地区却一直保持繁荣。诸如日本、澳大利亚、欧洲等越来越多的海外建筑组织进入香港建筑市场，这对当地市场产生了重大影响。这些建筑公司在本国能从事的工程项目已经寥寥无几，而在香港仍然机会甚多。他们进入香港的方式，要么是与本地组织签订合资协议，要么是在香港地区建立自己的分公司。一些建筑组织甚至得到了本国的支持。这些国际化组织带来了管理投资、技术和专业知识。

2.1.3.2 公众意识和公众期望

过去10年中，香港地区公众的政治意识发生了很大的变化，出现了更多的环境游说团体，公众的期望值更加多元化，并不断提高。

该项运动不仅反映在开发的规模上，而且还体现在许多精品建筑物实例和具有国际意义的城市设计中。香港马鞍山（Ma On Shan）、将军澳（Junk Bay）等新一代公共房屋地产、时代广场的商业开发，以及提议中的城市花园（Wall City Garden）的开发就是典型的例子。

公众对使用适当而环保的材料不断增长的意识，比如在建筑材料中尽量少使用木材，使用能源节约材料，等等，促使了环境保护问题的出现。这对减少浪费和废料的管理、更好地进行资源控制，将污染降到最小，具有冲击性的影响。所有这些都要求更好的质量和控制。教育程度、生活标准以及大众对合法权利不断增长意识的整体提高，都对产品质量提出了更高的要求。仅仅提高基础标准，最终会使组织处于不利的竞争位置。

2.1.3.3 政府鼓励

政府对于货币增值的政策一直是明确的。在1988年的立法委员会开幕式的演说中，香港特别行政区长官强调货币增值的需求。当时，他强调了提供公众领域管理的框架的需要，还鼓励经理们从所耗费的资源中获取更多的利益。

1990年3月，香港特别行政区政府发起了强调ISO 9000国际标准质量管理体系的质量意识运动。除了提升现存的质量组织之外，该运动引入了质量管理认证方案。这是一个最初由政府投资成立的独立机构，由香港质量保证局进行管理。

2.1.3.4 香港房屋委员会ISO 9001认证

最初，香港房屋委员会强调实施公共房屋建筑计划。然而，二三十年以来出现的不合标准的设计施工、不熟练的工匠以及愈演愈烈的欺诈行为，引起了公众和香港房屋委员会的密切关注。

20世纪80年代，香港的住房问题日趋突出，为了缓解公众住房问题，住房委员会决定实施ISO国际标准化质量管理体系。要求承包商、提名分包商和供货商执行ISO 9000管理体制，并需要达到香港质量保证局（HKQAA）之目标日期规定——主要承包商为1993年3月31日，混凝土提供商为1992年1月，提名分包商为1994~1995年。

除此之外，1991年8月香港还实施了Pass & Mass的质量评估法，以记录承包商在履行香港房屋委员会合同中安装和维护的实施。该体系的目标是提供一种公平的方式，用来比较公司业绩以及对促进或降低公司质量，或奖励优先投标机会做出决定，这可能从传统的公开招标制度转化到可选择的招标制度。

2.1.3.5 中国的总体商业环境

在20世纪80年代，第一拨外国投资涌入中国市场。投资主要集中于两个领域：一方面是对重型工业大规模的投资，比如钢铁产品；另一方面是香港企业家投资的小规模的加工贸易业务。直到20世纪90年代，大型跨国公司才开始在中国内地市场进行大规模投资。世界最大的电扶梯制造有限公司（中国公司）是在中国成立的第一家合资企业电扶梯公司。

随着竞争的加剧和管理的放松，为了保持竞争力，超越其他竞争者，各个公司纷纷进行重组。虽然使用不同的专业术语，但为了提高效率，各个公司都集中精力于管理过程的优化。

在市场经济体系之下，中国内地出现了相同的趋势。已故中国领导人邓小平倡导的“门户开放政策”，促使了耐用商品供求的快速增长。客户在期望买到价格合理、质量上乘的商品的同时，还期望得到周全的售后服务。对企业买方而言尤其如此，他们视可靠性和非中断服务为购买的主要动因。在电扶梯业务中，客户需要不断降低损坏率，甚至需要将损坏率降至零。该领域的大多数供货商都提供相似的服务，最关键的决定因素就在于服务质量。

在1997年9月举行的中共“十五大”之后，私有化程度逐步提高。为了达到上市的终极目标，中央政府将以前国有工厂的大部分控股售给工厂的经理和工人，这造成了中国内地的整体商业环境的巨大变化。

同类产品之间的商业竞争，主要依赖于提供给客户的服务效率。因此，从以前的计划经济环境转变到以市场驱动的经济环境，企业文化的改变势在必行，不仅最近成立的私有制企业需要改变，而且最近10年进入中国市场的合资企业也同样需要。

世界最大电扶梯制造商（中国公司）已经在中国市场中获得了一席之地，但是其运行体系——无论是个人层面还是组织层面，都处于停滞不前的境地，缺乏提高管理能力的驱动力。一方面，如果要让现有的长期服务的员工下岗是不可能和不合理的；另一方面，企业有必要改造运行体系，为面对今后的激烈竞争做好准备。

2.1.3.6 中国电扶梯商业概况

在中国，保持社会主义经济结构的主体是改革开放的总的指导原则，同时改革开放的步伐也在逐步加快。作为输送大量人员和货物的现代方式，电扶梯的使用有助于提高工作效率、改善工作和居住条件。事实上，这已经成了人们日常生活方式的一部分。在许多公共场所，例如机场、火车站、地铁、码头、市场、医院、寄宿旅馆、宾馆、办公室，甚至居民建筑物，电扶梯成为必不可少的一部分。电扶梯的广泛使用带动了中国电扶梯行业的快速发展。

中国电扶梯协会是一个全国性的组织，由制造、安装、维护、管理、设计、研究和教学单位所组成。其宗旨是发挥政府与私有企业之间的桥梁连接作用，目的在于研究和界定协调中国电扶梯行业发展的措施。该协会促进了技术交流与合作，支持技术革新，有助于改善中国电扶梯行业的状况。

根据中国电扶梯协会的记录，加入协会的电扶梯公司数量已经达到320家（参考网站：http：//www. cea－net. org），其下设一系列的委员会，委员会将定期召开会议讨论技术事务、设计和制造、安全、信息交流、标准、维修和维护等问题，另外还设有一个国际工作组。协会定期发行《中国电扶梯》杂志，该杂志为电扶梯行业与公众之间提供了重要的交流管道。杂志涵盖了中国现行市场行情的各个方面，对环境问题十分关注。电扶梯市场可以分为三个区段——欧洲、美国和日本电扶梯公司位于高端，韩国位于中端，各个地方性公司位于低端。目前，在中国内地电扶梯业务被视为一项重要的业务，所有的外国竞争者都是通过与中国本地的公司合作组建了合资公司。业务的增长以及建筑行业的快速发展，激发了基础设施和设备高效率运作的巨大需求，以及对电扶梯安装整体数量和质量增长的需求。电扶梯行业为海外投资者创造出巨大的潜在市场，见表2－1－1。

表2－1－1　1989年以来中国电扶梯业务的增长

年份（年）	生产率（台）
1989	11 741
1990	10 334
1991	12 000
1992	16 000
1993	24 000
1994	28 000
1995	29 000
1996	29 700
1997	29 500
1998	30 200

资料来源：Yam Tin Siu（1999）《直面中国电扶梯行业》，中国电扶梯协会。

世界最大电扶梯制造商和奥的斯电扶梯公司（Otis）是较早在中国大城

市，如上海、北京、天津和广州等地组建合资企业的公司。20 世纪 90 年代初，日本三菱公司就在上海成立了合资公司；而 1997 年，世界最大的自动人行道公司全资公司也已全面运营。主要的国有公司包括南京杨志电扶梯有限公司和杭州四季电扶梯有限公司。韩国合资企业也占有一定的市场份额。

2.1.3.7 中国的劳动力

自 1980 年以来，北京颁布了许多法律、法规和政策，规定中外合资企业可以招聘自己的员工。按照 1980 年 7 月颁布的合资企业招聘劳动力的规定，合资企业可以雇用当地政府劳动部门推荐的工人，或者在得到其允许后雇用自己的员工。然而，按照 1984 年 1 月颁布的新的劳动管理规定，合资企业必须使用当地的劳动力，仅在当地劳动力无法满足需求的情况下，合资企业才可从其他地方雇用工人。新的规定要求每个合资企业制订劳工招聘计划，以获得当地有关部门的批准。

然而，随后的规定进一步限制了外国公司在中国劳动市场的范围。1986 年，鉴于本地商人的抱怨，国务院颁布了新的针对外来投资的规定——外资企业可以从外地雇用技术人员。在强调使用本地的劳务资源的同时，政府劳动管理部门关心的是技术经理和工人可以在中国流动，在外商投资的企业里工作。这一制度的执行，势必会扰乱中国用来维持人口稳定的户籍登记制度。

中国对外投资法对于自主合资企业如何在国内雇用劳动力的规定并不清晰，并没有澄清在何种情况下合资企业可以直接招聘技术工人，以及合资企业的权限到底有多大。法律规定的模糊性赋予了中国官员的相对灵活性，他们根据自己的主观判断进行招聘。实际上，这就导致了外国投资者需要依赖于中方合作伙伴完成大多数的招募工作。

中国有 13 亿人口，国土面积和美国大致相等。全国各地具有一些共同的特点，也存在一些传统和文化的地区差异。从传统意义而言，中国北方人比南方人更加保守。

世界最大电扶梯制造商已经在上海和北京经营了 10 多年，西方管理模式组织文化的基础比较牢固。在三菱公司，由于本地员工并不适应直接从日本移植过来的日本管理体系的“军事化”管理模式，日本的海外企业经理认为那些离职的员工，虽然能力上能够胜任工作，但缺乏对公司的绝对忠诚。

直到 1995 年，世界最大的自动人行道公司的芬兰总部才发现在全世界范围内，中国是一块尚未触及的市场。世界最大的自动人行道公司的全球组织结构开始转移到香港总部，负责管理大中华区域的业务。几位香港经理重新定位中国分部，驻扎在深圳办事处，实施组织开发计划，提高操作流程。世界最大的自动人行道公司，劳工流失率很低，1997 年仅为7.5%，远远低于中国20%的平均率。世界最大的自动人行道公司较低的劳工流失率，主要归功于公司发给员工的高工资和具有竞争力的薪金福利。

2.1.4 质量体系引入对组织带来的变革

受到以上因素影响的组织，决定在香港房屋委员会设定的目标日期之前，引入并实施质量体系并获得 ISO 9001 认证，以保持其竞争性的地位。

质量体系的引入遇到了一些障碍，并对现存的组织带来一些变革。下面我们将讨论引入质量体系所带来的主要影响和遇到的障碍。

2.1.5 问题说明

在上一章节已经指出，公众意识、公众期望、政府激励、房屋委员会的要求等大量因素刺激着变革的需要。质量保障和电扶梯安装管理之间具有公共的目标——失误、缺陷和问题预防。

在电扶梯行业中引入 ISO 9001 质量体系，旨在实现更好的过程处理和控制，这是预防问题和提高电扶梯安装质量的核心。通过实施 ISO 9001 质量体系，电扶梯安装和维护团队可以有效管理其任务，在时间成本和标准方面达到预设的质量标准。

然而，过去两年以来，质量保证（QA）的理念渐渐在香港的电扶梯行业获得认可。在实施电扶梯工程的质量体系理念过程中，缺乏对从业者所面临问题的研究。这一空白表明特定安装工程中执行质量保证（QA）所获得的潜在经验和教训还未转移到其他工程中，也没有进行有效实施的分享。除了克服这样的空白以外，本研究旨在调查所存在的问题——电扶梯合同商怎样看待日常工作中的一些质量管理因素，以及香港电扶梯行业的关键成功因素。

2.1.5.1 世界最大电扶梯制造商（中国公司）服务部门现存的问题

1. 生产能力

与其他主要的同行竞争者相比，世界最大电扶梯制造商的生产能力相当低。世界最大电扶梯制造商的人力比率为 6.7 台/filter，而其他主要竞争者为 15 台/filter。造成这种局面的主要原因是服务部门过于复杂，未能将权力授予一线。服务部门的复杂流程，带来了很多不必要的活动，造成生产率低下。

2. 客户满意度

就客户感受而言，与中国境内的其他主要竞争对手相比，世界最大电扶梯制造商服务是最差的。长期的中国式管理造成非常难改变的现状，即决定权主要集中于管理高层，这导致反应缓慢、服务部门效率低下。

3. 公司形象

世界最大电扶梯制造商没有统一的制服，公司的汽车和电动自行车没有统一的标志，这造成了公司形象欠佳。长期传统的中国模式管理，导致生产一线的态度和行为缺乏专业性。

4. 体系和进程

对于世界最大电扶梯制造商服务部门而言，没有适当的制度和程序来保证服务部门的顺利运作，以提高生产率和效率。所有的决定必须由运作部门的领导批准，这是典型的中国式管理模式。

2.1.5.2 研究问题和关注的主题

研究问题如下：

“重视环境变化因素，如何通过持续过程改进实现组织变动，并且在长远发展创新精神基础上平稳过渡。”

中国内地市场是一个全新的环境，与香港具有同质的文化背景。与香港不同的是，内地市场受西方管理模式的影响较小。参与式管理，与传统的控制中国人际关系的价值观和风俗存在某种程度的冲突。

在本研究中，行动研究方法在目标主体也就是世界最大电扶梯制造商（中国公司）中得以分析、应用和执行。本研究的主题是如何将参与机制应用到持续自主的过程改善中。

2.1.6 研究目标

（1）通过行动研究螺旋的“学会学习”循环来创造出“扎根理论”（Chad Perry，1994）。通过过程改善运动，使员工加入持续学习进程中，形成改进部门功能的增值建议。

（2）在提高员工责任感的同时，确保实现提高管理效率的组织变化。

（3）对行动研究著述做出贡献，尤其关注中国的维护服务的主题，目前该领域在文献著述方面还存在空白。通过行动研究法，促使研究参与者对持续改进的概念有所认识。最终目标是把世界最大电扶梯制造商（中国公司）转变为一个学习型组织。这个研究项目将会调动员工的工作热情，改善员工的日常工作。

（4）提出对相关主题今后研究的假设和建议。

2.1.6.1 总体目标

本研究项目的总体目标是对电扶梯承包商采用的以 ISO 9001 质量体系为基础的质量体系进行评估。工作范围包括：

（1）研究、设置与评价参数相关的欧洲质量奖模型；

（2）识别电扶梯承包商所采用的质量体系；

（3）研究承包商面对的实施质量体系变化进程的质量障碍；

（4）研究影响质量体系的因素，鉴别关键的成功因素；

（5）收集本研究的反馈和客观参考数据。

2.1.6.2 次要目标

通过两次调查结果的比较，得知世界最大电扶梯制造商（中国公司）的客户满意度和员工敬业度的行动螺旋结果的改善状况。

（1）以理论模型为基础，识别世界最大电扶梯制造商（中国公司）实施的质量体系改变模型。

（2）对电扶梯组织管理推荐实际的解决方案，以进一步提升全面质量管理（TQM），启动自我改善螺旋式上升模式。

2.1.7 研究参与者

2.1.7.1 世界最大电扶梯制造商集团和世界最大电扶梯制造商（中国公司）

1. 世界最大电扶梯制造商集团的使命理念与价值观

在追求获利增长的同时，世界最大电扶梯制造商集团通过诚信、创新、领导力、对员工的关心及对自然环境的关注，在全球范围内为客户提供全天候服务。

世界最大电扶梯制造商集团的理念是通过服务实现领导力。

世界最大电扶梯制造商集团的价值观是为客户创造价值、人文因素、高质量管理、顶尖的质量认知度、产品安全和领导力。

2. 世界最大电扶梯制造商（中国公司）

世界最大电扶梯制造商（中国公司）建立于1980年7月4日，是中国首家合资企业，注册资金为8.69亿元人民币。世界最大电扶梯制造商（中国公司）由三个部分组成——Xin Sanwei科技贸易公司、位于瑞士的世界最大电扶梯公司的控股企业、位于中国香港的怡和集团。如图2-1-1所示，这三家公司所占的股份分别为35%、60.33%、4.67%。

该公司总部位于北京，员工总数超过3 000人，在北京和上海分别设有两家工厂，全国各地共有10家分支机构。

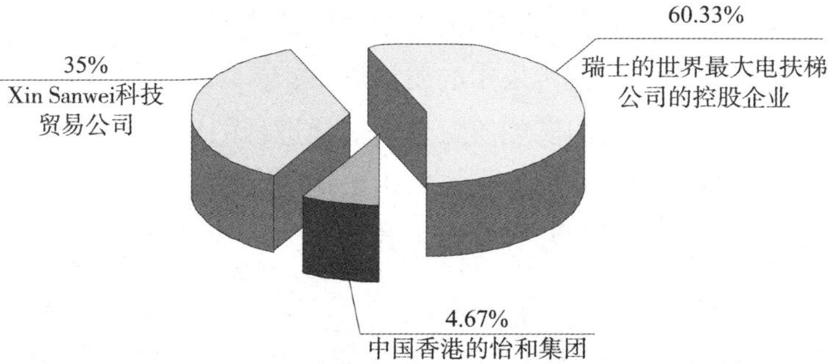

图2-1-1　世界最大电扶梯制造商（中国公司）

资料来源：世界最大电扶梯制造商（中国公司）1999年年度报告。

表2-1-2为世界最大电扶梯制造商（中国公司）的相关业绩。

表2-1-2　世界最大电扶梯制造商（中国公司）1980年7月至1999年3月的主要经济业绩

18年来生产的电扶梯和升降梯的数量（套）	34 496	
产出价值（当前价格）（万元）		951 881.4
销售收入（万元）		945 005.5
税前利润（万元）		70 236.9
外汇收入（万美元）		22 702
总体利税（万元）		120 008.5

图 2－1－2 为世界最大电扶梯制造商（中国公司）的组织结构图示。

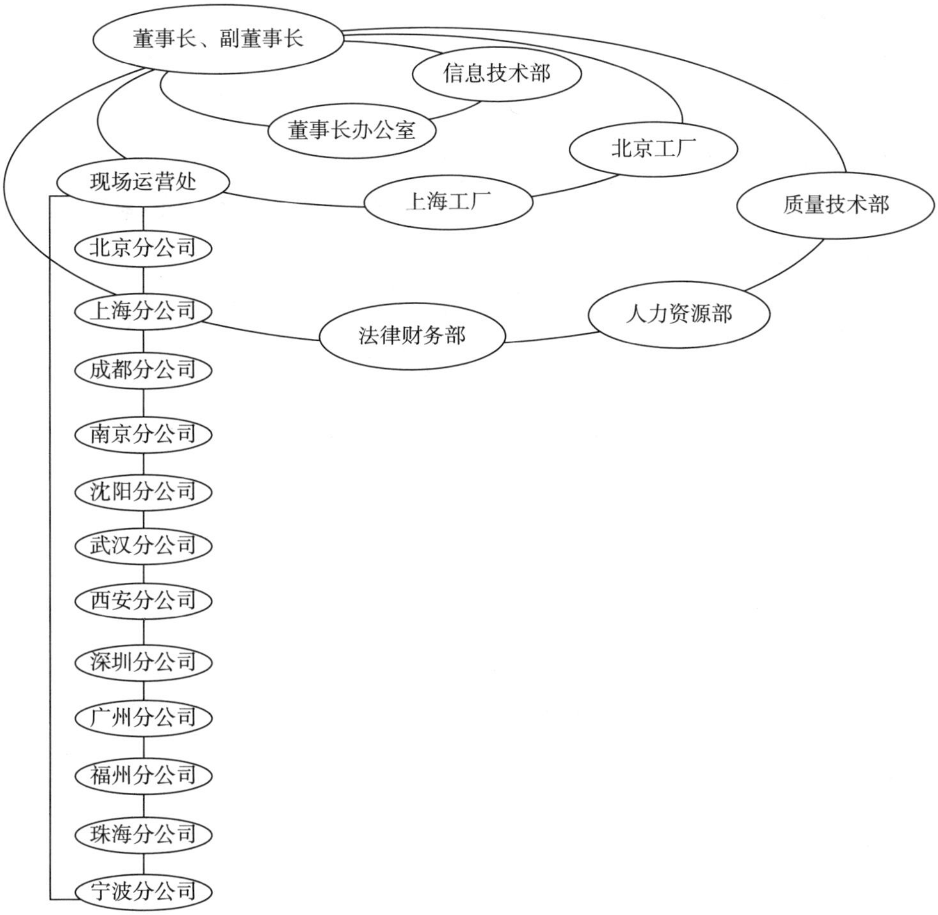

图 2－1－2　世界最大电扶梯制造商（中国公司）的组织结构

资料来源：世界最大电扶梯制造商（中国公司）网站。

2.1.7.2　ISO 9001 认证

1994 年，世界最大电扶梯制造商（中国公司）荣获世界主要质量保证机构——劳氏质量认证，同时获得了英国、德国、荷兰、新西兰和澳大利亚认证机构的ISO 9001认证。

研究着重于公司的服务部门。服务部门需要对中国的三万多套电扶梯、升降梯的售后服务和维修负责。

研究者为世界最大电扶梯制造商（中国公司）服务质量处的主任，同时对大中华区的服务质量处的运作负责。

共有4位经理，负责：

- 现场运营
- 技术工程
- 营销
- 管理

世界最大电扶梯制造商（中国公司）的服务部门详细功能结构图，如图2－1－3所示。

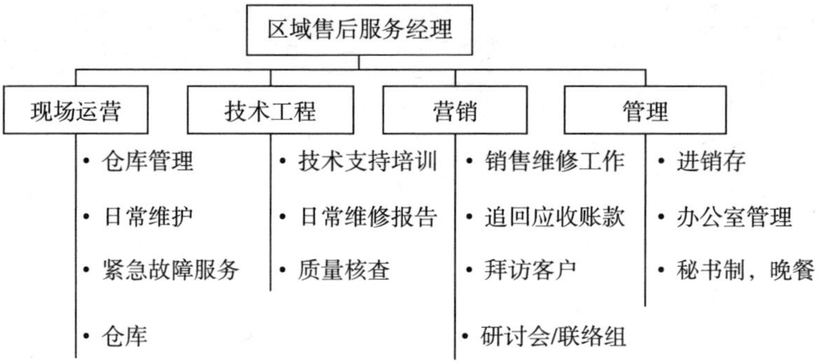

图2－1－3　世界最大电扶梯制造商（中国公司）服务部门功能结构（1999年1月1日）

资料来源：世界最大电扶梯和自动人行道制造商。

2.1.7.3　参与研究的人员

1999～2000年，研究者与现场运营部的380名员工密切合作。他们都是行动研究螺旋上升的参与者，在每次螺旋上升之后，研究者都需要对他们做出评估。研究者在组织中担任一定的职务，其主要职责是做一名协调者，与各个部门经理一起合作共事。

除了经理之外，另外还有监督人员、工作领班、装配工，积极参与到实施工程项目的过程改善团队中来（PITS）。

- Tom，A区监督员
- David，B区监督员
- Wilson，C区监督员
- Alex，A区工作领班
- Edward，B区装配工
- Patrick，C区装配工

（注：姓名为员工的假名）

2.1.7.4 客户资料

三个区域中心向华南四大主要区域提供服务。

A 区客户主要服务于国有重工业企业。B 区客户主要服务于国有大型企业。C 区客户主要服务于为数众多但规模较小的公司。

由于经济规模的原因，大公司通常在诚信、日常预防维护服务方面要求比较高。它们更加关注交流方面、培训以及其他后续服务。小公司则更加关注故障出现时快速反应的时间——在大多数情况下它们不得不启用备用系统。

2.1.8 服务

所提供服务的四大主要构成要素：

1. 日常预防维护工作

确保安全级别、维护接线的各种日常检查。该种服务每月提供一次，根据访问次数经济而有效地制订员工的时间是很重要的。

2. 常规维修

主要包括硬件和软件的更新——通常一年进行一次。每逢新型软件发布，就应定期通知客户。进行服务访问时，通知工人们计划好路线。

3. 故障反应（修复维护要求）

该项服务并不定期要求但却很紧急。如果客户不得不等待太久，他们的抱怨会与日俱增。而且，该项服务的成本是最高的，工人们不得不乘坐火车抵达，并且每次只能为一个客户提供服务。

4. 客户维护信息体系中心与世界最大电扶梯制造服务中心之间的联系

这种联系包括对维护信息体系员工的培训计划组织、常规活动以及对客户发布周期性信息公报。其目的在于引导客户正确适当地使用和维护设备。如果该项服务提供适当，故障率会大大降低。

2.2 文献综述

2.2.1 组织变革的质量管理体系

世界最大电扶梯制造商（中国公司）通过改进流程，进行有计划的管理变化。本章提供了必要的文献，为这一行为提供理论支持，并讨论了相关理论和论断。

自从操作程序发生变化以来，我们密切观察了员工的变化。在必要时，我们会对与组织变化相关的理论进行判断和应用。

2.2.1.1 菲利普·克劳士比（Philip Crosby）（1926—2001 年）

菲利普·克劳士比强调通过改进质量来不断增加利润。他认为更高的质量会降低成本，同时会增加利润。他将质量定义为产品与要求的一致性。

他的理论规划包括 14 个步骤（Philip Crosby，1986，p. 99），主要论述如何对组织做出改变。其以质量管理的四条原则为基础。

（1）质量意味着一致性、相符性，而非美观性。

（2）没有质量问题这一说（尽管可能会有设计问题或者机器问题）。

（3）做事情首次就做对，其成本是最低的。

（4）唯一的性能标准是零缺陷。

克劳士比不接受最佳质量水平这个概念，因为他相信更高的质量总是能不断降低成本和增加利润。质量成本是实现该目标的工具。从雇员的角度而言，克劳士比对质量专业人员分配了适当的责任。最高管理层是很重要的，按小时计酬的雇员并不能直接向其反映问题。克劳士比使用矩阵也就是质量管理成熟度方格来衡量质量成就，其用图表描述了从忽视到启发的管理阶段（Fine，1985）。

在流程改进的启动方面，克劳士比起到了很大的促进作用。大家公认他的方法简单易行，然而评论家认为他在如何实施质量管理原则方面缺乏详细指导（Main 1986）。

2.2.1.2 W. 爱德华·戴明（W. Edwards Deming）（1900—1993 年）

W. 爱德华·戴明认为质量能够提高生产力，增强竞争力。他将质量定义为设计质量、一致性质量、销售质量和服务职能。戴明的理论旨在提高质量和生产率、改善工作，确保公司能长期生存并提高其竞争性地位。他不接受“质量的经济性成本”模型中的权衡方法，并认为没有办法估算出将缺陷产品销售给顾客的成本，他认为这是最大的质量成本。

戴明倡导通过对生产性能的统计测量而不是生产规范来测量质量。当所有的制造过程出现变量时，质量改进的目标便是减少这些变量。戴明的方法是用大量的统计，他认为每个员工应当就质量统计技巧进行培训。他使用了 14 点方法总结了提高质量的原则。公司全体员工都应当承担质量管理和改进的责任，高层管理必须秉持质量的“新理念”，领导推进质量改进，并参与该计划的各个阶段。也应该对按小时领取报酬的工人进行培训，鼓励他们避免缺陷、提高质量，并给他们安排具有挑战性和高报酬的工作。专业质量人员应当把统计技巧教授给其他管理人员，集中精力提高预防缺陷的方法。最后，公司的统计人员应当与公司各个领域的人员进行商讨。

戴明期望公司的管理人员进行改变，与劳动工人形成一种合作伙伴关系，并用直接数据统计来管理质量而无须质量成本。戴明的方法，尤其是他坚持为了管理需求改变组织的文化，与日本的惯例做法很相近（Fine，1985）。

2.2.1.3　约瑟夫·朱兰（Joseph Juran）（1904—2008 年）

约瑟夫·朱兰在质量管理文献方面所做出的贡献要超越所有人。他的部分论点是公司必须减少质量成本。这与戴明的方法原则有很大的不同，戴明忽略质量成本，像克劳士比和费根鲍姆一样，朱兰认为减少质量成本是一个关键目标。

朱兰将质量定义为“适用性”（Joseph Juran，1993），并将质量分解为设计质量、一致性质量、可用性和现场服务。朱兰的质量规划目标是增加一致性并减少质量成本，每年都进行方案的目标设定。他的方案基本上可用于三个方面：处理偶发性问题、处理慢性问题以及用于每年的质量方案，在质量方案中，高层管理人员应该参与其中，制定并完善政策。

朱兰主要定义了两种质量管理方案：采用突破性进展来解决慢性问题（鼓励出现好的事物）和采用控制手段来解决零星问题（防止出现坏的事物）。

朱兰在劳动力责任的分配方面和戴明的观点不同。他将主要责任归于质量专业人士（在戴明的方案中，质量专业人士扮演着高层管理人员和顾问的角色）。质量专业人士设计和开发出了该方案，承担了大部分工作。在强调高层管理支持重要性的同时，朱兰更强调了质量人员的重要性。

朱兰强调质量成本，因为高层管理的语言就是金钱。他推荐了质量成本，以识别质量改进机会；编制质量成本快报，以测量质量成本。朱兰的方法与美国的质量管理实践做法更一致：他将现存的质量管理文化作为一种起点，并以此基线构建了质量改进体系（Fine，1985）。

2.2.1.4 石川馨（Kaoru Ishikawa）（1915—1989 年）

石川馨是日本质量控制活动的开拓者之一。1943 年，他开发了因果分析图。作为美国质量协会（ASQ）的荣誉会员，石川馨（1988）出版了许多著作，其中包括《什么是全面质量控制》《日本模式，工作中的质量控制圈以及质量控制指南》。他是日本科学家和工程师协会质量控制课题组的成员，同时他也是东京大学的助理教授。

石川馨的观点对全世界的许多组织都产生了很明显的影响，他的全公司质量控制原则以及全面质量管理原则很多公司还在使用。在世界范围内，成千上万的质量领域人员都在努力持续改进，帮助他们的组织提高竞争力。一些新兴国家和跨国公司都在采用基于日本管理原则的全面质量管理（TQM）方法。韩国、新加坡、马来西亚和中国台湾都在广泛使用质量控制圈，都已经从石川馨早期理论中获益良多。

在西方，除了最近产生的一种更加注重于工作中的人以及人的尊严的全新方法外，还有其他很多在日本使用多年的方法，都在此经历了进化演变。例如，质量控制（QC）的审核体系的使用，通过自我评估而实现管理也是一个重要发展。美国在 1987 年开始实施马可姆·波多里奇（Malcolm Baldrige）国家质量奖，其是在美国公司广泛使用的审核体系的框架。在欧洲，质量管理欧洲基金会创立于 1988 年，引进了在欧洲组织里广泛使用的欧洲质量奖。

石川馨总是认为，如果其他国家能有勇气效仿日本，注重人们的“软性问题”以及看看他们是怎样运作的，他们也会创造出奇迹。这已经开始起作用了——许多非日本的竞争者已经占据了市场上的优势，并取代了日本的企业。

2.2.1.5 田口玄一（Genichi Taguchi）（1924—2012 年）

田口玄一是一位统计学家，参与完成了日本电话体系的重建。他在工作期间，开发出了质量控制的方法——田口实验设计（Taguchi DOE），许多观察家相信该方法对制造具有同等程度的影响。他的观点归于两种主要的相关联的领域，即“功能损失”和“离线质量控制”。田口玄一（G. Taguchi，1990，pp. 65–75）曾经写道：“一件产品的质量从其开始装运投入社会的那一刻起，就遭受着损失。”在众多的损失中，他总结出有顾客不满意、质量保证成本、信誉损失，最终造成市场份额的损失。

田口玄一认为当不符合规范并从目标价值偏离时，产品就开始产生损失。在大多数情况下，对社会的损失可以用一个二次函数来表示，即损失随着与目标值的偏离值的平方增加而增加。这就得出了重要结论：实现质量目标最经济的模式可以通过最小化差异来实现，而并非通过严格遵守规范。

该结论为田口玄一的离线质量控制提供了基础。通过离线质量控制，他意在优化生产过程和产品性能参数，以此方式来实现产品与其性能之间差异的最小化。很显然，他把注意力放到了过程，尤其是参数设计上。在参数设计过程之下是一个理念，那就是过程和产品性能由两种不同的因素来确定：易于控制的控制因素；以及噪声因素，噪声因素很难控制，或不可能控制，或控制的代价非常昂贵。田口玄一的方法试图寻找一套控制因素，而控制因素会产生一个对噪声因素非常敏感的过程或产品。

在试图优化产品参数的过程中，很有必要通过实验的方式不断确定参数值变化的影响。这是一个花费昂贵而又耗时的过程，会产生出一系列冗余的信息。通过使用田口玄一称为“正交阵列”部分因素实验，所需要的实验次数可以大大减少（必须提及的是，一些杰出的统计学家不完全同意有关正交阵列有效性的观点）。

田口玄一提出了一种测量质量的新方法（功能损失），一个使质量最大化的具体目标（消除差异），以及一套达成目标的工作策略（注意参数设计和控制因素影响的量化）。

“田口玄一方法”吸引了很多关注，主要是由于在跟踪质量问题的过程中，组织能够检验实验设计的有用性。除了使用该方法获得成功之外，在实验设计中他提出的意识层次本身就是一种贡献。

田口玄一在制造的过程中也使用了耐用性的概念。例如，为了实现焦糖糖果的可塑性和咀嚼性，使其对烹调温度不那么敏感，焦糖糖果的配方被重新制定。与此相似的是，当顾客退房、客房空置时，我们的经济型宾馆用在线计算机系统自动通知保洁员。这样当空房时便通知保洁员进行保洁，全天都执行该任务，这样就避免了下午晚些时候才集中处理而导致的质量下降。

田口玄一认为产品质量可以通过始终与设计规范保持一致得以实现。他通过与目标偏离值的平方，测量了质量低劣的成本，如图 2－2－1 所示。请注意经济型宾馆使用的标准作业程序（SOPs），基于此，他们正努力做到统一接待客人，使房间保持始终如一。

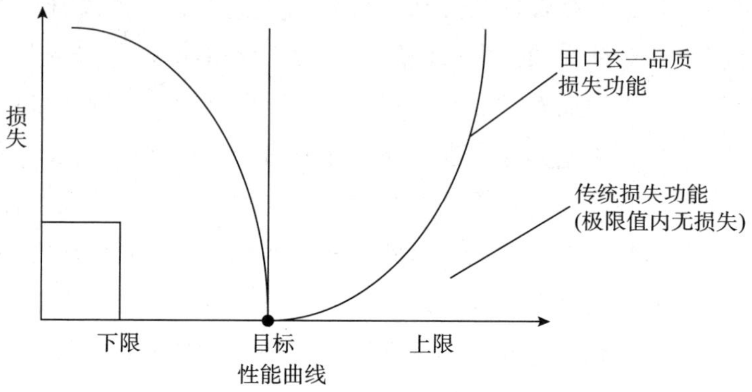

图 2－2－1　田口玄一品质损失功能图

2. 2. 1. 6　阿曼德·费根鲍姆（Armand V. Feigenbaum）（1920—　）

阿曼德·费根鲍姆（A. V. Feigenbaum，1991，pp. 290－297）曾经担任通用电气公司世界范围内负责制造操作的首席执行官长达 10 年，一直持续到 20 世纪 60 年代。他目前是通用系统公司——一家工程咨询公司的总裁，该工程公司的业务是为全世界的公司设计和安装操作系统。

为了帮助公司或工厂设计他们自己的体系（Main，1986），费根鲍姆并没有有意识地努力去创造质量管理意识。对他来说，一个公司的质量改进只有通过每个人的参与才能实现。工作骨干人员必须对管理的内涵有深刻的理解。质量问题的解决必须通过清晰的、以客户为中心的质量管理过程，并且员工能够理解并致力于该过程。

高级管理层对质量改进问题的理解以及将质量融入管理实践中的承诺，对于成功应用费根鲍姆的全面质量体系而言至关重要。管理者必须放弃那些不能产生持久改进效果的短期动机计划，并认识到提高质量并不意味着必须快速解决客户问题。质量领先对于公司在市场中的成功而言是至关重要的。费根鲍姆在质量管理中采用严谨的纯经济式的方法。他认为在今天的竞争性环境中，对质量方案的有效实施和管理对许多公司来说代表着最好的投资收益机会。他对质量成本领域的主要贡献是，其意识到如果把质量成本纳入管理中，必须进行分类。他主要把质量成本分为三大领域：评估成本、预防成本和失败成本（Feigenbaum，1956）。总质量成本是这些成本之和。

费根鲍姆质量体系改进方案的目标是把通常占据销售额或运营成本25%～30%的总质量成本尽可能地降低，使之降至1%或更低。降低质量数据的开发成本以及对它们进行定期跟踪是该方案的有机组成部分。

费根鲍姆认为管理层必须致力于：

（1）强化自身的质量改进过程；

（2）确定质量改进已经成为一种习惯；

（3）将质量和成本作为补充目标。

尽管他没有像戴明和克劳士比那样支持14个观点或步骤，但其方法也没有与之截然不同：它仅仅被归结为管理技巧。

2.2.1.7 库尔特·勒温（Kurt Lewin）（1890—1947年）

库尔特·勒温是20世纪最有才华和革新能力的社会科学家之一。他的工作尤其与管理理论和实践的几个领域相关联，例如，组织变化、冲突管理、动机和领导——他是第一个试图在不同社会科学领域之间尝试建立连接的人，包括经济学。

勒温的主要贡献是开发出了与知识和行动相关的理论和方法。通过辩论和证明，他认为好的理论最具实践性。没有理论，我们对事件的观察很可能是偶然的、任意的，因此没有典型性。

阿基里斯和萧恩（Argyris & Schon，1991，p. 86）的方法论则强调行动的角色，把其作为一个有效的验证程序，这一点与勒温的理论很相似。阿基里斯创造出“行动科学”一词来描述其方法。民主的参与式领导风格似乎更加具有激励作用，结果也比其他方法更加有效。在改变实验中，群体决策程序比讲授法具有更多的成员参与性，因此更加成功。通过举手表决承诺，决策自主性被下放给每个人——通过此种方式，观察团体是如何反应的，这种决策方式无疑会得到进一步加强。

勒温的管理理论中经常碰到的领导、动机和引进变化等具有关联性。他通过证明理论的实践性以及研究与行动相结合的有效性，对社会科学做出了巨大贡献。

2.2.1.8 克里斯·阿基里斯（Chris Argyris）（1923—　）

克里斯·阿基里斯开创了一种理论、询问策略和学习方法，被称为“行动科学”。他的方法适用于个人和组织，能使人员和社会体系发生变化。行为科学产生了一套有效而有用的行动知识，从而把实践者和研究者从功能紊乱的现状中解放出来。

阿基里斯认为人员和组织需要面对意图和实际行为之间的矛盾，揭露支配模式化行为的一些价值观和假设，并开发和测试替代性行为和价值体系。他的观点和方法都已经应用到较大范围中出现的重复性问题、迷惑和矛盾中，包括教育、组织发展、社会理论化和管理发展。尽管他的方法在管理者中引发了很大的争议，但是他的工作仍然对管理人性化，以及组织行为、发展和社会探究的扎根理论的开发产生了巨大的影响。

在一个真正庞大的、始终如一的工作体系中，阿基里斯把一个以问题为重、以价值为重心的方法，提升到一个有效、可行的理论，其能检查未预期的行为后果，目标在于提高个人和组织的能力。因此，行为科学是一种行动的非学科性理论，其鼓励人员和组织识别、检验那些支配解决问题的价值观。促进这种学习的核心，是一系列关于有效信息、实验法、选择以及从体验中学习的价值观。对于阿基里斯来说，提高胜任能力会导致该类变化，而这些变化反过来又会促进个人和组织的健康发展。

行为科学，作为社会科学调查和组织改进的策略，对研究和解决问题的传统方法提出了疑问。根据阿基里斯自己的理论预测，他的工作威胁到了科学和管理现状，他受到同行学者和管理者的批判。然而，有趣的是，社会科学调查和管理思维如今开始反映行为科学的原则和发现——例如，各种类型的集体问询正在被应用。

2.2.1.9 唐纳德·舍恩（Donald Scon）（1930—1997 年）

与克里斯·阿基里斯相提并论的，通常还有唐纳德·舍恩，他与阿基里斯进行了超过 20 年的合作。唐纳德·舍恩是一个独立的、具有创新能力的重要的思想家。与作为心理学家的阿基里斯相比，舍恩更像一个哲学家，他的理论反映了对行为科学中有关组织、个人、创造性等特性的深刻思想。它也强烈反映出现存科学范式未能充分解释商业、组织乃至整个社会的现状。

行为科学是一种权利理论，舍恩的工作包含许多哲理和真知灼见。然而，该理论对企业习惯性防御采取了过度负面的立场。对行为研究与科学理论研究的本身产生了习惯性防御，许多研究者被嘲笑论证“收缩”。要将反馈环路设计好，以避免造成员工和工人冒犯、不安或者尴尬，未能理解这种敏感性需要可能使自身陷入设计性失误。

最近，舍恩（1988）对设计专业人士中发现的紧张状况进行了评价。这些包括知识的缄默与明确、独特性与一般性、创造性与好斗性、多元主义与普遍性。这些困境要求第二模型反映，但是常规问题可能要求技术理性。

如今对科学的选择性愿景存在一种迫切需要，舍恩（1988）以及阿基里斯的理论提出一些较好的观点和答案。但是，很少有人对这些相关性进行整合，很少有人能在孤立的科学学术壁垒与人性之间搭建一座桥梁。

2.2.1.10 彼得·圣吉（Peter M. Senge）（1947— ）

20世纪90年代，彼得·圣吉的著作读者甚多，是一位受到广泛讨论的管理思想家。他的主要作品《第五项修炼》提出了系统思想和学习型组织的概念，现在有的已经成为标准管理词汇。系统思维是《第五项修炼》中的一个标题（其他的是自我超越、共同愿景、团队学习以及心理模型），其能帮助组织将他们视为一个整体，理解组织相互联系的特性以及与他们所处环境的关系。圣吉的管理观点具有高度的人性化，他把自己的注重人的成长的“学习型组织”与对人进行控制和限制的“控制性组织”做了鲜明的对比。

2.2.1.11 质量管理大师对电扶梯行业的影响

通过试运行和维护来促进设计和安装质量，这种需求在工业中便产生了对质量管理（QM）的需要。质量管理（QM）力求一次性地把事情做到准确无误。我们或许可以这样定义质量管理，其是为了使产品和服务能够满足既定的质量要求而采取的计划好的必要的系统性行为，其能为满足质量要求提供充足的信心，一旦实施，在任何设计、安装、试运转和维护阶段不应有任何召回和拒绝。质量管理受到关注是因为质量问题不能听之任之。提供该服务的公司不仅要生产出合乎合同规定的设计和产品，还要证明这些是“量身定做”的。质量管理（QM）基于这样一个信念，一个公司如果具有专业的质量经理并由其管理清晰、正式、范围广泛的书面规程，那么其极有可能提供质量好的产品和服务。因此质量管理（QM）涉及从生产者无端产生的质量关注到一整套程序的转变，管理者和评估者能保证这套程序产生效力。

为了成功完成安装工程，质量管理（QM）计划必须做到：

（1）实现和维持所提供的服务产品的质量层次，使其能持续满足顾客的需求和期待。

（2）使客户对产品和服务能达到预期质量充满信心；使管理层对产品和服务能达到并能维持预期质量充满信心。

尽管发达国家的电扶梯行业对质量管理（QM）带来的益处比较认可，而对中国香港地区电扶梯行业，质量管理（QM）仍然还是新生事物。然而，随着其经济发展并成为亚洲最发达的城市之一，在中国香港地区完成和传递质量建设也变得愈加重要。

在过去的50年中，由于克劳士比、朱兰、石川馨、田口玄一、费根鲍姆及其他人的贡献，人们已经清晰地认识到，质量并不是由车间里的工人所决定的，也不是由在客户现场工作的技术服务工程师决定的。质量由组织里的高级管理人员所决定，其所处的职位要求他们应当对客户、员工、供货商和股东负责，对业务的成功负责。这些高级经理分配资源，决定公司进入哪个市场，选择并实施管理过程，努力促使公司履行其职责，最终实现其愿景。

质量管理大师们的各种理论理念与实际经验相结合，产生了一种实施全面质量管理（TQM）的简单而有效的模式（见图2－2－2）。这种模式建立在三种全面的质量管理基础原则之上——关注客户；关注改善工作流程，产生出始终如一的、可接受的输出；关注和我们一同工作的人才——以及六个支撑要素——领导、培训和教育、支持性结构、沟通、奖励和认可、衡量。

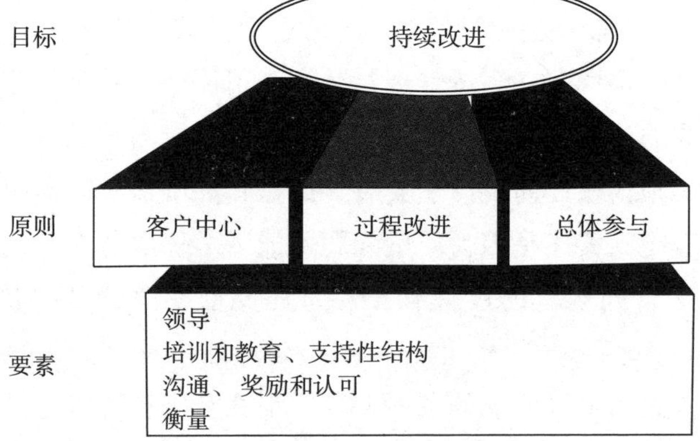

图2－2－2　实施模式

2.2.1.12　反对变革

和其他行业一样，世界上最大电扶梯制造商的维护服务在很大程度上也依赖于人为因素。所以，我们考虑了员工情绪可能发生的改变。库尔特·勒温

（Kurt Lewin，1954）认为验证个人设想是否有效的最好办法是在执行过程中测试理论。这通常被称为“行动研究”。但是，这两个术语的顺序已经给人留下印象，即行动应该先于研究。只在有限的情况下，才会成为可能——比如，行动是基于之前已确认的知识。更多的情况是，基于适当的猜想，一些系统性的事实调查必须先于实施和行动。

勒温（Lewin）提出了一个影响广泛的三阶段变革理论。无论现状是怎么样的，只要认为需要对现状做出改变，那么第一步就是对那种情形进行“解冻”。比如，一个成熟的消费模式需要在新买家确定选择前进行“解冻”。对某些行为或习惯进行“解冻”是极其困难的，特别是如果它们已经存在了很长一段时间，并且因为被批准或获得成功地位而更加巩固。在危机或宣泄期间，“解冻”更容易成功，因为其可能穿透现有信仰、价值和行为系统的障碍。如果现有障碍被解除，那么下一步则被叫做“移动”。诱导个人或团体抛弃之前的信仰、价值观和行为，转向一些显然更好或者更为理想的信仰、价值观和行为。最后，如果该转变成功了，则对其进行“冻结”，也就是说，把其嵌入一个利弊的平衡点——勒温把它们叫做势力——这有可能确保其在新的信仰、价值观和行为下的延续性，这个三阶段变革方法需要大量的资源投入，以及能帮助解冻、移动和冻结的基于研究的知识条件。勒温通过一系列实验来支持他的观点，他在第二次世界大战期间做了很多实验，意图改变美国家庭主妇、红十字会工作人员及年轻的母亲的行为。在传统的行动研究中，各种各样的实验被引导来测试受教式和群体决策办法对改变消费者行为的作用。这些实验被用来说明三阶段改变的顺序，包括举手表示承诺，其通过举例说明把再次冻结作为巩固积极改变的力量。与一组人在受教式中的被动性相比，这项工作的理论解释性也指向积极参与的动力。在他的三步变革模式中，勒温提出了一个合适的组织变革概述：

• 在诊断和分析阶段，事实上我们在试图解冻现状并努力改变个人和群体抵抗的态度。

• 我们设想达成了一个所有人都同意的策略，此时，组织可以采用新的操作程序。而且，行动研究螺旋是一个转变期，在该期间所有员工都要经历文化改变。

• 自发性学习周期预计在研究完成后保持继续。这与库尔特·勒温所说的再冻结阶段相似，也就是说，通过平衡推进力和约束力来稳定对改变的干预。

现状是指一个平衡状态。在从现状转变到所需状态的转变期间，存在着约束力，该约束力阻碍现有的平衡及推进力的运动，它使行为远离现状。

个体雇员甚至组织本身也会抗拒变革（Stephen P. Robbins，1993）。根据伯恩斯（Burns，1993，pp. 5 –44）的理论，个体抗拒是由习惯、安全感、经济因素、对未知的恐惧和选择性信息处理等因素造成的。为了把这五个因素运用到世界最大电扶梯制造商背景中去，我们可以描绘出下列场景：

- 人们普遍认为，社会越紧密，个体对变革的抗拒就越强烈。世界最大电扶梯制造商（中国公司）具体有相对保守和集体导向的文化背景。
- 该公司自1987年始在中国内地运营，已经发展并建立起了自身一套标准或行为习惯。比如，操作中几乎不涉及任何文档；没有客户满意度调查，而且反馈是通过雇员口头的讨论来处理的。引入变革，特别是关注客户反馈的内容毫无疑问将会面临巨大的阻力，因为员工认为此类有关性能评价的调查将会影响他们的工资和奖金。
- 不安全感来源于某种认知，即有人可能会被认为无胜任能力，尤其是在下属人员中进行大范围改变时这种情况会更加显著。引入文档制度凸显了对一定文化能力的要求。
- 对行动研究项目的引入包括大量的培训和讨论，这些培训和讨论需要人员参加，同时这对员工的时间和精力也提出了要求。由于对这种行动研究方法能否取得立竿见影的效果心存疑问，员工更喜欢处理日常工作。在世界上最大电扶梯制造商公司，只要保证按时提供服务，员工就能领到年终奖。

组织对变革的抗拒是由结构惰性、有限的变革焦点、群体惰性、对专业知识的威胁、对已建立起势力关系的威胁及对已形成的资源分配的威胁而导致的。事实上，如霍尔（R. H. Hall，1987）所说，组织在本质上是保守的。对世界最大电扶梯制造商来说，因为传统权利明确划分出等级结构，这种抗拒是可以预见的。

2.2.1.13　变革与转变

变革与转变不一样。变革是环境导致的，而转变是人所经历的对新的环境妥协的一个心理过程。变革是外在的，而转变是内在的。换句话说，只有在转变成功时才会发生变革。

“……如果环境差异将持续下去，人们则不得不重新调整自己的心理。有一句法国谚语，有点消极地看待这样的事情：事物改变得越多，他们越倾向于保持原样。把它用我们现在使用的术语翻译出来，就是'可以发生任意变革，但是除非存在转变，否则当尘埃散尽时，一切还与原来保持一样'。”(Bridges，1991)

威廉·布里奇斯（William Bridges）已经指出了转变的重要性，并且特别将现状未解冻这个时期定义为中间区域。事实上，转变来源于结果。转变是解冻现状的过程，中间区域是过去的现实与新的现实之间的区域。在中间区域，人们充满了不确定。然而，进入中间区域，关键是做好准备并意识到：

- 如果没有为中间区域做好准备并且不知道该期间，那么人们可能会感到气馁，或者迫切地想快速通过该期间。
- 在该期间，人们可能会试图逃避参与。仅仅是因为不了解该期间或没做好准备，他们会放弃转变，从而危及变革。
- 逃离中间区域不仅仅凸显了项目的失败，同时也损失了释放创造力和促进振兴的机会。

2.2.1.14 转变管理构建的基本原理

除了行动研究的整体状况外，我们还将深入研究组织实施方案的细节。结合在后续章节概述的方案，我们不得不考虑每次变革发生时会产生的结果。在这种情况下，行动研究方案中采用了威廉·布里奇斯（William Bridges）提出的五种行动类型。为了清晰起见，第一个螺旋将被编入最优先考虑的项目，第二个螺旋将使用在第二类别中提到的一些行动中。需要避免的项目被分在了第三类别中。

第一类　最优先行动

分析维修部门每个团队的个体及识别他们的需要改变的行为和态度，以改进过程

员工应该能区别“工作团队”和“团队工作”这两个术语之间的区别。应该意识到，尽管有系统划分责任，但每个个体都应对整个团队工作的质量负责，而不是仅仅对整个过程中的某个部分负责，这一点很重要。每次变革都应具体化。

分析谁将会在新的操作过程中失去一些东西

所有转变都是从结束开始的。过程改进团队领导及协调者应确定损失的模式并准备好应对这些抗拒。管理抗拒并防止其失控是非常关键的。

传达系统中存在的问题，这些问题是改革的根源。

让团队成员与不满意的客户联系

员工应处于面对问题的前线。客户的抱怨是让他们认识到问题的最直接的方式。一旦他们与客户一样感受到了过程改进的迫切性，他们将会更加积极地参与。

安排过程改进团队会议并就问题进行沟通

行动研究已被用来提高上司和下属之间联系的频率。最好是采用一个经过深思熟虑的方法并且追踪哪些下属或团队成员有问题，而不是直接询问没有参加的原因。

安排过程改进团队领导进行有关转变管理的培训

行动研究方案对世界上最大电扶梯制造商中国公司的过程改进团队领导来说是个新事物。在他们有效管理转变之前，他们必须知道其将会经历的是什么。

第二类　第二优先

规划这些行动，但其会在一段时间内执行而不是被立刻执行。

修改报酬制度，根据变革进行奖励

应当调整奖励制度，以奖励那些支持过程改进变革的人。此外，来自成员的建设性意见也应当被认可及奖励。

设计临时系统，再处理转变期间的迷惑

应当采取必要的预防措施以将变革的危害减到最少。重新编制临时政策，程序及时报告关系、角色甚至技术，以顺利度过该变化多端的转变期。

接受经理人作为协调员的角色

这是行为研究的一个主要组成部分，并且本书在后面将继续讨论这个话题。能够聆听和分享下属感受和想法的经理能很好地调节转变期的节奏及政策实施的速度。

把团队代表送去访问其他那些服务团队运作非常成功的组织

这是基准阶段的一部分。虽然安排参观相同领域内的公司可能会比较困难，但是可以组织参观其他商业领域的公司。在本研究中，研究者安排对诺基亚进行了一次非正式访问，该公司也是一个总部在芬兰的公司；还参观了华宝集团。这两个公司都属于消费电子产品行业且在中国为著名品牌。这两个企业的维护服务比世界最大电扶梯制造商的维护服务要复杂得多，它们的很多实践都具有参考价值。其他公司的关键人员也受邀参观了世界最大电扶梯制造商（中国公司），通过一系列的研讨会分享了他们在维护服务方面的经验。

将个人年度目标转变为团队目标

这是每个从事参与型领导的公司的标准行动。但是，绩效考核系统在员工之间是一个非常敏感的问题。因此，作为对两个螺旋修订的结果，在本研究中原则说明章节提出了该行动。

第三类　不需要的

安排中级管理人员提出一个转变计划。

重要的是，注意这种中国式的管理有其优点，但是与西方的管理方式一样，也有其弱点。在行动研究这种情况下，经理人的角色应当是协调者而不是命令者

把这些变革划分为更小的一些变革，并且将这些小变革连续不断地结合起来。

杂乱无章的变革对公司日常运行产生的影响很小，也不会导致公司内部行为变革。鼓励逐渐采取步骤，但是关键在于连贯地引入组织变革。

建立一个由优秀员工组成的模范团队

行动研究螺旋应作为工作团队自然工作流程的一部分来执行。行动研究的概念是，通过执行维修服务的团队工作人员的建议和实践来完成过程改进。这种做法在中国实行组织变革的公司中很常见，尽管事实上中国经理人接受的是西方的教育，但等级观念还是深深扎根于他们的脑海。

对危及变革的人员设立惩戒措施

对学习型组织的转换是一个长期的目标，它涉及了多年的态度转变。对行动研究方法或其他过程改进方案的反感将会导致冷漠的反应，并且人们会对这些政策采取消极的态度。

2.2.1.15　研究设计策略

该研究设计由收集、测量和数据分析计划构成，它有助于科学家通过对重要性进行排列来分配其有限的资源：该计划包括实验、面谈、观察、记录分析、模拟或者它们的组合吗？对小样本的深入研究比对许多样本的粗略研究更加有效吗？分析应当主要是定量的还是定性的（Babbie and Earl R.，1994）？

研究设计涉及调查的计划和结构，并预计通过该设计得到研究问题的答

案。计划是该研究的总体方案或程序，它包括调查员在写假设情况时要完成的大纲以及它们对数据最终分析的操作意义。结构是指在多样化的研究中不同关系的框架、组织或配置。研究设计表达了研究问题的结构和用来获得有关问题的实验性证据的调查计划（Krathwohl David R.，1985，第9章）。

具体而言，这些定义有所不同，但是它们共同给出了行动研究方法的要点。首先，该设计是一个为了获得研究问题的答案而选择资源和信息类型的计划。其次，它是一个用来说明研究变量之间关系的框架。最后，它是一个勾勒出从猜想到数据分析的每个过程的计划。该设计对诸如此类问题提供了答案：将采用什么技术来收集数据？将使用哪种抽样？将如何处理时间和成本限制？

本书的研究设计策略包含通过采访一些电扶梯公司关键人物获得的数据收集和对世界最大电扶梯制造商（中国公司）的案例研究和行动研究。本书第三章描述了这些方法。

2.2.2 公司特定环境——将中国文化转换成一个增值要素

2.2.2.1 中国劳动力

中国的人力资源管理和劳动管理关系与其他国家有很大不同，主要是因为不同的政治经济制度以及社会文化背景。自从中国1978年实施经济改革之后，人力资源管理方面发生了重大变化。

根据南京大学所进行的研究（《太阳杂志》，2000年第6期），中国的教育基础相当雄厚。然而，许多外方人员管理的公司却发现大学级别教育机构的毕业生接受的技能培训非常薄弱。这主要归结于中国在1952年时实施了苏联模式的高等教育。专业院校把重点放在培养企业里最需要的具备专家技能的人员。

“高等教育狭隘的教育方式，与低年级里强调死记硬背的众多学科的学习，构筑了一个无法刺激想象力或者改善创新力的教育体制。因此，技术学院里的中国毕业生对在过去如何做一件事进行了良好的培训，然而却尚未被启发思考如何在未来采用不同的方式来做事。”（Zhao，1994）

2.2.2.2 儒家的影响

由于中国员工的特定特征，我们不得不考虑中国文化的价值体系，以超越障碍。最重要的价值观与中国的儒家思想紧密相关。儒家思想的重要推动力在

于其关注适当的人际关系的重要性、条理性、对团体的责任，以及特别对人际关系和谐的偏重。（Zhao，1990）

Zhao 进一步阐述了儒家思想的四大原则，在商业运营中起到了关键的作用。

（1）儒家思想将家庭视为人类社会发展的关键单位。对父母亲的孝顺是高于一切的，包括对孩子和妻子尽责。这也推断出其对上级和组织机构的极度尊敬以及组织的等级性。

（2）在儒家信条的五个关键性人际关系中，有四个是规定了上级和下级之间的关系——父与子、君与臣、夫与妻、老与幼。除了这四个层级关系之外，还有朋友与朋友之间的关系，是平等的关系。日本文化也受到了儒家思想的影响，对组织的忠诚是超越一切的。因此，上下级之间在平等的基础上传达观点有一种固有的障碍。

（3）统治者（处于当权位置的管理者），有责任表现理性、维护下属（员工）的福祉。下属（员工）应当忠诚和顺从。如果统治者以非常卑劣和荒谬的方式进行统治，就是丧失其“神授君权”，因此就容易被下属推翻。这就意味着对现存制度的整体容忍性，直到出现危机。

（4）只有那些有“资格”（以一种正确的方式受到有关行使权力方面的教育）行使权力的人才能获得权力位置。低层下属通常被认为不适合参与高层的决策制定。

儒家价值观强调和谐的重要性。“面子”是人际关系中的关键性因素，当经理批评下属的时候——要么是私下里，要么是在其他同事面前——这会让下属感觉到“丢脸”。因此，对工作表现的批评必须小心处理。对于习惯和工人们以直陈和坦率方式交流的西方经理人员来说，这有很大不同。

因此可以理解，带有这种组织观点的工人不大可能主动地设计新产品或者设计做事情的新方法，因为制造过程或产品出售方面的创新都有可能破坏组织和谐。因此中国工人一般都采取很消极的态度对待工作，乐于向老板反映情况，却没有充分准备作为一个变革推动者。中国员工进行培训的目的在于接受命令，但不是发起变化。（Zhao，1993）

在日常生活中对老年人，如对年老的父母或者祖父母的尊重，反映了儒家思想的影响。这种尊敬应适用于对日常工作表现的评估。在西方，年轻人和训练有素的个人可以在年老的同事之前得到提升。与之不同，这在中国并不常见。在管理变化中，优良质量和资历之间就会产生潜在的组织冲突。

2.2.2.3 中国香港改进的经验

传统意义上，在管理理念和培训方面香港更倾向于英国或者美国。香港95%以上的人口都是华人。在地理上，中国香港离中国最近，并且共同享有儒家传统。在进行行动研究螺旋之前，也值得探讨一下在香港其他较大的机构中组织变化的经验。

1983年以前，行动研究在香港仍然是一个新的课题，还没有形成广泛的意识。1983年从日本引进了参与过程改进技巧的相似做法“质量圈”（QC）。许多大机构都采用了质量圈的方法，包括：

- 香港银行（总部在英国首都）；
- 香港地铁公司（公共事业）；
- 瑞安建业（总部在香港）；
- IBM（香港）公司（美国跨国公司）。

为了更好地理解质量圈的影响，香港质量圈协会于1983年成立，并与实施了质量圈的公司保持联系。最近的调查和实施质量圈的代表数据在1988年执行。（Kirkbride & Tang，1989）数据揭示了在执行质量圈过程中，无论参与圈的热情如何，都存在明显的失效率。本项研究指出了关键的因素：质量圈活动渗透范围很小，136家公司中仅有12家。根据这些公司的报告，只有低于25%的员工参与到质量圈中，仅有一个记录的案例参与率超过了75%。研究结果也发现管理级别低的人和熟练技术工人，参与的热情度最高。

在香港发现的问题：

20世纪80年代，香港的经济达到巅峰。强劲的经济环境导致工资水平飞涨，而劳动力则出现短缺。工业领域与金融领域以及服务领域都在争抢员工。这与20世纪90年代中国南方的情形很相似。尽管非技术劳动力资源丰富，但技术工人很短缺，因而香港的经验具有很高的参考价值。

香港20世纪80年代质量圈较低的成功率和参与率的主要原因包括以下方面：

- 快速改变的产品线；
- 工人中较低的受教育水平。

此外，质量圈的实施和成功必须应对以下情况：

- 快速改变的产品线；

- 工人中较低的受教育水平；
- 管理类型。

中国的公司组织在质量圈投资上整体无动于衷的态度也反映出了企业主们对参与式学习的观点。

霍夫·海因茨（Hofheinz，Geert，1984）提出了通过对各种文化价值维度评分的方式判定文化概况的观点，包括：

- 权力差距；
- 不确定性规避；
- 个人主义与男子气概。

在描写国家之间的文化差异时这些研究结果具有很高的参考价值。中国香港具有很高的权力差距，较低的不确定性规避，较低的个人主义和中等的男性气概，与新加坡的国家群集特征很相似，澳大利亚与美国和英国则处于同一种群集。

高度的权力差距意味着较高的决策权集中度，更高的组织金字塔层级结构，较大比例的监督人员，更加自动化的管理风格，较弱的职业道德感知、员工相互信任的勉强性，害怕与老板出现分歧。在这样的社会中，高级管理层不愿意淡化感知到的权威和管理特权。在实施参与式学习时，其直接关联到权力和尊严感知的减少。与此相似的是，员工不可能处于挑战性的位置，或对公司的管理进行批评。组织的等级特性使监督人员觉得受到了引入的参与式学习的威胁。员工们感知到较弱的职业道德，不情愿在工作时间之外参与质量圈，而老板会觉得质量圈计划的实施导致了生产时间的减少。

在本研究中，香港中国劳动力较低的不确定性规避值意味着员工对老板较低的忠诚度，较高的劳工流失率，以及较低的工作满意度。香港劳工的这些特色与深圳的中国公司的技术或者中层管理员工很相似。快速增长的外国投资以及强大的企业家精神引起的中层管理人员的严重不足，导致了较严重的人员流失问题。然而，与其他公司相比，世界最大电扶梯制造商是一家大型的跨国公司，能为员工提供较高的薪酬计划。因此，劳工流失率较低。很明显的是，较低的不确定性规避对于参与式过程改进的实施具有负面影响。

就个人特征而言，香港的劳动力与中国劳动力相比有许多明显的相似性（尤其是广东省的劳动力与中国香港的中国内地劳动力具有相同的地理和文化渊源）。与日本不同的是，这里的集体主义是基于家庭，而并非基于社会。

“一个专家评论员使用了‘功利家庭主义’一词来总结香港的文化特质。”（Lin，1982）这种情况的中心是：以家庭为基础的集体主义——家庭的利益高于社会的利益以及社会其他集团的利益；物质主义——物质利益取向优于非物质取向。

强调把认知和挑战作为激励因素：较高的工作向心性、公司对个人私生活干扰的可接受性、对较大组织的偏好以及“生活就是为了工作”的态度（Hofstede，1984：200－1，205－8）。需要注意的是，香港具有更高的家族导向，“工作是为了生活”便是其格言。因此，香港的体验过程就有较大的参考价值。

世界最大电扶梯制造商中国总部位于上海，一半以上的当地中层管理员工都来自这个城市。高级管理人员主要来自中国香港、新加坡和瑞士。无可否认的是，上述香港中国工人的特征也可能存在于对应的中国内地的工人群体中，这对过程改进造成阻碍。尽管如此，在两地采用的质量圈或参与式过程改进计划均有成功的例子，关键在于怎样利用这些有利特征并帮他们转化为有利的因素。

2.2.2.4 公司和文化变化

“大的外国公司拥有教育程度高的劳动力和管理层、较好的工作条件以及工资标准，在相对稳定的市场及相对稳定性较高的市场中运作，更有可能实施参与式管理，以实现企业的变革。”很明显，在香港有大量这样的公司，如公共交通铁路公司、摩托罗拉香港公司以及 IBM 香港公司和新加坡飞利浦新加坡有限公司，都已经成功地实施了参与式管理计划（PA 咨询有限公司）。原因可以归结于更加开放的高层管理层，他们更加善于接受较低权力差距的公司文化。同时，大的企业组织也能更好地为实施过程改进投入必要的资源。不可否认的是，过程改进意味着牺牲工作时间召开讨论会议及昂贵的培训会议，可能会使用外部的咨询顾问。从长远来看，人们期望组织变化会确保提高劳动效率。

幸运的是，本书中的研究对象，世界最大自动电扶梯制造商中国电扶梯有限公司，在行业中具有较高的门槛。来自瑞士本土的公司在产品开发和服务供应方面具有深厚的革新文化。中国分公司的运营机制依赖于来自芬兰或者中国香港的受过良好教育的人事管理层，以及在芬兰或者中国香港办事处参与过组织开发计划的人员。世界最大电扶梯制造商（由于其所提供较好的薪酬）劳工流失率较低，其具有稳定的特定环境，具备实施过程改进的良好环境。

然而，本书研究的目标是在参与者的意识中为建立自我改进工作态度打下基础。对根深蒂固的中国文化产生影响的最好办法是通过持续的组织改进，而所选择的方法便是行为研究法。

2.2.3 体验式学习

体验式学习的优势是能限制变革带来的不良影响，因为变革是逐步进行并且被严密监控的。根据设想，体验式学习能够在最小限度上影响世界上最大电扶梯制造商的正常操作而实现过程改进功能。所有体验式学习理论包括两个主要因素——外部事件及内部（大脑中发生的）过程（Smith，1990）。外部事件指的是具体的经验和行动，而内部过程指的是客体提出的推理、反思性观察和假设。但是，它忽略了“大脑中发生的事情”的重要性。

“正是通过对当前假设、过去的信念及行为的反思提高了洞察力的范围，而这在对待成人学习过程中常被忽略。”（Brookfield，1987，p. 286）

“……对成人学习理论最过分和令人费解的忽略是其独特的批判性反思功能，它能使有意义的转换成为可能。”（Mezirow，1985，p. 13）

尽管普遍认为体验式学习的文献缺乏对反思的深入洞察，在下文中对此还是做了几处重要说明：

本研究高度重视对员工学习行为的改变，它能影响过程的改进。在《反思性实践者》（Schon，1983）中，萧恩描述了学习如果在行动之前把反思包含在其中，而“技术理性”包括了在行动之前就知晓将会得到的结果。因此，学习和了解成为一个良性循环。有关正常科学的问题基于所谓的“模式I”行为。这种模式假定我们必须处理物质环境和社会环境使其与我们个人意愿相符。典型的情况是，人们试图控制他们的关系来达到他们最初的目的。我们通过与其他人苦苦争夺和在冲突中获胜来实现这种控制。正是通过模式I行为，引进了许多设计错误；因为担心公开谴责或者怕尴尬，所以个体创建了新的能够原谅他们行为的惯例，然后这些惯例深深扎根于企业之中。阿基里斯（Argyris）和萧恩（Schon）强调改正一个人行为的最好办法是通过利用反思“正在使用的理论”（一个基于实际经验和“信奉理论”知识的集成概念）而实现的“由经验验证的理论”（已建立的概念）。通过这个周期实验，一个人就能发展他/她自己的明确的理论，并且“能够从细节中泛化并且获得其他的细节”。

就集合各个阶层的员工所提的适当的过程方法的改进意见，本研究中采用了约翰逊（Johnson，1982，p. 16）提出的理论。体验式学习周期开始于体验人的行动结果、接受人的行为反馈以及检验人的行为。然后将这些经历以一种合适的方式组织成行为理论，之后测试这些策略，最终再回到检查阶段。

行动研究螺旋基于这些主张进行构建，重点在于公司各个层面的每一位员工都要参与，通过调查来进行检查，以评估一些定性问题，如员工承诺及满意度等。

2.2.3.1 培训和发展的分类

为了便于分析及提供建议，调查将主要着力于发展如梅茨罗（Mezirow，1985，p. 17）所提的“三个内部相关但是又具有截然不同职责的成年人学习”。

（1）工具性学习以任务为导向。作为原因和结果的意义都要被推断出来。

（2）对话性学习是“试图了解别人在与我们交流时的意思”（Mezirow，1985，p. 18）。对话性学习主要是关于抽象性概念，比如价值观、人生观和感觉。此类知识通常是通过与他人的象征性互动而获得的。因为这种学习的抽象性特征，所以通过“对猜想的合适性的反思性论断、论据的中肯性和对现有隐喻知识的创造进行评估，这三样在新学习中处于平行位置”。

（3）自我反思学习是尝试理解我们自己。通过此类学习而获得的知识被用来识别出过去的限制性假设，并尝试采取正确的行动以克服这些问题。学习者需自己评估这种学习。

在研究期间，这三种类型的学习被合并了。但是，正如本研究揭示了是否行动研究方法有助于主体组织和环境的过程改进，研究者主要关注了对话性学习这部分。换句话说，就是鼓励员工在组织价值观和自我反思性学习——体验式学习的框架中学习，并且向发展成为一个学习型组织的长远目标而努力。

2.2.3.2 反思的重要性

反思处于行动研究螺旋中。在本研究中，在中国操作环境下，下属向管理者“反映”情况通常出现在正式报告中，有时，它们并不能反映现实情况。但是，通过利用行动研究螺旋，提供了一个更加完整的问题图表，并鼓励对所有阶层的员工提出新的意见。员工的经验被重视，反思过程在整个研究中起了关键作用（Bout et al.，1985，p. 21）。根据波特等（Bout et al.）所说，反思可以分为三个阶段：

（1）回到经验上——指重新回忆及利用特殊的经验来加强学习者的认知。

（2）参与情感——包括忘掉尴尬的情感并利用积极的情感来鼓励学习。

（3）再次评估经验——包括把新数据和已有数据联系起来；整合与数据相关的知识；有效性，即确定最终意见和情感的权威性，允许个人获得知识。

在观察和反思阶段包含了波特等（Bout et al.）所提出的过程，同时，采取适当的预防措施来控制与执行相关的情感。

2.2.3.3 行为研究循环

该研究采用了行为研究方法并且为该行为研究循环的组成因素提供了支柱。然而，该研究并没有涉及与行动研究主题有关的统一的理论或方法论原理。各方面的专家，比如约翰·柯里尔（John Collier，1945）、约翰·杜威（John Dewey，1929）、拉波波特（Rapoport，1970）、布朗（Brown，1973）、康宁汉（Cunningham，1976）、怀特和列侬（Hurt & Lennung，1980）、布朗和坦登（Brown & Tandon，1983）、麦克曼（Mckernam，1991）、斯曼和艾弗德（Susman & Evered，1978）、奥特赖赫特（Altrichter）、甘美思（Kemmis）、麦克塔加特和斯凯里特（McTaggart & Zuber - Skerrit，1990）将行动研究的起源归功于美国社会心理学家库尔特·勒温（Kurt Lewin，1890 ~ 1947 年）。1944年，库尔特·勒温发明了术语“行动研究”来描述一种针对重大社会问题能够将社会科学的实验方法与社会行动项目结合起来的研究形式。这符合世界上最大电扶梯制造商的情况，因为世界上最大电扶梯制造商的雇员及组织需要改进日常操作过程来实现组织发展。

勒温提倡在具体和抽象的鸿沟之间架起一座桥梁。他提供了一种方法来解决实际问题以及发现团体生活的普遍规律：

“普遍规律的问题涉及可能条件和可能结果之间的关系。它们被冠以假设的前提……命题也是如此。规律可以被用在某些条件下实现某些特定目标的指导方针。”（Lewin，1947，p. 204）

为了进一步解决理论与应用心理学之间的密切联系，勒温在他的书籍《社会科学中的域论》（1951）中提到理论和实际结合的意思：

“如果理论家因为心怀知识分子的反感情绪或对社会问题心怀恐惧而不对一些应用问题做研究，并且如果应用心理学家认识到没有什么东西比一个好的理论更实际。”（Lewin，1951，p. 9）

在《行动研究和少数问题》（Lewin，1946，p. 42）这篇文章中，勒温（Lewin）描述了著名的四大功能的断言，该断言奠定了行动研究的基础。

"行动研究包括分析、寻找事实、概念模型、规划、执行、更多地寻找事实或评价；然后是整个活动循环的重复；实际上就是这个循环的螺旋。"（桑福德，1970，p. 4；Lewin，1946，1947，1952）

结合勒温（Lewin）的理论，过程改进活动如下：

（1）螺旋的第一阶段是分析可用的方法。在分析完由PA顾问公司提出的几种建议之后，形成了一个整体计划，包括如何实现整体目标以及如何执行行动的第一步（质量性能维护计划）。

（2）第二阶段是执行这个整体计划的第一步（过程改进小组的组成包括工作人员和管理人员，其中运营经理作为顾问或协调员）；紧随第二阶段的是事实收集过程（从员工和客户那里收集反馈信息）。

（3）第三阶段包括"侦查"或者发现事实，它具有三大功能：

- 评估实现的结果是在预期之上还是未达预期；
- 收集新见解，作为修订整体计划的基础；
- 作为执行行动的手段或技巧。

（4）第四阶段也包括规划、执行和侦查，并且螺旋从对第二阶段的评估开始，然后是对整体计划的修订。

值得注意的是，勒温所谓的"计划"是指"针对社会行动项目的计划"。这些行动项目主要是为了直接解决行动问题，而不是原则，而原则在之后的行动中可能被使用。

2.2.3.4 行动研究的要素

研究者并没有局限于进行研究，而是和团队人员合作，以执行行动研究螺旋。研究的"主题"现在在其形成和执行过程中起核心作用；研究方不应被认为是"不接受知识挑战的霸道的一代人"（Lewin，1946，1947，1952）。因此，即使研究者是部门负责人，他也被认为是过程改进的参与者，同时，运营经理在整个过程中扮演协调员的角色。

一般来说，团体内部动力研究是涉及团体的研究。控制团体生活的人以及记录和测量团体生活各方面的人之间需要密切合作。再怎么强调合作精神的重要性都不过分。（Lewin，1947，p. 153）

库尔特·勒温的行动研究方法可以被总结为"四个关注"，其在本研究中同样适用：

（1）关注日常实际问题［在过程改进活动之前，世界上最大电扶梯制造商（中国公司）的维护服务的问题］。

（2）关注针对问题的行动（第一螺旋的过程改进团队的形成和质量保证维护计划的建立）。

（3）关注行动研究螺旋，也就是计划、行动和评价。

（4）关注专业研究者和团队或组织成员之间的合作（研究者自己扮演着一个和其他参与者角色平行的角色，运营经理在整个过程中扮演着交流协调员的角色）。

2.2.3.5 行动研究的执行

正如库克（Cook）和哈丁（Harding）（1948）宣称的那样，重点放在行动研究的参与式变革特征上。他们宣称变革推动者必须明确认识到他的工作结果要得到应用。他们所提倡的步骤如下：

（1）诊断式研究——指出是否推进行动。在该研究中，针对客户的第一个问卷调查被用来发现现有过程中存在的问题。

（2）参与式研究——通过释放诊断式研究中获得的内容以及期望在行动研究中出现的结果，参与者承诺致力于行动。

（3）实证研究——认可的策略，也就是说，质量性能维护计划被付诸实践并且保留了关于结果的记录。

（4）实验研究——利用控制小组、对照处理方法和结果，来完成变革。考虑到有限的资源和有限的人员，该部分将被略过。

2.2.3.6 促成连续自发性过程改进的人文主义民主价值观

行动研究被认为是联系理论和实践的几种方法之一。他们还把自己和组织发展框架中的资源联系起来。根据斯蒂芬·P. 罗宾斯（Robbins Stephen，1993）的观点，组织发展来源于人文—民主价值观的环境之中，该价值观主要是为了提高组织效率和增加雇员幸福感。在本书的研究中，其中一个目的是把公司转变为“学习组织”。事实上，螺旋不仅可以实现对现有体系的过程改进，而且可以让团队成员自己熟悉将来过程改进项目中使用的技术和方法。

阿基里斯（Argyris，1970）认为行动研究是社会研究中传统“实证”形式的另外一种选择。总的来说，他建议行动研究应当是为了带来个体性（而不是一致性）；关注（而不是对抗）；以及信任（而不是怀疑）。但是，行为改进不仅仅是帮助某个特殊事件，而且要引起客户态度正面的改变，包括：

（1）承认或接受个人想法和感受的责任；

（2）乐意接受别人或者内部人员的想法和感受；

（3）尝试新的想法和感受；

（4）帮助其他人承认、接受和尝试他们的想法和感受。

事实上，这个三角过程在螺旋中非常重要。因为团队成员可能会不大情愿暴露出系统的弱点或不作为，所以协调者（在这个案例中是操作经历）应当具有必要的行业知识，并使讨论能在一个轻松的环境下开展。

2.2.3.7 协调者的角色

在行动研究螺旋中，外界专业参与的效果已经在研究者之间引起了激烈的讨论。很多研究者认为需要外界帮助以获得对公司事件客观的评价，并且对讨论进行适当的引导。但是，很多组织怀疑外界专家的有效性，因为很多外界专家对具体业务并不熟悉。康宁汉（B. Cunningham）（PC 顾问）讨论了协调者的作用：

（1）协调者的角色在客户中得到实现，并获得外界专业人士的帮助。在本研究中，运营经理扮演着协调者的角色（与2.4.1原则三“除了有协调者以外，还有运营经理”描述不一致），而高级管理人员则扮演着团队成员的角色，使得一线工作人员和高级管理人员能够自由交流。

（2）鼓励成员参与研究螺旋。

（3）关注协调者带来的团队动力和社会力量。从当前程序的定义、设计阶段的结束和评估程序，过程改进团队一起活动、一起回应。

（4）行为改革过程随着计划、执行和评价而不断进化（组织发展）。

事实上，拥有行动研究常识的研究者将在过程改进活动中对协调者进行培训。

2.2.3.8 关于行动研究的其他考虑

在进行研究时，我们必须确保主题的关注点或者研究目的对组织和类似主题的进一步研究来说都是具有建设性意义的。本研究参考了勒温指出的行动研究的“重要因素”：

（1）对问题区域的识别，个体雇员、客户和世界上最大电扶梯制造商（中国公司）非常关心需要在哪些领域采取行动。

（2）对焦点问题的识别，并且因此形成一个假设，其包含预期目标（在公司内改进维护服务和发展一种学习文化）和为达成目标所应建立的程序（行动研究螺旋）。

（3）仔细记录采取的行动并且仔细收集结果来评价程序的效果。

（4）行动和期望目标之间关系的总结概括。

（5）对从行为情况得出的总结概括连续测试，该测试必须在研究发生之后进行。

除了勒温的主张外，约翰·埃利奥特（John Elliot，1977）提出的对基本诊断的重视在本研究中也非常重要。他对行动研究目的的定义反映了他的主张：

“行动研究采用这样的理论立场，意图变革环境的行动暂时被搁置，直到对实际问题有了更深的理解为止。”

应当通过总结所有参与者的意见和检验假设来实现“更深的理解”。

本研究采用了约翰·埃利奥特（John Elliot）主张的三角理论方法。其中包括教师（管理者）、学生（一线员工）和参与观察者（研究专家）一起，三者从不同角度，形成一个教学（指导）环境。

“三角理论不仅仅只是在外界研究者和教师研究者之间形成对话，同时还要形成一个三角讨论，发掘学生的研究潜力。”

除了上述考虑外，我们还要考虑心理关怀

迈克尔·福斯特（M. Foster，1972）在英国演示了如何在工作环境中使用行动研究。他演示了其他一些联系，比如，行动研究和组织心理学发展领域的联系。同时，他也阐明了行动研究顾问和被研究组织中的参与者之间的角色。他关注于执行行动研究的实际问题，并且强调了实现协同合作关系的困难：

“实际上，建立一个真正的合作关系总是非常困难的。首先，必须确定出局部利益；其次，从倡导该程序的部门获得批准，并把他们包含在内；最后，得到在面对问题时不能以平等参与者的身份共同工作的那方的同意。”那些资助该研究的人乐于同其他方分享项目控制和信息。在面对这种困难时，出现合作研究似乎会让人感到意外。

和其他权威思潮有着明确界限的儒家思想对中国文化影响非常大。当直接面对来自没有怎么受过良好教育的一线员工的意见时，高级管理人员通常会感到尴尬。所以，协调者应当在处于高度敏感的状态下，以一种建设性的姿态来引导讨论。

2.2.3.9 行动研究方法特征总结

彼得（Peter）和罗宾逊（Robinson）（1993）总结了 11 个著名行动研究者的观点，并且区分了 12 个行动研究的不同特征，如表 2－2－1 所示。

表 2－2－1 行动研究的特征：共识总结

	阿基里斯（Argyris）（1990）	科里（Corey）（1953）	康宁汉（Cunning－ham）（1976）	埃利奥特（Elliot）（1978）	福斯特（Foster）（1972）	贝尔（French & Bell）（1973）	甘美思（Kemmis）（1981）	凯特（Ketter－erel）（1980）	蓝波（Rapo－port）（1970）	史密斯（Smith）（1977）	勒温（Lewin）（1948）
关注问题	×	×	×	×	×	×	×	×	×	×	×
行动导向	×	×	×	×	×	×	×	×	×	×	×
有机过程（循环的）	×	×	×			×	×	×		×	×
协作/参与性	×	×	×	×	×	×	×	×	×	×	×
基于伦理	×			×	×		×		×	×	
实验的	×					×	×			×	×
科学的	×	×				×	×	×	×	×	×
自然主义的	×						×				
规范的	×	×	×	×		×					×
再教育的	×		×				×				×
有助于解放的	×			×			×				×
强调群体动力			×								×

资料来源：彼得（Peter）和罗宾逊（Robinson）（1993）. 行动研究的起源及现状［J］. 实用行为科学，20，2：pp. 113－124.

从中我们可以看出，共同因素把关于行动研究的不同观点结合在一起：

（1）解决问题的方法；

（2）连续地研究循环螺旋（计划、行动、观察、评估）；

（3）参与者和研究者之间的合作关系。

2.2.4 优化行动研究的效果作为过程改进的一个方法

当考虑到关于转变的有效管理时，我们不应低估控制行动研究技术的重要性。我们必须明确好的程序管理的要点和在螺旋中使用的必要技术。

2.2.4.1 生产过程管理

霍华德·尼尔森（H. Nielsen，1991）指出，过程管理涉及把人们的想法和行动的力量提取出来的艺术。催化领导、学习及承诺是生产程序管理的三个主要组成部分。他主张的关于过程管理者的三大原则如下：

“原则一：催化领导的质量与战胜自我意识的程度成正比。

原则二：学习的质量与程序输入的程度以及疑问引发的激烈的、共同的互动关系成正比。

原则三：行动的承诺与在一个互动氛围中产生的谈话和反映的单位时间直接成正比。”

过程改进团队中除了有协调者以外，还有运营经理，同时还要有那些容易受到决定影响的人，因为他们也是决定形成过程中必要的组成部分。在行动研究过程改进中，领导者应当协助而不是直接命令。但是，也要求有较强的领导能力，特别是在中国操作时，在这种情况下，领导意味着“在正确的时间促使决定形成并得到实施”（PC 顾问）。应当对采取了最佳行动并致力于其实施的“睿智”的管理者进行肯定，他们并未仅仅依靠那些“聪明”的管理者。这些所谓的“聪明”的管理者总是知道应该做什么，但是却不了解他们的下属。

讨论环节应当是一个积极、开放、没有压力的会议。这对出生于 1950 年到 1965 年、成长于“文化大革命”期间的雇员来说非常重要。应当用明确的指导方针来区分绩效评估与过程改进方案。简言之，讨论环节应当没有任何压力，并处于一个宽松的环境，鼓励员工参与讨论他们的日常操作经验，并保证该讨论不会被用来作为他们绩效考核的材料之一。只有通过这种方式，过程改进小组成员才能把对改革的抵抗力降到最小。佩蒂格鲁（Pettigrew，1944 ~ ）的研究清晰地显示了人力资源管理对在长时间范围内增强竞争力的重要性。该研究同时也显示了公司对过程运行的重要性，它使得管理层面了解公司运行的环境、公司运行的方式，以及在公司的战略和其他操作领域促成并管理变革的方法。

事实上，研究者尝试利用行动研究方案来缓和转变的压力。值得注意的是，协调者利用他们的角色来鼓励参与者思考行为研究螺旋、实施该螺旋并再次重复该螺旋。通过连续的，包括高度参与和评估的实践，员工会更容易识别出一个学习型组织积极的方面。

如前所述，程序管理的目的之一是让人们学到新的思考和行动的方法。同时，为了从所有参与者那里获得承诺，参与性民主制度在中国的管理文化中是个新的事物，尽管需要谨慎的实施，但它仍然被引进来了。每个过程改进团队的所有参与者都必须在车间里表达他们对所提问题的意见。

萧恩关于程序咨询的成果为那些致力于定性方法论研究的顾问和研究者提供了经典参考。萧恩通过展示下列三个咨询模式开始他的理论研究：

（1）专业模式，这是三个模式中最流行的。在该模式中，客户定义需求并接收顾问的专业信息或服务。有问题的组织通常会得出结论，他们没有时间和资源来满足这些需求。

（2）医生—病人模式，包括一个被引进组织中探寻问题的顾问，就像一个医生提出一个建议方案。顾问就像一个典型的医生，在诊断和解决问题时有很大的权力。

（3）可以利用图 2 -2 -3 猜想来总结过程咨询模式：

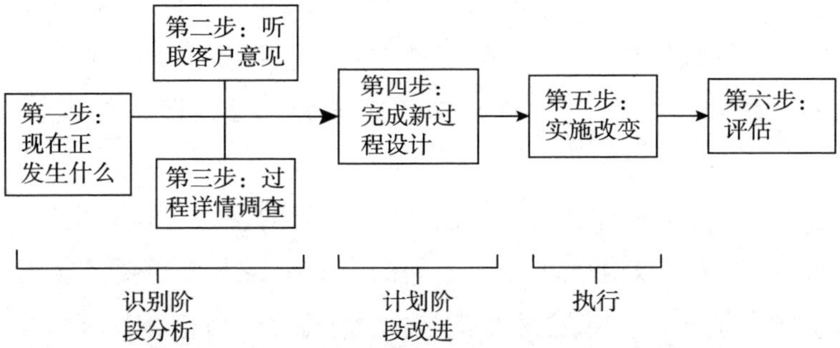

图 2 -2 -3　过程改进路线（专业模式）

资料来源：Schein，Edgar H. 过程咨询：在组织发展中的角色［M］.

① 客户经常不知道哪里错了，然后寻求帮助；

② 客户不确定顾问能为他们提供何种帮助；

③ 客户经常需要获得帮助来识别哪些方面需要改进；

④ 如果组织能管理好他们的优点和弱点，那么组织通常会更有效；

⑤ 因为时间限制，通常顾问不太可能了解到足够的组织文化；

⑥ 除非客户知道问题，否则他们不会在实行解决方案过程中提供；

⑦ 过程咨询是咨询者为了帮助客户改善环境而实施的帮助客户察觉、理解并针对在客户环境中发生的过程事件采取行动的一系列活动。

2.2.4.2 关于组织价值的参与性学习

每个组织都有其特有的及与其技术、政治和文化系统相关的信仰和行为。使命策略和组织内的人员是其组成部分，他们实施并发展了三种系统。行动研究是一个适合于格式化的改进目的的过程。行动研究实践的目的和其他行动过程改进项目的目的相似，也就是说通过参与性学习勾画出如何分析和评价对组织有效性的改进。换句话说，我们必须考虑到组织价值观的重要性，它对单个的行为研究螺旋具有多重效果。

首先，需要知道个人有效性模式的多样性，利用这些模式人们才能准备好对他们的工作场所做出评价。其次，可以使用一个社会过程实验模式，来开发一个整体有用的团体有效性模式来指导分析。

法尔曼和奎因（Faerman & Quinn，1985）阐明了这个基于价值观的模式，其暗示了一个组织文化由四个部分构成，它们分别是：

- 共识文化；
- 发展文化；
- 等级文化；
- 理性文化。

在西方社会，很多文献提到，关于这些价值观的冲突在任何组织中都是不可避免的，而且这也是理所当然的。但是在中国，这种冲突是令人无法忍受的，在一个组织中，总会盛行一种主导文化。在包括了组织变革的行动研究螺旋中，此类冲突很可能出现而且可能会导致参与性学习无效。在世界上最大电扶梯制造商（中国公司）的组织阶层中，员工阶层包括来自香港的受过良好教育的管理者和接受过非正式的中等教育甚至更低教育的本地一线工作人员。

吉姆·墨菲（Jim Murphy，1991）提出在行动研究螺旋中采用环境经验作为扎根理论的基础。允许出现想法分歧，披露这些分歧并把它们同化到一个团体中，然后把它们作为团体思维的基础。过程改进团队注意到并筛选出了这些观点以达到统一。采取行动是基于团队的选择。

环境经验是转换个体理论的基础。通过吸收其他想法和人们的思维方式，该经验能够使其转变成为扎根理论。协调者鼓励基层工作人员在行动研究螺旋中表达他们自己的意见，然后此类被证明了的经验能够被合并到一个共享效益理论中去。协调者通常是接受了西方教育的运营经理。

2.2.4.3 贯穿整个研究的管理情绪和情感

因为行动研究对中国来说是个非常新的事物，所以要求管理层员工参加关于在团队成员中控制情绪和情感的培训。协调者应当成为社交会话的一部分，因为会话在本质上是有情感的，情感的改变意味着会话的改变。弗洛雷斯和格拉芙（Flores & Graves，1986，p. 10）做了以下说明：

“如果针对环境的情感反应容易控制，那么我们将通过解决我们自身遗传的情感来找到它们，也就是说通过解决我们在情感生活中听到的背景对话，使得这些对话获得新的进展。”

“……带来新的评估、做出新的主张并且以确实能改变情绪的方式采取新的行动。”（Flores & Graves，1988，p. 1）

2.2.4.4 三角理论

根据埃利奥特（Elliot，1981）的观点，三角理论包含四个层次：

- 概念或理论上的；
- 数据三角理论；
- 研究者三角理论；
- 方法论三角理论。

因为世界上最大电扶梯制造商（中国公司）服务部门涉及的任务是动态的，太理论化的方案不太合适。方法论三角理论通常包含不少于一个收集数据的方法，这可能会导致日常管理出现混乱。在这种情况下，行动研究应用了一个混合的数据三角理论——它强调了对故障率的实际减少（提高了效率）、更高的士气（统计结果显示出更多的承诺），以及研究者的三角测定，其通过个人观察抓住了行动研究的合格的结果。

2.2.5 学习型组织

随着组织积极争取变得更有竞争力，持续改进项目也如雨后春笋般涌现出来。仅仅因为没有承诺学习，失败的要远远多于成功的。就世界上最大电扶梯制造商来说，解决问题，引进一个新的产品和再重新设计一个程序，都需要用一种新的方式去看待旧的世界。如果不学习，不管是在管理层次还是在个体层次，变革都只是表面上的；就本质来说，它们也只能短时间存在。

本研究将会探索成为一个学习型组织的切实可行的方法而不是仅停留在学习型组织的抽象特性上。换句话说，将重点关注针对目标政策的有效执行。首先，将会探索学习型组织的不同定义，并且讨论那些具有牢固基础且容易获得的综合程序。在此基础上，再探索实践的具体指导方针。在最后部分讨论测量工具从而对这个组织究竟该在什么阶段进行更新。

2.2.5.1 学习型组织的定义

获取知识、解决问题和改进性能是所有组织学习的主要动力。但是，学者对学习型组织的定义有不同的看法。一些人宣称行为变革非常关键，而其他一些人坚持认为新的思考方式很重要。

加文（Garvin D.，1993）总结了之前研究者提出的学习型组织的不同特点。很显然，新的想法对学习程序来说是必需的。新的想法触发了组织改进。在这个基础上，形成了下列定义：学习型组织是善于创造、获取和转移知识并且善于修订其行为从而反映新的知识和见解的组织。

尽管事实上（《中国企业家杂志》，2000 年第 4 期）许多跨国公司的管理者在全面质量管理方面是专家，但是只有很少一部分具有决策概念的实践经验。在中国的许多跨国公司，比如惠而浦、通用电气和法国标致公司，都是这种情况。他们（指管理者）在新兴市场上焦头烂额，因为他们把被证明有用的西方的管理程序简单地直接套用在中国的本土环境中。

2.2.5.2 学习型组织的概念

彼得·圣吉（P. Senge，1990）已经建立起了一个推广学习型组织的里程碑。他在其著名的出版物《第五项修炼》中给学习型组织做了定义。

“学习型组织……在那里，人们不断扩大自己的能力来创造他们真正期望的结果；在那里，培养出了新的广阔的思维模式；在那里，集体愿望被释放；在那里，人们不断学习如何在一起学习。”

为实现这些目标，他提出了学习型组织的以下五种构成技术。

1. 系统思考

商业和其他人类活动作为一个系统运行。相关行动之间看不见的联系约束了这些行动，而这些联系通常要在很多年之后才能充分显示出它们相互之间的影响。作为整个系统的一部分，很难发现变革的整体模式。因此，当根深蒂固的实际问题未被解决时，把焦点放在单一的事件上是很普遍的事。系统思考是个概念框架，大量的知识和工具被开发出来使整个模式变得更为清晰并帮助有效地改变它们。

2. 自我超越

高度自我超越的人始终能认识到对他们来说最重要的结果。他们通过终身学习来实现自我超越。自我超越是不断澄清和深化个人愿景、集中精力、锻炼耐心以及客观看世界的科学。（P. Senge，1990）在组织中对学习的承诺及学习的能力与员工自己对学习的承诺及学习能力同等重要。

据发现，在世界上最大电扶梯制造商（中国公司）中，那些曾经杰出且具有上进心的学员，他们在30多岁时进入这个组织，如今就不再处于快速上升阶段了。几乎没人还保持着承诺、使命感及对职业的兴奋。有必要发展一个对个体员工和公司都有利的承诺，它是由自主学习者构建的组织的精神。

3. 心智模式

心智模式是指影响人类同源及回应能力的根深蒂固的假设、概括或印象。因为心智模式通过社会化过程扎根于个体思想中，所以他们很难被改变。很多组织发现许多对新兴市场或者过时的组织的调查不能被付诸实践，而这仅仅是因为它们与人们的心智模式相冲突。

正如其他的跨国公司一样，世界上最大电扶梯制造商（中国公司）在全世界也有不同的子公司。无可否认，文化多样性存在于不同的办事处，但是不知何故，它们总会共享一种企业文化。由于不知道在中国的办公室的组织发展，世界上最大电扶梯制造商跨国公司的被普遍接受的企业文化及价值观在其子公司中表现得并不明显。本研究不是为了移除那些积极的特征，这些特征使得在中国的办公室多年来在市场中保持竞争力；而是为了“发掘内在世界，把它拿到表面并对其进行严厉审查”（P. Senge，1994）。

通过行动研究螺旋，人们有效地表达自己的观点并使他们的思维影响到他人。反过来，人们的思维也受他人思维的影响。

4. 建立共同愿景

当有一个真正愿景时，人们不是被迫学习，而是能更加享受并全心全意投入学习。然而，许多管理者有很好的个人愿景但是很少有公司能够有取而代之的共同愿景。而且，在中国的企业中很少发现这两种愿景同时存在。把个人愿景转化为共同愿景在电扶梯行业中是非常重要的，在该行业中，可靠性和精度起着至关重要的作用。在操作方面的任何差异都可能给整个团队带来灾难性的结果。

彼得·圣吉认为对一个共同愿景的实践涉及发掘未来愿景的能力和技巧，它实现真正的承诺和参与而不仅仅是服从。这接近于参与性学习的概念，它主张各阶层人员的参与，而不是仅仅靠精英来操纵。

5. 团体学习

协同效应的概念能描述团体学习的重要性。对个人智慧进行适当的综合能超过团体简单的总结。当团体真正学习时，他们产生的效果特别好，而且团体中的个体参与者比那些在教室中学习的人进步得更快，教室学习是一个人学习而不是双向交流分享观点的方式。

因此，对话在团体学习中非常重要。通过一个团体自由地表达观点，能发现个人无法获得的深刻见解。这对于解决概念性问题尤为重要，比如处理抱怨及其他服务管理细节等不存在定量答案的问题。团体学习非常重要，因为是团体而不是个人构成了现代组织的基本学习单位。

总而言之，我们能看出彼得·圣吉为我们提供了一个重新思考和重新评价工作和组织的想法的机会。学习型组织为管理者利用知识和技巧、构建想法和概念网络提供了一个有力的概念性框架，而这些想法和概念网络能够引向创新和成功。系统思考，连同其他四样准则，为创建理想的组织提供了一个概念性工具。彼得·圣吉可能超越了他的时代，这些概念现在已经是标准管理词汇表中的一部分。

2.2.5.3 行动中的学习型组织

过程改进是世界上最大电扶梯制造商（中国公司）的一个短期目标。它强调了未来延续公司在面临严峻的市场竞争时的实力的行动。另外一个目标是执行过程中的改进活动。最终目标是通过在新的管理技术中引进改进程序、雇员、管理人员和一线工作者的参与意识，使他们逐渐转变为学习型组织的主动参与者。

为了实现这个长远目标，我们将使用戴维·加文（David Garvin）提出的学习型组织的五个行为模块：

戴维·加文的理论描述了五个涉及质量的主要方法。

（1）基于卓越的：只有公开一系列形成其特征的产品后，质量才会被理解。经常用来解释这个定义的例子是：只有当某位特定艺术家的大量的作品被人们所知，其质量才变得清晰。这里的观点就是质量不能被定义，并且只有当你看见它时才能识别出来。

（2）基于产品的：质量基于某个特定属性的存在或者缺失之中。如果属性令人满意，在这个定义之下，大量的属性将会把该产品或者服务标注成高质量。

（3）基于制造业的：制造业中的质量被定义为产品或服务满足预先规定的要求或规范。根据定义，如果不能满足这些要求，那么就是次品，也就是质量不足。这个方法假设这个规范就代表了客户要求，如果符合规范，那么客户要求就能被满足。

（4）基于用户的：质量“由旁观者所决定”。满足客户、要求、期望或者愿望的能力是确定质量的唯一标准。这个定义支持科特勒的“市场概念”，在这个概念中，组织的最终目的是充分满足客户的需要。

（5）基于价值的：这个定义下的质量包括以一个可以接受的价格向具有某些特征的客户提供产品或服务。这个概念把价值的概念或服务的价值结合起来了。

这些定义基本上是那些已经在制造企业内发展起来的，尽管有些局限，但很明显，企业对市场的反应和戴维·加文所描述的相一致。

这个过程与用来进行改革的行动研究三阶段方案有很多惊人的相似之处，它们都需要大量的资源投资，以及基于研究的用来帮助解冻、行动和再冰冻的知识。这些基本的概念包括三大主流（见表2－2－2）：

- 强调诊断问题的科学方法；在“计划、执行、检查、行动”这个循环之下实践所有的研究，这个循环与行动研究螺旋相似；在所有的研究中，假设检验都是一个先决条件；
- 基于事实的管理技术是坚决要求而不仅仅是假设；
- 统计工具被广泛地运用，如柱状图、排列图、散布图和因果图等。

施乐公司的问题解决过程源于切克兰德（Checkland P. B.，1981）的理念，其认为，现实世界中的问题可以用以下方式来规划：

有一个期望的状态，S_1；

有一个当前的状态，S_0；

S_0 到 S_1 中间有不同的选择方式。

解决问题包括明确 S_1 和 S_0，选择减小它们中间差别的方法。

表 2－2－2　施乐公司的问题解决过程

步骤		需要回答的问题	扩张/分歧	收缩/集中	下一步需要做什么
1	识别和选择问题	我们想改变什么	很多需要考虑的问题	一个问题陈述，一个约定好的“期望的状态”	识别可观察的术语中描述的“期望状态”的差距
2	分析问题	什么阻止我们达到期望的状态	很多识别的潜在原因	已被识别和核查过的关键原因	已被入档和归类的关键原因
3	提供潜在解决方案	我们如何改变	很多关于如何解决这个问题的观点	阐明潜在解决方案	解决方案列表
4	选择并规划解决方案	最好的方法是什么	很多用来评价潜在解决方案的标准	用来评价约定好的解决方案的标准；约定好的执行计划	提出并确定变革的计划；评价解决方案有效性的测量标准
5	执行解决方案	我们按照计划吗		执行约定好的应急计划（如果需要）	适当的解决方案
6	评价解决方案	它工作如何		约定好的关于已识别的连续问题（如果有）解决方案的有效性	确认问题已被解决或者就解决连续问题已达成协议

资料来源：坎普（Camp，R. C.），标杆管理：对导致卓越性能的行业最佳实践的搜索［M］. 密尔沃基：美国质量控制协会质量出版社，1989：12.

切克兰德把这些“系统观点”看作目标寻找模式的具体化，并集中于“如何去做”。如果系统观点变得与管理者相关，所需的就是能够操作“软”问题环境的系统方法论，在这个“软”问题环境中，目标以及实现这些目标的方法都是有问题的。

世界上最大电扶梯制造商（中国公司）将从以下五个方面为雇员提供工具：

- 在思想和信息收集形成过程中的头脑风暴、面谈以及调查工具；

• 在同化阶段的评价考核形式及加权投票；

• 分析阶段的因果关系图表及力场分析图以及数据的传播；

• 规划阶段的流程图及甘特图；

• 向过程改进团队或者业务部门提供培训，小组和业务部门是根据地理位置或跨部门来划分的。

通过集中方法论和陈述方式，预计员工将会在所有会议中使用相同的技术，而管理人员将会使用同样的程序和方法来审查组织。学习型组织为加强员工的知识和技能、进一步发展这些想法和概念的网络提供了一个有力的概念框架，这些想法和概念的网络能激励员工并带来革新和成功。

1. 实验

实验包括系统地寻求新的知识并对其进行测试。它与系统的问题解决过程是平行的。扩大组织范围的机会和期望经常会激发实验热情。根据戴维·加文（David Garvin，1993）的观点，实验主要包括两种形式，即正在进行的项目以及独一无二的示范项目。

正在进行的项目主要包括持续改进的项目。公司经常实行改进计划来检验原材料与替代物之间的差别，以减少成本或增加产量。就世界上最大电扶梯制造商（中国公司）来说，人们在期待着一个更有效的维护管理程序以提高客户满意度，但它是通过现有的资源实现的。正在进行的计划有以下几个特征：

• 有一个稳定的新的想法流，它偶尔来自组织外部，而并不一定是来自竞争对手。一些美国公司，比如通用电气，把它们的工程师送到日本去适应质量循环以及广告牌管理方法，然后在美国的工厂中使用。对于世界上最大电扶梯制造商（中国公司）来说，它是一个在中国很成功的电器公司，而且它已经促进了过程改进。

• 像程序分析及实验设计一样，统计方法，比如图表技术对正在进行的实验也是必需的。这对评价实验性能是非常重要的。也应当引进诸如角色扮演、剧本场景设计等能提高创造力并帮助参与者加强过程的其他方法。

独一无二的示范项目通常比正在进行的项目大而且复杂得多。它们是一个整体，并且涉及了在单个地点引进的系统范围变化。独一无二的示范项目有很多特征：

• 它们本身更强调过渡性而非结果，包含大量通过实践来进行学习的内容。一旦原则和方法被证明是有用的，整个组织将采取同样的实践。世界上最大电扶梯制造商（中国公司）为了实现过程改进，让自己的维护部分执行这个行动研究螺旋。如果它被证明是有用并且有效的，那么将会在其他部分考虑引进这个实践。

- 通过示范项目获得的经验被用作政策和决策的指导方针，然后会应用在以后的项目中。至于将在其他部门中执行的其他的组织发展项目，协调者应当在做出任何尝试前彻底研究这些指导方针。

- 经常测试员工的承诺，看这个变革究竟是表面上的还是已经被员工真正接受。

- 通常这些项目对组织的其他部门影响有限，从而保证该公司的正常运行。

2. 从过去的经验中学习

很少有公司建立需要公司管理者回顾公司历史，并且从过去的错误中吸取经验教训的过程。很多管理者对此是漠不关心，而这种在波音公司和施乐公司都实行过的怀旧式方法很值得在这里提出来。波音公司建立了一个过程项目作业团队，这支作业团队由高层次员工组成，他们把 737 和 747 的发展过程与 707 和 727 的发展过程进行比较，得出的建议为之后 757 和 767 波音飞机的开发做好了准备。

由于资源有限，为了避免一次做太多的改变，本书的研究后来计划组建一个程序审核小组来回顾本公司维护过程的运营发展历史。

3. 基准管理及外部输入

施乐公司的成功经验被广泛应用于全世界的公司中。它是一个遵守规则纪律的过程，首先彻底研究以识别出最佳实践组织，然后通过实地考察和访问仔细研究它们的实践及表现，从而得到结论并就公司内部的执行提出建议。

客户是另一种信息资源。他们能够提供具有竞争力的与竞争者比较的意见以及有关服务的及时的反馈。公司需要听取从行政办公室到一线的各个阶层的意见。

在这两种情况下，学习型组织的一个必不可少的特性开始发挥作用，也就是说，开明及用心聆听的艺术。协调者及过程改进团队领导应当仔细处理这些意见，并且不利用它们来评判雇员的表现。

4. 传授知识

当创意被广泛分享而不是仅仅被少数人掌握时，创意的影响就会变得最大。可以采用各种各样的机制来协调这个过程，可以包括书面、口头、画面报告、实地考察参观及培训等。报告和工具是最流行的媒介。分布在区域办事处的内部期刊是传播知识最方便的途径。对不同国家的运营情况进行实地考察能够帮助提高员工的视野。

加文还发现建立评估系统能帮助传播知识。美国电话电报公司（引入主席质量奖）和美国通用电话电子公司（波多里奇奖）的经验告诉我们，员工更加致力于改进计划的开发和实施。

“如果员工知道意见被重视而且将会被很好地利用，那么进步更可能发生……当正确的激励措施到位时，知识更容易被传播。”（D. Gavin，1993）

2.2.6 行动研究的局限及挑战

哈罗德·L. 哈吉金森（Harold L. Hodgkinson，1957）已经对行动研究提出了某些批评：

1. 紧随行动研究螺旋之后，普遍缺乏预算和专业知识

“伴随着统计知识的缺乏，人们普遍认为这项研究不适合业余水平者。”

2. 威胁到领导者/监督者的权威以及“民主”领导的缺乏导致团体过程很难达到

“民主”的领导是能够允许团体自己管理自己的人。领导视环境因素而定；也就是说，在某些情况下，一个人处于领导地位，在另外一些情况下，又由其他人领导。一个有能力的团体领导者必须足够敏感，能够注意到他所领导的团体里的每个个体的需要和愿望。如果找不到这类人，那么团队合作及达成共识就能难或者根本不可能实现。

事实上，甘美思（Stephen Kemmis，1981）也在他的“福特教学设计”中强调了类似的观点：

“我发现教师基本上都很不愿意从学生处得到反馈，即使是那些努力尝试的人也不能获得可靠的反馈信息……因此，当我们在福特教学设计中发现教师要么没有尝试引导学生反馈要么尝试失败时，也没什么好惊讶的了。”

“作为局内观察者，我们担心自己的判断影响不到教师评估。教师在面对评估他们的人时感到备受威胁，这也许是因为大部分当前实行的教师评估政策赋予了教师很小的回复的权利，并且因此被认为是一个有点惩罚性的活动。”

事实上，研究者在螺旋中也发现高级管理人员参与活动的尴尬，原因是相同的。

3. 针对行动研究理论的案例

霍奇金森（Hodgkinson，1957）认为环境变化，比如成员离开客户组织将会影响研究结果的精确性，该结果强调了单调乏味的螺旋过程不断重复的需求。

“现在需要问的问题是我们是否需要老师，这些老师把他们大部分的时间都花在测量、判断、执行狄兰·托马斯（Dylan Thomas）叫做‘少数工程师的简单爱好’的事情上。”

考虑到这个局限性，世界上最大电扶梯制造商建立了一个长达6个月的休整期来评价是否需要一个新的螺旋。最重要的是，这个研究能使员工态度得到根本上的改变，并且这个组织能够提出建设性的方法以及在面对遇到的不同的情境时团队成员之间会分享观点。按照设想，这个研究不仅仅是一个解决问题的工具，而且能为组织发展的功能提供服务。

2.2.7 先前发现和研究问题的关系

通常认为，通过对前线员工的观察和反思，对操作程序（环境经验）最熟悉的人，以及对他们的观点进行适当的整合并在实践中应用这些观点，服务质量将会被改善。因此，形成了与研究相关的第一种关系：

第一种关系：通过研究周期的参与式螺旋，该螺旋包括计划、行动、观察和评价，客户经历到对维护服务管理的改进。

行动研究的一个基本原理就是在不同级别的员工，甚至是客户之间组织一个合作关系来执行过程改进活动。有可能期望合作关系能带来创造性和评判性思考的释放，加强组织的归属感，促进变革和发展，带来新的解决问题的办法（Shumsky Abraham，1956，p. 185）。考虑到可能发生的对变革的抵抗，行动研究预计将会以一个适度的方式执行所需的组织变革。

事实上，在大多数组织发展干预措施中，行动研究是最常见的措施。行动研究最理想的结果就是使员工的态度、价值观和信仰发生深刻的变化，这样他们就能够改进组织。（“有学问”的组织）实际上，因为态度变化是个长期的过程，测量态度变化很困难，所以，研究者通过观察螺旋的效果来代替测量态度变化。换句话说，关注点放在了不同阶层的员工（不管他们的斗志是否被提升了）对行动研究方法的接受，这在中国还是个比较新鲜的话题。与此同时，还要考察客户满意度在参与式螺旋之后是否得到了改善。

行动学习在西方社会，特别是在教育领域非常流行。但是，它在中国社会不过是一个新的过程改进方法。即使在香港，也很少有公司采用这个行动研究方法来处理组织变革。很多公司甚至把行动研究混淆为培训管理者的一项实践行为，而不是解决实际商业问题的程序。根据 1990 年 3 月赵秀珠在香港做的研究（Chiu，Randy K.，1990），41% 的参与者觉得他们的老板几乎没有对行动学习项目表示出欣赏和做出承诺，即使他们普遍都支持这个项目。因此，这项研究是对先前发现问题的假设所作的测试，测试相同的假设在更具“中国特色”的情况下是否有效。

同时，在过程中，员工有机会对他们日常所做事情表达出自己的观点，并且他们参与了过程改进。预计这样安排后，他们将会承担更多的义务。因此，提出了第二种关系：

第二种关系：通过在过程改进项目中使用这个行动研究方法，对雇员有更高的承诺，这会使他们的工作表现变得更好。

综上，于是又提出了两个虚假设：

虚假设（H_0）：在研究周期的参与式螺旋之后，客户的满意度没有发生显著变化。

虚假设（h_0）：在研究周期的参与式螺旋之后，员工的承诺没有发生显著变化。

2.3 研究模式、行动研究方法和假设

2.3.1 质量体系改进过程的研究模式

本书案例研究的改变进程选择菲利普·克劳士比（Philip Crosby）模型的主要原因是，自从1997年以来世界最大电扶梯制造商（中国公司）采用了菲利普·克劳士比（Philip Crosby）的质量教育体系，由外部顾问为迪宝企业咨询有限公司提供。菲利普·克劳士比（Philip Crosby）14步骤陈述如下：

（1）管理承诺；

（2）质量改进团队；

（3）测量；

（4）质量成本；

（5）质量意识；

（6）校正行动；

（7）零缺陷计划；

（8）雇员教育；

（9）“零缺陷日”（ZD Day）；

（10）目标设定；

（11）误差—原因消除；

（12）认可；

（13）质量委员会；

（14）再次进行。

世界最大电扶梯制造商（中国公司）在质量体系改进进程中成功地实施了菲利普·克劳士比（Philip Crosby）模型。

2.3.2 质量体系的评估模式

本研究的重点在于在电扶梯行业中进行电扶梯安装和维护所采用的质量体系。根据其对本学术研究以及专业实践的相关性对所采用的模式进行评估。任何标准的首要目标之一就是实现其期望值。因此，人们对电扶梯行业的质量标准的构成以及这些构成要素怎样得以保持、提高及确认很感兴趣。在采取措施、实现目标之前，对质量的构成要素的理解似乎是需要满足的第一逻辑标准。一开始，大多数的参与实践者均对质量的定义心存印象。它是一个简单的词语，对其意义的理解不会有任何错误；然而从已有的文献对这个问题的阐述来看，似乎质量的确是一个很难定义的词汇。在电扶梯行业对质量的理解和诠释中，无数的研究都遭遇到诸多困难。这些研究在其各自参考的范围内做出了自己的贡献，但是在电扶梯行业中质量一词似乎包含更为广泛的意义。单一建筑施工或者建筑单元中的质量似乎都可以进行适当的评估、描述、解释、判断和推广。然而，随着时间的推移，建设项目中的质量似乎不能作为单一实体具备明确的意义。要量化质量要素更加困难。因此，如果可能的变量得到了很好地理解，做出的临界评定才具有较低的不确定性。

另外，作为 ISO 9001 质量体系认证指导小组的团队成员，我迫切想知道质量体系的实际中的质量障碍和关键的控制功能。经过此研究，可以识别出品质体系的有效性。这些为全面质量管理体系（TQM）过程的持续改进提供了一个基础。就如根据位于瑞士总部的世界最大电扶梯制造商的质量总监所建议的那样，使用 ISO 9001 作为质量改进的工具，能够持续不断地为将来的改进提供一种全新而又持久的基础。又如世界最大电扶梯制造商的总裁所言，我们的方向很清晰，我们的组织正朝着设定的结构改变的目标前进。我们的企业的和谐化过程正取得成果，去年开始的对我们全世界范围内资讯技术体系进行整合的长期工程正在有条不紊地进行。我们质量改进的努力正深入日常工作的方方面面。所有的这些努力，正在为我们未来的优势发展奠定全新而持久的基础。

鉴于我们工作人员的精湛的技术和无私的奉献，在动荡的商业环境中，我们已经成功地保持了我们的市场份额。通过坚持以市场为导向开发我们的产品和服务，我们确信我们的客户会感到满意，我们将来会取得更快的增长和更大的成功。

然而，若想在质量上取得此成就，就需启用质量体系，而合理的做法便是集中对现行商业过程中的方法模式进行再设计。香港的电扶梯承包商采用的质量体系的研究课题对此做出了证明（总裁致辞，世界最大自动电扶梯制造商1996 年企业年度报告）。

本研究主题的逻辑过程阐明如下：

在欧洲，人们已经认识到自我评估对于任何希望开发和监控质量文化的组织都是很有用的。欧洲质量管理基金会（EFQM）发起的欧洲质量奖（EQA），可以用来有效地对企业运行进行系统的检查和考量。欧洲质量奖（EQA）自我评估模型将过程识别为公司或组织充分释放个人才华、产生令人满意的结果的一种手段。过程是产生结果的能动力。

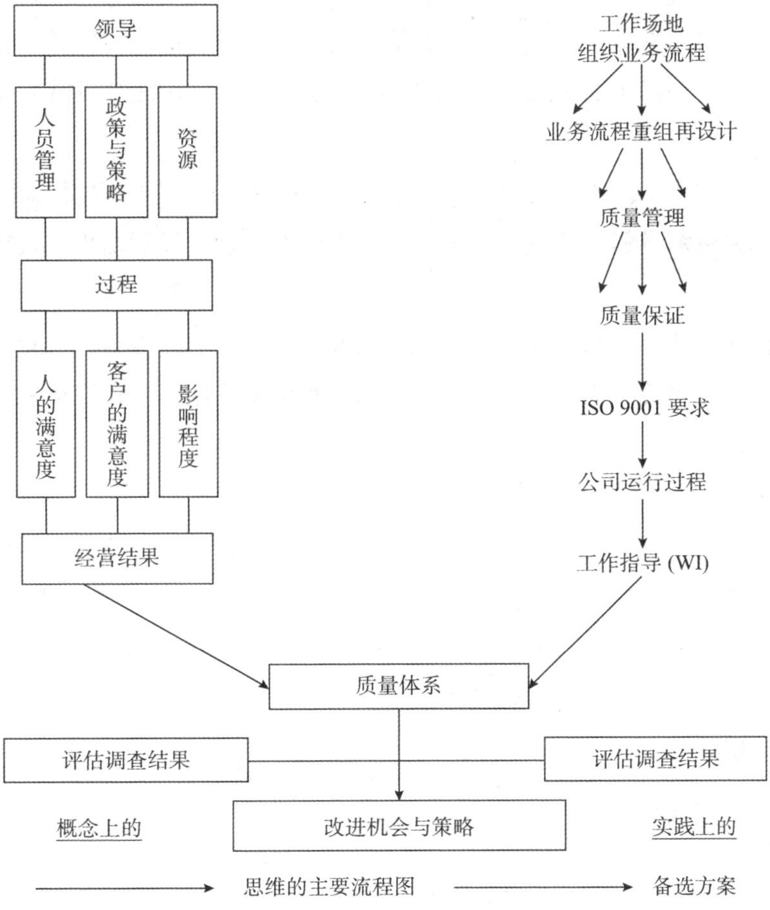

图 2 –3 –1　欧洲质量奖模式

资料来源：Tito A. Conti. 欧洲质量奖模型的历史和回顾［M］.

欧洲质量奖（EQA）生动地显示了质量管理的原则。从本质上来说，它主张通过领导驱动的政策和策略、人员管理、资源和过程，实现雇主满意、员工满意，以及对社会的影响，最终达成商业模式上的卓越。

使用欧洲质量奖的9个范畴，便有可能建立标准和检查框架的模型，以此组织可以面对自我、测量自我，以检验任何可能的“缺口”。

许多管理者在他们的组织中测量全面质量管理体系（TQM）时感受到需要一种合理性的基础或依据。特别是那些实施全面质量管理体系（TQM）3年或超过3年的企业，需要回到这样的问题：“我们现在处于什么位置？”“我们需要/想要达到何种位置？”“为达到这个目的，我们需要做些什么？”这些问题的回答需要内部员工的观点、顾客的观点以及供货商的观点，相关标准和所列的问题需要在每个主题之下进行询问，这可以帮助组织识别出有待改进的机会。

很明显，每个组织都有必要分析各种奖项的标准。它们中很多相互重叠，剩下的分为组织进程、质量管理体系、人力资源管理、经营结果以及客户的满意度。

组织在对其目标和总体质量的执行情况进行监控的过程中，自我评估向组织提供了至关重要的信息。在评判奖项的过程中所采用的外在评估也必须基于这些自我评估，其是改进的前提。

系统测量和运营检查是一切全面质量管理体系（TQM）中两项最重要的管理活动。通过聚焦人员、过程和表现之间的关系，自我评估可以让组织清楚地展示其长处和需要改进之处。

下面列出的评估问卷表的部分选项以欧洲质量奖（EQA）模式为基础，审核了9个电扶梯承包商的质量体系。

领导层问题：

缺乏领导力；

部门主管对质量责任的接受度；

分部门高层管理层对职员进行培训的责任；

主管解决问题/争议的有效性——高层管理责任与领导力。

人员管理问题：

有多少人的工作主要是负责质量保证?

2.3.3 研究方法论

采访了40个电扶梯承包公司的关键人物，并把案例分析作为该项目的方法。在回顾了各种各样关于这个主题的文献资料后，总结出了实施质量体系的要素及障碍。对世界上最大电扶梯制造商（中国公司）——世界上最大电扶梯公司和世界上第二大升降电扶梯公司进行了调查，并通过循环检查的方法来展示和检查研究调查的结果和结论。选择世界上最大电扶梯制造商（中国公司）的原因是，世界上最大电扶梯制造商（中国公司）是第一个在中国获得ISO 9001：9004版本认证的电扶梯公司，它在1994年10月获得首次认证，并且早在1994年年初就开始致力于管理变革过程。

这个研究计划如下：

（1）规划阶段——信息收集、起草和完成。

（2）数据收集方法——问卷调查、设计、人员采访和回顾。

（3）数据分析技术——以图形形式进行演示。

（4）数据分析及评价——质量从业人员的采访记录的评论，对调查结果的解释。

（5）通过循环方法来检查结果。

（6）结论——通过参考评价模式和改进建议对结果进行总结。

2.3.4 研究的局限性

由于竞争对手和公司伙伴的相关因素，该调查具有一定的局限性，该研究只能是尝试解释基于访问过程中报道内容的调查结果。例如，承包公司的领导者可能会让其下属或其他没有经验、很少参与到质量体系的工程师来参加这个访谈。此外，一些在这个调查表中回答了问题的人可能并没有完全理解质量保证（QA）的概念而且不能把它和质量控制（QC）区分开来。结果，这种看法会影响被访者回答这些问题的结果。因此，这些数据在某种程度上可能会重复。

2.3.5 行动研究方法

为了使员工熟悉参与式学习，在过程改进项目中运用了行动研究法。这种类型的学习方法和传统的单方面对话培训不同，其鼓励参与者：

- 通过与来自组织其他不同部门的工作人员进行讨论和分享观点来识别问题，以就政策达成共识。
- 评价该政策。

最终得到的结果是人人都有一个环境体验，其由团队成员共同参与实现并共同分享。

该项目主要针对参与者之间的系统思考并提高他们关于改进的动力和愿望（自我超越）。研究参与者必须识别出问题、提出解决方案、执行这些解决方案并且评价最终效果。随着过程改进小组的建立，组织变革这个概念也基本成形。

组织研究参与者加入过程改进团队中（PIT）。这些团队构成了这项研究实践的主体，并由他们执行第一个和第二个行动螺旋。为高管们安排研习班——以获得他们对项目的支持；也为在日常工作基础上对过程进行管理的协调人员安排了研习班。另引进来自博安咨询公司的咨询顾问以及来自当地大学的学者来进行培训，向被培训者传授行动研究法的概念以及中国文化对项目的影响。

建立了过程改进路线图，作为行动研究的通用指导方针。事实上，这个路线图是从体验式学习这个概念进化而来的。

在执行完每个螺旋之后，通过问卷调查的方式来测量每个完成的行动研究螺旋的结果。问卷调查确定了行动研究螺旋的有效性，在每个调查结果的基础上，我们对过程进行了适当的修改，这也修改了运行过程。

重要的是，员工的敬业度变得显而易见：因为它对学习型组织任何进一步的发展都具有重大影响，所以它很重要。因为学习型组织的定义很抽象，人们相信敬业度的逐渐提高可能会帮助激发自发的过程改进措施。可以利用前述的三支柱模式来测量员工的敬业度。

2.3.6 行动研究的演变及其在研究中的应用

行动研究中的流派/学派，见表2-3-1。

表2-3-1 行动研究中的流派/学派

流派/学派	位　置	主　题
塔维斯托克流派	基于在英国的塔维斯托克人类关系研究所	需要获得组织成员的合作，同时试图帮助他们解决自己的问题
运营流派	基于塔维斯托克研究所里的运营研究协会	使用数学模型和计算机分析来解决复杂的有关运输、生产、调度和决策的问题
团队动力流派	来自勒温（Lewin）先在麻省理工学院然后在密歇根大学的研究成果	领导力、权力、团队动力、压力和身份
应用人类学流派	在应用人类学协会中得到体现	“二战”期间形成，用来研究有关心理战术、情报工作和被占领区的管理问题，现在主要关注文化问题
国家培训实验室学派	勒温（Lewin）社区内部关系委员会的一个分支，位于缅因州伯特利	注重团队过程和行动研究的应用，而不是发展科学知识
组织发展学派	起源于新不列颠和康涅狄格州的团体，以及在密歇根大学进行的调查研究与反馈研究	利用行为科学中的技巧对组织进行有计划的干预来改进组织的有效性

资料来源：改编自亚伯拉罕（Abraham Shums）. 管理发展的探索行动研究［M］；布里斯班（Brisbane）. 行动学习、行动研究和过程管理顾问公司［M］。

2.3.7 行为研究的目的

如上所述，这个研究的目的是实现实际过程改进并增强参与者的敬业度。罗伯特·拉波波特（Robert Rapoport）进一步发展了库尔特·勒温（Kurt Lewin）的行动研究理论并提出以下观点：

“（行动研究）……是一种应用社会研究，其不同于其他理论流派的特点在于研究者直接参与到行动过程中。”

“行动研究的目的是帮助人们解决当前问题环境下的实际问题以及通过相

互的可接受的伦理框架内的共同合作实现社会科学目标。”（Rapoport，1970，p. 89）。

拉波波特进一步追踪了行动研究的四个主要流派，他把它们称为塔维斯托克流派、运营流派、团队动力流派以及应用人类学流派。

因为维护服务涉及的员工不到200人，所以每支小团队只分配了有限数量的客户（1～4个）。运用涉及复杂的数学表格的运营流派被认为是不合适的。因为塔维斯托克流派的主题最适合这项研究，所以选择利用塔维斯托克流派。

2.3.8　对维护部门操作的分析

把世界上最大电扶梯制造商（中国公司）当前运行的过程与基准公司运行的过程相比较，这个基准公司是从相同商业领域或其他商业领域的竞争者中选出来的。随着对过程顾客（来自不同部门的员工）和客户的反馈环节的整合，一套改进计划以及为了更好地管理和组织支持活动而制定的策略开始得以执行。

2.3.9　过程管理团队的形成及其演化

团队利用过程改进路线图以及相关的工具技术来实施过程改进工作。公司建立了一个组织框架，团队可以在这个框架内有效且高效运行。过程改进团队（PITs）在业务单位内控制所有与过程改进相关的活动，并对执行策略的关键过程中的被提名过程负责人进行管控。

让有经验的协调者对团队进行过程改进技巧、手段和技术等方面的培训，这些协调者在业务单位层次发起的试点项目中也起了积极的作用。在区域或公司管理层次，跨越了业务单位的过程发展举措也需要一个管理结构来引导和监督工作。

为了使过程改进工作平稳进行，过程改进团队（PITs）在项目早期阶段成为一个有效的操作单元。它对获得团队建设、辅导的帮助及向监督改进工作的管理结构提供反馈信息的协调者提出了责任要求。

2.3.9.1　过程改进团队

通常，过程改进团队由涉及过程改进工作的不同部门的代表组成。其目的是确保团队能够获得相关知识和专业技能。此外，要使那些受改进过程影响的人参与进来，并由他们提出并审定期望变革承诺的理由。

选择一个系统运作的代表作为核心团队的永久性成员，因为通过增加信息技术的开发有利于实现过程的变革。或者，对过程的改革应当应用信息技术，这些信息技术的应用要被纳入考虑中。

为了在真正的全面质量精神中建立和发展关系，也为了确保考虑到了所有与改革可能性相关的知识和范围，过程改进团队考虑把一个过程客户包含在这支团队中。

这支过程改进团队包括 4 名成员，他们是从指定的改进过程中选出来的。在改进项目的不同阶段，特定专业的专家会暂时加入这个小组中以弥补知识和经验的不足。

在项目的不同阶段，团队成员对项目工作分配的时间也有所不同。经验表明，在项目开始前两个月，团队成员花了 25% ~50% 的工作时间在这个项目上。之后，项目参与时间减少到工作时间的 15% ~25%。事实上，这意味着团队成员需要做出严肃承诺，承诺在改进项目执行期间，一直待在团队中，因为在项目工作中核心成员的变化可能会严重影响团队合作。

除了功能和技能外，团队成员还需要具有关于所有新学科的知识，比如变革管理、工作规划以及使用质量工具和技巧的知识。

1. 团队领导的作用和责任

团队领导是对过程改进团队进行管理并确保实现团队目标的负责人。他必须和过程客户及负责人保持紧密关系，这样，他们才能时刻得到可能会影响过程改进团队工作导向的任何进展或存在的问题。

团队领导负责把过程目的陈述转化为由过程改进团队执行的具体任务。他负责起草过程改进项目计划，制作时间进程表并且与过程负责人和团队交流这个计划。团队领导同时也在团队中分配个体任务，安排资源以及控制工作节奏。

团队领导的角色也考虑了领导力问题，比如确保团队致力于其目标。他应有能力激励团队成员，克服困难，比如解除时间约束、管理技能缺陷等。就培训而言，团队领导需要识别出哪些团队成员不具有质量管理必需的技能，并且进行团队素质拓展训练，他还需要利用有经验的团队协调者的专业知识。

团队领导还要判断这支团队的表现，并且定期向过程负责人报告其进程。

2. 协调者的作用和责任

通过确保向过程改进团体成员提供必要的质量改进和团队工作技能来执行

过程改进项目，协调者在世界上最大电扶梯制造商组织中起到了关键作用。他通过培训来发挥这个作用。此外，在项目工作阶段，协调者随时可以提供培训，或者根据实际情况在团队中扮演其他角色。除非有特殊情况，他能够不参与过程的具体步骤而促进团队积极运转。世界上最大电扶梯制造商的协调者的关键作用和责任如下：

- 为了履行其培训者的角色，通过运用过程改进路线图、改进工具和技术，协调者成为世界上最大电扶梯制造商的内部专家。业务单位可以提名质量经理、质量协调员、系统经理和直线管理者经过培训成为团队协调者，视具体情况而定。

- 对过程改进团队协调者进行培训之后，协调者能够使用过程改进路线图来培训过程改进团队。协调者的作用是帮助团队领导建设和指导这支团队，同时也帮助单个的团队成员走对路线。这意味着需要经常与团队领导联系，从而监督其他的团队和团队成员的额外的培训需求，并为促进团队提供实际支持。

- 就事论事，协调者被提名在过程改进项目执行期间加入团队，作为核心成员。在这个职位上，协调者可能还扮演着团队领导的角色。在这支团队中建立起来的切实可行的参与性角色影响了他作为教练和协调者的能力。作为教练，他不参与到改进项目的具体事项中去，但是他在一边支持着这支团队过程。

除了与团队领导保持密切关系外，协调者还与过程负责人及控制董事会定期保持联系，提供关于团队过程的反馈并识别培训需求。在这个位置上，协调者通过了解最新的过程改进方法和途径对组织做出贡献，见表 2－3－2。

表 2－3－2　协调者应该和不应该做的事

应该做	不应该做
提供建议	专制地执行
内部咨询	隐瞒信息
提供专家意见	吹嘘知识
培训团队	恐吓
训练团队和团队成员	心理上产生“秒表”
积极参与	形成官僚主义
提高队员士气	
水平和垂直层面上沟通交流	
表现专业	

行动研究控制董事会认真考虑了在组织中选谁作为协调者。除了满足质量经理、质量协调员、系统经理和直线管理者对技术和功能的要求外，其个人特点也是选择过程中的一个因素。

下面所列出的个人特点构成了正确选择合适人选来完成这项工作的指导方针：

- 善于观察——选出的人必须是华人血统，这样才能敏锐意识到口头讨论的潜在含义。
- 受欢迎——这个人必须被认为是保持中立，这样参与者才能自由地表达他们的意见。
- 受人尊敬——这个人必须在不会限制人们发言的情况下能够控制和引导讨论。
- 能够接受批评——与前三个特征相比，这个特点可能被认为是矛盾的，因为在中国文化中最受人尊敬的人通常是最有势力的人。对协调者的培训中会额外涉及这方面的内容。
- 可信可靠。
- 充满激情。
- 同感式——这一点尤为重要，要在传统的中国管理风格之间搭设一座桥梁，并且将其改编成为更具参与性、分担性的方式。
- 良好的倾听者——与同感式一样重要，原因相同。
- 对组织工作的广泛理解。
- 坚持不懈。

值得指出的是，协调者的作用并不仅限于这个项目中。协调者承诺在很长一段时间内会履行其作用，不管他在这个组织中的工作如何改变。

协调者对支持变革、促进变革的发生具有重要作用，同时对在组织中开展工作的方式也影响重大。总之，要求被考虑的人选具有承诺、激情、信誉和毅力。

2.3.9.2　过程改进研习班

过程改进是在世界上最大电扶梯制造商持续发展过程中的一个不可分割的部分。它聚焦于改进当前过程、执行和实现持续性改进的方法，以及通过团队合作提升业绩。过程改进的目标是让团队中的员工按照选定的工作过程工作，从而实现改善客户满意度的最终目标。

世界上最大电扶梯制造商采用了两种研习班——一种是用来在组织内部建

立共识；另一种是用来推进过程改进在组织内部的实际执行。为了更好地理解过程改进的行动研究方法，雇用了来自香港的PC咨询顾问来组织研习班。这些研习班都关注于过程改进，但是它们分别与两种不同的目标组相联系。

（1）为高级管理者提供的执行过程改进研习班。

（2）为业务单元中数量有限的专家提供的过程改进团队（PITS）协调者培训研习班，比如，对过程改进项目负责的质量经理、质量协调员、系统经理和直线管理者。

其涵盖的关键问题包括对关键过程的识别、对改进当前过程方法的识别，以及开发实施已被改进过程的方法。

高级管理者研习班关注的重点在于对关键过程的识别，以及如何在实践中组织过程改进。相应地，协调者研习班关注的重点在于改进当前过程和执行已被改进的过程。

1. 执行过程改进研习班

这个研习班的目标群体是世界上最大电扶梯制造商的高级管理人员，即常务董事、管理团队成员和其他高级经理。

研习班的目标是提高他们对下列内容的理解：

- 过程改进概念及在实践中执行过程改进的不同方法，从而提高经营绩效；
- 如何通过发展项目把过程改进融入世界上最大电扶梯制造商的各个层次；
- 识别执行这个策略的业务单元的关键过程；
- 执行过程改进工作可行的工作方法，也就是后面将会讨论到的“过程改进路线图”；
- 用于过程改进的工具；
- 关于如何引进过程改进和如何管理过程改进团队的实用指导方针。

研习班开两天半，共有来自公司不同业务部门的15位高级管理人员参加。

第一天：向世界上最大电扶梯制造商介绍项目，包括整个项目的目标、随后研究的组成，以及行动之后的可能效果。

勾画出策略实施和过程之间的联系。基于目标团队和团队工作的概念，用来识别关键过程。

第二天：介绍世界上最大电扶梯制造商过程改进路线图。

第一步，分析当前过程。

在这个部分，邀请了来自其他地区姊妹公司的老员工来分享他们关于世界上最大电扶梯制造商（中国公司）当前过程的看法和经验。

第二步，聆听并分析客户在当前过程中的要求。

第三步，分析并研究过程细节。

第四步，改进和总结新过程。

第五步，执行和监控整个过程。

第三天：推进过程。

与过程改进工作相关的组织问题——角色和责任，比如督导小组、过程负责人、过程改进团队及协调者。

2. 过程改进团队协调者培训研习班

过程改进团队协调者来自不同职业并且在组织中扮演了其他角色，比如对过程改进项目负责的质量经理、质量协调员、系统经理和直线管理者。

设想培训能帮助他们理解下列内容：

- 当融入世界上最大电扶梯制造商组织中时，对过程改进及其作用的认识；
- 他们利用“过程改进路线图”，承担过程改进团队中内部培训者的角色；
- 过程改进中他们作为使用实用工具专家的角色；
- 获得担任过程改进项目的项目管理者或者在业务单位促进此类项目的执行者所必需的技能。

这个研习班花了 5 天时间，分两个模块：一个为期 2 天；另一个为期 3 天。两个模块之间有 2 ~ 3 周的间隔，这个间隔期用来完成作业及指定的阅读任务。对于作业，协调者必须和高级管理者协商后制定一个业务过程，并记录在案形成文档，在他们的业务单元中，这是一个试点过程。博安咨询集团专为协调者举办的研习班中共有 10 位参与者。

过程改进团队面对协调者的项目包括：

第一天：过程开发。

把商业策略和过程改进联系起来。

第二天：组织过程改进。

确定相关角色和责任。

第三天：介绍世界上最大电扶梯制造商过程改进路线图。

第四天：

第一步，分析当前过程。

在这个部分，邀请了来自其他地区姊妹公司的老员工来分享他们关于世界上最大电扶梯制造商（中国公司）当前过程的看法和经验。

第二步，聆听并分析客户在当前过程中的要求。

第三步，分析并研究过程细节。

第四步，改进和总结新过程。

第五步，执行和监控整个过程。

第五天：帮助并推进过程改进团队（PITs）。

开发其项目管理技能。

2.3.10 过程改进路线图

事实上，过程改进路线图是对行动研究螺旋的改编，其包含三个阶段：

- 分析；
- 改进；
- 执行。

第一个阶段，又可进一步分成三个步骤：

- 现在正发生什么；
- 聆听客户；
- 研究过程细节。

2.3.10.1 现在正发生什么

此阶段的目标是理解现有的过程和如何贯穿到组织结构中。下面段落讨论了将要开始进行的四个任务。

1. 描绘当前过程

本研究采用了一个非常简单的方法，叫作方框图。本研究利用了行为方框或过程细节方框，每个方框都展示了在一个组织单元内部正发生着什么，不论此组织单元是否是一个部门或者一个功能单位，甚至是新建的一支团队，比如设计评审团队或管理委员会。通过表示输入和输出的箭头把这些方框联系起来，并标上“产品”的标签。产品可以表示是商品或者是服务。

2. 过程改进团队必须执行下列内容

- 从过程描述开始，并且规定过程从哪里开始，止于何处；
- 作为一支团队，确定对过程的理解以及组织削减的部分；
- 从方框图开始，从过程起始处找出输入，并且逐渐把过程从“左上”移动到“右下”，直到把过程输出转移给过程客户。

3. 谁是关键客户

在这种情况下，术语“关键客户”不是指购买世界上最大电扶梯制造商提供的服务的客户，而是指在过程中每个点的产品所对应的过程客户。过程中每个点的产品是不同的。通过过程先前阶段的工作，产品价值增加。在过程链的每个点，产品质量可能好也可能坏。

下面是在世界上最大电扶梯制造商中的一个例子，从中我们也可看出其是如何运行的：

此概念是分析操作过程的各个部分。首先，需要规定一个特定过程的“客户”。这个“客户”不一定是人。“他”可以被定义为服务/产品运载工具。“产品”是输入，需要“客户”处理，并被转换成另外一种有用的、满足下一个“客户”的需求的“产品”。“客户”与“产品”的互动构成了活动的操作过程，见表 2-3-3。

表 2-3-3　客户和产品之间的交互作用

客　户	产　品
C1 收到订单	订单
C2 机械工程师	要求建议
C3 收到订单	机械参数
C4 电气工程师	要求建议
C5 收到订单	电气参数
C6 结构工程	工程要求
C7 收到订单	文档材料
C8 收到工厂订单	零部件订单
C9 生产规划	生产请求
C10 生产	生产进度
C11 仓库	部件
C12 终端	审核的部件
C13 终端	装配的部件
C14 基层	交付的部件

这样，每个“客户”和“产品”都会被研究，以判断是否需要合并一些“产品”来同时满足许多“客户”的需求，或者是否需要一起删除某些“产品”。在资源组成中占据大比例或者在服务质量中起了关键作用的“客户”会被遴选出来。紧跟着就是旨在让工作过程（关键客户）变得更有效的行动螺旋。

4. 选择关键客户

过程改进团队不可能希望开发一个令所有用户都同时满意的过程。在大部分情况下，被改进了的过程都能满足其关键客户包括外部客户的要求。随着过程不断被改进，越来越多的客户会对过程中每个点的产品感到满意。

选择标准有如下三条基本规则：

- 选择与过程中性能相关的标准；
- 选择与过程中常规性能特征即效率和效果相关的标准；
- 选择诸如循环时间、投诉次数和失败数据等可测量的标准。

5. 获得性能数据

团队的下一步行动是确认他们对关键客户的评估。选择标准的规则之一就是可测量性。过程改进团队仔细根据选择的标准检查其收集数据的能力。团队还需要检查历史数据，并收集新数据。

检查过程数据很重要，因为：

- 它让我们进一步理解了当前过程；
- 它为更仔细的检查提供了区域范围；
- 它帮助识别机会。

在过程中识别机会

通常，把充分理解“当前”过程与获得真实的性能数据结合起来，足以识别许多潜在的改进地方。在多数情况下，可以直接实现改革。如果改革很容易执行，那么继续改革；但是有个前提，最终结果必须是对之前方式的改进。如果改革是复杂的或者不确定的，则把它们记录下来，留待进一步研究。

2.3.10.2 听取未来客户的意见

通过绘制过程图选定目标客户。审查名单，选定未来客户，以便做出客户需求分析。本过程需三个阶段。下面将逐一对这三个阶段进行介绍。

1. 发现并构建未来需求

第一阶段：与客户交流。过程改进团队审查目标客户，然后选定目标客户以便做客户需求分析。每一位选定客户须有如下详细信息：

- 客户不满意；
- 客户满意；
- 在整个过程中某一阶段的产品标准和规范；
- 客户正确使用和错误使用产品的证据。

本调查的信息来源于调查报告、电询记录、内部审核报告、投诉表和专门问卷调查。调查获得的信息有助于了解客户需求。

第二阶段：构建客户需求。本阶段目标有：

- 与客户见面，落实会谈目的；
- 共同审查已有资料，列出满意和不满意的关键领域；
- 将以上资料按序排列，再列出需求清单。已收集到的客户需求应是一般需求、特殊需求和反应特征的组合；
- 向客户强调，这些需求代表的是将来提供无缺陷服务的“最低性能要求”。

2. 审查设计

一旦出现新的变化需求，在得到批准的情况下，可以正式审查产品设计。

该进程包括下列要素：

- 区别现存需求、变化需求和新兴需求；
- 调查每个群体，与其交谈后发现反应特征；
- 区别现存特征和新特征；
- 每种重要需求对应一种反应特征；
- 在整个过程中的某一点，识别产品变化了的反应特征或新的反应特征，为实现客户满意提供了机会；
- 变化了的特征，其包含先前未被传递的新目标。

3. 能力评估与机遇发现

在为已得到认可的服务制定简单测量方法时，可利用“数字评价量表”，其已在问卷调查中得到运用。

测量结果已用于构建合适的策略，以便增强客户满意度。

2.3.10.3 过程详情调查

此步为“过程改进路线图”分析阶段的最后一步。分析阶段的第一步集中于从本企业的职能部门对过程进行全面了解。第二步是审查价值链和过程要求的产品特征。第三步则旨在对影响客户满意度及成本的具体内在过程问题进行详细分析。

为从这个角度详细评估过程细节，有必要清楚是否还有更好的方法，如内在变化会对过程的结果产生最大影响，之后将会利用一些新的工具和技术。

这一步将涉及一个更低的层面——活动层面。对于在各子过程中那些导致不能满足客户需求，或不能以竞争性价格优势满足客户需求现象的原因须有清楚的认识。

1. 决定分析的重点

第三阶段开始前，过程改进团队要决定将研究哪一个子过程，决定将基于以下标准：

- 第一阶段成果——正在发生什么

有关子过程的行动以整体框架图为基础。用已得到的资料来审查性能问题，要理解问题，特别需要全面分析当前导致不同的功能彼此分离的原因。

- 第二阶段成果——聆听客户意见

通过与关键客户的交流，能发现一部分低效产品或服务项目。需经常对已经识别的子过程进行研究。

- 成本驱动效益最大化的需求

对于那些导致亏本的子过程，须先对过程进行诊断，再改进。

- 选择调查范围时，过程调查团队须考虑开展分析工作所需资源的到位情况。

2. 增值分析

详细分析子过程的最实际有效的方式就是进行增值分析。增值分析有助于团队从顾客方面理解过程中的哪些活动是增值活动。然而，增值分析也发现了资源密集型活动通常会导致周期时间的增加。增值分析包括以下四步。

（1）确定子过程和细节层次

首先，对正在被研究的子过程，要明确其范围。子过程范围的明确能防止过程流程图在遵循无关的子过程中产生不必要的扩大。

为确定细节层次，对导致不能满足客户需求的过程进行集中分析，例如，“接收订单”而不是单一地“拿起电话”。要对子过程定义，还包括识别参与到过程中的人，这点非常重要，因为这些人需要参与到流程的实施中。

（2）理解子过程并制作概要流程图

子过程流程图的制作很有用。要完全理解子过程并得到清晰的流程图就必须对参与工作的人进行采访。

（3）验证子过程流程图

验证子过程流程图是有作用的，其原因有两个。首先，子过程流程图的验证是一种保证过程和活动特征是对实际情形的真实反映的方法。其次，子过程流程图的验证保证了参与子过程的人对流程图的所有权和接受度。

（4）通过柏拉图分析以阐明改进机会

在增值分析临近结束时，制定一份柏拉图以显示不同工作种类（增值、必要工作、不必要工作、延迟、运输和保存）和得到最终结果（见图2－3－2）。

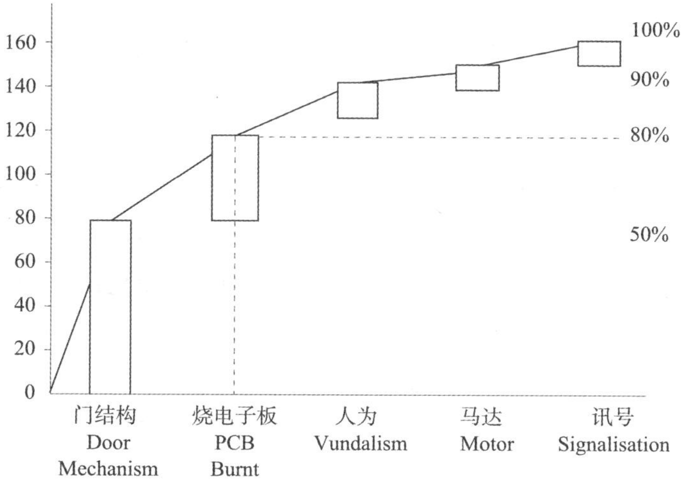

图2－3－2　柏拉图电扶梯故障原因

资料来源：世界最大电扶梯和自动人行道制造商。

2.3.10.4　完成新过程设计

过程改进路线图分析阶段的三步结束后，团队有必要理解那些导致不能得到满意结果的现有过程和现存问题。为了完成新过程设计，团队须整理所有的资料。

尽管改进过程没有简单方法，但有些有用的指导方针可以用来指导新过程设计的三个不同方面：

- 过程中的操作性活动和程序；
- 必要的过程资源，包括人力资源和物质资源；

- 对必要的性能特征进行控制以便管理过程性能。

在进行详细的说明之前，我们需认识到连接在“商业框架图”中的重要性。连接展示了商业过程、公司价值和理念、管理和控制系统、职位和结构等相互关联的特征。

当过程被联系起来时，职能部门的传统特殊职位常常演变为综合性多技能型职位，这些综合性多技能型职位被组织加入过程团队中。

同理，有多技能型职位工作经验的人和有团队工作经验的人可能被雇用和评估，并通过管理和控制系统获取报酬。这些系统是实现员工价值和理念的主要推动力。

最后，一个企业的价值和理念会为过程设计的性能提供支持。

1. 活动和过程

改进活动和过程涉及一系列关键问题，包括简化、过程结构的改变以及技术的运用。

（1）简化

简化指去除非增值活动，以一种精简化的方式进行整个过程。当团队检查整个过程时，那些累赘不相关的活动应当被简化。

在过程中，必要时须改变活动的顺序。人为地引进这些过程已有数年，有必要对过程的数量和相关检验进行重新评估。

有必要运用合并检查而不是检查所有的活动。此外，对那些延迟的活动进行审查以便确认活动的延迟是否由繁文缛节导致。

最后，对所有必要资料是否从源头处获得做出评价，这种评价尤为重要。这意味着在获得信息后须立即注册并输入计算机，目的是将错误带来的危险降到最低，同时使过程涉及的所有数据能够共享。

（2）过程结构的改变

过程结构的改变包括对过程进行基本的剖析。一般来说，涉及的所有活动，都会按顺序组织，且他们的专业化程度一般都较高。团队可能决定那些能同时进行的活动应当同时开展，这样才可以节约过程的循环时间。

为了减少简单任务的复杂化执行，同一过程的不同版本也应考虑在内。

自然环境、人或部门所处的位置常常也会影响过程设计的方式。因为地理上的遥远或职能不相及，信息或资料从一个部门或单位到另外一个部门或单位的过程中可能会有延迟的情况。这种情况便是因人所处位置不合适导致非增值活动的典型例子。

最后，客户和公司之间的连接点的数量反映了过程结构是否有效或是否满足了客户需求。每项对客户的服务都会涉及很多工作人员。客户的需求决定了他们需要什么样的服务，如果他们需要多重服务，这就有可能出现错误、重复、信息和交流的缺乏等。

2. 技术的使用和过程资源利用的最大化

毫无疑问，技术对改进过程有至关重要的作用。技术包括信息技术和生产技术。所有的信息技术仅在简化过程后才得以运用，但这仍具有非凡意义。世界最大电扶梯公司在应用这些技术时，会考虑到以下方面：

- 应该设计这样的信息技术系统，其包含程序化的通用特征，能使一般技术人员完成专家的工作。它能使技术在整个组织内得到分享，而不会局限于信息技术专家的使用。

- 为使信息可以同时出现在多个地方，就应当开发一种联合数据库系统。这种数据库系统可以由许多人通过一个内部计算机网络来共享，并委派专人管理，管理者需要密码才能登录。

- 为使业务同时具有集权化和分权化的优势，还须提供更新的电信网络，其能提供灵活性和安全性。

- 能使组织与客户和供应商建立更为直接的联系，还须考虑提供一个电子数据界面。目前，个人计算机的使用在中国越来越普遍。世界最大电扶梯制造商应当在这方面投资，建立网络联系，以便通过网络和中国内地的客户进行沟通交流。

- 为使更多的人参与过程决策，须使用建模软件，还须引进行为研究法。

在改进操作活动流程确定之后，团队还考虑了怎样调整必要的过程资源。

在职员方面，团队重新设计职位和任务的同时，也对改进过程工作所必需的设施和设备提出了新的要求。

这一步骤考虑了如下四个方面：

- 角色的压缩：从横向和纵向两个方面；
- 相关团队或个人的数量；
- 活动之间交接工作的最小化；
- 代表工人的决策权。

3. 过程控制

过程改进项目的最后一个因素是开发过程控制方法，以便对过程性能进行持续管理。

在本次调查研究中，在每一个螺旋之前和之后还专门设计了特殊的调查问卷，以检验行为研究的影响。然而，世界最大电扶梯制造商需要一个持续的性能评价过程，或一个内置机制测量和评估不同时间间隔的性能。

总之，我们期望一套交付产品或服务的过程既能满足客户需求，又能节约成本。目前需要做的便是将这些总体目标转化为内在的过程措施。

4. 服务热线和其他

热线在许多公司都是一种流行的客服工具。当客户拨打了热线电话后，他们就可以等待接线员将电话转接到能回答问题的技术人员那里。

根据客户调查，过程改进团队能够发现客户有以下期待：

- 及时接听电话；
- 回答问题专业；
- 有竞争力的价格。

表 2－3－4　顾客需求的识别

过　　程	反应特征	评估标准
订货	及时交付 正确	交货的间隔 每张订单的错误
开账单	正确	每张账单的错误
文字处理	正确	每一页的错误
课程传授	培训获益	学生调查评级
客服	服务质量 服务成本	回电工作 解决问题的时间 每次访问的时间
安装	及时性	循环时间 每次安装成本
员工情况	工作环境	缺席 员工流动 1～6 月的工作表现

续表

过　程	反应特征	评估标准
存储和物流	订单执行 循环时间 交货成本 正确	交付率 交付时间 每小时的订单明细 每张订单的错误
财务	及时性 现金流转	账户交付天数 信用控制

资料来源：世界最大电扶梯和自动人行道公司。

2.3.10.5 实施

实施步骤需要一个全面行动计划，其中包括为了保证新过程运行的所有需要更改的可操作事情和物品清单，以及此更改给人带来的影响。

实施经改进的过程，其难点在于要让那些所有受更改影响的人都参与进来。过程改进团队成员在分析和开发工作中容易发现的事物，对其他人来说可能不是那么明显。

规则：对那些开发新过程的人来说，无论他们新开发的过程有多么新颖独到，这些过程都难免会遭到反对或拒绝。第二章已有独立章节对拒绝改变进行了专门讨论。

最后，在实施过程之后采取的可行变化，还要有进一步的实施过程。

1. 实施范围的决定

企业应对变化的准备状态和需要变化的程度决定了过程改进团队选择的策略。在评估应对变化的准备状态之后，团队就应仔细考虑人们“想要”做出改变的程度和“能够”实施变化的程度。

2. 制订行动方案

实施的另外一个步骤就是制订行动方案。为保证顺利完成目标试验和保证新过程的实施，需要设计一系列的活动。行动计划的设计确定了“人员”“事情”“时间”“地点”“方法”，并列出该计划可能遇到的阻碍及有利条件。

行动计划要求：

- 具备里程碑节点，可以测定进展和效益；
- 一份正式评估报告，且风险最小化；
- 实施变化的最短路径（如果可能）。

3. 主要标题

行动计划的活动取决于变化的类型，行动计划要包括五个主要的标题。每个标题要包括以下主题：

（1）过程活动和步骤的变化

- 遵循新的步骤；
- 新的表格和报告；
- 新的软件需求的定义；
- 新的指导方针或注意事项。

（2）确保合适的人选和设施

- 招聘、培训或新员工的引进；
- 老员工的再培训或重新安置；
- 新设备的评估和购买；
- 新的实体组织的实施。

（3）新的过程控制的实施

- 针对过程测量的新数据的登记；
- 要求的新测量系统；
- 要求的新反馈链。

（4）检查必要档

- 更新 ISO 9000 档。

（5）准备逐步地交流计划

- 通知哪些人；
- 交流哪些内容；
- 如何交流。

在实施过程中，将变化“推销”到相关人员非常重要。推销这些变化其实也是在实施沟通计划，在此过程中，应充满激情和热情，同时还应理解可能存在的障碍。

这一阶段，要在“推销”过程中取得成功，应将以下几点作为指南：

- 激励——通过兴趣而不是强迫取得成功；
- 信息——减少自我不确定性；
- 干预——支持和安慰自我；
- 教导——教育和培训自我；

- 参与——使自我融入其中并向前推进。

实施过程中遇到的一般问题：

- 尽管新的过程已经实施，但以前的过程仍然有部分在使用。这样使得工作量翻倍，导致工作效率低下。
- 行动计划中的活动未被完全实施。日常工作因低效的项目管理和缺乏跟进而不能按计划进行。
- 沟通和参与活动均已进行，但没有做出有执行力的决定。过程持续时间过长，难以达到目标。
- 因为变化进展太慢，也没有显著结果，过程缺乏紧张度。

2.3.11 评估

本研究共进行了两次调查，分别在两次循环完成后进行。两次测量的目的是在循环时间后分析客户满意度和职员的投入程度。但评估的目的是建立一个完整的行动研究螺旋样例。此外，调查结果还应通知所有相关人员，以便使他们对此更有兴趣，更投入。

2.3.11.1 每次螺旋后的调查问题

R1. 研究周期包括计划、行动、观察和评价，通过参与式研究螺旋，客户体会到了维护服务管理方面的改进。

R2. 在过程改进计划中通过利用行动研究法，职员能够更加投入地工作，带来更好的工作表现。

2.3.11.2 数据收集、取样和取样步骤

为了更全面分析客户满意度，需要选择同等数量的客户作为每个区域办事处（共四个）的调查对象。总之，来自 A 地区和 B 地区的客户为大公司。所用到的数据收集方法包括对客户的采访和问卷调查。取样和取样步骤如下所述：

- 客户取样——按照“20/80”原则收集 20% 作为分析对象，此 20% 分析对象产生了 80% 的收益。
- 职员取样——由人事部选择收集 20% 表现不好、20% 表现一般和 20% 表现优秀的职员。

2.3.11.3 调查工具

1. 问卷调查的形成和利用

本研究包括了两套问卷调查。一套是针对客户的问卷调查；另一套是针对职员的问卷调查。被选来做问卷调查的 120 名客户来自中国各个地区，与世界最大电扶梯制造商有长久的业务往来。

客户的代表被邀请就每项服务类别提出他们的主要看法。世界最大电扶梯制造商（中国公司）的客服部门按照工作指导方针对他们的意见进行了整合，为最后的客户问卷调查建立了基础。

世界最大电扶梯制造商（中国公司）的售后服务分为四种类型。

- 日常或预防性保养工作；
- 常规维护；
- 应对瘫痪的策略；
- 客户信息管理办公室与世界最大电扶梯制造商（中国公司）的客服中心的沟通：
- 询问有关客户工作的信息；
- 询问四类服务的相关重要性，以确定提供服务的焦点；
- 询问的问题用来公开四种服务类型中存在的问题和客户对此的不满。

在性能方面，这四类服务，即日常保养、常规维护、应对瘫痪的策略以及与客户的沟通，根据重要性等级用 1 ~4 等级进行标记（4 为最重要，1 为最不重要）。世界最大电扶梯制造（中国公司）采用 1 ~10 等级进行标记（10 为最好，1 为最差）。希望在付出以下努力后，世界最大电扶梯制造商（中国公司）的服务等级评定能有所改变。

针对职员的问卷以三柱模型为基础，这在第二章已有提及。

（1）询问有关职员的信息。

（2）通过询问的问题来公开职员有关归属感、在管理中接受挑战意识，以及自信度方面的态度。

（3）通过一个 7 分评分系统，让调查对象对 8 个变量进行标记和评估。这 8 个变量在努力管理之后希望能得到改变。

有关员工投入度的三柱模型显示了参与者对世界最大电扶梯制造商采用的全新过程改进的反应。如果他们接受行动研究法，8 个参数在数量上将会有一个增量。一般来说，职员投入度的增加可以带来更高的生产率和更高的客户满意度。因此，我们可以勾画出过程改进效度与组织变化之间的关系，其中，过程改进效度通过行动改进循环方式获得，而组织变化则从提高的客户满意度反映出来。如果第一种和第二种假设存有任何的直接关联，我们就可以得出结论，过程改进计划促成了组织变化的产生。但是，无论世界最大电扶梯制造商是否变为预想的模式及成为一个学习型组织，得出结论都需要相当长的时间。

整个测试包括两个独立的周期，分别在过程改进行动之前和过程改进行动之后。对维护团队的 180 名雇员都进行了问卷调查。业务经理向 120 名客户分发问卷调查。要严格控制问卷的分发，在特定时期内对填写问卷调查的各方面都要考虑在内。在过程改进行动之后，职员和客户还会做一次同样的问卷调查。

2. 对设想的测试

对已收集到的数据进行分析需要不同的统计方法。

- 性能和员工满意度的 8 个属性之间的关联已通过将员工在每次过程改进团队（在实际中为工作小组）中的分数与客户表现分数相匹配获得。其目的是找出不同因素对性能影响的相对重要性。通过这样的方式，能在不同的阶段提出与之相符的行动。
- 在适当的时候，将过程改进行动前后的平均值进行比较。
- 为了证明该假设，本研究引入了 t 测试。
- 在过程改进策略形成中，被调查者的定性回答也被纳入考虑。
- 本研究用到的统计分析软件为“My start for Windows”。

2.3.12 研究螺旋

本研究将对塔维斯托克流派的行动研究法进行详细阐述。行动研究法以勒温（Lewin）的理论为基础。

（1）研究者与相关组织中的成员一起工作、解决问题并为改进策略提供主题的关注点。

（2）参与者共同策划，并共同行动、共同观察、共同回顾。

（3）具体改进方案是对整体想法的反映，然后共同实践，形成工作螺旋。

本研究的行动研究法中的螺旋，包含两轮的计划、行动、观察和反馈，分别以阶段一和阶段二来表示。

计划阶段包括对重要管理过程中的问题的识别、过程改进团队的组建、缺口的识别、过程细节的调查和新过程设计的最终确定。

行动阶段包括行动计划的制订和新过程的实施。

研究者向一线员工和管理人员提供反馈信息，同时他们对研究者的贡献做出评价以及自己的反馈。公司的一线员工、管理人员、研究者和客户的共同反应有助于克服项目过程中的忧虑，并为第二个螺旋周期打下基础。

2.3.13 研究结构

鉴于研究伊始的问题，本研究提到的行动研究螺旋包括了诊断和分析、计划、行动和评估的标准因素。有效地改进措施被融入修改过的行动流程中，在本组织中将有两次行动研究循环。行动研究法需要研究者和外界专家的广泛参与，在研究过程中，外界专家将对行动计划进行细化。过程改进团队的领导者将提供研究指导。在图 2－3－3 中，行动研究螺旋要素被整合在三个层次循环模型的中间部分。

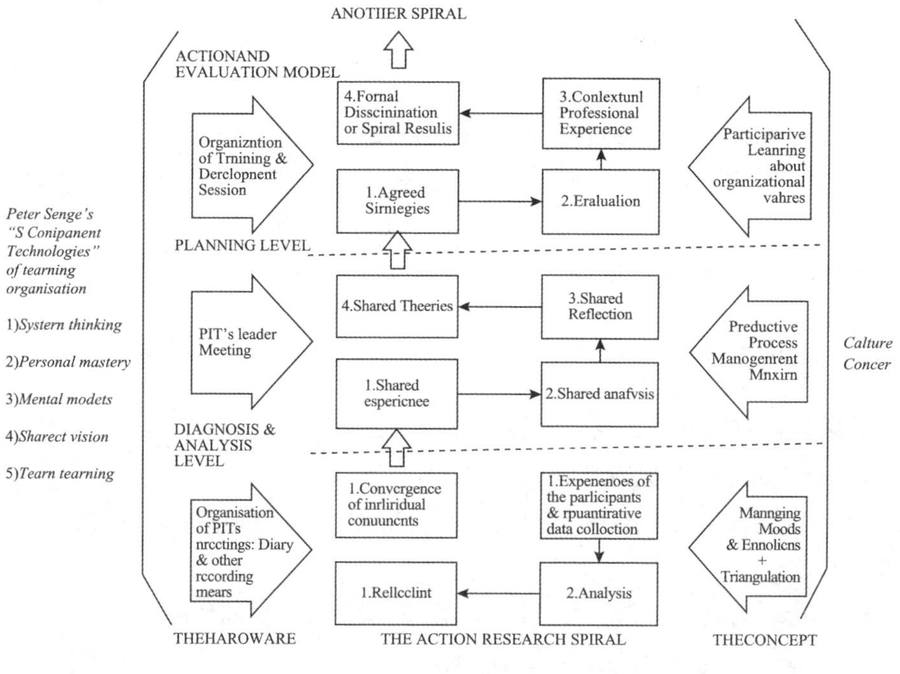

图 2－3－3　三个层次的循环模型

资料来源：Serge. P. 第五学科［M］. 纽约：Doublieday，1990.

初级阶段，通过定量方法（投诉统计、与竞争者的比较和职员流失率分析）和定性方法（过程改进团队的研讨会和讨论）找到存在于维护服务中的问题。有关信息可以通过过程改进团队的讨论获得。

本过程的结果将在模型的第二个层次实施，其包括：与过程改进团队的领导召开会议，就第一层次的发现成果交换意见，然后在协调者的帮助下整合思路。行动研究螺旋的参与者来自组织的各个层面，本阶段取得的进步会及时向他们通知，也欢迎他们在本阶段提出自己的看法。

针对不同的解决方案，模型的第三个层次会形成一个策略。在这一阶段，组织会对达成共识的行动就其有效性进行评估。

对使用问卷调查的方式进行评估，该问卷调查以定性和定量的方法测定策略的有效性。调查结果为第二行动研究螺旋阶段的讨论奠定基础，第二阶段也是始于过程改进团队的内部会议。第二个螺旋也开始启动并进行分析。

实际上，这两个行动研究阶段的目的在于使员工熟悉行动研究法并使其对行动研究的有效性更有信心，最终将组织打造成一个自主学习、自我发展的学习型组织。

在每个阶段的行动研究螺旋中，会在不同的层次开展活动。在初级层次，低层次的员工会得到特殊关注。这样做的主要目的是将可能的谣言减到最少，并能使这些员工轻松地给出自己的评论。

在第二个层次，过程改进团队的领导者会起主要作用。对领导者培训的目的是让他们在决策时抛开自己的主观因素（他们曾经这样）。最后，在执行达成共识的策略之后，将向所有的参与者公布结果，有效的方法将作为永久的操作过程来实施，这些方法还会解释给其他员工。

在所有的三个层次中，控制委员会都会提醒管理人员和普通员工注意到在行动研究过程中的变量及变量后面潜在文化因素的影响。

图 2－3－3 显示行动调查螺旋。本着将中国世界最大电扶梯制造商转变为一个学习型组织的长期目标，通过这个调查而不是通过数年的组织变化可以为此打下基础。一个学习型组织须强调以下五个主要活动：系统性问题的解决、尝试新的途径、从自身的经验中学习、从他人的实践中学习，以及通过组织快速有效地对知识进行转换。通过创造系统和过程，并将其整合到日常运营的框架中，管理团队可以对学习过程的管理进行紧密的监控。

本研究还特别强调执行过程中的细节。在中国这样瞬息万变的市场背景下，要将一个以技术为导向的企业向以市场为导向的企业转变，是一项艰巨的任务。将中国员工的心理反应和从中获得的管理经验又以文档形式记录在案，在中国这样一个大国进行对企业理论的深入调查，也意义非凡。在两个螺旋的后期，本书作者试图适应西方的企业理论和评估方式。

行动研究——为了给行动研究螺旋建立基础，作者罗列出了与此话题相关的先前调查并对它们做了比较。在若干个不同领域进行的行动研究螺旋所产生的一些合适的理论和概念，也被应用到了本章的研究主题中。一些有助于提高研究有效性的技巧，也被整合到改进策略的构建过程中，以便增强本章的可信度。同时，本章还讨论了本研究的局限性。

参与式学习——这是一个即将在主题公司应用的全新理念。这个方法的运用还处在初级阶段。参与学习包括与每个过程改进团队的讨论、采取的行动及与员工分享的经验评估。

学习型组织——在经历了为期两年的研究调查后便期望公司立即成为一个学习型企业是不太现实的，但在未来的组织发展规划中，还是需要了解一下那些必要的指导方针。本章还检验了学习型组织的最新进展，其中的技巧或策略在本研究中也被采用。

2.4 数据分析与评估

2.4.1 承包商的质量体系

为了获得中国香港和中国内地电扶梯行业对质量理念的整体反应，本研究采用了邮寄问卷调查和面试的方式。分发出去的 825 份调查表格中，收到 154 份，回复率 18.7%。但是其中有 19 份需要排除，因为没有填写完毕。在中国香港和中国内地，作为承包商的 154 家主要的电扶梯公司超过了 100 名员工。他们都有独立的小型的质量单位组，一般有 1～3 名员工，负责外部客户（主要是中国香港房屋委员会、中国香港建筑署，以及中国的劳动局、建设部等）。

所有的公司都有有关公司产品质量的正式书面声明。欧洲公司每年的质量预算都高于日本公司。大多数的欧洲公司每年的质量预算金在 1 000 000 港币以内，而大多数的日本公司每年的质量预算金在 50 000～100 000 港币之间。

根据分析可知，总体来说，欧洲公司的高层管理者比日本公司具备更好的质量承诺。

员工参与的正式会议是欧洲公司和日本公司普遍采用的用于质量改进的方式。

从面试的反馈可以看出，47 家（30%）主要电扶梯公司已经获得了 ISO 9001认证证书。

2.4.2 香港电扶梯行业的质量障碍

在本次调查中，采用了电扶梯行业的 17 个质量障碍因素。要求被调查者使用 1～5 的梯度范围来描述建筑工业中质量体系实施的障碍情况，1 表示没有障碍，5 表示最大障碍。所有被调查者的回答排序的结果如表 2－4－1 所示。

表 2-4-1 针对 17 个质量障碍因素，被调查者的回答排序的结果

等级量表
没有障碍 1—2—3—4—5 最大障碍

中位排列法	质量障碍
2	没有适当的愿景和任务
2	地方主义
2	缺乏客户反馈体系
2	组织策略
2	缺乏认可和奖励体系
2	关键行政人员的高流动性/变动
2	质量测量不充分
2	缺乏员工的责任感和参与度
2	员工对质量体系缺乏信心
2	缺乏领导能力
3	缺乏高层管理者的承诺
3	低效的内外沟通网络
3	不充分的质量培训教育
3	质量管理体系知识不足
3	在质量管理中缺乏专业知识
4	文化改变的困难
4	对行事方式的变化心存恐惧或抵触

通过计算每个因素的中位排序对结果进行分析。根据以上结果，可以发现在电扶梯行业中，造成质量管理体系执行方案的主要质量障碍体现在文化改变的困难和对行事方式的变化心存恐惧或抵触。

2.4.2.1 文化改变的困难

我们也认为在倡导新的理念时，文化的改变总是困难的一隅，尤其是如电扶梯安装这样的陈旧行业。这是因为每天的工作都是由一些很有经验的工人所完成的，他们未受过较多正规教育。他们做事情的方式只是基于他们本身的经验。因此每个人都会理解他们实现变化是比较困难的。对改变的恐惧或阻力通

常来自工人。

2.4.2.2 对行事方式变化心存恐惧或抵触

电扶梯行业的特点之一就是产品具有特定的性质，需要安装在工厂或写字楼内的不同位置，需要面对不同的条件。这就造成了许多不确定性和变化因素，需要在现场的专门员工和工人自行解决。因此，他们需要依靠自己的判断力和经验进行工作，管理则完全依靠员工本人自我管理。

质量体系涉及工作方法和标准过程。从本质上说，对使用了多年并已经习惯的工作方式进行改变会遇到阻力，他们认为新的措施会导致生产率低下。

在内部审核阶段，员工们对于质量改进的态度变得更差。他们认为这是在揭露他们的不足，或者在诋毁他们的工作与要求和标准不一致。他们开始对这些检查产生抵触情绪，并认为这些内部审查不过是浪费时间。

质量体系的建立不可避免地要求对现有的程序、指令、工作内容或者组织结构进行重新组织或者修订。有的员工会感觉到他们现有的权利被新的体系所剥夺或者削弱了，因此他们会采取不合作的方式。

除了以上发现之外，其他障碍都处在平均水平的级别。也就是说，大多数的障碍都存在，然而，被调查人员认为可以使用新的机制或者采用方法解决或者减少该障碍。

这些障碍包括高层管理者承诺的缺乏、低效的沟通、质量培训不足、对质量体系的理解不充分，以及缺乏专业指导等。

2.4.2.3 缺乏高层管理者的承诺

正如 ISO 9000 系列所述，质量体系的成功取决于质量改进的高层管理者的承诺。然而，正如许多其他电扶梯公司一样，高层管理层建立了质量体系并获得 ISO 9000 认证，其最初的目的只是获取参与政府或者其他大型公共组织工程的投标资格。

质量体系的实施涉及高昂的成本和资源的投入。有些高层管理者认为质量体系仅仅是获取业务的方式，他们按照 ISO 9000 系列中设定的最低标准和要求试图减少运行质量体系所花费的成本和所分配的资源，如减少质量培训课程、减少办公自动化等。这就妨碍了质量体系的有效性。

2.4.2.4 质量管理体系知识不足

在电扶梯行业中，质量改进是一个新的概念。许多员工和工人甚至没有听说过质量控制的意义和质量改进所带来的效益。对于生产现场更是如此，因为现场的机械工都没有接受过教育。第一次以正确的方式做事情不能立刻见效，设想其所能带来的前景对员工们来说也绝非易事，因此，考虑到 ISO 9000 系列中所提到的质量改进对于质量管理来说尤为重要，却是很难达到的。

2.4.2.5 在质量管理中缺乏专业知识

质量体系需要许多质量专家帮助设立质量过程，质量数据控制和分析体系、监控体系，以及公司政策的文档化和日常操作。然而，要找到熟悉电扶梯行业的质量管理专家却并不容易。大多数的现场主管和现场工人从学徒阶段就一直使用自己的工作方式。他们对自己行业的技术知识很熟悉，但却没有接受过质量控制的培训。质量部门常常由缺乏质量知识的员工组成，他们设计的质量报表、工作手册、作业指导书、数据收集方法、质量测量方法、可靠性规划、统计质量控制都很粗糙，这样不能实现质量体系设计之初衷。

2.4.2.6 低效的内外沟通网络

电扶梯行业具有高度的专业化，需要许多专业人士。而安装工程由不同类型的劳动分包安装系统工程构成。承包商具有不同的背景，分属不同的行业。尽管他们为了同一工程而工作，但是他们局限于自己所工作的领域，相互很少有联系。在现场管理和承包商之间没有正式的渠道对质量控制措施和反馈进行沟通和交流。他们的工作由目标日期和规范要求所控制。

由于总部办事处和现场组织之间的分离，信息交流显得更加困难，沟通要花很长的时间，在远端的维修厂甚至缺乏沟通网络。

2.4.2.7 不充分的质量培训和教育

质量改进在电扶梯行业中还是一个新的概念，现场员工或机械工人接受的教育程度还较低。许多员工的质量意识也很淡漠，他们甚至不知道质量控制和改进之目的。在此方面，质量培训和教育的不足是质量改进的主要障碍之一。

2.4.3 在香港影响质量控制的因素

被询问的调查者表示在公司的当前质量管理体系中用等级 1 表示最不重要、最不赞同的因素，用等级 5 表示最重要、最被认可的因素。

等级量表
不同意/不重要 1—2—3—4—5 同意/重要

这些因素被归入 6 种不同的领域：

（1）部门高级管理者的作用和质量方针；

（2）质量部门的作用；

（3）对员工培训的作用；

（4）过程管理和操作过程的运用；

（5）质量数据和报告的运用；

（6）员工参与的重要性。

2.4.3.1 部门高层管理者的作用和质量方针

部门高层管理者的作用及其承诺在以下问题中有涉及：

（1）部门主管对质量责任的接受；

（2）部门内部质量目标的具体说明；

（3）高级质量目标的程度和对方针的理解。

从对以上问题的回答中，我们观察到，大多数的被调查者（89%）认为高层管理者的承诺对于实施质量保证规划尤为重要。清晰而明确的质量目标对于员工同样很重要，67% 的被调查者对此表示认可。

2.4.3.2 质量部门的作用

在以下问题中对质量部门的作用进行了询问：

（1）质量部门接近到高层管理的途径；

（2）质量部门和其他部门之间配合次数；

（3）质量部门在提升质量中的有效性。

从对上述问题的回答中可以看出，67% 的被调查者认为组织内部质量部门的作用和易接近性对于质量体系的成功相当关键。质量部门向不同的部门提供了咨询服务，并指导不同的部门实施质量体系；78% 的被调查者普遍认为质量部门之间良好的协调配合对于遵守公司质量方针而言是至关重要的。

2.4.3.3 对员工培训的作用

在以下问题中对员工培训的作用进行了询问：

（1）对整个部门员工进行了质量相关的培训；

（2）部门高级管理者对员工培训的承诺；

（3）员工培训资源的到位情况。

从对上述问题的回答中我们可以得出结论，被调查者（89%）认为培训对于质量体系的实施至关重要，同时他们（89%）也认为高层管理者在精神和资源方面对质量教育项目的全力支持至关重要。这反过来会保证培训的成功，因为员工们会认为培训是很重要的，他们可以投入更多精力学习这种新的知识。

2.4.3.4　过程管理和操作过程的运用

在以下问题中对过程管理和操作过程的运用进行了询问。

（1）预防性设备维护的次数；

（2）过程检验、回顾和检查的数量；

（3）工作的明确性或给员工发出的过程指令的清晰性。

从对上述问题的回答中我们可以观察出，89%的被调查者认为预防性设备维护不是很重要，也就是说，其重要性低于其他所有的因素。因此，被调查者对于在问题出现之前采用预防性措施或者行动的理念是很薄弱的。当运行质量体系时，需要他们预见困难并采取行动解决一些质量问题，这可能会对他们形成一定的障碍。有67%的被调查者认为过程检验和检查不重要，然而，这个问题实际上在质量保证中尤其是在ISO 90001系列中是一个主题。因此，我们了解到被调查者并不很清楚或者理解质量保证的重要性。但是，最后一个问题反映出被调查者并不十分重视发给员工的清晰的指令。仅有44%的被调查者认为清晰的工作指令很重要，这个结果很令人失望。一个清晰而又记录完好的过程指令对于实施质量体系而言尤为重要，因为现场的员工总觉得理解质量概念很困难，书面指令则能指导他们严格遵循工作指令，这将大大减少向他们解释的精力。

2.4.3.5　质量数据和报告的运用

在以下问题中对质量数据和报告的运用进行了询问：

（1）部门中质量成本数据的可用性；

（2）质量数据用作管理质量工具的程度。

从对上述问题的回答中可以看出，认为质量成本数据可用性并不重要或者无使用价值的被调查者略微超过了半数。这表明被调查者并不知道这些费用数据有何意义，因此他们会选择中立的答案。故而需要对制造专业人员就质量成本数据的分析和计算加强教育。此外，56%的被调查者认识到了手边拥有这些数据的优势，这样会帮助人们分析质量体系的有效性，并找到造成缺陷的线索，为今后的改进指明方向。

2.4.3.6 员工参与的重要性

在以下问题中对员工参与的重要性进行了询问：

（1）质量循环的有效性或者员工参与类项目；

（2）员工对无错误产出的负责程度；

（3）就质量性能方面向员工提供反馈的数量；

（4）员工中的质量意识程度；

（5）在解决问题中监督员的有效性。

从对上述问题的回答情况来看，应答者非常认同质量循环或者员工参与计划的执行情况，并肯定了将质量性能反馈给员工这种做法的优点，比率分别为56%和44%。正如他们所理解的那样，反馈使员工之间建立一种标准，一种沟通交流的联系，他们知道怎样能表现更好，在哪个领域他们可以得到进一步提高。然而，被调查者不同意员工应当对无过错产出负责，这反映出员工的质量意识不够强烈。最后，他们的确赞同监督人员在解决问题中的有效性。这是解决质量问题的传统方法，因为监督者通常是最有经验的，也最熟悉工作场地的条件。因此，他们总是能提供第一手信息，并能对电扶梯行业中经常遇到的技术问题提供快速的解决方案。

2.4.4 中国香港和中国内地电扶梯行业成功的关键因素

通过对他们的调查，确定了13个影响到电扶梯安装质量成功的因素。被调查者被要求对实现质量建设的重要性用1～13的数字进行排序，1为最重要，13为最不重要。所有被调查者这样排序的结果如表2－4－2。

表2－4－2 影响电扶梯安装质量的13个因素排序

中值排序	成功因素
1	高层管理者的承诺
2	质量培训
3	清晰的质量愿景和任务

续表

中值排序	成功因素
4	质量部的角色
5	明确的、可测量的质量目标
6	员工对质量管理的参与度
7	过程管理
8	质量信息管理
9	沟通交流
10	产品和服务设计
11	供应商质量管理
12	文化的改变
13	客户的参与度

通过计算每个因素的中值排序值对结果进行分析。根据以上排序，可以看出质量电扶梯安装工程的成功因素在很大程度上取决于高级管理层的态度及其领导力。这与我们以前的分析一致。在这种长期的、涉及文化变化的、资源集中的规划中，来自高层管理者的全力支持对获取最后的成功是至关重要的。在开发质量体系的过程中，会有无数的冲突和挫折，这更要求高层管理者们能一以贯之地支持、控制。

2.5 世界最大电扶梯制造商（中国公司）质量体系的案例研究

2.5.1 世界最大电扶梯制造商（中国公司）执行质量体系出现的问题

正如实施其他新的管理体系一样，将质量体系引入现有组织中会遇到各种各样的问题和障碍。因此，管理人员不得不修改体系和设计方式方法解决问题，并克服如下缺点和障碍，从而使质量体系能够适合组织，运行顺畅，以产生预期利益。

- 影响生产率的较高的初始费用和员工的努力程度；
- 不情愿做出改变；
- 缺乏管理承诺；
- 管理层犹豫不决；
- 组织结构；
- 参与人员缺乏理解；
- 部门内部质量管理专业知识的缺乏；
- 缺乏受过培训的员工；
- 缺乏预期利益的结论性证据；
- 有违电扶梯行业中管理层次的文化；
- 预期短期会有结果；
- 错误地理解这是质量经理的责任；
- 缺乏现场操作人员的意识；
- 时间限制。

电扶梯行业的性质决定了对电扶梯行业的公司来说，劳务分包在工作的组织过程中承担着非常重要的责任。尽管其中有许多优点，但其在总的工作协调、达到质量标准方面还是存在严重的弊端。

尽管从合同方面来说，不应当存在任何问题，因为工程中陈述的分承包条件应当与主合同要求一致。但由于某个人或以上因素的共同作用，人们有时会预期其中的主要困难将发生在分包体系中。

在常规安装合同的机制下，分包商有责任建立由下列因素构建的质量机制：

- 清晰的过程和指令；
- 工艺材料的监督与控制过程；
- 工程顺序计划；
- 现场组织和布局。

分包商具有不同的背景，来自不同的行业，而且大多数没有质量体系，这并非不寻常。一些分包商甚至没有意识到质量控制的必要性以及其工作不一致性可能造成的影响。

这尤其适用于只提供劳务服务的劳务分包情形中。因为大多数的分包体系是通过竞争性投标过程获得的，如果选择分包商的主要标准是成本，则很难做到要确保所有这些分包商都符合质量要求。

2.5.1.1　缺乏管理承诺

在世界最大电扶梯公司中实施质量体系，最大的障碍之一在于高层管理者的态度。我们公司建立了质量体系并获得了 ISO 9000 系列认证，但我们关注的主要还是自己是否在客户的合格投标者名单之内，对政府或者其他公共组织的工程进行投标。

建立质量体系，将产生较高的初始费用和人力资源成本。在竞争性投标环境下，要成功获得工程的招标，成本成为主要的选择标准。我们的管理层为了获得收益、保持竞争力，必须尽可能地降低间接成本开支。然而，随着质量体系的引入，我们不得不聘请受过培训的质量人员，初步建立质量体系。而且，我们还需要一定的人力资源来辅助系统文档的编制、过程实施和监控。管理层以及其他员工也需要参与一些培训课程，以提高他们对质量体系的意识和对质量体系的理解。在文档编制阶段，现有的所有过程和指令等，都需要以一种受控的方式重新浏览、重新组织，并制定新的流程作为对现有体系的补充。所有这些文档都要求得到高层管理者的批准。在各个部门做出评论和修正案之后，变化是不可避免的。同样，所有这些变化都应当得到高层管理者的批准，所有这些过程都需要时间。

大部分电扶梯安装工程都需要抓紧工期时间。从工程的起始阶段到工程的完成阶段，都必须遵循一定的工作日程安排。在初步设计、细节设计、文档编制、投标和安装等各个阶段，都应设定目标日期和里程碑时间表。

尽管一直到投标阶段都会受到适当的控制，但工程肯定有变更。变化情况可能是由下列各种情形所导致：

- 恶劣气候造成计划的拖延；
- 客户要求的变化；
- 用户要求的变化；
- 现场限制；
- 不可预见的事件，如现场条件、规则变化；
- 不同学科领域要求之间的差异，可能是协调问题造成的结果，但也可能是设计问题造成的结果，如建筑设备布局违反建筑结构要求；
- 材料的到位情况；
- 劳动力问题，如罢工；
- 承包者提出的备选方案，可能会影响到相关的施工者的工作，如不同的尺寸；
- 在实际工作环境中设计变得不切实际而不可行；
- 预算的削减，如减少提供的资金。

以上所列并非各种事项的全部，而其中的任何要素都有可能影响到工程计划以及预算（或使利润减少）。

为了能够维持业务，人们最关心的常常是“利润”。因此，当变革危及利润之时，我们的管理层会有削减成本的趋向。质量通常就成为首要牺牲品，资源也被重新部署，以弥补收入的损失。这在电扶梯行业中并不罕见。

管理承诺也会影响到客户的态度。公共领域的客户，例如房屋署、市政工程、香港地铁公司、香港理工大学，承包商在投标时都需要证明其质量体系，方可为他们实施工程。然而，来自私有产业的一些客户具有不同的优势。他们对总费用和边际利润的关注超过了对质量的关切，对于一次性类型的工程尤其如此。他们把建筑物的维护成本问题留给了终端用户。

除非所有相关方（客户、承包商、分包商、供应商等）的高层管理者都有一种质量意识，开始关注质量、强调质量，首先想到的是把事情做好而不是合同总额，关注如何正确地做好事情而不是一味地降低成本，否则，整个电扶梯行业若想达到总体质量目标还会存在很多问题。

2.5.1.2 文件控制

按照 ISO 9001 第 4.5 款或者 ISO 9002 第 4.4 款的要求，所有的文档以及后来的变更或者文档的修订，在发布之前均应获得授权代表的审核和批准。在所有执行质量体系相关的重要位置，都应提供发布的合适文档，而那些作废文档，则应立即从所有的发布点或应用点移除。

在决定控制文件保管人员的过程中，会遇到很多困难。如果负责日常工程运行的技术人员和现场人员没有便利的渠道获取会影响他们工作的相关文件，他们便总是有借口和抱怨。我们的管理层试图保持控制文件的份数来达到“可控制”的程度。这意味着控制份数总是仅仅发放到经理层面。在这个小组和部门的所有人都需知晓控制文件的所在之处，各种原因诸如距离（位于不同的楼层、临时转移并划归到其他部门等）、懒惰、遗忘、时间（一直都很忙）等，都可能会导致一些员工忽略操作程序和文件的存在。

另外一个问题是文件的更新或修改。该过程需要花费一定的时间，从变化的最终确定、等待批准和授权，到印刷和分发，在一个组织内部，正常情况下这样的过程通常需要 3～4 周的时间。这会导致一些员工获悉了新的变化进而采用新的操作程序，但是其他人却仍然在使用以前的操作程序，这样就会引起混乱和冲突。除此之外，还会导致纸张的浪费，尤其是在执行质量体系的初期阶段注定会有很多意见。更换已经修订的分页需要监督层确定所有的文件都会更新。在一些情形之下，如果出现了很多变化，重新发布文件可能会更适当。

为了改变这种情况，应当加快最高管理层对这些文件的批准、授权和修订。一旦出现对文件和控制程序的变更，就有必要适当地通知员工，并确保能够容易地获得控制文件；此外，应当保持适当的记录。

2.5.1.3 现场员工的缺乏和劳务的参与

因为全面质量体系都要求从各个层面获取责任和承诺，员工对质量管理具有平等的意识是至关重要的。

中国香港和中国内地电扶梯行业的特点之一就是小型分包商公司占显著优势，它们接受向商业企业提供管理、计划和筹资等服务的小型承包商的协调。教育、生活标准和预期的普遍提高导致工作向非劳动力方向的活动进行转移，并导致劳动力的短缺。中国香港和中国内地的施工现场通常表现为一周 7 天里长时间地工作，工作环境肮脏而又危险。通过分包体系获得的劳动通常无技巧可言，未经培训，无人监控，有时候甚至是非法的。

现场大多数的监督人员以及员工的工作都是从学徒阶段开始的。他们对自己的工作都很了解，但是他们对质量方面的了解却非常有限。他们的态度也有轻微的不同。管理的动机理论可能不适用于这种类型的员工。通常情况下，他们只是受到金钱的驱使，不会为他们所从事的工作感到骄傲，也不会为取得的成绩而骄傲。他们注定具有很强的流动性。今天他们有可能在你的场地上工作，但明天可能就去参加其他工程的工作。

每一项电扶梯安装工程都应当视为一次性结束的工程。从一项工程到另外一项工程之间很少具有连续性。每项工程的持续时间为几个月到一年。

我们的公司就经历过劳动力的短缺，尤其是经常缺乏技术型劳动力。而且随着越来越多的学校倾向于培养“白领”，或者教育层面上使得技术不断得到改进，这种劳动力短缺的趋势似乎不会有太大的改善。承包商不得不聘用更多的非技术劳动力、新的移民或者非法移民，或者从其他国家进口劳动力。一般来说，这种劳动力对质量还有安全没有意识或者意识很少。聘用他们的另外一个原因是廉价而实用。需要为所有这些劳动者提供某些形式的教育，对他们进行培训、使他们知晓质量要求和遵循过程的要求，但是他们似乎很少能表现出支持，也少有行动。既然质量涉及了每一个人，管理层就必须提供正确的环境，使这种情形发生改变。显而易见，当考虑到质量时，这是后退的一大步。

这可能是电扶梯行业应该考虑改善现场条件的时候了，可以提供一个干净、安全的现场和一个更好的工作环境。也很有必要通过提供培训来提升现场工作劳动力（通常是肮脏的、未接受教育的、粗鲁的）的形象。另外，提供一个较长时间的工作机会可能会给予员工一种归属感，提高他们的质量意识。

2.5.1.4　员工承诺的缺乏

为了全面成功地履行质量操作体系的承诺，从董事到员工，以及工作现场、系统指导和培训等方面都需要划定一条清晰的质量责任链。为员工层面组织的培训课程通常以课程为中心，这是一种单向交流。我们的员工总是认为自己是最后一位得到通知或者参与过程的人。在对影响到他们的程序进行起草或者授权之前，他们可能不会被询问到。

在我们的公司里，大多数的员工所参与的工程都不止一项，当考虑到质量方面的问题时，他们通常就没有时间或者给予很少的时间。一方面，他们不得不按照过程或者指令来进行工作，填写各种记录；但是另一方面，他们仍然不得不遵循计划并时刻注意完工的最后期限。因此，如果他们承担比较重要的工作任务，他们可能不得不忽略质量研讨会以及培训班。

一些员工则简单地对所有过程步骤都视而不见。他们倾向于遵循过去的方式，不愿按照他们感到不舒服的任何变化行事。他们认为报告、记录都会浪费时间，会导致完工时间的拖延。他们也认为质量体系的引入会增加通信和纸质文件的数量，并减少生产的时间。的确如此，特别是在执行质量体系的早期阶段。然而，他们却忽略了正确的记录体系会为将来解决问题提供记录这个事实。

在内部审核阶段我们的员工对质量的态度可能变得更加糟糕。当不一致性增多时，审核方和被审核方可能会存在激烈的讨论。没有人喜欢承认自己并不符合要求或者标准，尤其是之前并没有产生任何重要问题。一些员工可能会通过质量手册和过程，试图弥补内部审核实施之前出现的错误。也就是说，他们这样做仅仅是出于应付审核的目的。他们对内部审核会逐渐产生一种抵触情绪，认为这是在浪费时间和资源。

管理层可以通过表现出积极的支持态度来改善这种情形，他们可以让员工从工作中释放出来参与培训课程，让员工或者员工代表参与到影响他们的程序的起草过程中，这会使他们对实际工作顺序有更多的理解，并且改善双方的交流，尤其是改善与审核目的和过程相关的交流，向员工解释清楚，审核并不意味着对员工进行等级评定，但是却旨在提高质量。

2.5.1.5 大量的存档和纸质的文件工作

我们公司的人员不喜欢在纸上进行写作，指令或者信息通常是通过口头方式进行传达。在执行工作的现场，由于环境和条件的限制书写存在困难，这点表现得更为明显。昏暗的灯光照明设备、缺乏写作台面、充斥灰尘的环境、危险的起伏的地面等，在肮脏的操作现场工作时，手握质量记录册都变得困难。

质量体系要求对标准的过程和操作流程、为质量控制和管理而进行的统计数据收集都必须记录在案。这就意味着质量体系大大增加了通信、文件、表格、记录和其他纸质的文件工作的数量，这样造成了处理和检索文件的困难。

2.5.1.6 员工工作负荷的增加

ISO 9000 要求对所有的文件和随后的变化或者修正案进行检查、批准，或者由授权的人员或者认可的员工签字。文件、数据和信息必须通过适当的存档系统储存在适当的位置，以便于更为容易地检索信息。似乎更多的文件必须保存在办公室，而更多的员工时间则花费在签署信函和文件、准备报告、撰写质量测量数据、参加质量会议以及解决质量问题等方面。这就增加了现有员工的工作量。

在某些情况之下，由于缺乏专家或者为了降低质量体系的成本，一些中层管理人员必须执行一些质量控制功能，例如内部审核、起草质量文件、编撰实践手册，但是与此同时他们的常规工作负荷并未相应地减少。可以很合理地推断，如果新体系额外地增加了他们的工作负担，就几乎不能获得员工对质量体系的全力支持。

2.5.2 世界最大电扶梯制造商（中国公司）质量体系的变化过程模型及执行方案

世界最大电扶梯制造商（中国公司）的执行方案采用了菲利普·克劳士比（Philip Crosby）的 14 步法，如下所述。

（1）管理承诺；

（2）质量改进团队；

（3）测量；

（4）质量成本；

（5）质量意识；

（6）校正行动；

（7）零缺陷计划；

（8）雇员教育；

（9）“零缺陷日”（ZD Day）；

（10）目标设定；

（11）误差—原因消除；

（12）认可；

（13）质量委员会；

（14）再次进行。

2.5.2.1　第1步：管理承诺

为了证明质量管理的严肃性，要询问高级管理委员会具体将怎么做，这会使管理承诺透明化。很明显，需要对质量管理有信心，也需要一些行动来支持信心。高层管理者接受这些要求的方式为质量管理奠定了信心基础。

我们公司行动如下：

首先，发布公司质量方针声明（提供与客户要求一致的产品和劳务，并准时交付）并张贴在通知栏中。该方针很清楚，承诺真实，可以理解。质量方针让每个人都能理解现存的责任，传达的是一份正式通知。

其次，在各个部门的常规操作和管理状态会议上，每天首个主题便是质量。

最后，总裁在脑海中形成清晰的有关质量的讲话，当他在公司走动时，沿路把讲话传递给每一个人。

2.5.2.2　第2步：质量改进团队

质量改进团队需要清楚而透明的领导。对于团队要做什么以及如何挑选其成员，我们需要制定一些规则。该团队是过程的关键组成部分之一。

团队的目的是指导进程并帮助行动。其并不是要提前弄清楚每次行动、进行明智的预言，或抑制一些事情。它的作用在于协调和支持。

质量改进团队应当由那些想改进提高并能清除障碍的个人所构成。团队也应当代表所有运作的功能。成员应当能执行这些功能，不用每次都返回去检查。

董事会主席必须能够理解整体策略，如有必要时应当以强有力的手段进行更正。整体过程需要全职的协调者。

通常在顾问的帮助之下，高层管理层、协调者，以及团队主席制定出整体的策略，该策略应得到团队同意，在必要时进行改变，以符合团队成员的实际需要。

我们公司的质量改进团队（QITs）（世界最大电扶梯制造商）包括我们的总裁（董事会主席）、质量经理（协调者）、董事和总经理、财务主管、工程主管、客服主管和顾问（Dew Point）。质量改进团队（QITs）还组建成为一个指导委员会，领导一些质量改进过程项目（QIP），并形成了10个以上的项目工作组，如质量预防维护进程工程项目组（QPM）、安装质量改进项目组、信息技术工作组等。

质量改进团队（QITs）的目的如下：

质量改进团队的组建通常基于这样的思维，那就是其应承担起“对这里进行改进”的任务。那并不是一种不切实际的想法。

然而，工作团队改进的方式可能不太明显。其不仅仅是系统地创造过程和付诸行动。一些这样的情况会发生，也需要这样做。质量改进团队还负责对所有的人手设置教育活动，没有什么比这更加重要。

在质量改进团队上花费时间的每一个人都会将自己的价值增加到公司层面，但同时还有他们自身的价值。

2.5.2.3 第3步：测量

测量是一件常规的事情，我们一直被各种各样的测量所包围着。我们有钟表、日历、速度计、年龄、身高、体重、血压等项目。在我们的每次对话中，要完全排除诸如此类的测量值是很困难的，如果不是这样，我们则不能用确定的词汇进行交流。

测量值仅仅是判定我们进展的一个行为。

我们公司（世界最大电扶梯制造商）为每个部门都设定了测量值（新的业务、安装、服务、远东中心，也就是V1分值、V2分值以及M1分值）。

在我所在的部门，分成三个主要功能部门，也就是营销部、技术工程部以及现场操作部。

我自己所在部门采取下列测量标准：

1. V2（服务部门）质量测量

测量标准：

（1）呼叫率；

（2）故障时间；

（3）反应时间；

（4）维护质量；

（5）投诉信件；

（6）客户评估；

（7）住房委员会总体分数。

2. 现场操作部门分值（仓库和电扶梯团队），见表2－5－1。

表2－5－1　仓库和电扶梯团队分值表

序号	测量标准服务	电扶梯团队	仓库团队
1	呼叫率	35	20
2	故障时间	5	25
3	电扶梯开关数量	5	10
4	投诉信件	5	5
5	每个电扶梯的平均维护时间	5	5
6	反应时间	10	不适用
7	每月3次呼叫以上的电扶梯数量	5	5
8	每台电扶梯的材料费用	10	10
9	每台电扶梯的劳动成本	10	10
10	维护质量	10	10
总分值		100	100

3. 领班分值

领班分值与仓库和电扶梯团队分值一样，主要测量服务领班的表现。

4. 机械工分值

机械工分值与仓库和电扶梯团队分值一样，主要测量机械工的表现。

表现服务分值与员工每年增薪额和每年的奖金相联系，以激励他们做出更好的表现。

2.5.2.4　第4步：质量成本

质量成本分为两个领域——不符合成本（PONC）与符合成本（POC）。不符合成本涉及出现错误产生的所有费用，符合成本则是指确保正确执行所有事情的必要花费。

我们的服务部门V2组建了特别工作小组，将V2服务部门的管理员与几个其他利益相关方整合为一体，帮助他们制定出工作流程，以适应他们的账目体系。这可以客观地对数字进行计算。通过提供该流程其他操作环节，我们开始看到以标准公式计算质量成本的模式，服务部门V2管理员能将他们与服务部门整合为一体。

2.5.2.5　第5步：质量意识

最有效的质量意识体系似乎就是使用公司内部的现存体系。例如，质量意识成为常规公司实时通告的一部分，而没有成为独立的质量通告。

“质量”一词需要广泛传播。人们需要时刻对其进行提醒。质量意识通过管理行动向各个方向延伸。管理人员谈论质量的方式是重要的。当质量与要求相一致时，成为公司记录的一部分，然后其便开始起作用。

我们公司使用了大量的交流手段体系将“质量”信息传递给每一位员工。以下就是通信的方式：

（1）将海报张贴到每一个仓库和办公室以吸引员工的注意。

（2）将质量信息日历表发布给每一位员工。

（3）在世界上最大电扶梯制造商的每季度实时通告里连续进行报道。

（4）对所有的员工进行 ISO 9000 的外部培训。

（5）质量经理对每一个员工进行内部培训。

（6）每年的质量奖。

（7）在通知布告里张贴陈述公司质量方针。

2.5.2.6　第 6 步：校正行动

校正行动的最大问题是对该词汇含义的误解。我们建立校正行动体系的唯一目的是将不相符项恢复为相符项。

校正行动的真正目的是识别并永远地消除问题。

校正行动体系必须基于显示问题日期以及显示问题原因的分析。一旦找出根本原因，就必须消除。这就是纠正性行动的目的所在。

我们公司进行了大约 4 年的广泛的纠正性要求（CAR），解决了大量的质量问题。

我们公司的一个重要的纠正行动步骤就是解决供货商品质量问题。通过识别有主要品质问题来源的供货商，并与他们以规划好的方式召开会议，公司能减少和消除其提供的不符合要求的服务和产品。在消除的过程当中，就能讨论并了解什么才是期望的产品。与供货商一起采取校正行动成为帮助供货商识别要求的一种方式，通过此方式，要求变得更为清晰，也解决了如何才能符合要求、如何测量等问题。在我们的买方——供货商的关系中很少有导致错误的新原因。

2.5.2.7　第 7 步：零缺陷计划

零缺陷责任代表了我们推行质量管理过程中的重要一步。应当以非常严肃认真的方式制订和执行零缺陷计划，无须过分渲染。这是一个沟通交流的时刻。我们以客人的身份参加过数十个零缺陷日，总是发现这些日子是令人愉快的。

在计划中，质量改进团队应当考虑到所涉及的发言者。如果有一个占主导地位的客户，那么就应该安排客户代表；如果有工会参与，就应当有工会的代表。还有一些则代表了一个城市或国家的部门，这说明除公司以外还有人对活动及其结果感兴趣。

这种零缺陷计划只在我们的安装部门启动，服务部门目前还没有此类活动。

2.5.2.8 第8步：雇员教育

就传统角度而言，一般是通过培训部将所有信息融合在一起、与顾问合作并提出培训计划。然而，在过去几年里，我们也认识到在所有的其他方面，在正式教育之前，这种情况的发生不会花费太多的时间。发生这种情况是因为员工和指导者的常规愿望发生变化，这使整个课程更为有趣。

由于在几个领域里有了这种经历，我们开始认识到质量改进过程需要更多的帮助。因此我们开发出了完整的质量教育体系，叫作质量教育体系（QES），其能提供标准信息，并可以由接受过培训的任何人使用并进行教授。整个体系需要30个小时的课堂时间，加上分派的在工作场所的任务。每次会议构成包括解释会议主题的音频和有关公司个性化主题的讨论。此外，之前和之后还要安排阅读任务，然后将任务带回到工作场所，并在下一堂课的开始进行报告。

在质量改进的过程中，我们通过组织投入时间和资金，最后实现了改进的巨大飞跃。突然之间每个人都理解到了质量的内容含义，他们理解了自己需要做什么。这不只是需要公司来做的。人们开始对公司在各个层面中出现的问题不再宽容，公司各个层面的问题就渐渐开始消失。

2.5.2.9 第9步："零缺陷日"（ZD Day）

零缺陷日是执行管理标准化的日子，管理人员要站出来，当着每个人的面许下其必须遵守的承诺。这是对所有的人面对面地展示管理严肃性的日子。现在许多公司都在很愉快地庆祝他们零缺陷日的第三个、第四个和第五个纪念日。他们发现这是一个每年都会发生的再次欢乐且奉献的日子，这个日子在整个公司没有任何负面的东西存在。

我们公司还没有执行零缺陷日。在不久的将来，当我们实现零缺陷目标时，会执行零缺陷日政策。

2.5.2.10 第10步：目标设定

目标设定是在测量之后自动发生的。一些质量改进团队认为他们不得不连续完成1~14步，但是实际上他们中的大多数步骤都是同时进行的。举例来说，在质量教育方面是永无止境的。第6步是由管理者去做的，需要首先去完成。但是当你开始测量时，人们立即开始思考关于目标的问题。当然，最终目标是零缺陷，这就是每个人所追求的目标。然而，在过渡期间，中间目标使你向这个方向移动。

目标应当尽可能地由团队进行选择，并张贴在一张图表里让每个人都能够看见。不接受微小的次要目标。

在我们执行性能测量分值之后，每年都有设定目标。此外，每年我们也有部门的目标。

2.5.2.11 第11步：误差—原因消除

误差—原因消除就是让人们陈述他们所存在的问题，以便对这些问题采取措施。这并非一个建议系统，人们提出自己的答案。然而，大多数的问题陈述包含着解决问题的建议。

团队通常会对他们收到的问题不知所措。团队必须自我询问：当接收到错误原因之时，我们应当怎么办？当我们接到错误原因之时，我们怎样告知他人？我们应当怎样告诉人们我们所采取的措施？

这是质量改进过程中比许多人认识到的更有价值的一部分，因为这是特别针对本体系的沟通。员工们特别喜爱这个问题，他们将对此做出反应。

2.5.2.12 第12步：认可

为了员工的自尊需要，并鼓舞他们争取做得更好，我们对自己的服务部门有以下认可方式：

（1）向表现最佳的服务监督人、服务领班、服务机械师颁发年度质量奖；

（2）月度最佳表现监督人、服务领班和机械师将在世界最大电扶梯制造商的季度实时通告中公布；

（3）年度最佳表现监督人、服务领班和机械师应当在公告栏上贴出他们的姓名牌；

（4）现场运营经理在运营和仓库库存会议上会感激他们的努力。

2.5.2.13 第13步：质量委员会

质量委员会旨在将质量专业人员集中在一起，并让他们相互学习。他们也能够支持质量改进过程。当质量专业人员对质量投入新的注意力时，在公司之间似乎有很清晰的界限。质量专业人员要么积极主动地帮助公司消除困难，并相信零缺陷的确可以达到；要么试图对越来越多的工人进行鼓舞，与之交流计划，说服高层管理人员零缺陷任务并未真正实现。

每个月都有质量日，我们会把所有的质量专业人员都集中在一起，相互学习，实现公司广泛的质量改进。

2.5.2.14 第14步：再次进行

经过两年左右的质量活动运行之后，我们会再次组织质量改进团队，将所有的责任转移给一支崭新的团队，但也可能会有连任的成员。不可避免的是，离退的人员会感到他们几乎无所事事。然而，其成员总会很惊讶和高兴地看到新的团队理解实施了许多新的运作方案，开发了许多做事情的新方式，甚至首次引进许多新的改进计划。随着质量改进逐渐成为生活中可持续的方式，并成为公司的文化，进程便获得了速度和持久性。

现在的质量改进团队（QITs）已经运行了四年。目前，团队成员包括质量经理（董事会主席）、现场运行经理、质量工程经理、技术工程师、注册电扶梯/电扶梯工程师、安装工程师、项目工程师、合同工程师。我们的质量经理会继续组织质量改进团队（QITs）的会议。

2.6 第一个螺旋

在所有的行动研究和过程改进活动中，事实上，我已经处理了那些发生了的日常问题，而第四章负责处理一些技术要点。为了对这个螺旋有更好的理解，在此提供了一份执行摘要作为本章涉及内容的指导方针。

第一个螺旋的执行摘要

1. 第一个螺旋的目的

通过实施螺旋改进介绍行动研究的概念。

改进现场操作部门的过程。

2. 研究团队组织

参加该研究的180名工作人员来自这个研究者组织的不同部门。他们被分配到6个由协调者领导的过程改进团队。

来自4个部门的员工均匀分布在每个过程改进团队中，这4个部门分别是：现场操作部门、技术工程部门、市场部门和管理部门。服务部门的15个下属机构各提供2名代表，这30人全部成为过程改进团队的成员。这样分配的目的是合并来自整个部门的所有意见。尽管很明显来自现场操作部门的人员最熟悉日常操作，但是，故意采取这种行动是为了消除现场操作人员的偏见，从而客观评价那些接受现场操作服务且来自其他3个部门的人的反应。

从3个不同的业务区域均匀地选择这120个顾客。他们业务的本质不同。采取这样的选择方式是为了确保与新的操作过程相比，对现有服务有更综合的分析和评价。

3. 螺旋进度安排（见表2－6－1）

表2－6－1　螺旋进度安排

A. 识别与分析阶段		
A. 1	协调者培训	5天
	主管人员培训	3天
A. 2	形成过程改进团队	1天
A. 3	回顾目前过程	15天
A. 4	问题识别	5天
A. 5	过程客户需求的识别	5天
A. 6	过程改进建议	10天
B.	反馈阶段	10天
C.	执行质量与性能	
	维护方案	30天
D.	评价螺旋	
D. 1	分配调查表	5天
D. 2	收集调查表	10天
D. 3	统计分析	3天
D. 4	结果解释	3天
D. 5	宣传结果	15天
总　　计		120天

资料来源：世界最大电扶梯和自动人行道制造商。

4. 识别与分析阶段

如前所述，该阶段就是表2－6－1中的A部分的内容。

2.6.1　回顾当前过程以及分享经验

这个阶段是实践“现在发生了什么”的阶段。协调者发挥了重要作用，特别考虑了中国文化的重要性。因为在公司小道消息中流传着一个谣言，即行动研究螺旋是绩效考核的工具之一，尽管这个螺旋最终只不过是与有效过程和服务的评价相关。

2.6.1.1　培训协调者

这6个协调者被送去PC顾问公司对其进行关于行动研究的培训。一名专业的行动研究者被派往世界最大电扶梯制造商（中国公司）去监督活动的执行。这6个来自世界最大电扶梯制造商（中国公司）3个部门的管理者也负责把行动研究原理翻译成中文以及培训这180名员工，使他们习惯于实施行动研究螺旋。

在这个阶段，对组织内承担功能责任的内部协调者进行集中训练，使其扮演更加民主的角色，并从团队成员上级的角色中脱离出来。在过程改进团队会议中发现，他们对情况介绍不熟悉。下面的例子说明了这一点。

我认为我们已经向“下属”“授权”了相当多的责任和权力。我根本不知道如何进一步强化此类“授权”（Tom，A地区的监督者）。

很难想象，我作为“主管”，不能积极参与对最终策略的制定（Wilson，B地区的监督者）。

通过角色扮演，外界的顾问帮助查明并加强协调者角色的执行，协调者的角色是帮助和鼓励团队成员想出合适的解决方案。

2.6.1.2 全面回顾当前过程

这和对行动研究螺旋的识别是一个意思。在这个阶段发现，团队成员对来自协调者的提问感到紧张。

下面的例子说明了这一点。

“我已经尽力了，我不认为有什么错（问题：我的意思并不是要挑战你正在做的事情，我只是想知道你认为谁接受你的产出比较合适）。你可以参考操作手册。我已经仔细阅读了这些规章制度，没有犯任何错误。”（参与过程改进团队会议的一个工作人员）

为了提高当前过程识别的效率，采用了方框图。这个方框图用图片形式展示了被分析的过程的步骤与顺序。它们可以在组织中跨部门或功能线条连接。使用这个方框图的目的是理解和识别待改进区域，并发现它们之间的鸿沟。

工作部门从现场操作部移交安装工作开始。市场和技术工程部门继续进行，它们的功能是提供客户服务和技术支持。这两个部门形成了一支矩阵团队来处理更新改造事宜。现场操作部门每两周执行一次日常维护。根据法律，必须对电扶梯进行年检。如果需要进行维修，那么基层服务团队将会回电总部来提供帮助，因为技术服务没有被安排来处理这些问题。

就销售和市场而言，服务部门执行以下任务：

向世界最大电扶梯制造商（中国公司）或者其他电扶梯公司提供合同管理。

对现有电扶梯提供维修以及对其他电扶梯使用者提供更新改造。

管理应收账款和信用控制。

安排推广活动以增加世界最大电扶梯制造商（中国公司）产品在潜在客户

中的受欢迎度。

2.6.1.3 问题识别

这可能是行动研究螺旋中最敏感的阶段。当同团队成员讨论问题时，协调者往往使用最中性的措辞。

可能是因为工作的自然约束或者总部的要求，我们必须加倍努力与客户交流，因为在一项工作完成、开始另一项工作前我们必须就此做报告（David，B地区的监督者，在客户采访安排的讨论过程中，他是研究的协调者）。

为了对问题进行更好的分类，采用了排列图。排列图是用来识别少数重要问题的工具，这些问题偶尔发生，但是会严重影响客户的满意度。它们可能是一些因为粗心而不是因为系统问题所导致偶然发生的问题。

为了就改进操作过程的行动计划达成一致意见，规定了策略的重点。理想的情况是操作过程的每个方面都达到最佳水平。但是，更为合理的是，提供的服务的不同方面增加权重，这被用作过程改进团队的指导方针，从而更具优先权来设计他们的策略，也就是说，把大部分精力放在最重要的标准上，把少量精力放在不太重要的标准上。这有利于更好地分配有限的资源，并且尽可能地提高效率。

同时，工厂维护表现分数被用来作为世界最大电扶梯制造商（中国公司）不同地区办事处客观评价的标准。

在信息技术专家的帮助下，对过去记录进行回顾，发现在过程中最为重要的10个标准。每个标准都有一个分值来区分它们的重要性。每个标准旁边有一个累计百分比，以最小项目数值结束，构成了100%。它们如表2-6-2所示。

表2-6-2 过程中最为重要的10个标准的百分比

项目	百分比（%）
故障	25
停工时间	5
安全项目	10
投诉信	5
毛利润	10
维护延迟	10
超过3次回电	5
材料成本	15
人工成本	10
维护质量	5
总计	100

表 2－6－3　工厂维护表现分数

标准	最高分	V2 分数公式	A 地区	B 地区	C 地区
完全没有电梯/电动扶梯	2291	每个仓库都没有电梯	271	325	239
完全没有操作人员	52	每支团队都没有操作人员	16	19	17
每载起一个人	21. 41	每载起一个人	16. 94	17. 11	14. 06
1. 回电率	25	∞ =0a	0. 33	0. 46	0. 29
		25 =30a	84. 00	58. 00	92. 00
2. 停机时间	5	∞7hr/LIS =0v	0. 89	0. 19	0. 00
		0hr/LIS =5	87. 29	97. 29	100. 00
3. 安全项目	10	∞1NC =0	1. 0	1. 0	1. 0
		0NC =10	0. 00	0. 00	0. 00
4. 投诉信/失去（获得）合同	5	一封投诉信/失去 =5r 没有变化 =0	0. 00	0. 00	0. 00
		没有投诉信/获得 =5	100. 00	100. 00	100. 00
5. 客户满意度指标	10	∞65 =0t	60. 20	57. 97	66. 39
		55 =0I	52. 00	29. 70	100. 00
6. 维护延迟	10	没有延迟 =100 偶尔延迟 =50	没有延迟	没有延迟	没有延迟
		经常延迟 =0	100. 00	100. 00	100. 00
7. 故障电扶梯	5	∞5% =0L	1. 00%	2. 00%	0. 00%
		0% =5	80. 00	60. 00	100. 00
8. 材料成本	15	∞ $57/*LIS* =0	NT $311. 31	NT $540. 82	NT $255. 90
		∞ $115/LIS =15	57. 32	7. 43	69. 37
9. 人工成本	10	$1 300/LIS =00	$1 454. 50	$1 545. 64	$1 568. 28
		$1 000/LIS =10	0. 00	0. 00	0. 00
10. 维护质量	5		77. 90	72. 15	86. 22
总计	100		63. 66	46. 47	72. 32

备注：（1）仅针对升降机，第 2 项和第 3 项，电扶梯按计划维护和故意破坏行为不包括在内。

（2）第 10 项根据年度检测、返修率以及质量检测和管理检查数据。

如表 2－6－3 所示，编制工厂维护表现分数，对世界最大电扶梯制造商（中国公司）的 3 个业务地区进行比较。这有利于公司对该地区的 SWOT（优势、劣势、机会及威胁）分析。

然后协调者在过程负责人和过程客户之间实施三角理论。以下内容出自一个协调者的日记。

第三天：延迟维修导致了客户投诉。一些客户甚至起诉世界最大电扶梯制造商（中国公司）赔偿其损失。但是服务管理者宣称可用资源不能满足公司和客户的所有需求。从服务工作员工的表情来看，他们同意上级领导所说的话。然后我问了他们关于这些问题的细节。他们说他们必须按照包含了维护要求的清单来工作，并且不允许遗漏一点。然后我让他们进一步说明细节……（David，协调者）

无论对个人还是对组织，这些问题被归为表现不佳。在行动研究开始阶段，它进一步被定义为"绩效落差"，也就是说，组织实际做的事情与那些领先公司可能做的事情之间存在差距。关于如何获得成功，没有统一的价值观念。支持变革的内容被认为是搞破坏的，而团体规范青睐于在短短的一个工作日内付出较少的努力。

过程改进团队包括客户服务管理者以及基层工作人员，操作管理人员作为协调者，执行下列任务：

- 通过自由表达他们在工作中遇到的问题来识别存在的问题，包括他们在工作中遇到的问题和因为其他部门或客户的批评以及他们对管理的感受而产生的心理压力。

- 通过安排问卷调查以及会见客户代表，收集来自客户的反馈信息。设计制定关于服务效率的具体问题。

- 回顾日常工作指示卡并对客户进行分类来避免重复工作。在这个阶段，通过回顾之前的来电报告以及来自客户和员工的意见，确定客户需求。不同客户的需求不同，而且有时之前的标准服务过程可能会导致资源的错误分配。开发针对不同客户需求的特定的服务过程非常重要，它们能优化对资源的利用。

2.6.1.4 过程客户需求的识别

这一步在过程改进团队会议中进行，在会议上团队成员能够揭示每个步骤的不足之处。此外，从技术层面分析之前的数据，以找出当前的问题。如前所述，"过程客户"不一定是人。过程改进团队必须通过分享观点来判断操作过程的每一步，这代表了他们不同的看法。这个识别阶段的目的是弄清楚满足过程客户的需求方面哪些是必需的、哪些是充分的。为了提高效率，应淘汰一些冗长的措施。

2.6.1.5 构建客户需求

树形图是以多层次的细节系统性地描绘出所有需要完成的路径和任务的工具，从而实现主要目标和每个次要目标。本研究采用树形图来构建，把一般客户需求转换为具体的为内部和外部客户提供服务的回应特征。利用回应特征在过程中的供应商和客户之间达成一个服务层面上的协议。

服务层面上的协议是过程中供应商和客户之间达成的一个协议，它描述了供应商将来完美执行无缺陷工作所要求的质量。它被过程改进团队用来控制在被改进过程中不同点的生产质量，作为持续管理的一部分。

服务层面上的协议包括回应客户需求的特征或属性。对于每个这样的特征，需要设定一个规定的将来要达到的需求的目标。

过程改进团队把来自供应商和客户的代表集中起来执行下列任务：

- 讨论并就关键客户需求达成协议从而执行无缺陷工作。
- 对于每个确定的需求，都有一个产品，其具备一些获得认可的特征，来满足该需求。通过质量指标维护计划来执行这部分任务。
- 为了识别那个特征，应当对当前性能进行审查，以帮助制订满足将来需求的新的目标。设定质量指标维护计划来回应这个需求。
- 供应商通常要求以一个改进了的目标来改进他们的过程。在每个螺旋之后分别进行调查并利用对服务率的统计来进行评价。

2.6.2 反馈阶段

在员工之间分享在诊断和分析阶段的调查结果，之后采用来自团队成员的建议来改善当前过程。协调者负责总结他们的想法，然后把这些想法告诉决策制定董事会以融入行动计划中去。决策制定董事会必须首先向团队成员披露这个行动计划，并宣传和执行这个计划。

由于预算限制，监督管理者或者领班在这个三角理论过程中扮演着协调者或观察者的角色。他们接受研究者的培训来处理以下事项：

（1）在问题确定和数据分析阶段记日记，它与过程改进团队会议日程平行进行。

（2）对于评估需求、假设设定以及计划的发展同样用日记记录并准备简短的行动报告。

（3）在调查期间开展对研究参与者的个人访问以鼓励讨论和反思。

（4）在每两周一次的过程改进会议期间把事实、轶事、想法以及以后执行有可能遗忘的事情记录在日记中。记录下这些事件的日期并与其他相关事件相互参照。这个日记还记录了相关事实及其说明。使用吉姆·麦凯南（Jim McKernan）博士提议的 3×2 矩阵来判定这些记录以及与意图、事件及结果相关的优点和缺点。

（5）不采用录像作为记录方式，因为它可能会引起参与者不必要的紧张。

2.6.3 在过程改进团队讨论中发现的问题

- 尽管型号、故障率以及产品利用率不同，但产品维护只有一个标准模式。由于员工缺乏积极性以及反馈有限，在这个研究中发现，顾客对研究中的大部分属性的满意度都偏低。同时还发现，不同公司的需求根据地区位置成群分布。在一定程度上，这是因为不同地区有特定的行业特征。比如，地区 A 的公司主要集中在重工业领域并且更关心日常维护及预防性维护工作，因为他们的客户通常很少对电扶梯内部情况及功能有要求。但是地区 C 的客户主要在服务行业，并且与地区 A 的客户相比，他们的操作规模相对小一点。他们对更新提升电扶梯性能更感兴趣，而且他们欢迎引进一些特殊系统，比如真声发音系统（包括安装在目标楼层到达时产生语音提示的芯片）。因此，他们需要现代化的服务。对于那些处于良好的维护状态的产品，定期进行常规维护以避免不必要的客户访问，从而使公司将资源集中用在需要维修的产品上以及对故障做出反应。

- 结果发现，基层工作人员觉得有很多重复的出差和精力用在了对客户电话的回应上，并且由于出差耽误了回应时间，进而引起了客户抱怨。工作人员觉得这影响了他们的士气，但他们认为这样引起客户不满是管理上的问题而不是他们自己操作的问题；此外，因为高故障率以及不愿意使用世界上最大的电扶梯制造商（中国公司）的服务，所以客户投诉率很高。

- 缺乏监督。事实上，监督者是工作组织者，他们负责分配指令以及制定工作人员的行程路线。要求客户完整填写服务工作人员提供的表格，但他们不能正确评估工作质量。有这样一种趋势，电扶梯在安装了两年之后故障率不断上升。这反映了缺乏质量日常维护服务和预防维护服务，以及定期的检修服务，这些服务都没达到标准。因此，对紧急故障服务的需求增加了，这对人力资源的保障提出了要求。

- 没有衡量机制——这导致了消极的工作态度。由于反馈途径杂乱无章并且缺乏监督，绩效考核由老资格员工执行。因为没有测量方案作为指导方针，所以也无法认可服务质量。

2.6.4 规划阶段——对操作过程的重组

在过程改进团队勾画出了当前过程后，收集意见，融入项目，开发质量和性能维护方案。这个系统根据回电率和利用率把不同客户分开。根据这个结果，开发了维护访问的不同组合模式。结合随后的缺陷分析（柏拉图分析），形成了由监督者进行的现场审核以及测量尺度（绩效考核）。

这个质量和性能维护方案包括 7 个要素。

1. 电扶梯状态

根据故障率，产品被分成不同类别。因为在组装阶段的利用率及配件质量的不同，所以产品的故障率也不同。

（1）独有类别——由著名大企业客户构成，这些客户能提高公司的商誉。这个类别，即使产品的环境很好，世界最大电扶梯制造商（中国公司）也需要特别关注它们。

（2）故障类别——由季度故障率为标准故障率 10 倍的产品构成。这些客户需要经常维护，而且也经常突然出现问题——花费了大量资源和额外的人力。

（3）正常类别——季度故障率为标准故障率 5 倍的产品。

（4）健康类别——季度故障率低于标准故障率 3 倍的产品。

对每个类别都提供了一个服务过程包来满足他们不同的需求。之后将概述这些不同的过程包。

2. 工作命令访问类型

（1）日常工作命令。其本质是一项日常及预防维护服务。计划根据预先制定的标准化检查清单来安排客户访问从而检查产品的功能。

（2）密集型检查工作命令。尽管它也是日常及预防维护服务的一部分，但是其本质更彻底。这是一个更加具体的客户访问，须对每项功能开展多次测试。通常，具有比较大的经营规模以及高频使用率的客户需要更频繁的密集型检查。

（3）技术工作命令。包括对升级需求和突然故障的回应。技术工作命令最昂贵，因为每个命令事先都没计划。世界最大电扶梯制造商（中国公司）

保证48小时内完成技术工作命令。但是，有时这种保证不能得到满足，因为有些地方太偏远了。

3. 顺序工作命令

（1）针对独有类别，这个顺序是RIRIT（R指的是日常工作命令；I表示密集型检查工作命令；T代表技术工作命令）。其目的是消除任何可能出现的故障。

（2）针对故障类别，这个顺序是TITIT［I和T代表的意思和它们在（1）中的意思一样］。这样安排是为了降低故障率，以降低应对突然故障而花费的资源。同时，不能忽略“T”服务，因为它也是对产品故障回应的一部分。

（3）针对正常类别，这个顺序是RTITR［R、I和T代表的意思和它们在（1）中的意思一样］。这样安排是基于保持产品的质量和可靠性的基础上，并努力把产品向健康类别靠近。

（4）针对健康类别，这个顺序是RRRTI［R、I和T代表的意思和它们在（1）中的意思一样］。其目的是保持产品处于可靠的状态，并努力使产品提高至健康类别以上。

4. 根本原因分析

生成报告以及故障类别柏拉图来分析在维护过程中遇到的问题。邀请技术服务部门参加，从而达成一个改进的服务方法论并进行更新。

5. 培训

（1）质量性能维护手册，它包括对维护过程的具体操作指导，手册要发放给每个工作人员，其提供了维护标准、维护过程、故障检修以及产品描述内容作为整个过程的参考。

（2）培训报告由客户服务管理人员负责执行，用来监督每个员工的进步。在报告中做好标记并向人力资源部提供一份副本用作参考。出勤率和考核结果是对参加人员做出标记的主要组成部分。

6. 测量

这构成了绩效考核的主要部分。“过程改进团队”的表现被量化并且根据收到的所有标记进行评估。下面的部分将会对作为补充项目的“绩效管理方案”进行概述。

7. 绩效管理方案

在世界最大电扶梯制造商（中国公司）进行的类似项目中采用了基于沃

名顿（Warmington）的行动研究模型（1980）的变化策略，行动研究模型来源于拉波波特（Rapoport）理论。

为了将反对变革的阻力减到最少，对该方案的目标进行了有意的适度定位。员工中的沟通信息强调了改进交流、发展技能以及建立单个的、与工作相关的目标。

（1）从属工作人员研习班。第一步是举办针对从属工作人员的研习班，不包括管理者。把诊断和反思变成习惯，并与变革管理策略知识的增加结合起来，这些目标对说服决策团队做出让工作人员参与到整个过程中的决定非常重要。后来人们也认识到，工作人员对创新的支持非常关键，因为管理者对基层环境的了解有限，而且在之前的组织变革中，历来都把下属工作人员排除在外。这样，工作人员也感到他们的问题得到了承认和关注。

（2）管理人员研习班。通过一系列的有关咨询技巧、冲突管理和聆听技巧的研习班学习，监督管理人员的管理和监督技能都得到了改善。

（3）绩效管理方案。绩效管理方案的重点是交流与发展，而有意把评估因素设定在一个较低的水平。但是，这个项目也强调了传统中利用研讨会和类似工具进行课堂学习的方式。这个过程取决于基于部门目标的个人目标的建立，反过来，这些个人目标又都来源于组织的目标。因此，绩效管理方案帮助组织实现在各个层面的改革。这就意味着可以通过他们在组织中的适用性来评价组织目标。监督管理者需要建立对部门绩效的评价，并且妥善安排对变革的要求，使之能促进组织目标形成或者重建。

传统的培训方法不大适应个人或组织的需求，与传统的培训方法相比，行动研究过程的前提是要学习发生的事情和发现的事物。

2.6.5 执行

不管行动研究螺旋之前的文献综述和规划如何全面，执行阶段仍然会发现问题。管理者面临下述约束：

- 员工担心突然发生的巨大变革，并且纷纷逃避他们的责任，把责任推给其他执行相关工作的部门。在协调者的日记中经常发现员工对他们执行的这项计划漠不关心。

“我发现处理这些灰色地带非常令人讨厌。今天，我花了大量时间来确定责任……我感到很沮丧……我仅仅只是尝试干些有益的事，但是看起来人们对此

（计划好的策略）采取的是非常老套的处世方式。”（David，年轻的协调者）

• 具有工作负责人签名的新的表单和报告被当作判断未来的训练活动是否出现了错误的依据。

“它不过是另外一种在将来进行裁员的依据……”（一个年轻工人说漏了嘴）

• 在不同部门之间做出妥协以避免在过程中出现任何问题，从而避免任何纪律处分。尽管这些不是口头直接说出来的，很多协调者也记录了这个现象。

• 在编制柏拉图分析的过程中，出现了企业冲突。

• 同时，直接向高层管理人员的投诉率骤然上升，显示了在基层处理投诉的可能性。

“我已经多次提出了这个问题。我不想直接和你接触，因为我想如果我这样做可能会让陈先生丢面子。而我并不想那样做，我只不过是想解决问题……”（世界最大电扶梯制造商高级管理者的一个客户做出的评论）

• 因为强制要求参加，所以尽管出勤率很高，但员工还是对过程改进团队会议表示出冷漠的态度。如果不是强制团队成员参加会议，那么出勤率就相当低。

• 因为在萧条的经济环境中，利润很小，所以激励方案没被批准。

2.6.6 对第一个螺旋的评价

第一个研究的调查结果如下所述：

• 相关测试表明，几乎员工满意度的所有属性都与操作成正相关。有迹象表明，监督管理者的领导与操作联系很大（皮尔逊相关系数 =0.58）。这说明工作的监督功能对世界最大电扶梯制造商的维护服务非常重要。过程改进小组在讨论中发现，安排定制服务有助于降低故障率。

• 在一些属性中发现了负面联系。比如，对工作的兴趣（皮尔逊相关系数 =0.129）和责任感（皮尔逊相关系数 =0.035）与管理指导之间是消极的关系，尽管只有一丁点消极。但是，我们不能低估了事实的影响，下属人员在讨论过程中已经对他们上级领导的工作指导产生了担心。

• 尽管沟通属性的平均分数超过了平均水平（15.325），但是如日常维护中确定的那样，没有反馈渠道来跟踪缺陷。回顾客户问卷中对相关问题的否定回答的高频率出现情况（74 个受访者选择了“否”而 33 个选择了“不确定”），没有在每次访问后向客户报告的过程。尽管处于一种非常友好的氛围中，但是仍然不是以组织的方式来联系。评估服务效果的有效性没有固定的标准。事实上，客户反馈是通过与其他公司的管理信息系统部经理的非正式联系来收集的。所以，收集到的信息是片段式的，这导致不可能进行系统分析。在客户问卷调查中发现，对故障的回应以及沟通之间存在着一个较高的负面联系。这意味着需要紧急服务的客户好像对沟通质量更不满意。

人们发现操作与员工满意度有直接的联系。三支柱模式的9个方面构成了员工承诺，除了责任感外，其他8个方面的关联结果在0.3~0.5。尽管没有发现压倒性的结果，我们也不应该忽视随之而来的累积效应。

2.7 第二个螺旋

整合了第一个螺旋的经验，协调者建议调整讨论以吸纳更多技术成分，来让过程改进团队的讨论变得更为客观，也不那么敏感。

“我们发现开展讨论有压力——坦白地说，有时甚至我自己都不愿意完成自己那部分工作（找寻出过程改进团队成员关于问题的评论）……然而，我建议以更有建设性的方式，而不是通过简单地揭露过去不足之处的方式来进行这个讨论。”〔汤姆（Tom），A 地区的监督者和协调者之一〕

“我担心挑战了汤姆（Tom）的尊严，虽然我并不想这么做。事实上，这（行动研究螺旋的同化形式）是一个非常新（过程改进）的形式。但是我担心（监督管理者丢脸）……”〔汤姆（Tom）小组过程改进团队成员之一的回顾〕

针对电扶梯故障的整体关注，在重新设计技术服务过程之后，过程改进团队重点关注怎样减少故障。所以，第二个螺旋主要关注两个方面：第一个方面是确保质量和操作维护方案能够保持世界上最大的电扶梯制造商维护服务的质量；第二个方面是增强客户忠诚度。保持员工的承诺是这个螺旋另一个重要关注点。

第二个螺旋的执行摘要

1. 第二个螺旋的目的

- 通过分享获得的环境经验，跟进第一个螺旋的结果；
- 在第一个螺旋之后，关注在操作过程中发现的不足；
- 总结在第一个螺旋中获得的经验并且改善过程改进团队的讨论气氛。

2. 第二个螺旋的焦点

第一个螺旋的过程改进措施是具体的，焦点落在现场操作部门。作为一个全新的过程改进方法，其开始的行动研究能够帮助提高参与者的参与度。过程改进团队实现了对他们行动有效性的具体评估——通过工厂维护操作分数及柏拉图分析进行评估。问卷调查研究所示的有关员工承诺的平均反馈能说明这一点。

在第二个螺旋中，我们进一步执行这一步。过程改进团队从世界最大电扶梯制造商（中国公司）维护团队开始，将整支团队向以客户为导向重点推进，目的是加强客户忠诚度并将故障率降到最低。过程改进团队努力建立一个客观的标尺系统来测量第二个螺旋的进程。

3. 螺旋进度表（见表2－7－1）

表2－7－1　螺旋进度表

A. 识别与分析阶段

行动主题	涉及方	时间跨度
1. 与消费者利益相关的词汇——定义质量、可靠性和可用性	（1）PA顾问 （2）汤姆（Tom），监督者 （3）大卫（David），监督者 （4）威尔逊（Wilson），监督者 （5）杰森（Jason），总工程师	2周
2. 客户忠诚度分析 （1）对当前客户基础的回顾 （2）当前绩效落差	市场部 （1）C. F. Li，市场经理 （2）Y S Zhu，管理信息系统负责人	3周

B. 规划阶段

行动主题	涉及方	时间跨度
1. 关于客户导向维护服务知识的培训讲座，强调了销售技巧、通用产品知识及在识别阶段的整合发现	（1）PA顾问（客户导向服务培训者） （2）杰森（Jason），总工程师（技术指导讲师） （3）所有工作人员	3周
2. 客户忠诚度管理 （1）巩固客户基础 （2）加强维护操作 （3）客户解决方案	（1）市场人员对不同客户需求进行分类，以及组织有客户参与的咨询会议 （2）工程人员和操作人员制订出品质和操作维护方案 （3）PA咨询顾问介绍双团队方法	4周

续表

C. 执行阶段

行动主题	涉及方	时间跨度
1. 宣传（推） （1）组织终端用户咨询会议，定义世界最大电扶梯制造商（中国公司）工作人员的职业形象 （2）介绍“世界最大电扶梯制造商的（中国公司）优势”	C. F. Li，领导营销团队	持续进行
2. 为客户量身定制的解决方案（拉） （1）通过双团队方法为客户开发和量身定制的方案 （2）客户能看到并感受到的实际操作效率 （3）鼓励推荐	来自市场、运营和工程部门的工作人员	4 周

D. 评价阶段

行动主题	涉及方	时间跨度
1. 调查	来自市场部门的工作人员	1 周
2. 分析	来自管理信息系统的工作人员	1 周
3. 分发结果	来自人事部门的工作人员	1 周

资料来源：世界最大电扶梯和自动人行道制造商。

2.7.1 第二个螺旋的识别阶段

在第一个螺旋中，有一个质量和操作维护方案，其中提到测试部分。但是，在标准中仍然有些地方需要在第二个螺旋中陈述清楚。

“毫无疑问，电扶梯行业与电子和计算机行业一起发展，基于微处理器来控制电扶梯已变成遍布世界各地的现实，而不再是一个梦。所以，针对之前采用的规定，总公司的服务必须采用一个更加现实的方式才能实现。在中国没有涉及电扶梯质量和电扶梯服务质量的规定。”（一个拥有高级管理者级别的现场维护工作人员在过程改进团队会议中提到）

“我认为，根据现存的检查清单来抱怨我们的产品质量和可靠性很不公平。比如，没有涉及最新发展的任何内容。维护现在变得更加复杂。应当以一

个更公平的方式来评价我们。”（刘钟山，现场维护工作人员）

控制越精致、越复杂，系统用户的期望成长就越快，随着微处理器的出现，他们希望从具有更高质量和更高可靠性的产品中获益。很明显，质量是产品宣布发展到最前沿的关键字，而毫无疑问的是，可靠性和可用性又是质量不可缺少的一部分。像其他的产品一样，电扶梯也由不同的标准来确定其质量，因此，单个部分和整个系统的可靠性又分为不同的层次。

通过从基层人员处收集到的他们不同的关注点，我们发现用户和服务公司之间产生冲突的原因之一是没有任何事实能证明系统的可靠性或其他问题。我们希望能改变和改善与客户的关系。一种质量可靠的微处理器的复杂系统的建立让一切变成可能。这种微处理器的复杂系统能够监视电扶梯工作状况，为用户和服务公司提供可用性数据。

在过程改进团队会议中，将客户的反馈传达给现场操作者。过程改进团队会议还概述了可靠性的定义：

● 进行预防性维护，尽可能减少电扶梯停机时间以改善所有电话的反应时间；

● 让系统回应时间最小化（MSRT——测量，从用户按下任何楼层的按钮开始到电扶梯门打开、电扶梯准备好为他提供服务的时间）。

MSRT 是对电扶梯系统进行分类的最重要参数之一。在系统正常运行和工作时，MSRT 显示良好，但电扶梯停机数量较多且服务公司回应时间过长，那么用户提供的图表会显示更多负面影响。

这是因为对研究者来说，停机时间和回应时间与系统回应时间（SRT）一样重要。不幸的是，可靠性数据在很多其他技术系统中很常见，然而在电扶梯系统中却不存在［这个数据就是 MTBF（平均故障间隔时间）］。

MTBF = MP/NF，MP 是监测周期；NF 是故障数量。

在很多情况下，不能确定这种信息，某一层面的可靠性是否已经被实现通常基于本能和感觉来确定，而不以事实为根据来确定。

为了阐明这些问题，过程改进团队尝试把每年允许故障范围中未包括的故障描述得更详细一些，描述如下：

● 客户的错误操作——用户错误操作导致的故障（踢打电扶梯门等）。

● 污垢导致的故障——光电元件上的污垢，或者门槽中累积的污垢。

● 不规律供电导致的故障。

• 退化导致的故障——正常退化，比如烧坏的灯泡则不被考虑在内。

• 故意破坏导致的故障。

• 夜班进行维护——由于这些维护并非总是由相同的电扶梯技术员或技术熟练的技术员来完成，所以这些故障不被包括在一般描述之内。

除了那些未被包括在故障范围内的描述外，下面详细描述了附加条件：

• 在需要的时候，用户和服务公司应当签订一个包括所有服务的合同或者由用户提供一个明确的承诺来交换以及（或）维修配件。

• 在把电扶梯交付给用户 6 个月之后，才开始计算故障率。这是为了使承包商克服系统所有最初的“初始问题”。

2.7.1.1 主要质量和可靠性问题的分类

原则上，可以把回电分成不同的大组，大组中包含不同的次组。下列是 1996 年收集到的由 1 548 座电扶梯构成的一组数据。

1996 年总共有 5 633 个回电，它们的分类如表 2－7－2 所示。

表 2－7－2 主要质量和可靠性问题的分类

项　目	故障数量（次）	总的百分比（%）	累计百分比（%）
门	2 055	36	36
电子系统问题	1 642	29	65
机械系统问题	742	13	78
未确定的故障原因	633	11	89
按钮	273	5	94
安全工具问题	163	3	97
其他问题	165	3	100
总计	5 673		

资料来源：世界最大电扶梯和自动人行道制造商。

每架电扶梯每年平均故障数量大约为 4 次。

2.7.1.2 可用性

可用性表明了组件系统可能提供全面的功能。电扶梯在任何给定时间的可用性，用总的操作时间百分比来计算，在这个时间内，电扶梯是可用的。看来，用户判断他使用的系统是否运行良好并对其感到满意的关键在于电扶梯的可用性。

特定的双电扶梯系统在一年内只有 2 次客户投诉，但是第一个故障发生与维护该故障并恢复工作之间的时间是3周，维护第二个故障需要5小时。因此，可以说尽管客户投诉数量很少（只有2个），但是系统的可用性还是很低的。

2.7.2 规划改进的技术服务方案

这部分包含世界最大电扶梯制造商与客户之间关于公平交易的讨论。世界最大电扶梯制造商在公司责任范围内提供了一个合理的且能被客户接受的程序包。

“这个程序包和服务承诺只不过是一个口号！它们没有考虑现有资源和困难。”（现场维护部的一个监督管理者如是说）

“我认为我们是理性的客户。我们不指望从世界最大电扶梯制造商（中国公司）那里获得多么优质的服务。但是我想说，你们的服务程序包如此全面，使我们认为可能出现的任何小问题都会包括在其中（通过服务保证）。当我们发现我们要对这些问题付费时，我们会变得失望。”［世界最大电扶梯制造商（中国公司）客户的物业经理］

过程改进团队的讨论产生了下述清晰明确的原则：

● 服务公司〔世界最大电扶梯制造商（中国公司）〕必须提供预防性维护服务，在故障出现时必须修理好这些故障。在此类情况下，用户须为所花费的工时和配件付费（这包含了部分工作时间和到达建筑体的路程时间。除了认可的费用外，用户不用支付其他任何费用）。

● 全方位服务合同包含了达成共识的一定量的总的费用，服务公司需提供上面详述的服务，还有与更换或维修部件相关的所有花费。

但是，提供维护服务是世界最大电扶梯制造商成本分析的重要组成部分，其对客户满意度有重要影响。减少故障次数，缩短安装时间和每次维修故障的时间，以及缩短每次回电的回应时间是服务公司的指导方针。

过程改进团队在维护过程中提出了下列需要注意的地方：

● 仅安装质量最好的设备。

● 高质量安装。

● 在每个安装阶段结束、安装结束、把系统交付给用户之前以及定期计划的服务访问中的质量控制操作情况。

● 高级技术工作人员的雇用及再培训。

● 出现故障时，立刻维修故障部件。

- 更换需要更换的部件。
- 如果平稳运转系统需要，更换所有配件。
- 如果需要，使用可更换的设备和（或）有效地临时维护。

这些措施在世界最大电扶梯制造商各部门之间引起了激烈的讨论。财务部门表示抗议：

“我们必须牢记我们是一个营利性公司。我们必须警惕旧的、过时的部件和材料的报废。在我看来，你们的提议是反应过度。”〔王志荣（Wang Zhi Rong）女士，财务经理，她被邀请参加这个过程改进团队会议〕

“我们必须看到事情的另一面。提供此类服务（经常且及时更换）将会是一个很好的卖点。通过降低客户投诉率，可以降低成本……”〔杰森（Jason），协调者之一〕

最终达成了一致意见，在提前计划好的某些固定时间间隔中实施预防性维护和质量控制。除了当前过程外，与预防性维护同时进行的质量控制应当在故障出现前得到诊断，以便就将来会采用的涉及预防性维护的行动做出决定。虽然团队成员认为这些行动可能会限制运营时间（检查进行时，电扶梯不能被使用），但是他们也认为这些检查有助于减少定位和修理故障的时间，这样就会使故障维护更有效。

2.7.3 客户忠诚度问题的识别

在第一个和第二个螺旋中采取的大多数行动是针对技术服务操作过程。我们不应该忽略市场和销售部门的重要性，他们活动在公司的第一线。据世界最大电扶梯制造商内部统计数据，公司一年内流失了 8 000 部电扶梯。这相当于失去了一个丹麦那么大的市场，它是世界最大电扶梯制造商在一年中最大的市场之一。这也预示着大量的经济损失，因为比起保留住现有客户，吸引新的客户将花费更多的时间和金钱。

这就是过程改进团队讨论的主题。世界最大电扶梯制造商（中国公司）中没有客户忠诚度调查计划。尽管在组织中的每个人都知道客户忠诚度的重要性，但是这个术语对于大多数人，特别是对于中国员工来说还是很抽象的，所以他们不能分析和领会这个术语。因此，获悉全世界最大电扶梯制造商欧洲办公室有类似的方案后，在过程改进团队会议中外部顾问将采用“设置问题并引导思路”这个模式。

首先，整支团队必须重新考虑和分析下列问题：

- 我们真的知道他们为什么离开吗？
- 我们是否提前收到他们将要离开的信号？
- 如果没有，我们可以做些什么以便下次能发现这些信号？
- 如果我们发现这些信号，我们可以做些什么来挽留他们？我们为什么不那样做？
- 能不能在那些放弃世界最大电扶梯制造商（中国公司）的客户之间找到一些共同点？
- 它是不是仅仅是一个与金钱/财务相关的问题？或者是不是在技术或关系方面有不同意见？
- 我们如何从设想的原因中找出真正的原因？
- 我们能不能收集到足够的相关资料，并且以一个相关的方式把它们集合起来，从而勾画出有价值的电扶梯行业轮廓？
- 我们能否识别出我们将失去的客户？

2.7.3.1 客户分类

客户基础分类包括把当前客户基础根据公共的特征分成不同组。这个过程改进团队通过定义建筑的最终用途来对客户进行分类：用作住宅、酒店、医院、商业和工业等。不需要把它们完全分开，这么做也不现实。我们普遍认为产品需求的不同或者客户的采购反应对这个分析来说已经足够了。

就满意度来说，过程改进团队把客户进一步分类：

- 我们可以做些什么来使客户和我们签署合同？（目标是那些中立客户）
- 我们可以做些什么来使客户保持满意并愿意和我们续签合同？（目标是那些感到满意的客户）
- 我们可以做些什么来使客户对世界最大电扶梯制造商（中国公司）提供的服务感到满意，即使竞争者提供更优惠的条件，客户也愿意购买我们的商品？（目标是忠实的客户）

为了开发既能确保客户满意又能让客户保留忠诚度的技巧，协调者在过程改进团队中组织了一个游戏。游戏的名字是“更好地了解你的客户”。这个游戏的原则是“客户就是有权取消合同或在压力下造成合同被取消（直接或间接）的任何人”。

据发现，下述人群能满足对客户的定义：所有者、建筑管理者、门卫和用户。他们都是世界最大电扶梯制造商（中国公司）的客户，并且他们的特别需要都要满足。表2－7－3做出了规定。

表2－7－3　顾客细分网络

	他想得到什么好处？	他的需求是什么？	他会对什么消息做出回应？
所有者			
建筑管理者			
门卫和用户			

对第一个螺旋做出调整之后，我们在世界最大电扶梯制造商维护服务操作过程中花了很多时间。但是，改善仍不明显。这里概述了世界最大电扶梯制造商以及其他竞争者的雇员的想法，这也是协调者提出的三个问题：

- 用户是不是仅仅想要一个可靠、合理、快速且安静的两个垂直点之间的运输工具？
- 门卫是不是会在每次遇见来访技术人员时，提供一些反馈，而不仅仅是和他们聊聊天、喝喝啤酒？
- 建筑管理者或所有者是不是会在收到关于电扶梯状态以及下一步的维护计划的技术报告后给予重视？

这三个问题的答案可能不同，但是它们都很重要。它们构成了分析哪些因素对客户来说很重要的基础。

过程改进团队回顾他们知道/想知道的关于他们的客户的内容。他们的工作包含了一线系统以及早期的市场研究和客户调查。这些工作从回顾关于不同可能性的列表开始：

- 不同的基本要求，比如根据建筑物的最终用途确定的要求；
- 根据不同的标准做出采购决定的不同方式，比如个人和团体；
- 不同的态度；
- 当前关系；
- 客户规模；
- 电扶梯技术、品牌和电扶梯年限；
- 其他。

在讨论后，提出了一个客户忠诚度管理的定义。可以总结如下：

“客户可以是一个因为世界最大电扶梯制造商（中国公司）为他们提供电扶梯服务而与其保持关系的团队或者个体。他们的专业、在等级制度下的地位，或者他们业务的本质，能影响他们认为重要的事项。”

结论是，区分客户对他们与电扶梯服务供应商即世界最大电扶梯制造商（中国公司）之间的关系有不同理解的情况非常重要。事实上，这个关系必须被分解成以下问题：

- 对电扶梯服务的理解；
- 对世界最大电扶梯制造商（中国公司）提供的服务的理解：
- 对小的服务公司和大的服务公司的理解；
- 我们自己对合同内容的了解。

通过选择的特点，我们应该能够描述上面定义的客户的重要方面。

2.7.3.2 绩效落差

在第一个螺旋中认识到存在一个绩效落差。事实上，世界最大电扶梯制造商（中国公司）在这个螺旋中清楚认识到内部绩效落差和外部绩效落差。

- 内部绩效落差是世界最大电扶梯制造商所提供的内容与把服务传递给客户的方式之间的差距。

“服务承诺等同于全部负责。但是事实上，它仅对市场方面有用。它并不现实。”（一个现场维护工作人员如是说）

- 外部绩效落差是期望的服务与实际接受的服务之间的差距。

绩效落差是过程改进团队讨论的另外一个主题。讨论的目的是揭示绩效落差的根本。结果总结如下。

内部绩效落差产生的原因：

- 市场和销售部向客户承诺了许多，而仅仅是为了得到这个订单。上面引用的一个现场工作者的评论说明了这一点。
- 那些负责交付产品的人没有注意到销售人员提供给客户的承诺。他们相信自己交付了客户已经订购的产品和服务。
- 销售承诺是由远离客户的人员做出的，而产品交付是由与客户有密切联系的基层人员执行的。在这种情况下，两者之间关于客户信息的分享比较缺乏，两者之间的责任界限也不甚清晰。

外部绩效落差产生的原因：

- 市场和销售部门向客户承诺了很多，但是世界最大电扶梯制造商（中国公司）不能履行所有承诺。

- 世界最大电扶梯制造商（中国公司），也是世界第三大电扶梯公司，它拥有的企业形象增加了客户对世界最大电扶梯制造商（中国公司）能为他们提供服务的期望，但是当在团队中讨论时，却发现他们不能满足客户的期望。
- 客户没有接受如何适当运行产品的培训。

2.7.3.3 计划管理绩效落差

必须消除绩效落差以便让客户对世界最大电扶梯制造商（中国公司）提供的服务感到满意。事实上，满意程度等同于感知的服务与期望的服务之间的差别。只有客户有这个价值观。只有客户感知的以及客户期望的服务才有决定权，而不是由实际接受或承诺的服务来决定。世界最大电扶梯制造商（中国公司），为了不被看成大型的不接受改变的公司，应当转变为一个灵活的、以客户为导向的组织。为了实现这个目的，过程改进团队计划了以下行动。

降低期望服务的水平〔消除对世界最大电扶梯制造商（中国公司）不合理的期望〕。

为了实现这个目标，建议以客户易理解的、与产品相关的，且很容易评价的语言将提供给客户的服务阐释清楚。通过重点强调的市场活动来传递这个信息——世界最大电扶梯制造商（中国公司）不能为你做任何事——这一点很重要，但是我们仍然是电扶梯的专家。

麦当劳的案例在讨论中被用作一个例子——虽然食品质量、气氛和服务看起来并不比其他餐厅可能更好一些，但是麦当劳仍然非常受欢迎，是因为下列原因：

- 清晰的供给品（展示在墙上）；
- 标准化的供给品（所有地方的菜单一致）；
- 透明的价格（客户能提前知道自己要花费的价格）；
- 稳定的质量（味道始终一样）；
- 已知的过程（能预计准备和完成点餐所需要的时间）。

提高期待服务的水平（吸引更多的订单）

这是一条危险的路，但它很容易完成，一旦世界最大电扶梯制造商提高了他们的服务水平，那么工作人员必须能够向客户提供这个水平的服务。否则，会导致客户不满，员工沮丧。过程改进团队成员建议通过下列方法来实现它：

- 通过广告告诉客户世界最大电扶梯制造商有多么好。其目标定位是客户（推）和普通大众（拉）。

● 做出承诺，而不保证交付系统在改变内部能力前先改变面对客户的外部形象。监督管理者需要检查基层下属工作人员的制服来推动公司形象；公司的交通工具上印有明显的公司标志。

● 进行客户满意度调查，特别是详细阐明客户期望获得的服务细节。总的来说，过程改进团队成员对问卷调查技巧，比如本研究采用的技巧，持积极的态度，他们发现它是一种客观收集客户期望与评价的办法。

沟通

根据信息技术部门的要求，世界最大电扶梯制造商（中国公司）在过去几年里做了一个可扩充的客户调查。其目的是让客户根据电扶梯服务的不同方面，评估不同的供应商，即电扶梯公司。

根据调查结果，世界最大电扶梯制造商（中国公司）收到最高等级评价的项目只有“回电时间”和“服务质量”。就“配件可用性”和“守时交付”而言，世界最大电扶梯制造商得到的评价处于中级。至于“产品程序”，世界最大电扶梯制造商得到的评价很低。

沟通是理解客户的一个重要因素：

● 一个竞争对手可能有市场上最好的产品，但是如果他们不和客户就此沟通，那么销售额仍会很低。

● 另外一个竞争对手可能有稍微差点的产品，但是他们与客户沟通了产品的特点和好处，所以销售额比较高。

由于这些发现，讨论的焦点集中在：

● 发展基于这些发现的沟通策略，从而使产品处于一个更有利的位置。我们的建议是，最好的方法是集中关注世界最大电扶梯制造商（中国公司）产品的最好的特征，在重点小组中调查的客户说这些特征很重要。

● 在竞争者很强和客户很重要的领域发展世界最大电扶梯制造商（中国公司）产品系列同样重要。

● 组织中的每个人应意识到客户期望值的增长，从而在竞争中保持领先地位很重要。

2.7.3.4 合并客户忠诚度管理及执行

由于问题识别阶段，过程改进团队随后开发了“足球模式操作改进计划”，见图 2－7－1。

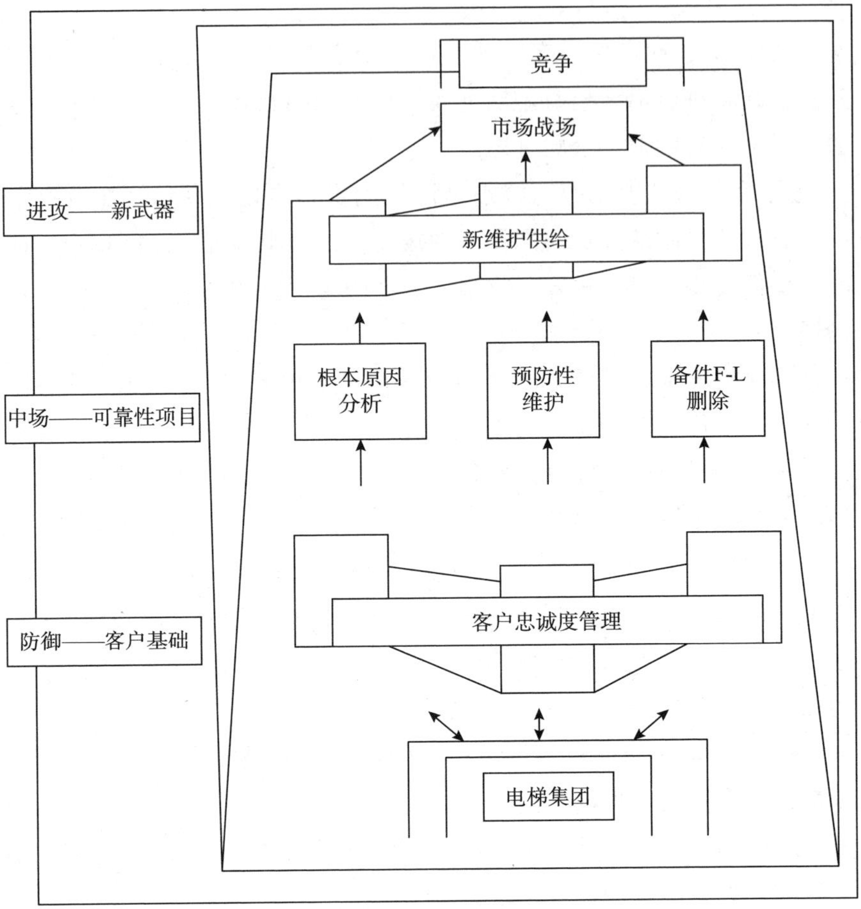

图 2-7-1　足球模式操作改进计划

资料来源：世界最大电扶梯和自动人行道制造商。

这是来自第一个螺旋的结果的扩展，以及质量及性能维护方案的整合，其目的是改进技术服务部门的效率。

1. 参与者个人技能提高——改进项目

为了改进世界最大电扶梯制造商（中国公司）维护合同中设备的可靠性，过程改进团队开展了很多维护改进项目。其中一个项目是分析不同组件故障的根本原因。基于这些分析，过程改进团队执行了相关行动，比如，建立培训部门、开发新的维护方法以及创造特殊成套维护器材。

还有一个进行的项目是把计划的年度维护转变为更有效的预防性维护。它始于根据特殊的运输需求以及每个单元配件明细表的当前水平，对单元进行细分。然后起草了维护手册并且创建了特制工作指令。设定了基准，并不断检查进度。

交付配件是让客户高兴的另外一个重要因素。配件中心制作了一份基于图片的世界最大电扶梯制造商（中国公司）初始配件目录，并且计算机功能的不断增强使得其能承诺在72小时内把配件发送至与世界最大电扶梯制造商（中国公司）有业务的每个省的前线业务单元。

2. 防御——基础客户的巩固

过程改进团队的目的还有消除客户期望的服务与世界最大电扶梯制造商（中国公司）能够提供的服务之间的落差。世界最大电扶梯制造商（中国公司）的客户期望每个当地的单位都具有全方位服务中心的能力，能够解决所有的电扶梯问题。他们还想及时了解到他们设备的状态情况。通过与客户交谈，聆听他们关心的问题和通过行动让服务更加适合客户的需求，过程改进团队增强了他们的信任度，使他们首先对世界最大电扶梯制造商（中国公司）保持忠诚。

保证我们的客户知道世界最大电扶梯制造商（中国公司）的服务与其他公司提供的服务之间的差距很重要。他们必须足够欣赏个性化的、可靠的服务来抵制其他竞争者提供的“特价货”的诱惑。“特价货”常常导致成本上升，因为它们经常出现故障，停机时间更长，并且逐渐侵蚀客户投资的价值。

一旦客户信任世界最大电扶梯制造商（中国公司）并且对他们的需求被处理的方式感到满意，过程改进团队开始重新介绍世界最大电扶梯制造商（中国公司）的不同。24小时服务、远程监控、现代化程序包及许多其他服务突出了世界最大电扶梯制造商（中国公司）与其竞争对手之间的差别。世界最大电扶梯制造商（中国公司）市场部与维护部致力于提供各种各样新的维护服务。每年每个季度都组织与客户一起参加的会议来保证监控需求和反馈。

世界最大电扶梯制造商（中国公司）的季度咨询会议。

目标受众	形　　式
专业方： 房产经理/工程师或者物业管理公司	维护谈话，问卷调查
外行人： 产权所有人——居民或使用者	与相关政府机构一起组织来提升公司形象

3. 中场质量和性能维护方案

足球策略的中场方案是提供一个可靠的技术支持来夯实现有的客户基础（防御方）和为市场和销售人员（进攻方）提供机会进球。事实上，技术服务的管理按照第一个螺旋所介绍的质量和性能维护方案得到了改善。

4. 进攻方——双团队方法

双团队方法有助于启动、指引组织的创造力。双团队系统应用领域的最佳区域是规划或者就比较难解决的问题做决定，并且它要求有创造性和协作性。引进这个双团队方法的目的是提高基层市场和销售员工的灵活性。通过推进整体组织的创造力，整支团队，而不仅仅是市场和销售部门的同事，参与提供有吸引力且专业的服务来增加客户的满意度。世界最大电扶梯制造商（中国公司）在全世界的子公司都采用了此方法，它可以被用来：

- 分析问题和制定目标；
- 产生新的发展思路；
- 按照优先级选择并聆听想法和备选方案；
- 从想法中开发解决方案；
- 将解决方案模式运用到行动计划中；
- 把开发工作中对变革的抵制降到最低。

5. 双团队的特点

这个系统与常规会议模式在很多方面都不同，包括最基本的思路形成方法——头脑风暴等。常规会议与双团体之间最大的不同在于处理会议主题时，可能会有几个连续的阶段，各个阶段又有不同的目标和特征。每个阶段对于最终结果和（或）处理对改革的抵制的心理过程都有其自己的重要作用。

常规会议：

议题 1	议题 2	议题 3	议题 4
—	—	—	—

通常来说，在同一个会议上，根据议程会处理几个议题。

双团队会议：

阶段 1	阶段 2	阶段 3	阶段 4
—	—	—	—

在双团队会议中，只处理了一个大的或者困难的问题。通过 5 个不同的阶段，即分析、起草想法、筛选、解决方案和行动来处理这个问题。每个阶段的

中间和最终结果都被记录在双团队记录板上。

通过交叉评价来自其他团队建议的最好的备选方案，来排列备选方案顺序表。在每个阶段都提出了几个备选方案，并对它们进行平行比较。在常规会议中，按照顺序执行这些不同的备选方案。结果，系统产生了一个具体的解决方案及执行计划。

6. 双团队会议的过程

双团队会议按照以下方法进行：指导者为参与者提供每个阶段的指令和时间表。然后团队被组建起来，尽可能广泛地包含各方面的技能。

7. 不同阶段的指令

（1）分析对象

在创造性地解决问题时，双团队会议从概括手边的问题及分析开始。分析的对象可以是识别问题、目标、成功因素、主要结果、优势和弱点等。原则上，该系统可以被用来概括任何开放和变化的主体。指导者选择要分析的对象，并且先让每个人单独工作——记录下个人认为是最重要的、将被选来进行分析的目标、问题等。个人分析时间不应超过 5 分钟。在第二个阶段，团队中的两个人员（或者 3 ~5 人的小组，如果参加人员很多）继续进行工作。任务是通过讨论定义每支团队中 3 个最重要的问题、目标等。在第三个阶段，团队提出了他们的想法。在陈述想法之前，指导者说：“仔细听其他团队的想法，因为在想法陈述完毕之后，你们必须从中选出 4 个最重要（最必不可少的、必不可少的、最好的、最差的）的备选方案。其中你自己只能有 1 个选择。”每支团队有少量时间来陈述和解释他们的想法。不能批评或者评论其他人陈述的备选方案。用加号（ + ）来表示选择。在做出选择并做上记号之后，指导者对想法进行分类，然后具有最多记号的选项被放在最上方，对它们赋予相同的关注度。把没有被标记的想法放在一边或者移到列表的最下方。

（2）想法生成

想法的起草可以基于所有在分析（目标等）过程中发现的问题，或它能被限制在问题范围和有效时间内。

这个阶段将从个人的工作开始：每一个参与者被要求思考并在纸上记录下关于如何改进从分析（问题、毛病等）中暴露出来的问题或者如何实现它们（目标等）的建议或想法。将会用 5 分钟来完成这个任务。目的就是产生至少 5 个关于发展或改进的建议。下一步就是在组内两人之间再次进行。每一支团队应该产生至少5个关于改进的好想法。将每一个想法写到单独的纸张上，并附到双团队板上每支团队的那一列。在第三个阶段，每一支团队再次陈述自己的想法。指导者要求其他人仔细聆听并记录下最好的想法。每一支团队有几分钟时间来处理任务。第四个阶段由完成环节组成：团队可以在板上附上1～2个额外的想法——陈述的时候产生的或者因为想法数量的限制而排除在外的。但不能添加与已经提及的想法相类似的想法。

（3）筛选过程中的双团队记录板

这个阶段的主要目标是挑选最好的想法，也就是说，这些参与者最相信也最受启发的想法。在第一个筛选阶段，每支团队在处理时提供5个加号标记，其中只有1个加号标记是自己的想法，另外的4个标记给其他队伍中的最好想法。第二个阶段对选择进行陈述和证明。指导者说："仔细聆听选择的证明，因为每支团队仍然有两个标记给不同的想法，这些想法必须和第一轮不相同，并且其中一个标记可以给自己的想法。"没必要去证实这些额外的想法，每一支团队在所有陈述的想法中选择最好的3个，其中只有一个可以是自己的，用一个红色的三角形标记好这个选择。

（4）阐释解决方法

这个阶段的主要目的是详细描述最好的想法与最可行的解决方案。只要这些新的想法和以前的经验有联系，就会成功。实际的阶段开始之前，先将所有的想法进行分组，以便拥有最多的赞成标记——特别是三角形——被放在最高位置并且被包围起来。将内容相似的想法放到下面，然后对想法进行分组。

每一个主要想法都需要任命一个"开发组长"。他或者她在这个阶段负责一个想法或者一个想法组的开发工作。为了进一步参考，最好的解决方案就是选择一个人，作为一个自然人来负责管理讨论中的问题。开发组长从组里挑选专家和创造性人才。指导者可以要求剩下的参与者根据个人兴趣加入某个组。每个小组现在可以充分阐述其"自己"的观点来尽可能接近一个可行的模型——至少应明晰解决方案的原理和实现这个原理的重要措施。参与者有20～30分钟可以安排，这取决于任务的困难程度。指导者可以给予他们更多的时间。在一个大的活动挂图中列出这些建议。然后开发组长介绍他们小组的工作方法。其他小组可以提出额外的想法和改进办法，这些想法和改进办法将被指导者记录在活动挂图的一旁。

8. 执行计划

在双团队会议的最后阶段，解决方案转化为具体的开发计划，开发计划包括详细的任务时间表、责任人的名字和其他关键资源。这项工作继续在同一组中进行，就像在第四个阶段一样。每一个小组准备一份执行计划以及与他们自己的解决方案有关的赢利评估。

该行动计划包括：

（1）行动/任务。由负责管理每项任务的人员做一个记录，在执行这个想法的过程中被认为是至关重要的其他人员也应做相应的记录。

（2）每个计划的时间表。

（3）每项任务的截止日期。

（4）后续工作；该行动应如何以及向何人进行汇报。

这个阶段时间为15～30分钟，这取决于计划的范围以及涉及的难度。

然后小组演示他们的计划。指导者确保每个负责人已准备好并且愿意承担责任。如果由已经参加过这个小组工作的人而不是外人来作为责任人，那么这个过程就比较容易。如果责任被分配给那些没有参与过双团队工作的人，那么要有人来承担将这个任务交代给那个人的临时责任（被认为是最适合这个任务的人选）。

最后阶段包括决定后续工作、汇报实施计划和监控开发措施的成功。报告通常是为上级而做的。

2.7.4 世界最大电扶梯制造商（中国公司）深圳办事处的客户忠诚度管理活动（实施样例）

2.7.4.1 客户是谁

世界最大电扶梯制造商（中国公司）对客户有如下定义：

- 客户是公司最重要的人——无论客户是个人来访还是给我们写信。
- 客户不依赖我们——我们依赖客户。
- 客户不会打扰我们的工作——客户是工作的开始。我们不是通过提供服务来给他们面子——相反是客户给我们满足他们要求的机会，是他们给我们面子。

2.7.4.2 为什么需要以客户为导向

世界最大电扶梯制造商（中国公司）对采用以客户为导向的原因有如下

解释：

- 以客户为导向是一项策略选择。

- 以客户为导向允许公司通过展示方针和提供性能测量的方式把握工作质量。

- 以客户为导向帮助公司改进管理风格。这种管理风格能为一线员工（授权）创造独立的行为和负责任的机会，同时还能集中改进职员间的关系。

- 以客户为导向帮助建立团队合作和团队精神。

- 以客户为导向能够通过如下方式帮助改进与客户的沟通：

① 系统化的、持续的客户联系；

② 客户咨询；

③ 客户态度调查；

④ 客户反馈；

⑤ 在所有层次和所有方位开展的交流；

⑥ 行动而非反应。

- 以客户为导向有助于加快措施投入实践——纠正措施的有效实施。

- 以客户为导向有助于全面参与投入实践——主动积极维护技术人员的控制系统，这个系统不通过管理获得。

2.7.4.3 目标

以客户为导向的目标有：

- 让客户满意；
- 与客户经常联系；
- 客户反馈；
- 忠实的客户和更多的销售业绩；
- 培养积极且以客户为中心的人员；
- 区域内的一种积极的团队精神；
- 减少解约；
- 通过有效性提高生产率。

2.7.4.4 组织和结构

有关本项目的组织及其结构包括：

- 世界最大电扶梯制造商（中国公司）深圳办事处的工作组负责制定项

目目标和策略。该工作组有 6 个人，其中 4 个人来自市场和销售部门，2 个人来自技术服务部。项目领导人为协调者。

- 参照组的组员来自生产试验区。参照组包括区域经理、监管人和 3 个技术维护人员。参照组的任务是对不同的思路进行测试然后提出意见。

2.7.4.5 做了什么

为保证持续有计划地在各个层次取得联系，因此世界最大电扶梯制造商（中国公司）深圳办事处和客户之间要努力开发一个工作过程，同时还要进行校正工作以满足客户的期望。中国最大电扶梯制造商深圳办事处成为一个以客户为中心的组织。以客户为导向的实施需要做出很多改变，其中包括：

- 分权；
- 团队工作；
- 发展职员的竞争意识；
- 有计划地与客户联系；
- 开展客户调查；
- 制订行动计划；
- 执行校正行动。

2.7.4.6 分权

世界最大电扶梯制造商（中国公司）最早被划分为 4 个主要区域，每一个区域都已设立了附属机构。每个区域对当地产品和服务的市场销售负全责。每个区域由 1 个区域经理、1 个区域领导和 10 ~ 25 个技术维护人员构成。技术维护人员的新角色要求其改变工作态度。他们的新角色要求他们现在就要成为世界最大电扶梯制造商销售人员，即成为有动力、有竞争力、负责任、有效率、有良好思想品德、以客户为导向和有服务精神质量的人。

2.7.4.7 访谈

访谈由监理和 1 个培训部相关的人执行。访谈的目的是找出技术维护人员的技术资料信息、客户联系信息和当今市场经济相关的信息，此外，还要找到缺乏信息资源的区域。这些访谈活动会给公司开展的培训带来一些变化。

我们发现，技术维护人员对行政管理支持并不感到满意。

2.7.4.8 培训

作为监管人准备用新方法工作的一个步骤，他们在市场经济中得到了培训，他们的身份和角色也面临改变。一线基层人员抱怨之前的培训理论太多，因此他们要求更实际和及时的培训（在新产品上市之前，不要在产品上市之后）。在这些访谈获得一些信息之后，基层人员的培训内容有所改变。

第一种改变就是培训组织的分散化。已修改区域组织在电力、机械和水利方面有 3 个培训人，他们负责基层人员的培训和新产品的信息收集。

在区域层次，2 名新指定的协调员会经常与培训人员保持联系。为使基层人员的需求及时得到满足，制订了每月培训计划。

2.7.4.9 客户导向团队

导向团队执行访谈工作。由世界最大电扶梯制造商市场部负责普通信息会议演示。在演示之后，两支团队的活动便开展起来。

导向团队有 10 个客户和 4 个来自总公司的代表。会议通过双团队方法进行，会议期间会录像。相关区域的职员和管理者在录像中用一种正面的方式进行讨论。职员都非常高兴能以发展业务的方式继续为客户工作。所有的客户被要求参与导向团队，这样导向团队为他们就世界最大电扶梯制造商发表意见和看法提供了机会，能有这样的机会，客户们感到非常高兴。

2.7.4.10 发现

1. 两队中的第一个主题

作为一个服务公司，对客户来说什么才是最重要的因素？

（1）合同—信心

- 对公司的信心和信任；
- 提供的服务与价格要相匹配；
- 合同的结果应当可测量—激励合同。

（2）人员

- 人员举止正确，符合身份；
- 行为、自信、个人关注和投入；
- 人员的连续性；
- 双向沟通。

（3）产品

- 产品信息，包括法律和其他法规；
- 创新；

- 正确的行为、时间、知识和执行的能量。

（4）其他

- 比竞争者更好；
- 稳定的公司、专门技能、机会和经济。

2. 两队中的第二个主题

你认为与服务有关的哪个因素在将来对成功影响最大？

（1）合同

- 新合同的结构；
- 与用途相适应的维护。

（2）公司

- 全部责任——电扶梯产品包，提供使用寿命、价格、没有瑕疵的电扶梯，质保期，包括售后服务；
- 提供包括服务、结构调整、重新安装、咨询和保险的完整产品包。

（3）人员

- 以服务为导向的人员；
- 能胜任，熟悉与贷款、金融和津贴有关的知识；
- 对客户有益的建议；
- 客户很重要："从来没有"不满意的客户；
- 沟通—反馈—对话；
- 人员：具备知识，能与人良好地沟通。

（4）技术

- 开发；
- 法律。

（5）从导向团队获得的主要发现

- 对在中国的世界最大电扶梯制造商具备信心和信任；
- 提供的服务应与价格相匹配；
- 双向沟通很重要；
- 世界最大电扶梯制造商必须有行动的力量。

2.7.4.11 调查发现

客户导向团队的发现，世界最大电扶梯制造商（中国公司）深圳办事处项目团队制作了一个问卷调查。问卷调查向参照组进行展示后，参照组抗议说该问卷调查是一个办公室问卷调查。参照组为了对问卷调查负责，决定重新设计问卷调查的问题，在参照组看来问卷应包括一些询问客户至关重要的主题。问卷调查包含了两个领域：维护和更新。

为完成实验，问卷调查通过邮件及返回信封的方式送达到20名选定的大客户手里（他们被认为是有许多合同的客户）。有些客户有一些问卷调查联系人。在那种条件下，问卷调查联系人为回答问卷调查准备了一支团队。因为回答率非常低，结果又进行了一次电话调查。在电话调查之后，回答率上升到50%。

世界最大电扶梯制造商（中国公司）深圳办事处的回答时间得分高，与服务公司有很好的合作，与销售人员的联系很令人满意。

调查结果表明：客户想要简单清楚的发票、财务咨询、与监督者的多方面沟通以及更完善的合同。这些都是客户对世界最大电扶梯制造商（中国公司）深圳办事处不满意的地方。

更新、交付时间和使用者信息被认为是重要的方面，但是未被世界最大电扶梯制造商（中国公司）深圳办事处很好地认识。

在选择服务公司时，最重要的考虑就是怎样与服务公司服务人员之间交流，以及怎样提供与价格相匹配的快捷可靠的服务。

2.7.4.12 跟踪会议

在收集完所有的回答之后，过程改进团队聚集在一起，然后讨论结果。为了清楚阐释意见和做出必要的修改，需要与客户进一步交流。这个区域在与客户交流和回应客户意见方面表现得非常积极。

销售人员和监督人员都认为把时间花在客户合同上有些不值。监督人员一有问题就会与客户联系，但是没有制订计划联系或拜访客户。

2.7.4.13 每月召开的会议

在这个区域，每月将举行会议，讨论培训、客户、财务情况、竞争对手的行动等内容。会有固定的议程和参会人（监管人和技术维护人员），这些人员须提前准备他们想要探讨的话题。每次会议都有会议记录和会议决定以保证行动的实施。

2.7.4.14 客户数据库

这个区域有一个客户数据库，数据库主要用于更新客户地址和联系人。一线基层人员要及时就客户信息的任何更改进行登记。缺乏计算机知识的基层人员应该进行计算机培训。计算机培训需要已越来越被人们所认识，这方面的培训从 1997 年就开始了。

2.7.4.15 客户导向项目的其他部分

客户导向的世界最大电扶梯制造商（中国公司）深圳办事处还有其他活动：

- 一个项目已经开始，使用 Mobitex 系统对开发票进行改善。
- 每个区域的一个维护技术人员负责与客户联系以开展对电扶梯的试用、出售、修理和更新行动。
- 陈述材料包括区域信息和生产地信息。
- 所有服务维护技术人员都已收到相应的电话。
- 设计一个形象包装，用来提高预防维护工作的形象。

2.7.4.16 聚焦

和维护技术人员的访谈使得培训公司分散化。

利用数据库注册和改进客户信息试点。

管理团队和区域层面已经执行了一个客户导向团队，并进行了录像。在倾听客户并利用他们对商业活动的意见和评论时，他们已表达出了改变现有商务形式的兴趣。

每月的会议按照固定的议程召开。每月召开的会议上会讨论问题，同时还会强调团队合作和区域有关信息的分享。

2.7.4.17 试点经验

- 客户导向项目在开始缺乏热情，同时，试点的实施已面临一些问题。
- 负责人数次做出变动，意味着工作缺乏连贯性。
- 管理工作和支持还不够。对客户忠诚度管理工作的效果还不明显，许多项目的运行还未协调一致。
- 本项目是其他与过程改进有关项目中的一个。
- 有些人将客户忠诚度管理与客户满意度测量同等看待。
- 使用选择做过问卷测试的客户作为取样。但是风险在于世界最大电扶梯制造商选择的客户是与之建立了良好关系的客户，因此这样可能会导致结果出现一些偏差。在将来，我们倡导用随机取样代替选择取样以提高准确性。

2.8 第二个螺旋的评估阶段

2.8.1 客户满意度

2.8.1.1 过程改进的影响

为保证结果的有效性，就要考虑客户的回答是否突出体现了一种趋势，这种趋势显示了过程改进在性能上已达到某种阶段。如果存在多种回答，那么测试是无效的。为了保证过程改进的有效性，就要采用一种独立的测试法。

对测量客户满意度的4种标准分数已做出比较。为了进行统计测试，以下变量的标记在过程改进策略实施之后会被识别，变量的标记有以下修订之处。

表2-8-1 过程改进前后的标准

过程改进前	过程改进后
维护（MAINTAIN）	MAIN2
修理（REPAIRS）	REPA2
回答（RESPONSE）	RESP2
交流（COMMUNIC）	COMM2

资料来源：世界最大自动人行道公司。

如果 β_1 代表过程改进前的变量分数，β_2 代表过程改进后的变量分数。那么：

h_0（零假设）：$\beta_1 \geqslant \beta_2$（指没有变化或更差的情况）

h_1（择一假设）：$\beta_1 < \beta_2$（指分数有提高）

在可靠性方面，这个调查忽视了对服务做很高评价或很低评价（在最高5%和最低5%的结果）的客户。α 层次被设定在0.05，p - 值被表述为PROB/2，其中PROB表示结果发生的可能性，因此：

（1）如果主要平均差是负的，那么就意味着 $\beta_1 < \beta_2$；

（2）$\beta_1 < \beta_2$　p - 值 < 0.05；

（3）p－值<0.05。

然后 h_0（零假设）被拒绝，h_1（择一假设）被证明通过。

由于测试，客户满意度的4个测量标准显示了一个负平均差，这意味着当可能性为零时，客户做出的回答会聚集在一起。p－值＝0÷2＝0，这个值比 α 值更小。

2.8.1.2　评估的结论

测试的总结描述为“如果运用再设计，那么客户满意度就会得到显著改进”。

2.8.1.3　4种服务的内在联系

测试的目的是表明两个连续变量的联合程度，例如，定期修理服务和对故障的回答。对这些关系的调查将有助于过程改进团队进行资源分配，以便改进服务。

根据测试结果，我们在为客户提供的4种服务中找到了更多负面的关系。对故障的回答和交流之间的负面数值（－0.457）较大。这也暗示着要求紧急服务（每种服务的分数通过服务的X值计算）的客户在新程序实施中有更多的不满。

在与其他团队成员就此事进行调查时，大家发现改进计划中有太多文字工作。文字工作在过去是放置在一边的。同时，如果一个客户感觉服务的一方面得到了改进，那么客户就会对其他方面产生好感。

其他结果，只要分数未到0.1或比0.1略高，都会被认为是与其他有直接的关系。

过程改进前和改进后的平均值比较（客户满意度）如表2－8－2所示。

根据120名客户的回答，其平均值比较如下。

表2－8－2　过程改进前后客户满意度比较

服务内容	行动研究前	行动研究后
计划维护	15.292	18.542（改进21%）
常规修理	15.367	19.533（改进27%）
对待故障的回答	13.042	15.550（改进19%）
沟通	15.325	16.833（改进10%）

资料来源：世界最大自动人行道公司。

虽然尚未达到显而易见的程度，但平均分的提高说明客户对过程改进策略感觉满意。

2.8.2 员工敬业度

2.8.2.1 过程改进的影响

在客户满意度部分，在对过程改进前和改进后取得的分数进行比较前，调查者须证明由员工提供的回答的真实性。

对过程改进前和改进后员工敬业度的8个测试标准的分数进行比较。为了进行统计测试，这些数据可以进行如下修改。

表2-8-3 过程改进前后员工敬业度的标准

过程改进前	过程改进后
方向（DIRECT）	DIRECT2
奉献（CONTRIBU）	CONTRB2
兴趣（INTEREST）	INT2
理念（BELIEF）	BEL2
回应（RESPONSI）	RESP2
权力（POWER）	POWER2
胜任度（COMPETEN）	COMP2
敬业度（COMITTM）	COMIT2

资料来源：世界最大自动人行道公司。

使μ_1为过程改进前的标准分，μ_2为过程改进后的标准分。

h_0（零假设）：$\mu_1 \geqslant \mu_2$（指没有变化或变得更差）

h_1（择一假设）：$\mu_1 \leqslant \mu_2$（说明分数有提高）

为了去掉5%的最高回答分数和为（去掉为）5%的最低回答分数，我们设定了α层次的分数为0.05，p-值被表达为PROB/2，其中PROB指在结果两端出现的可能性。

因此：

（1）如果平均差为负，那么$\mu_1 - \mu_2 < 0$；

（2）$\mu_1 < \mu_2$；

（3）p-值< 0.05。

然后 h_0（零假设）被拒绝，且 h_1（择一假设）会被证明通过。

以上职员敬业度的 8 个标准显示平均差为负，这就说明分数有提高。所有的 PROB 为零，p - 值 =0 ÷2 =0，为比 α 更小的值，同时说明结果在基本没有太大差异的情况下集合在一起。

2.8.2.2 *t* 测试的结论

t 测试的结论为：在实施过程改进行动时，可以通过相关标准的分数测试出职员的满意度有极大的提高。

2.8.2.3 4 种服务的内在关联

绝大部分变量对其他变量有正面或极少负面影响。因为这是在本公司开展的第一次调查，所以我们相信人们有一种过强的集中倾向和将事物都估计过高的倾向，因此，这种逆反关系在“兴趣”和“方向”两项中得到了最高分。员工的不满导致了变化，因为最近的“方向”改变了操作程序，也因此导致了增量（从 -0.129 至 -0.294，在过程改进后）。

2.8.2.4 过程改进前和改进后的平均值比较

通过 180 次调查可以得出以下不同变量的平均值变化。

表 2-8-4 过程改进前后员工敬业度标准比较

员工敬业度指标	过程改进行动前	过程改进行动后
方向	5.894	6.311（改进 7.1%）
奉献感	6.350	6.489（改进 2.2%）
对工作的兴趣	5.733	6.139（改进 7.1%）
管理理念	6.128	6.464（改进 5.5%）
责任感	6.267	6.611（改进 5.5%）
管理力量	5.944	6.478（改进 9.8%）
管理能力	5.928	6.428（改进 8.4%）
敬业度	5.839	6.478（改进 11%）

通过检查结果，我们可以知道如果对公司改变方面做出了努力，就会在职员敬业度的 3 个主要方面进行改进：归属感、挑战感、在管理领导方面的自信心。此外，在管理领导方面有足够的自信心表明参与过程改进使管理层和下属关系更近，这样可以改进管理者和下属的关系。

在测试期间，没有公司主要政策的其他变化，避免了主要的内部误解。

2.9 讨论和结论

2.9.1 结果

由欧洲质量奖评估模式评估的质量系统审核结果总结如下。

1. 领导力

回答者认为缺乏领导力不是一个障碍。

2. 人员管理

回答者认为在人员管理中培训和教育不是最重要的方面。

3. 政策和策略

回答者认为没有正确的眼光和使命不是一个障碍。

4. 资源

89%的回答者同意在资源方面需要高层管理者的全力支持。

5. 过程

回答者认为害怕或拒绝过程的改变是主要的障碍。

6. 人员满意度

一半的回答者认为职员的参与度和满意度对他们的工作表现有帮助。

7. 客户满意度

回答者认为缺乏客户信息反馈不是障碍。

8. 对社会的影响

所有的回答者都认为难以改变文化是一个主要的障碍。

9. 商业结果

56%的回答者认为商业结果将通过分析质量系统的有效性得到改进。

虽然电扶梯工业与质量评估相关的制造行业在许多方面具有不同的困难，但是这些区别确实加强而不是削弱了电扶梯工业整体质量方法的运用。调查显示，为了消除在安装工程方面的质量负面影响，在安装工程中有必要采用一个整体质量方法。

虽然电扶梯安装质量已按照规格和其他合同文档得到明确，后者仍然不能及时达到质量规范。这就导致了不必要的返工、延迟和因为修复缺陷导致的不必要开销。因此，即使已在电扶梯工业的技术和合同方面制定了有关质量安装的规章，也有必要在电扶梯安装工程中建立质量评估系统。

也有资料显示，即便要求合同当事人建立合同质量保证系统，安装工程的质量也不会必然得到改进。这是因为合同当事人的态度是一项重要的因素，他们的态度决定了质量评估系统或质量保证系统的成败。此外，其他因素，如设计质量或对质量保证理念的清楚理解，都是在电扶梯工业中成功实施质量保证系统的关键。

因为质量保证在中国香港和中国内地是一个较新的理念，目前在电扶梯行业质量系统实施方面还没有许多可用的课程用来培训工人、监管人员、经理和最高管理人员。这是中国香港和中国内地的电扶梯行业亟须解决的一个问题。在培训项目方面，很可能在实施电扶梯行业的质量保证系统过程中产生一些潜在的问题，这些问题务必要得到重视。这也将有助于确保在电扶梯行业实施的质量体系能使电扶梯安装按照预想的方式有效地进行。

2.9.2 解决方案和建议

前面的章节为实施改进和按照菲利普·克劳士比方法进行的案例分析提供了理论分析基础，菲利普·克劳士比方法通过对世界最大电扶梯制造商做出结构、技术和人员调整来达到改变公司的目的。本章主要论述根据欧洲质量评估分析获得的实践方案的构思和建议，此外，其他3个原则，如客户导向、过程参与和完全参与也将会被推荐，以便进一步加强完全质量管理。

2.9.2.1 人员——员工

首先，要使员工从最开始不愿接受相应变化转变到愿意接受质量系统理念，这是最重要的一步。员工应当充分理解采用质量保证的优点以纠正过去工作的缺陷，过去的经验已过时，不能适应当前社会和经济需求。这可以以“意识培训”的形式开始。

然而，概念的简单描述不足以成为使员工向质量管理系统转变的动力，我们有必要通过成功来激励他们。“第一次就以正确的方式来完成”的质量保证系统目标同时可以减少重复工作。另外，我们要邀请员工参与到所有工作流程解决方案的制订中，以便排除任何产生偏见的可能性。因此，这样替人受过的可能性也可以避免。

质量系统本身是一个理念，而不是由 ISO 9000 标准操控的一个工具或强制性要求，质量系统可以被看作一个结构框架。任何组织都可以对其进行修订，并制定一套实施体系来满足自身需求，特别是像建筑这样有着复杂管理机制和技术实践的领域更是如此。因此，应当鼓励所有的员工，包括合格的专业人员和专家组成一支独立的质量团队以制定出详细的实施文件，如工作说明书和质量数据表。这样的全面质量参与，一方面，让员工参与到整个过程中；另一方面，因为质量条款由他们自己制定，这就使得全面质量参与避免了对不确定因素的不必要担心。

2.9.2.2　策略——公司方针和目标

ISO 9000 质量系统的特点之一是通过第三方对系统要求进行定期的审核和持续监控。因此，一旦公司选择实施质量保证体系，这就促使其须采取一个持续和长期的公司质量管理策略。

作为一个能够使员工为了不同的目标（个人目标和公司目标）团结在一起的公司，我们有必要妥善处理好个人目标和公司目标。不论一个强大的占主导地位的利益集团如何推动它，引进质量系统都并非切实可行，除非骨干员工得到正确的培训，而且公司有足够的资源来留住、聘用和重新调整员工。这样就应重视员工的培训和咨询，然后将其个人目标统一以使公司目标与个人目标成为一个整体的共同目标。

在电扶梯行业我们可能会考虑用一种实际的方式来邀请行业内最有利益支配权的团队来参与细节策划，这样就会使细节策划既能专业化，又能符合质量系统要求。

2.9.2.3　技术——办公自动化和信息技术（沟通）

质量系统实施将会不可避免地产生许多文档资料，如质量手册、工作说明书和工作表。此外，按照有据可查的方式，需要保存许多资料以待参考和审核。这意味着要在系统中采用微电子技术来对信息进行处理，相比其他系统，这种技术可以快速处理大量数据，产生分析结果，其来源于同时考虑处理大量的变量。

在办公自动化和信息技术的帮助下，我们可以在公司的垂直方向和水平方向建立通信网络，这将有利于人事和数据协调，同时避免由不确定因素导致的任何质量障碍。同时，计算机归档系统可以保证足够的工作监控和咨询服务，这将进一步加强员工的工作信心，达到第一时间做出正确决策的效果。

现场监督和测定工作可以采用手动操控的计算机，这样可以真正地帮助现场工作人员在繁杂又黑暗的施工地和机房通过手指点击，而不是用脏手指填写许多表格以记录大量信息。

2.9.2.4 环境——公众、客户和供应商（客户支持）

公共意识和期望要求建筑领域有一种认真的尽职尽责的工作态度。因此，质量保证的实施不应被看作维护公司讨价还价权力的补偿，相反，质量保证的实施应当被看作公司追求质量的动力，有经验的高级管理会得到公众的承认和认可。这种结果是两面性的，一是与客户或公众建立一种更加友好的关系；二是在公司内部建立起的一种更加和谐的工作氛围，这也是外部压力的减少带来的。在这种工作氛围中，以追求质量为理念而不是以追逐利润为目标显然会被客户或公众接受。

在供应商或分包商方面，对质量的相关追求也不可被忽视。对质量的重视应当在产品上市初期就应当得到保证。一种简单实际的方法用来要求供应商或分包商拥有类似的质量管理系统，例如经过 ISO 9000 的认证，以此将追求质量的策略延伸到在这些不可控的层面。为避免强迫员工用不合格材料制作合格产品带来不必要的困扰，这些规定很有必要。

2.9.2.5 结构——人力资源和特别机构

质量系统的实施经常会暴露出各个部门在适应这种新机制的过程中表现出的不同的调整能力，这种机制非常看重记录，也会暴露出文职支持工作方面的缺陷。因此，有规律地对公司结构进行检查，以便在数量和质量上发现人力的不足，这是工作的前提条件。

除了正确利用人力及为某些问题部门补充或减少工作人员之外，还设立质量管理单位或任务组，以便跟进这些由质量管理引发的问题，并通过协商解决而不是让出问题的部门在变革中挣扎以求得生存的方式来解决问题，改进反馈也能被有效地监控并被纳入公司将来的程序之中。

有人质疑特别机构的存在肯定会导致额外的开销。然而，我们还应当知道某些机构设置重复导致彼此责任不清，但是通过设立特别机构可以使决策更加高效，从而减少机构人员臃肿，节约开支。

高层管理对结构调整要积极接受。有关管理的政策核心须对下属职员公开，以便让他们知道公司真正的目标，这样可以消除那些为工作辛勤奉献且取得成就的员工产生的困惑和焦虑。

2.9.2.6 文化——持续的追求

在一个公司，文化涉及价值与理念的共享，改变人的态度的最终目标是建立一种追求质量的理念。因此，提升对质量保证的持续意识是必要的，对于整个公司也是重要的。通过一些真实生活的例子，实施质量系统的优点将会延伸至涉及的所有部门。除了这些职位经验外，为了系统的进一步精练，应当一直鼓励提供反馈意见。

由“系统法则”而不是先前的“个人自由裁量法则”带来的效率也应当在所有层面进行共享，这将引起对质量的持续追求并最终成为一项公司文化。

为了总结以上提及的实际解决方法，我们可以用全面质量管理模式来简短地解释。全面质量的核心是建立客户链或供应商链，并通过组织向外延伸。需要在这个基础上增加必要的管理——一个以良好的国际标准为基础的质量系统，如图 2-9-1 所示。

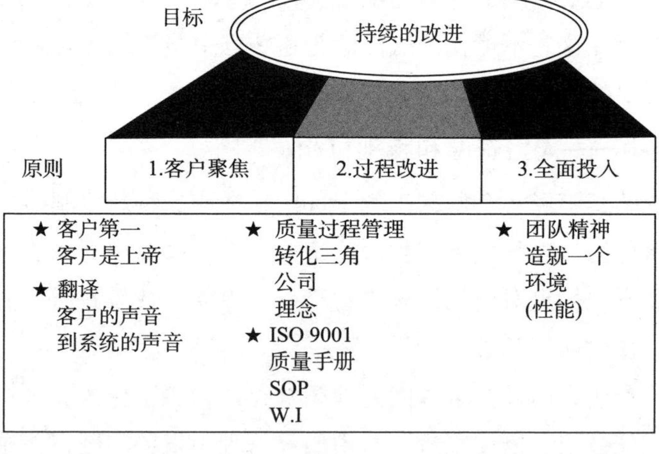

图 2-9-1　全面质量管理（TQM）

资料来源：Vadim Kotelnikov. 全面质量管理——通往质量和持续改善的完整方法［M］.

2.9.3 研究的缘由和后续螺旋

虽然本研究的参与者受到了例如霍桑效应、光环效应和皮革马利翁效应的影响，但是本研究仍然成果丰富。在有限时间内，我们从参加研究的所有人（包括员工、客户和公司）那里得到了积极的结果。

在客户方面，接受调查的人略有改变，这就说明在同样的服务方面，不同的人有不一样的意见。然而，对良好的维护服务（虽然其他人会有一个更加严格的标准）有全面的了解，客户满意度在绝对值方面有所加强。客户对维护服务相对重要性的看法在本调查的过程中始终保持着同样的模式，使得持续行动研究螺旋在过程改进中始终保持效力。

职员对过程改进中的参与式风格表现出了兴趣。但是，有迹象显示职员在承诺部分有高出平均水平得分的倾向。总之，本调查引起了关注。职员积极地参与，成功地将不同层次人群的建设性意见转化为实际解决办法。

中国籍高管对本研究表示支持。改进工作有巨大的压力，同时这种支持的倾向将不得不改变。随着对业绩评估方案的改进，每个部门通过他们的改进工作来评价职员。其结果是，存在问题的区域和执行改进计划的区域有一个合理、理性的行动。这就有助于处理和解决照顾面子或走弯路的问题。

在对文化因素的正确适应下，参与者可以将他们的观点体现到行动研究螺旋中。调查结果为后来的螺旋提供基础。持续行动调查螺旋被认为是过程改进的一部分，同时也保证了过程改进工作的完成。

2.9.4 过程改进运动对公司变化的影响

根据两个螺旋后开展的两个调查的结果，我们发现员工投入度和客户满意度都得到了加强。然而，这两个调查只能够得出结论：调查参与人接受行动研究法。但是，调查法在今后是否仍然有效还是一个问题。然而，通过这个研究，员工对行动研究理念和过程改进相关内容更加熟悉，他们也能对将来的持续自我改进项目有所接受。

2.9.4.1 参与式学习公司文化的倡导

参与式学习风格被引入本调查。本调查开始就标明了中层管理反对不重视咨询和培训的观点。较低层次的职员观点不一。对公司（仅从日常观察来看，问卷调查是匿名进行的）不满的人，对行动调查法表示欢迎，因为行动调查法是他们发泄心中不满的机会，而其他人则对负面观点的表达采取保守态度。

虽然大多数评论都是负面的，但是管理层已经向协调者做出说明，要接受所有的评论；并且做出保证，在过程改进中做出的评论不作为业绩评估的一部分。

在下面的研究中，协调者逐渐习惯于与团队氛围保持一致，也与对过程改进团队通过会议讨论得到的建设性提议的成功指导相一致。从评估测试得到的认可增强了管理人员的信心，与此同时，管理人员也将这些信心转移给他们的下属。各个层次的职员发现了过程改进的好处，他们更加主动地对日常工作流程做出评论。所有这些，为公司的学习风格从被动型管理转变到开放主动学习打下了基础。

为了保持以后的成果，协调者将向团队成员宣布过程改进，以及通过公司公告宣布政策实施和评估的消息。当杰出过程改进方法奖励在年底生效时，将使参与领导文化向前迈进。

2.9.4.2 员工角色的改变

行动研究步骤为工人说出他们在行动过程中遇到的问题提供了机会。在技术培训讲座中，我们发现工人对先前操作技能的知识和下一步行动过程非常感兴趣。技术人员对市场部的操作感兴趣，反之亦然。

这个现象出现在过程改进团队成员的合作中。实地行动小组的成员，市场和行政管理的成员聚集在一起。这些人容易找出其他部门的不足，有时候会导致关系紧张和不适。其结果是，为了替自己辩护，每个人都试图找出其他部门的不足。

毫无疑问，斗志在过程中会受到影响，但是结果却使人们对整个部门的总体情况更熟悉。在第二个步骤，他们的想法比第一个步骤时产生的想法更有深度，他们的评论更加理性。但是，将来会对协调者进一步培训，以便使他们更好地控制会议环境。此外，那些做出建设性评价和实施政策的人将会得到认可。

2.9.4.3 提高生产力方式的变化

本调查最主要的目标之一是改变提高生产力的方法。不像无组织的、零散的和消极的效率提高方案，本调查引入了一个积极提高生产力的方法。过程改进团队对过程进行诊断，找到潜在的问题，然后再对问题进行处理。为了进行评估和业绩评价，我们引入了一个测量本次结果的方法。

正如其他行动调查项目，这两个步骤强调了可测量性。工厂维护性能分数注重不同工作任务的改进。受到更少的抱怨，错误率降低，客户满意度上升，这就使销售努力更有效，节约了实地行动组的资源，从而减少纸质工作。所以得出结论：生产力在这两个步骤中得到了提高。

自从行动调查以问题为导向之后，生产力水平通过这个步骤得到了提高。

2.9.4.4 保守管理风格的改变

人们普遍担心这个过程会对管理能力造成损坏，而根据这两个调查中得到的乐观结果，这种担心能降到最低。这两个调查的数据支持这一点，我们发现生产力确实有提高。因为研究者在董事会中占据重要职位，所以过程改进运动得到有力的支持。即使在亚洲经济动荡复苏过程中利润有所减少，研究者仍然有理由坚持合理的预算以开展持续过程改进运动。这是一种克服可能遇到困难的好方法，也是一种带动生产力的有效途径。通过过程改进，企业自身可以拥有自我改进能力和一种帮助自身减少开支、扩大市场份额的能力。

管理习惯的改变显然将会通过企业鼓励过程改进实践。员工将对技术和思维过程更加熟悉，这就使每个人在企业的变化过程中朝着正确的方向前进。

2.9.5 政策含义

2.9.5.1 自我引导学习和制度引导培训过程的结合

本研究的目的之一是将世界最大电扶梯制造商变成一个学习型企业。考虑到时间的限制，在建立学习文化过程中，很难评估过程改进行动的有效性。然而，学习型企业的定义包括了自我引导的学习。自我引导的学习过程可以被定义为“一个个体在没有别人帮助的情况下，主动诊断学习需要，制定学习目标，发现人力资源和物力资源，再评估学习结果的过程”（诺尔斯，1975，p. 18）。

自我指导学习过程以如下内容为依据：

（1）学习者很高的积极性使学习更有成果且保持长久；

（2）学习内容更多地与学习者的需求相关；

（3）如果学习目标全面，进程会更加有效率；

（4）自我引导的学习过程是一种学习模式，在这种学习模式中，发展怎样学习的行为被认为是最重要的行为。学习者可以使自己学习，然后对自己的日常学习更加重视。

加拿大著名的自我引导的学习研究者阿伦·特夫指出：自我引导学习者的学习虽然意味着独立、自由和自主，但他们仍然需要外部资源和寻求学习目标的帮助。

类似于中国内地的许多其他合资公司，学习计划包括了以逻辑方式呈现的实际的学习方面、以制度引导的学习和以内容引导的学习。实际上，为保证过程改进有持续的效果，需要将机械学习与人性化学习合并为一个广泛的学习环境。

基于以上提到的好处，公司、协调者和自我引导的学习的倡导者为此提供了以下方法：

- 向自我引导的学习者提供经济援助——至少 10% ~20% 培训预算用来支持自我引导学习。这应当被合法化，还应当得到管理层的正确关注和认可。
- 应该向职员提供卡通、图片和口号形式的视觉打印资料，同时鼓励在本公司传播富有成效的自我引导的学习经验，另外还应当将理论付诸实践。这些事情有助于加强和传播建设性的发现。
- 认可那些为行动调查步骤或者其他自我引导学习过程提出建设性意见的员工。因为世界最大电扶梯制造商中的大多数基层人员来自中国内地省份，一些工人可能离家千里，基层人员的归属感在降低劳工流失率和加强员工自信心方面起着至关重要的作用。
- 在各个层面发扬一种自由公开的对话机制，这可以培养出对信息和工作所需的技能进行共同交流的习惯。
- 在员工职业生涯中，加强学习和发展的组织文化价值观念。
- 提供具有更广泛内容的培训服务。

监督员在支持和促进工作经验相互学习的转变中起到关键作用。以下 3 个过程的定义应该被牢牢记住：

培训是转化知识和技能的过程。

学习是获得知识和技能的过程。

学习的转化是通过培训和学习把知识和技能结合运用来发展策略和行动的过程（查马拉和玛特婉娜，1991）。

培训需求、学习机会和学习迁移应该清晰地定义。学习过程的进程控制应该更新，过程提升团队领导人记录学习进程更新并定期向部门主管报告。

2.9.5.2 针对控制抵抗改变的策略

根据前文提到的结果，限制抵抗改变的策略，管理员工的关注点和自信心，以便消除工作阻碍，为此，要利用正式和非正式的渠道。

1. 教育和沟通

为帮助员工看到变化的逻辑，需要与其建立更深层次的对话。世界最大电扶梯制造商的许多员工仍然对公司变化的行动调查法原则不熟悉，用详细的描述勾画出步骤结果的轮廓（本研究中提到的结果和即将看到的结果），以及支持改进的实际信息，都将会在公司内部的公告和刊物上出版。有关最新行动调查进展的讲座将会及时为主管人员举行，以改变他们对传统培训和发展方法的认识。

2. 加强参与度

所有的员工应参与到改进的步骤中，同时分享在其中得到的收获。管理层应当认可员工在过程改进方面的努力，表现与待遇挂钩，应当包括一个附加项目以在政策制定和性能提高过程中奖赏相关人员。另外，如果步骤得不到预计效果，即使员工的整体福利因为业绩不好有所下降，实施过程改进的团队也不能因此而受到惩罚，毕竟决策是由团队做出的。员工应当更加广泛地投入行动调查步骤中，这样才可能为得到过程改进注入积极的因素。

同时，管理人员应当得到培训，在过程改进团队讨论中有更加开放的态度。协调者应当清楚地强调角色分离，办公室的角色和讨论会的角色的区别应明显。

3. 操作和共同决策

除去正式沟通渠道，非正式渠道如员工小道消息应当在后面的步骤中得到利用。与公司将来发展和员工提升政策相关的事实可以通过这样的方式来处理，这样可以使员工知道积极参与公司的制度改变和不断的过程改进对他们自身有益无害。在某些情况下，反对小组中经常提出意见的人应当成为过程改进团队的领导，这样可以得到员工的认可。

2.9.6 进一步研究的建议

下列主题是对将来研究的主题建议，很可能会成为研究的主题。

将一小组人员在特定的组织中分成两组，采用行动导向技巧解决组织中的实际问题，在其他组织中对相似问题采用案例研究法。然后比较其结果，评估两队中管理技巧理解的程度和各自对计划的责任。

将参与者分成两组。第一组实施管理开发程序，组员经历行动研究螺旋。第二组由专业人员设计程序，不用考虑员工的任何评论。然后就管理技巧的理解在两组中所达到的程度进行比较，并比较各自程序计划的责任承诺。

选择中国内地省份进行研究，在这些地区商业环境更趋于保守。在城市中心执行同样的螺旋，并对结果进行比对。

2.9.7 结论

运用行动研究螺旋进程提高策略，成功地提升了客户满意度和员工敬业度。然而，这些方法的有效性仍然存在问题，由于世界最大电扶梯制造商所处的保守中国文化环境可能会使研究的结果出现偏差。因为这是首次针对世界最大电扶梯制造商进行此项研究，可以相信员工们趋向于抱有积极态度，尤其是研究者负责整个维护运作。

为了进一步进行研究，建议聘用外来专业人员提高管理技巧，在每次螺旋中保持更加客观的效果，尽管这样可能会增加公司的成本费用。通过对其他研究者的行动研究主题所做的进一步研究，发现在进程提高和组织开发中产生的积极影响可以在该地区的高级管理人员中进行推广。与其他组织开发计划相似的是，来自高级管理人员的支持，在财政方面，或者在各个层次的提高方面，是行动研究计划能否正确发挥功能作用和传送结果的主要决定因素。

在实行组织变化方面，公司所有部门都有参加的必要。本研究的研究者也是本书的作者，虽然身为服务处主任，但仍然面临引导其他部门同事支持计划的困难，举例来说，管理信息部反对工作负担的突然增加，财务部觉得行动研究螺旋要花太多的工作时间，因此降低了员工的效率等。

因此，高层管理人员致力于支持任何组织性的变化，这一点总是很重要。整个组织的合作行动比单个部门单独努力的集合更加重要。

参考文献

[1] Abraham, Shumsby. Exploratory Action Research for Manager Development [R]. Brisbane: Action Learning, Action Research & Process Management Consultants Pty Ltd., 1994.

[2] Argyris, C.. Intervention theory and method, a behaviour review [M]. Massachusetts: Addison – Wesley, 1970: 1 –3.

[3] Argyris, C.. Reasoning, Learning & Action [M]. San Francisco: Jossey – Bass, 1982.

[4] Barry Smith. Towards a model of reflection in experimential learning [M]. In C. Colins ed., Proceedings of the First World Congress on Action Research and Process Management. Vol. 1. Canberra: Acorn Publications, 1991: 3 –5.

[5] Boud, D., KeogH, R. & Walker, D.. Reflection: Turning Experience into Learning [M]. eds. London: Kogan Page, 1985.

[6] Bridges, W.. Managing Transitions [M]. London: Nicholas Brealey Publishing, 1995: 19 – 50.

[7] Burns, R.. Managing People in Changing Time [M]. Brisbane: Allen & Unwin, 1993: 1 –3.

[8] Camp. R. C.. Benchmarking: The Search for Industry Best Practices that Lead to Superior Performance [M]. Milwaukee: ASQC Quality Press, 1989: 12.

[9] Carol Dalglish. Process Management and the Management of Change in the Queensland Department of Education [M]. in Clare Colins and Paul Chippendale eds., Proceedings of the First World Congress on Action Research and Process Management. Vol. 1. Sunnybank Hills, Queensland: Acorn Publications, 1991: 1 –3.

[10] Chad Perry & Ortran Zuber – Skemitt. Doctorates by Action Research for Senior Practising Managers [D]. London: Sage Publications (London, Thousand Oaks, C A & New Delhi), 1994, Vol. 25 No. 2: 341 –364.

[11] Chein, I, Cook, S & Harding J. The Field of Action Research [M]. American Psychology, 1948, Vol. 3: 43 –50.

[12] China's Foreign Economic Legislation, Vol. 1 [M]. Beijing: Foreign Languages Press, 1982: 21.

[13] Chiu R. Randy. Action Learning in Hong Kong [M]. in Clare Colins and Paul Chippendale eds. Proceedings of the First World Congress on Action Research and Process Management Vol. 2. Sunnybank Hills, Queensland: Acorn Publications, 1991: 5 – 7.

[14] Corey, S.. Action Research to Improve School Practices. Bureau of Publications [M]. New York: Columbia University, 1953.

[15] Crainer Stuart. The rise of guruscepticism [J]. Management Today, New York, Mar., 1996.

[16] Cunningham B. Action Research: Towards a Procedural Model [J]. Human Relations, 29 New York, 1976: 215 – 238.

[17] Deaken University. The Action Research [J]. Reader 3rd Edition. Melbourne, 1992: 1 – 3.

[18] Donald R. Cooper, Panela S.. World Largest Escalator Manufacturer: Business Research Methods – 6 th ed [M]. The McGraw – Hill Companies. Inc., 1998.

[19] Desseler G.. Human Resources Management, 6th edition [M]. New York: Prentice Hall.

[20] David J. Colis, Cynthia A. Montgomery. Corporate Strateey: A Resource – Based Approach [M]. The McGraw – Hill Companies. Inc., 1998.

[21] Dr Jim McKernan. Some Developments in the Methodology of Action Research: A Studied Enactment [M]. in Clare Colins and Paul Chippendale eds. Proceedings of the First World Congress on Action Research and Process Management. Vol. 1. Sunnybank Hills, Queensland: Acorn Publications, 1991.

[22] Dr. Peter Fenner and Penny Fenner. Managing Moods and Emotions in Organisations [M]. in Clare Colins and Paul Chippendale eds., Proceedings of the First World Congress on Action Research and Process Management. Vol. 1 Sunnybank Hills, Queensland: Acorn Publications, 1991: 7 – 10.

[23] Elliot John & Abraham. Chem. Reflecting where the Action is: The Design of the Ford Teaching Project [J]. Education for Teaching, No. 92, Autumn, 1973. Melbourne, 1976: 8 – 20.

[24] Elliot John. Developing Hypotheses about Classroom from Teachers' practical constructs: An account of the work of the Ford Teaching Project [M]. in Kemmis, S. and McTaggart, R. eds. 1988, The Action Research Reader, 3rd ed. Melbourne: Deakin University Press: 195 – 213.

[25] Faerman, S. R. & Quinn, R. E.. Effectiveness: The Perspective from Organisational Theory [J]. The Review of Higher Education 9 (1). Melbourne, 1985: 83 – 100.

[26] Felicity McGregor. Managing Organisational Change [M]. Proceedings of the First World Congress on Action Research and Process Management vol. 2., Sunnybank Hills, Queensland: Acorn Publications, 1991: 5 – 8.

[27] Flores, F.. Management and Communication in the Office of the Future [M]. San Francisco: Hermenet, 1982: 1-3.

[28] Foster M.. An introduction to the Theory & Pratice of Action Research in Work Organisations [J]. Human Relations New York, 1972 (10): 529-566.

[29] French. W & Bell. C.. Organisational Development [M]. Englewood Cliffs, W. J. Prentice Hall, 1973: 242.

[30] Gavin. D.. Building a Learning Organisation [M]. Harvard Business Review, Aug., 1993.

[31] Hall. Organisations: Structures, Processes and Outcomes, 4th ed [M]. Englewoord Cliffs, NJ: Prentice Hall, 1989: 149-56.

[32] Hodgkinson. H. L.. Action Research - a critique [J]. Journal of Educational Sociology, Vol. 31, p. 137-148 in Kemmis, S. and McTaggart, R. eds, The Action Research Reader, 3rd ed. Melbourne: Deaken University Press, 1988: 75-79.

[33] Howard Nielsen. Maximising Process Management [M]. in Clare Colins and Paul Chippendale eds. Proceedings of the First World Congress on Action Research and Process Management. Vol. 1. Sunnybank Hills, Queensland: Acorn Publications, 1991: 1-4.

[34] Ikujiro Nonaka. The Knowledge - Creating Company [J]. Harvard Business Review, New York, 1991 (10-12): 97.

[35] John M., Nichlas. Competitive Manufacturing Management: Continuous Improvement, Lean Production and Customer - Focused Quality [M]. The McGraw - Hill Company. Inc., 1998.

[36] Jim Murphy. Clarifying the Chimera of Organisational Effectiveness Through Participative Learning About Organisational Values [M]. in Clare Colins and Paul Chippendale eds., Proceedings of the First World Congress on Action Research and Process Management Vol. 1. Sunnybank Hills, Queensland: Acorn Publications, 1991: 2-10.

[37] Janes A. Fitzsimmons, Mona J. Fitzsimmons. Service Management: Operations. Strategy and Information Teachnology - 2th ed [M]. The McGraw - Hill Companies. Inc., 1998.

[38] Kemmis, Stephen. Research Approaches & Methods: Action Research in D. Anderson & C, Blakes (Eds), Transition from school: An exploratory study of research & policy [M]. Canberra: Australian National University Press, 1998: 2.

[39] Kathleen R. Allen. Ph. D.. Growing & Managing A Business [N]. The New York Times, 2007-12-26.

[40] Kirkbride, P. S., Tang, S. F. Y., & Ko, G.. Emigration from Hong Kong: Evidence from Organisations [R]. Hong Kong Institute of Personnel Management, Hong Kong, 1990: 3.

[41] Kotter and L. A. Schlesinger. Choosing Strategies for Change [J]. Harvard Business Review, March – April, 1979: 106 – 14.

[42] Kuok. H. S.. Marketing Strategy of Lifts and Escalators in the Far East [R]. Hong Kong Institute of Engineer, Hong Kong, 1995: 3 – 4.

[43] Kurt Lewin. Field Theory in Social Sciences: Selected Theoretical Papers [D] //Cartwright D ed, New York: Harper, 1951: 1 – 5.

[44] Lin, Y. T.. My Country and My People [M]. Heinemann, Hong Kong, 1977.

[45] Lustig A.. Call – backs [R]. World largest autowalk company Israel, Telaviv, 1987: 3.

[46] Malcolm Warner. The IEBM Handbook of Management Thinking [M]. International Thomson Business Press, 2000.

[47] Marschan. R. New Structural Forms and Inter – unit Communication in Multinationals [R]. Helsinki: Helsinki School of Economics and Business Administration, 1996: 113 – 122.

[48] Martinsons M & Revenaugh D.. R – engineering is Dead—Long Live Re – engineering [J]. The Hong Kong Manager, Hong Kong, 1997: 5.

[49] Miller, N. & Botsman, P. B.. Continuing Education for Extension Agents [J]. Human Ecology Forum, 1975, 6 (20): 14 – 17.

[50] Micchael A. Kamins, Ph. D.. Sales &Marking 25 Key to Selling Your Porducts [N]. The New York Times, 1999 – 03 – 06.

[51] Permaul, J. S.. Monitoring and Supporting Experimential Learning [G]. Australia National Society for Internships and Experimential Education Resource Paper No. 5, 1982.

[52] Peters. M & Robinson. V.. The Original Status of Action Research [J]. Journal of Applied Behaviour Science, 1984, 20. 2,: 113 – 124.

[53] Rapoport, Robert N.. Three Dilemmas of Action Research [M]. Human Relations, 23: 488 – 513, in Kemmis, S. and McTaggart, R. eds., The Action Research Reader, 3rd ed. Melbourne: Deaken University Press, 1988: 89 – 100.

[54] Revans, R. W.. The Business of Learning about Business [M]. in Casey, D. and Pearce, D. eds., More than Management Development, Aldershot, Hants., England, Gower Publishing Company Ltd, 1977.

[55] Revans, R. W.. Action Learning in a Developing Country [M]. Management Decision, 1983, (24): 6.

[56] Revans, R. The A. B. C. of Action Learning [M]. Chartwell – Bratt Ltd, Kent, U. K, 1983: 6.

[57] Robbins, Stephen P.. Organisational Behaviour, 6th [M]. edition. Prentice Hall, New Jersey, 1993: 685.

[58] Robert Lawson. Consumer Behaviour [R]. McGraw Hill, 1996: 738.

[59] S Chamala and N. Martwanna. Self – Directed Learning [M]. in Clare Colins and Paul Chippendale eds., Proceedings of the First World Congress on Action Research and Process Management Vol. 2., Sunnybank Hills, Queensland: Acorn Publications, 1991: 4 – 8.

[60] Senge P.. The Fifth Discipline [M]. New York: Doubleday, 1990: 1.

[61] Smith. D.. The Action Research Approach to Planned Change [M]. Paper presented at the university staff seminar on organisational studies research on organisations (problems, methods and data). New Zealand, Victoria University of Wellington, 1997: 1 – 5.

[62] Tang, S. F. Y. & Kirkbride, P. S.. Developing Conflict Management Skill in Hong Kong: An Analysis of Some Cross – Cultural Implications [J]. Management Education and Development, 1986 (17): 3.

[63] Tough, A.. The Adult's Learning Projects, A Fresh Approach to Theory and Practice in Adult Learning, 2nd edition [M]. The Ontario Institute of Studies in Education, Canada, 1979: 2.

[64] Valarie A. Zeitharnl, Mary Jo Bitner. Service Marketing [R]. The McGraw – Hill Companies. Inc, 1996.

[65] Warner, M.. Human Resource Management with Chinese Characteristics [J]. Internatio Managing nal Journal of Human Resource Management, 1993, 4 (1) New York: 45 – 65.

[66] Wheatley Ruth. Learning to shift cultural values [M]. Professional Manager Vol. 6, Jan, 1997, New York, 1997: 25.

[67] Whirlpool Hong Kong Research and Development Team. SMC/Huabao and Whirlpool Merger Proposal – across the Entire Value Chain to create value and allow Whirlpool to win [R]. Hong Kong, 1994: 33.

[68] Zhao S.. Human Resource Management in China [J]. Asia Pacific Journal of Human Resources Vol. 32, 2 New York, 1994: 2 – 4.

[69] Zhao S.. Chinese Cultural Values and Human Resources Management [J]. Lock Haven International Review, 5 New York, 1992: 7 – 17.

[70] Kirkbride, P. S. & Tang S. F. Y.. From Kyoto to Kowloon: Cultural Barriers to the Transference of Quality Circles from Japan to Hong Kong [R]. Hong Kong, 1991: 1 – 3.

[71] Yam T. S.. Meeting with the China Elevator Industry [C]. The International Association of Elevator Engineers, 1997.

附录Ⅰ　质量管理实践

第1节　组织信息

在您回答有关质量管理的问题之前，我们应当对您公司或组织的背景信息有所了解。

请仅在□里面打钩选中您的答案，除非另有描述。

1. 您的公司或组织在香港雇用了多少人？

□ <50 人

□ 50 ~ 100 人

□ 100 ~ 500 人

□ >500 人

2. 您怎样描述您组织的整个运作？

□ 仅仅香港

□ 国际性

3. 您的组织主要是怎样运作的？

□ 顾问

□ 分包商

□ 主要承包商

□ 其他方面，请予以说明______________________________

第2节　您所在组织的质量状态

4. 您的公司是否有单独的质量部/组/单元？

□ 是

□ 否

5. 您的质量操作单位是否有责任（您的选择可以超过一个）？

□ 公司范围

□ 对于外在客户（请主要说明行业客户主要运作的范围）

____

□ 其他方面，请予以说明____________________________________

6. 需要多少人被聘请为质保专家？

□ 0

□ 1～3 人

□ 4～6 人

□ 7 人以上

7. 每年您的组织的大致质量预算是多少？

□ <HK＄100 000

□ HK＄100 000～500 000

□ HK＄500 000～1 000 000

□ >HK＄1 000 000

8. 您公司是否有企业质量政策陈述的正式书面声明？

□ 是的，请说明您公司的情况

____

□ 无

9. 您公司是否会雇用质量圈（可以勾选超过一个答案）？

□ 质量圈

□ 信息工作组（有员工参与）

□ 指导委员会（有员工参与）

□ 正式会议（有员工参与）

□ 其他员工参与实践

第3节　质量障碍

目前以及在不远的将来，在您的组织实施质量管理体系方面，您认为或者您将经历的最大障碍是什么？请指出，使用下列比例数字，1 代表没有障碍，5 代表质量管理体系的最大障碍。

评价等级
没有障碍 1—2—3—4—5 最大障碍

10. □ 在行动中缺乏管理层的职责：分配时间和资源
11. □ 没有适当的想象力和使命感
12. □ 在文化交流工作力度和管理中的困难
13. □ 无效的内部和外部交流网络
14. □ 缺乏客户反馈体系
15. □ 不充足的质量培训和教育
16. □ 地方狭隘主义
17. □ 组织性政策
18. □ 缺乏认知和奖励体系
19. □ 主要行政主管人员较高的流动性和变化
20. □ 改变他们做事情的恐惧感/阻力（进程）
21. □ 质量管理体系不充足的知识和理解
22. □ 不发达的质量测量，尤其是在服务领域
23. □ 所有员工责任感和参与感的缺乏
24. □ 所有员工质量计划缺乏信心
25. □ 质量管理缺乏专业知识
26. □ 领导的缺乏
27. □ 其他方面，请予以说明________________

第4节　质量管理的因素

在您的组织的质量管理体系中，您认为或者您体验过的最重要的因素或者当前的状态是什么？请指出，使用下列级别，数值 1 代表不同意/不重要，5 代表同意/重要。

评价等级
不同意/不重要 1—2—3—4—5 同意/重要

28. □ 部门领导质量责任的接受
29. □ 部门内部质量目标的一致性

30. □ 高质量目标和政策范围的扩展在部门内部范围内理解
31. □ 分区高级管理层对质量部门的重视
32. □ 质量部门和其他部门之间协调的数量
33. □ 在提高质量过程中质量部门的有效性
34. □ 在整个部门对员工给予质量相关的培训
35. □ 员工培训部门高层管理的责任
36. □ 在部门内部员工培训资源的可获得性
37. □ 设备维护的资源数量
38. □ 过程进程中的视察、评论或者检查的数量
39. □ 在质量管理中使用质量数据作为工具的范围（质量成本、缺陷、错误等）
40. □ 在部门内部质量圈的有效性，或者员工参与类型计划
41. □ 员工对无失误输出负责的范围程度
42. □ 就质量性能而言，提供给员工的反馈数量
43. □ 员工中质量意识的范围程度
44. □ 在解决问题过程中监督人员的有效性

第5节 质量管理体系的成功因素

请按照顺序列出您认为关键的成功因素，重要性指标数据1为最重要的因素，2为次选择，等等（没有两因素具有相同的数字序列）。

评价等级
最重要因素1—2—3—4—5……

45. □ 高层管理责任和领导
46. □ 质量部门的作用
47. □ 质量培训和教育
48. □ 产品和服务设计
49. □ 供货商的品质管理
50. □ 进程管理
51. □ 质量信息体系（信息与测量）
52. □ 质量中涉及的员工
53. □ 交流
54. □ 文化的改变

55. □ 清晰的质量视野和使命
56. □ 定义的质量目标和可测量的目标
57. □ 客户参与度

请根据您的经历将对质量管理成功至关重要的其他因素列在下面。

因素 1：____________________

因素 2：____________________

因素 3：____________________

第 6 节　个人信息

最后我们想了解一些关于您的背景信息。我们会对您的个人信息保密。

- 您目前的职业名称：____________________

58. 您目前的年龄是

□ 25 岁以下
□ 26～30 岁
□ 31～35 岁
□ 36～40 岁
□ 41～45 岁
□ 46～50 岁
□ 50 岁以上

59. 所获得的最高学历程度

□ 中等职业
□ 大专学历
□ 学士学位
□ 硕士学位
□ 博士学位
□ 其他学历层次，请予以说明____________________

60. 在您目前的行业/职业中您的工作经历是什么？

□ 3 年以下
□ 3～6 年
□ 7～10 年
□ 11～14 年
□ 14 年以上

附录Ⅱ　员工的问卷调查表

本问卷调查表的目标是在维护过程改进螺旋之后，衡量员工的责任感（士气）是否增加。在本文中，责任感（士气）基于下列因素：

（1）属于组织的意义；

（2）工作中兴奋的意义；

（3）对管理的自信。

1. 个人详情

1.1 性别：男性/女性

1.2 研究级别：中等或者下级/中学教育之后

1.3 级别：技术等级/监督等级

1.4 年龄：18～25岁；26～35岁；35岁以上

2. 归属感

2.1 公司经常通知您会影响到您的维护工作的任务、方向及政策吗？变化范围为1（经常）～10（很少）。

2.2 您觉得对于团队的成功，您做出一次贡献需要多久？例如，来自客户的感谢信什么时候接到？变化范围为1（经常）～10（很少）。

3. 工作中的兴奋感

3.1 您觉得您在公司的工作有趣吗？变化范围为1（很有趣）～10（很无聊）

3.2 您信仰诚实和公司的价值吗？变化范围为1（强烈相信）～10（绝不相信）。

3.3 您认为您应当对工作表现负责吗？变化范围为1（强烈相信）～10（绝不相信）。

4. 对管理层的信心

4.1 您认为您的上级具有必要而充分的权力领导每天的运作吗？变化范围为1（强烈同意）～10（绝不相信）。

4.2 您发现了优秀的、具有足够能力的上级领导吗？变化范围为1（强烈同意）~10（绝不相信）。

4.3 您觉得您的上级对他的工作具有强烈的责任感吗？变化范围为1（强烈同意）~10（绝不相信）。

此处为文档调查的末尾，感谢您做出有价值的评论。

附录Ⅲ　客户调查问卷

本调查问卷的目标是维护服务的改进过程，引起客户满意度的普遍增加。

1. 组织/公司的详细情况

组织/公司性质

□ 国有　　　　　□ 私有

2. 安装的个人计算机的数量

□ 2 台以下　　　　□ 2～10 台　　　　□ 10 台以上

3. 工作信息

维护服务包括下列几点

□ SMC 等级

（1～10）

- 日常预防性维护工作
- 常规性维护
- 故障反应
- 客户的 MIS 办公室和 SMC 服务中心

□ 请按照重要性次序将以上 4 个领域排序。

□ 在 1～10 的等级计数中，1 代表极端差，10 代表最好，请在该区域排列 SMC 的表现。

当您评论 SMC 的值在 5 以上或者 2. 2 以下时，请建议改进您觉得有必要的方面，将您的额定值调整到 8 以上。请详细说明：

____

____

____

____

□ 线路预防维护工作

由于客户的分散位置，有必要采取预防性措施，维护产品的质量。这种服务被认为对中国客户来说是重要的。

□ SMC 在每次开始或者结束之时，维护技术人员总是向您或您的代表报告？是/否。

□ 如果答案是“否”，他应该向您报告吗？是/否。

□ 如果答案是“否”，他应当向谁报告____________________。

□ 如果答案是“是”，您对他提供的反馈是否感到满意？是/否。

如果答案是“否”，还应当提供什么信息，请详细说明：______________

____

____

□ 在定期访问并维护您的个人计算机并达到有效的工作条件时，您是否对所做的工作满意？请在 1～10 中列出。

□ SMC 在这个方面应当如何进行提高，请明确说明 SMC。

____

____

____

□ 是否有 SMC 日常维护性表现，如果得以提高，是否帮助您的个人计算机运行更有效率。是/否。

（如果答案是“是”，请探索各个方面，例如常规的检查，以最小化故障发生率为准。）

____

____

____

____

□ 计划维护

对于超过两年的产品，有必要由市场部门去维护，进行某些芯片的检查和更换。这也能排除失去珍贵数据的情况。

4. SMC 服务中心

4.1　您通常从 SMC 中获得多少________天预先提前的通知。

4.2　这是充足性的通知吗？是/否。

4.3　如果答案是“否”，通知应当是多少天？　　________天。

4.4 主要维护是否总在可以接受的时间和操作的最小毁坏程度内进行？请列出1～10中的数据。

4.5 如果答案是“否”，SMC应当怎样进行提高？

____

4.6 在执行该项服务之后，SMC总是将您的操作环境保持为一个整洁的状态。

□ 对故障的反应，由于客户的分散，尤其是某些涉及位于遥远区域里重工业的组织，故障的反应成为商业的关键性服务。

□ 为达到您最好的理解，故障的平均速率是多少？也就是说，您的产品在每个月服务中出现意外故障的情况如何？

□ 就您的经验而言，个人计算机与其他公司相比是更少、相同，还是更多？更少/相同/更多。

□ 可接受的程度是多少？

□ 您是否保持您的故障记录、所列故障日期和时间、反应时间、修理故障所花的时间？是/否。

□ 当您需要给SMC打电话，请他们到达出故障的现场时，进行快速联系总是很容易吗？请列出评判数值1～10。

如果答案是“否”，您遇到了什么困难？

____

____

□ 当您通过电话联系时，SMC员工总是效率高而且乐于提供帮助吗？请列出数据1～10。

□ 通常情况下，从您发出故障出现通知到SMC，以及维护技术人员到达现场要多长的时间？________小时________分钟。

□ 这对您而言是否可以接受？是/否。

□ 如果答案是“否”，可以接受拖延的时间为______小时，______分钟。

□ 您同意您的SMC价值的维护合同，请列出评判数值1～10。

□ 如果答案是“否”，哪个领域部分没有达到您的期望？

____

____

□ 无论答案是“是”还是“否”，SMC可以怎样做才能使维护服务对您而言更加有效、更有价值?

____

____

____

□ 最后，在是否符合组织期望的同时，您怎样评价 SMC 的维系服务?

您觉得 SMC 超过了您的期望值/达到了您的期望值/未能达到您的期望值?

问卷调查表结束。感谢您宝贵的评论。

致　谢

毋庸置疑，能够进行一场覆盖区域如此之广的研究，获取各个领域的人的广泛支持至关重要。我的学术导师、香港理工大学副校长梁天培（Leung Tin Pui）教授、华威大学的保罗·罗伯茨（Paul Roberts）给予了悉心的指导，这对研究工作框架的搭建颇有帮助。我要感谢他们全程给予的深刻见解，他们的帮助确保了这项复杂的研究工作在正确的轨道上得以执行。

我还要感谢的是我的工业顾问、世界最大自动人行道制造商的亚太服务总监乔治·摩尔（George Moor）先生，他批准了我在中国运营部实施我的行动研究的创意。他的胆略及开发一个学习型组织的愿景发挥了重要作用，并为研究工作的进行扫清了障碍。我对他在整个螺旋过程中表现出的专业和热情深表谢意！

内部协调者的支持也至关重要。这些受过良好教育的年轻经理们成为行为研究螺旋的先锋。他们勤奋、坚定、自信的态度帮助集团的同事们做到了坚持，从而成为主要驱动力，进而为组织变革打下基础。

在关键的实施阶段，和 PC 顾问有限公司合作的机会提高了我在行为研究方面的认识。除了文化差异以外，他们在实施阶段的建议、对研究进程的管理都是很有帮助的。

我还要感谢员工伙伴和客户们。很显然，行为研究螺旋引起了一系列的变化，我明白这些新的措施给员工和客户，尤其是一线的员工，增加了工作量，令他们感到焦虑。他们的耐心和积极乐观的态度，提高了实施的有效性。

最后，我要感谢我的家人，在漫长的研究过程中，是他们给了我无限的帮助和鼓励。

陈勤业

荣誉证书

HONORARY CREDENTIAL

陈勤业先生：

　　您所撰写的题为《精益六西格玛提高企业管理效益的定义及其实施》的论文，经评选荣获第三届“海立杯中国质量管理征文活动”三等奖。

　　特发此证，以资鼓励。

二〇〇七年十月

证　　书

Certificate

陈勤业 先生/女士

您的论文 精益六西格玛提高企业管理效益的定义及其实施 已被第十三届亚太质量组织国际会议暨第六届中国上海国际质量研讨会录用。

特颁此证

Your paper " The Definition of Lean Six Sigma and Its Application " has been presented on the 13th Asia Pacific Quality Organization International Conference & 6th China Shanghai International Symposium on Quality.

13th Asia Pacific Quality Organization International Conference & the 6th China Shanghai International Symposium on Quality Organizing Committee
Shanghai China 18 –20 October, 2007

第十三届亚太质量组织国际会议
暨第六届中国上海国际质量研讨会
组委会
中国 上海 2007. 10. 18-20

第三篇　精益六西格玛篇

精益六西格玛实施流程及关键成功因素分析的研究

概　　要

本文主要研究了精益六西格玛的含义；指出了实施精益六西格玛的必要性和可行性；划分了精益六西格玛解决问题的种类；提出了关注系统、重视文化建设等6项实施精益六西格玛的关键成功因素。在精益六西格玛实施过程中，对于简单问题，可以直接用精益生产的方法和工具解决；对于复杂问题，给出了实施精益六西格玛项目的DMAICⅡ流程和14个步骤。

通过对精益生产和六西格玛管理的研究，从文化、战略、运作模式、过程改进方式、员工培训、关注对象等多方面对两种管理模式进行了对比，分析了它们的相同点和不同点。研究发现，精益生产和六西格玛各有优缺点，精益生产能够更迅速地发现、解决直接的问题，而六西格玛能够更好地利用数据解决复杂的、本质性的问题。研究揭示了两种模式整合的必要性和可行性，两者结合能够更好地优化流程。通过研究，提出了实施精益六西格玛的关键成功因素：关注系统、重视文化建设等，在此基础上，提出DMAICⅡ的实施流程和步骤，为实践提供了理论上的指导和可行的方案。

项目通过在NOKIA赛尔康的实施案例，从实践上证明了精益生产与六西格玛结合可以相互促进，产生更好的改善效果，实现企业效益的最大化。

关键词：精益六西格玛；精益生产；六西格玛管理；生产模式

3.1 绪　　论

3.1.1 研究背景与意义

3.1.1.1 研究背景

全球经济一体化进程的加快以及市场竞争的日益激烈，使得众多企业越来越认识到产品质量的重要性；如何在单位生产资料投入的水平下，生产出更多更好质量过硬的产品，从而降低单位合格产品的生产成本，也是每个企业家不得不面对的一个话题。早期的质量管理仅限于质量检验，仅能对产品的质量实行事后把关，但质量并不是检验出来的，所以，质量检验并不能提高产品质量，只能剔除次品和废品。1924 年，随着休哈特控制图的提出，质量控制从检验阶段发展到统计过程控制阶段。休哈特认为，产品质量不是检验出来的，而是生产制造出来的，质量控制的重点应放在制造阶段，从而将质量控制从事后提前到制造阶段。1961 年，费根鲍姆提出全面质量管理理论，将质量控制扩展到产品寿命循环的全过程，强调全体员工都要参与产品的质量控制。20 世纪 70 年代，田口玄一博士提出田口质量理论，他认为，产品质量首先是设计出来的，其次才是制造出来的。因此，质量控制的重点应放在设计阶段，从而将质量控制从制造阶段进一步提前到设计阶段。我国是一个制造业大国，号称世界工厂，但制造业却长期徘徊在一个比较低的水平上，也正是因为这种状况，大部分企业只能制造一些技术含量不高、附加值低的产品，依靠这种实力是很难与居世界领先地位的其他高水平企业进行竞争，如此看来，如何利用稳健设计优化的方法设计并生产出低成本、短周期、高质量、高可靠的产品，从而获得竞争优势，具有十分重要的现实意义。

随着人类需求的增加和社会生产力的发展，在企业生产与运作管理方面也进行着管理哲学和技术的进化。当今有两种影响广泛的管理方法，一种是来自日本丰田生产系统的精益生产；另一种是来自美国质量管理界的六西格玛管理法。两种方法为其实践者带来了巨大的效益，但随着实践的深入，也发现两种方法还有需要改进的方面，两者还可以相互促进。

3.1.1.2　研究意义

在经济全球化和市场竞争白热化的今天，设计并制造出高质量、低成本的产品成为企业赢得用户、占据市场的关键，因此，如何利用稳健设计优化的方法，设计并生产出高质量、高稳健性的产品，由此获得竞争优势，具有十分重要的现实意义。

精益六西格玛就是精益生产与六西格玛管理的结合，其本质是消除浪费。精益六西格玛管理的目的是，通过整合精益生产与六西格玛管理，吸收两种生产模式的优点，弥补单个生产模式的不足，以达到更佳的管理效果。它通过有效配置和优化资源、降低成本、缩短生产提前期和交货期、提高质量和顾客满意度来提高组织的竞争力。精益六西格玛不是精益生产和六西格玛的简单相加，而是两者的相互补充、有机结合。

按照所能解决问题的范围，精益六西格玛包括了精益生产和六西格玛管理。根据精益六西格玛解决具体问题的复杂程度和所用工具，我们把精益六西格玛活动分为简单精益改善活动和精益六西格玛项目活动，其中简单精益改善活动全部采用精益生产的理论和方法，它解决的主要是简单的问题。精益六西格玛项目活动主要针对复杂问题，包括传统意义上的精益项目、六西格玛项目和狭义的精益六西格玛项目，其中狭义的精益六西格玛项目需要把精益生产和六西格玛的哲理、方法和工具结合起来。传统六西格玛项目主要解决与变异有关的复杂问题，例如，控制一个过程的产品一次通过率；而精益六西格玛项目解决的问题不仅包括传统六西格玛所要解决的问题，而且包括那些与变异、效率等都有关的“综合性”复杂问题，例如，不但要控制一个过程的产品一次通过率，还要优化整个生产流程，简化某些动作，缩短生产提前期，而且简化这些动作和过程变异的控制有直接联系。

在实际应用方面，对于提高企业的市场竞争力有着重要意义。精益六西格玛优化方法是低成本、高效益的质量工程方法，该方法的基本思想是减少产品性能或工艺过程的波动和消除不需之流程，使其具有稳健的性能或稳定的工艺条件，从而改进或提高产品的质量。由于稳健设计优化不是通过技术更新或选用昂贵的原材料提高性能的稳健性，而是通过技术功能、产品性能或工艺过程参数的优化减少其波动，所以产品的平均开发费用并没有增加，而产品的质量将会大大提高。因而，通过多响应稳健设计优化，可以更好地适应并迎合顾客的多样性需求，并生产出低成本、高质量、高稳健性的产品，可以实现高的顾客满意度，对企业赢得竞争具有重要的意义。

3.1.2 精益生产与六西格玛的特点

3.1.2.1 精益六西格玛简述

六西格玛是以数据和事实为驱动的管理。它把企业所有的管理和改进转化为实际有效的行动，而不是停留在口头上和文件里，因而六西格玛是一种非常有效的质量管理和改进体系。然而建立这种改进体系所需成本也非同一般。例如，GE 开始实施六西格玛第一年（1996 年）的投入就达 2 亿美元。此外，实施六西格玛需要强有力的领导层和一定的员工素质，那么六西格玛方法是否适合于我国众多的中小型 EMS（电子制造服务）企业呢?

当前，我国多数的中小型 EMS 企业的特点，一是没有雄厚的资金，家底薄；二是属于典型的制造型企业，利润空间小。

鉴于这些特点，实施精益六西格玛更适合于众多中小型 EMS 企业的发展。精益六西格玛是精益生产和六西格玛两种改进体系的有机结合。

精益生产首创于 20 世纪 50 年代的丰田公司，1990 年由麻省理工学院提出。精益生产是以创造价值为目标，消除浪费的过程，它的最终目标是以最优质量和最低成本的产品，最迅速地响应市场（客户）的需求。

精益生产是继手工生产和大批量生产之后的第三种生产方式，是第二次生产管理方式的革命。它的核心是通过企业内部和企业间的流程化、协同合作，及时向客户提供个性化的产品（产品的种类和数量直接根据客户的要求来确定）。

从这个角度出发，精益生产关注生产第一线的创新并适应快速的变化。它强调必须让前线员工参与到质量的控制和改进中来，最大限度地发挥他们的聪明才智。为此，企业投资的重点必须从机器设备转向人，必须使员工在智力和体力上不断完善自己。

与传统的大批量生产相比，精益生产能够消耗较少的人力、空间、资金和时间，制造最少缺陷的产品以满足快速变化的客户需求。日本的优秀企业，特别是汽车制造业，在20世纪六七十年代广泛实施精益生产，取得了巨大成功。日本产品以高质量、低成本享誉全球。到了80年代，欧美和韩国及中国台湾的制造业也开始引入精益生产，并取得显著成效。

3.1.2.2 循序渐进，建立精益六西格玛体系

六西格玛方法可以有效地改进流程的质量，减少过程变异。精益生产可以有效地提高流程的效率，降低成本。把两者有机结合起来，精益六西格玛可以有效地提高流程的总体效率（高质量、高速度、低成本），使企业的效益最大化。同时，由于精益六西格玛起步于精益生产，是一种渐进式的质量改进体系，对其投资也是渐进式的，因而不会对企业造成太大的资金压力。

建立精益六西格玛改进体系就像建一座大厦，要循序渐进，步步为营。

第一，建造牢固的地基。精益六西格玛体系的基石之一是5S体系。实际上，5S是一切工作的基础，在一个没有5S基础的企业中实施精益生产是不可想象的。5S（整理、整顿、清洁、规范、素养）的最高境界是使员工养成“有规定按规定去做”的习惯（职业素养）。做不到这一点，5S基石就不牢固。精益六西格玛体系的另一基石是合理化建议和持续改进小组。这是“使前线员工参与到质量的控制和改进中来，最大限度地发挥他们的聪明才智”的保障。企业投资的重点必须从机器设备转向人，创造学习型组织环境，为员工提供不断学习、改进自我的机会。

第二，建造入口。精益六西格玛体系的出入口就是价值流分析（VSM）。首先描绘出当前价值流的状态，再由此设计出新的更合理的价值流，然后策划改进并实施。价值流分析是精益六西格玛改进的首要工具。

第三，建造支柱。精益六西格玛体系的三大支柱为：TQC（全面质量控制）、TPM（全面生产维护）和IE（工业工程）。

第四，建造挡风隔热墙。这就是精益六西格玛体系的几个要素：标准化管理、可视化管理、小批量/单件流、快速产品转换、物流管理、质量源管理、看板/拉动系统、U形/柔性布局和自主维护。

第五，封顶装饰。实施六西格玛持续改进，追求精益生产之完美指标。

至此精益六西格玛的大厦建造完毕。大厦的整体质量由每个单元要素的质量和相互结合程度决定。建造牢固的大厦，需要技艺高超的建筑师和所有参与者的艰苦劳动和共同努力。

3.1.2.3 精益六西格玛体系关键因素

实际上，不同的公司有不同的基础。实施精益六西格玛所用工具和实施顺序也应因公司而异。为了建立高质量的精益六西格玛体系，应遵循以下九项基本原则：

（1）以客户为关注焦点；

（2）强调自上而下的领导作用；

（3）解决问题面向流程；

（4）系统思维方法；

（5）全员参与；

（6）持续改进；

（7）基于事实和数据的决策方法；

（8）与供方互利的原则；

（9）创造学习型组织环境。

高质量的精益六西格玛大厦将为企业和员工遮风挡雨，抵御风险。它将为制造型企业赢得竞争优势和长久发展。

3.1.3 国内外研究现状综述

精益生产诞生于20世纪40年代的日本，标志性的企业是丰田汽车公司，它以其独特的生产组织方式致力于消除生产过程中的一切浪费现象，提高生产效率，加快资金周转，是人类历史上生产方式转变的第三个里程碑；六西格玛诞生于20世纪80年代中期的摩托罗拉公司。

关于六西格玛管理，目前没有统一的定义。下面是一些管理专家关于六西格玛的定义：

管理专家Ronald Snee先生将六西格玛管理定义为：“寻求同时增加顾客满意和企业经济增长的经营战略途径。”

六西格玛管理专家Tom Pyzdek：“六西格玛管理是一种全新的管理企业的方式。六西格玛主要不是技术项目，而是管理项目。”

下面是韦尔奇先生在接受美国著名作家珍妮特·洛尔采访时谈到的六西格玛管理：

“品质的含义从字面上来看，乃是要提供一个超越顶级的事物，而不仅是比大多数的事物更好。”20 世纪 80 年代初，当通用电气面临竞争者的威胁时，韦尔奇曾说道：“摩托罗拉、惠普科技、得州仪器和施乐公司并没有足够的资本与我们相抗衡，而它们的竞争力来自它们的产品品质。90 年代中后期，韦尔奇成为六西格玛品质热衷的追求者。”1996 年，在弗吉尼亚夏洛特城举行的通用电气公司的年会上，韦尔奇说：“在通用电气的进展过程中，我们有一项重大科技含量的品质管理任务，这项品质管理任务会在 4 年内将我们的生产方式引至一个卓越的层次，使我们无论是在产品制造还是在服务方面的缺陷或瑕疵都低于 4%。这是我们通用电气前所未有的大挑战，同时也是最具潜力和最有益处的一次出击。”“我们推翻了老旧的品质管理组织，因为它们已经过时了。现代的品质管理属于领导者，属于经理人员，也属于员工——每一位公司成员的工作。”“我们要改变我们的竞争能力，所依恃的是将自己的品质提升至一个全新的境界。我们要使自己的品质使消费者觉得极为特殊而有价值，并且对他们来说是相当重要的成功因素。如此一来，我们自然就会成为他们最有价值的唯一选择。”

我们可以把六西格玛管理定义为：“获得和保持企业在经营上的成功并将其经营业绩最大化的综合管理体系和发展战略，是使企业获得快速增长的经营方式。”六西格玛管理是“寻求同时增加顾客满意和企业经济增长的经营战略途径，是使企业获得快速增长和竞争力的经营方式”。它不是单纯的技术方法的引用，而是全新的管理模式。六西格玛管理具有以下特点：

（1）比以往更广泛的业绩改进视角，强调从顾客的关键要求以及企业经营战略焦点出发，寻求业绩突破的机会，为顾客和企业创造更大的价值；

（2）强调对业绩和过程的度量，通过度量，提出挑战性的目标和水平对比的平台；

（3）提供了业绩改进方法。针对不同的目的与应用领域，这种专业化的改进过程包括六西格玛产品/服务过程改进 DMAIC 流程、六西格玛设计 DFSS 流程等；

（4）在实施上由“勇士 Champion”“大黑带 MBB”“黑带 BB”“绿带 GB”等经过培训且职责明确的人员作为组织保障；

（5）通过确定和实施六西格玛项目，完成过程改进项目。每一个项目的完成时间在 3 ~6 个月；

（6）明确规定成功的标准及度量方法，以及对项目完成人员的奖励；

(7) 组织文化的变革是其重要的组成部分。

基于精益生产和六西格玛的比较分析，我们认为精益生产与六西格玛具有很强的优势互补性：没有六西格玛水平的质量保证，单靠精益生产无法从根本上加快过程速度、减少生产周期；而没有通过精益生产消除非增值流程，减少缺陷机会，则无法真正实现六西格玛质量水平。因此，将精益生产和六西格玛进行有机整合，建立精益六西格玛的管理思想和方法体系，协调运用精益生产与六西格玛两套工具，有助于在消除过程浪费、减少过程波动的同时，加快过程速度、提高质量水平，从而真正实现利润最大化和顾客满意的双赢目的，提升组织的核心竞争力。

3.1.4 研究的结构与内容

精益方法和六西格玛方法被认为是当前企业提高效益的最具竞争力的两种生产管理方法，更多地注重从各自的角度对两者进行深度的研究，而对精益方法和六西格玛方法协同作用的研究却很少。在分析精益方法和六西格玛方法的内涵基础上，探讨两者的关系及协同作用，建立精益六西格玛方法，为企业降低成本、提高效率、减少浪费提供最佳管理方法。为了实现上述研究内容，本文具体拟从以下几个方面进行研究。

(1) 总结分析目前精益方法和六西格玛方法，通过实例分析比较这些方法的优缺点，从而对方法进一步改进。

(2) 探讨两者的关系及协同作用。

(3) 研究考虑建立精益六西格玛方法。

(4) 通过实例分析精益六西格玛方法，为企业降低成本、提高效率、减少浪费提供最佳管理方法。

3.1.5 本研究的创新之处

本文主要研究精益六西格玛问题。与传统的精益生产与六西格玛方法不同的是，精益生产和六西格玛各有优缺点，精益生产能够更迅速地发现、解决直接的问题，而六西格玛更好地利用数据解决复杂的、本质性的问题。本文揭示了两种模式整合的必要性和可行性，两者结合能够更好地优化流程。通过研究，提出了实施精益六西格玛的关键成功因素：关注系统、重视文化建设等，在此基础上，提出 DMAIC Ⅱ 的实施流程和步骤，为实践提供了理论上的指导和可行的方案。

本文与以往的研究最大的不同之处在于：

（1）同时考虑了与传统的精益生产与六西格玛方法的影响；

（2）研究了两种模式整合的必要性和可行性；

（3）研究了两者结合能够更好地优化流程。

具体的创新点体现在以下两个方面：

（1）项目在诺基亚—赛尔康的实施案例获得通过；

（2）在实践的基础上，证明了精益生产与六西格玛结合可以相互促进，产生更好的改善效果，实现企业效益的最大化。

3.2 精益六西格玛实施流程分析

随着市场竞争的日益加剧，越来越多的企业开始认识到只有提供高质量的产品或服务来获得顾客满意，才能在市场竞争中生存和发展。而六西格玛管理作为一种业务改进方法，已成为许多国际著名企业提高竞争力的一项长期战略。但目前许多企业在推广六西格玛时，主要把重点放在了 DMAIC（Define，Measure，Analyze，Improve，Control）流程上，而在理论上针对六西格玛设计（Design for Six Sigma，DFSS）的支撑技术所进行的研究却不够深入。美国摩托罗拉公司在对其产品质量进行不断改进时发现，通过过程的不断改进虽然能够达到4～5 个 σ 水平，而公司却面临所谓的“ 5σ 墙”，当公司只有对稳健设计——系统设计、参数设计和容差设计的作用有了更清楚的理解才有可能达到六西格玛水平。DFSS 是一个将设计、线外质量方法和六西格玛哲理相融合的过程。由于在当前提高质量和成本有效性的激烈竞争中，稳健设计是保证产品质量和低成本的一个有效方式，所以质量工程应用稳健设计来减少变异效应并带动产品功能性的提高，进而提高产品质量。

本章首先介绍精益六西格玛的思想及方法，然后介绍实施流程，最后对这些方法进行分析和评价。

3.2.1 精益管理

3.2.1.1 目标：消除企业 7 种浪费

柯达运作系统（KOS）的运作思路源自“丰田生产系统”的“精益生产”思想，即用最少的资源（人力、原材料、设备）生产出顾客需要的产品，或提供给客户满意的服务。从另一角度而言，就是通过管理手段杜绝各种浪费。柯达认为在企业内部存在 7 种浪费，而 KOS 的目的，就是尽力消除这 7 种浪费。这 7 种浪费分别是过度生产、残次品、不必要的库存量、不适当的过程、过多的运输、等待和不必要的动作，它们消耗了资源但却没有生产价值。KOS

提倡的是外部导向。简单地说，这套系统就是客户什么时候需要产品，柯达就什么时候提供；客户需要多少，柯达就提供多少。外部导向使柯达的每项投入都是有目的的、有价值的，这样既避免了浪费，又提高了客户的满意度。

3.2.1.2 思路：对规模经济的“反叛”

任何一种新观念与实践结合都会遇到或多或少的阻力，KOS 系统也不例外。柯达刚开始实施 KOS 的时候，曾经面临巨大的挑战，以前柯达工厂生产胶卷，不管客户需要的量是多少，每开一次锅炉就要连续生产一个星期甚至一个月。而在 KOS 系统实施后，每开一次锅炉通常只生产一天。从以往的观念来看，多开锅炉肯定多浪费，但在 KOS 系统所追求的“精益生产”理念中，大规模的生产需要存储空间，需要增加管理库存的人手，而且时间稍长胶卷就会变质，设备、场地、人手的投入都远远高于使用精益方式的投入。虽然它在生产领域的单位成本较低，但对整个供应链来说，公司付出的成本却高于规模经济所节约的成本，从而造成浪费。KOS 系统的成效逐渐让员工心服口服。事实证明，从实施 KOS 后，柯达的浪费在大幅降低。例如，在 2007 年，柯达关闭了其在海外的两个工厂，大量的生产任务转移到柯达在厦门的海沧厂。海沧厂由于采用了 KOS，在没有增加生产面积的前提下，完成了相当于以前自身产能 1.5 倍的工作量。

3.2.1.3 执行：自下而上，边做边学

KOS 的很多观念都反传统，这就意味着在执行上，要从管理层开始转变思想并加以推广。柯达高层每年都要参加的“全球领导力论坛”，分享、探讨全球范围内 KOS 案例便是一项重要议题，通过这种方式，KOS 的思想被灌输给高层并逐步传达下去。而与此同时，针对每个具体项目的改善活动则是自下而上进行的。KOS 系统中有一个非常重要的环节叫做“改善”，其基本形式是在为期一周的 workshop 中，将第一线的员工全部召集起来群策群力，发现问题，了解问题存在的原因，并最终找到弥补缺陷的办法。

与一般生产管理系统不同的是，KOS 并不特别注重培训，柯达推崇的是边学边做、边做边学。很多好的经验并不是管理层强制推行下去的，而是通过实践操作者反馈到管理层中再进行推广的，其中管理层扮演的显然不是一个命令者的角色。通过 KOS 的实施，柯达对生产一线员工的信任和授权也有所提高。因为这种操作方式认为，最了解生产的是第一线的参与者和操作者，一线员工

掌握着第一手的资料，因而具有很多创造性的想法，这也与那种认为工人的工作就是执行，没有权利对生产流程提出意见的传统观念划清了界限。

3.2.1.4 精益管理变更

不少企业在导入精益思想、变更制造系统时，都会引发企业内部的争议，乃至抵抗。员工们连日加班，经验老到，如果有办法提升他们的产能绩效当然好，但是要通过导入变革性的管理模式取代他们以往的经验，着实令人难以接受。虽然管理者们亲眼目睹过成功的改革例证，并有被成功的模板所激发的一丝冲动和向往，但还是难以抵挡管理者们忙忙碌碌中的日常习惯的“碾压”。对企业而言，变革是客观存在的现实，我们可以不做，但竞争对手会去做。

3.2.1.5 变革之必然

成为精益企业，在全球制造业中已不是什么新奇和壮举，它早已成为衡量其能否进入世界级企业的标准之一。正在构建世界工厂的中国企业，目前即使还未考虑到能否跻身世界经济循环圈中，也能够感受到来自竞争对手的压力。导入精益变革的企业有的身处变革的大氛围中，例如汽车业；有的多年苦于成本高、效率低下，终于寻觅到了秘方良药；有的迫于快速成长的竞争对手所带来的效益和效率指标的压力。以上无论是成功的企业，还是正在走向成功的企业，导入精益的根本目的都是获取并保持竞争优势。更准确地说，是为了成长，以及适应环境。

企业的生产系统在运作过程中都会形成一套自身的管理模式，例如，自身特有的品质检查返工制度、员工薪酬奖罚制度、作业方式和信息传递、供应商管理等，这样的管理模式在阶段竞争中形成了获得竞争优势的坚实基础，因而确立了其行为在当时的合理性，任何挑战这一模式的行为，组织内部的文化都会予以抵制，即使环境发生了变化也不例外。

企业需要一个预警系统，行之有效的预警系统应在其处于萌芽状态时就发现。因为威胁企业竞争优势的因素不会自动展现出来，由组织自检非常痛苦，甚至是破坏性的，通常与组织文化相悖，因此组织运行系统并不能承担预警的任务。预警需要足够的勇气和敏锐的眼光，因而应由高层管理人员来承担，他们应时时留意一些重要的预警信息：

- 公司的销售利润是否在下降？
- 公司是否丧失了产品的定价权？

- 原有的竞争者是否正在扩大市场份额？他们运用了何种战术？
- 是否有新进入的竞争者？
- 产品的销量和利润之间是否还保持着原有的关系？
- 组织流程是否还具有敏锐的反应力？
- 凭直觉判断，你最近是否决策失误？

这些信号，或细微，或明显，都能向管理者们警示，威胁竞争优势的因素可能已经迫在眉睫。这些信号的出现，至少可以促使企业对隐藏其下的不稳定因素进行分析和诊断，当然不仅仅是生产系统。

企业规模越大，就越难知道下一步该做什么。

3. 2. 1. 6　变革如此之难

几乎所有的企业在导入精益生产思想变革产生方式的过程中，都会被很大一部分人视为不合理，不管有关生产方式变革的策划与论证多么完善，因为人们凭直觉对变更价值的判断是很难证明的。任何方面的变革都会产生一连串相互关联又很难预料的必然改变。节奏化、多能化的作业方式会使原有的计件工资制变得不适应，而且须规划出新的基层员工培训体系，方能保证变更的效果持续优化。

在变更问题上做出决策，管理层需要承担很大的风险，首先必须放弃促成过去成功的惯例，代之以不确定的、未经实践验证的政策，其为风险之一，这就足以使管理层可能在能够预知变革需求之前放弃变革；风险之二，即使管理层明智地做出了决策，并为新模式的导入准备好了一切资源，变革过程中还可能因管理层领导力不足而导致变革失败。

3. 2. 1. 7　怎么做才能达到目的

企业的管理人员都知道精益生产及其实践理论，但往往一实施就没有预想的效果。调查发现，中国实施精益生产的企业，往往实施的是精益生产的那几个工具，如 5S、QCC、TQM 等，但却忽视了精益生产的核心——持续改善。因此，要想成功实施精益生产，必须建立以下支撑体系。

3. 2. 1. 8　优秀的人力资源（HR）管理体系

精益生产强调持续改善、全员参与的持续改善，而非几个改善小组不停地做改善项目。在优秀的精益生产型企业里，改善提案最多的是基层员工和生产线组长。在某日本企业，他们实施精益生产已经有十多年历史，并一直保持和精益生产创造者丰田汽车公司的生产技术合作，在他们公司2006年的近7万条获得采纳的改善提议里，有3/4是生产线组长和作业员提出的，创造的价值累计占全部改善的85%左右。

在这些优秀的企业里，我们发现了很多人员管理方面共通的地方：

（1）良好的人员发展福利管理体系，包括完善的员工发展管理体系以及满意的福利待遇体系。公司的福利可以根据自身的情况，制定一些员工福利待遇的规定，但有一点是肯定的，那就是必须让员工感受到这是一个福利待遇很好的公司，让他们在这里感受到安全。要记住，福利待遇好并非工资高。

（2）对员工的尊重。虽然很多企业的高层也强调要尊重员工，但公司的实际行动往往背离了这样的原则。当员工认为他们不被尊重后，再好的福利待遇也不会消除他们的抵触情绪。

其实，优秀的员工管理体系包含很多内容，要成功地实施精益生产，我们希望企业做到：

① 建立完善的员工发展计划并让员工了解公司，履行这些计划；

② 建立良好的员工福利待遇体系，让员工感到满意；

③ 给员工充分的尊重。

当有了这些完善的HR管理体系后，作为精益生产的参与个体——员工，就有了基本的参与积极性，这为精益生产的实施提供了最根本的人才保障。

3.2.1.9　变革中的领导力

管理与领导并不相同。管理职能在于管理企业应该做的事情，领导职能则在于激励企业做应该做的工作。一般而言，这两种职能相互联系和渗透，甚至连管理者（领导人）自己也很难认识到其间的区别。然而，在强有力的管理者与领导人组合中，以及在成功推动的变革过程中，两者的差异会清楚地显现出来。

新的生产方式的导入、维系、优化需要基层员工的全员改善，如何建立有效的激励机制；变革的舞台会使各级管理层中的促进者、观望者、怀疑者、反对者等不同角色迅速显现出来，对于这些管理人员的评价需要具备与以往不同的视角；变革工作的展开会打破管理者眼中企业内部的各种关系。在这些问题面前，管理者如果注重维护和保护组织现状，因为企业群体没有要求他们发起或推动变革，他们的领导地位可能会得到巩固，但企业组织最终会消亡，因为它难以适应瞬息万变的外部世界。

优秀的领导者在领导一个群体之前，必须首先属于这个群体。对于已经为群体所接受的理念和行为标准，领导必须比其他任何成员更要遵守。做不到这一点，无论他有多大的才干，也起不到领导的作用；优秀的领导者须在企业所及的范围内，确定企业目标及行为标准，并促使企业接受和认同，在必要时改变企业内部关系，为新目标获得企业认同、实现创造条件，包括利用企业内外的各种资源。

优秀的领导者不但要管理企业，还要管理企业的变革创新。维持现状获得的效率与打破现状需要的创新之间往往存在着矛盾。领导者须不断艰难权衡于矛盾之间，现代企业里，即使是实力强大的公司，创新也更多地来自外部，因为外部力量会有效地帮助领导者更准确地把握变革时机，正确地设立新的目标及行为准则，确立新的关系。

阻碍企业发展的或许并不是我们未知的事物，而是已知的东西。自精益生产系统诞生以来，几十年中全球制造业舞台风云变幻，精益变革仍被很多我们的已知和习惯所束缚。变革本身绝非易事，我们不能墨守一个阶段的成功模式而使变革变得更加困难，管理需要远见。

3.2.1.10 结论

成为精益企业，在全球制造业中已不是什么新奇和壮举，它早已成为其能否进入世界级企业的标准之一。无论是成功的企业，还是正走向成功的企业，导入精益的根本目的都是获取并保持竞争优势，更准确地说，是为了成长，以及适应环境。

3.2.2 精益生产

企业是经济社会的微观基础，是国民经济的细胞。对中国企业来讲，要想不断增强自身的竞争实力，就必须积极借鉴世界上先进的管理理念和管理方法，并结合自身特点消化吸收、为我所用。精益管理就是这样一种企业管理思想。

“精益生产”的核心是消除浪费。

精益生产，特别是制造业的精益生产，是精益管理思想产生的源泉。精益生产是起源于日本丰田汽车公司的一种生产管理方法。其核心就在于最大限度地减少浪费。简单地说，就是通过消除那些被认为是有浪费的活动来为顾客创造更多价值的一种工具、活动或是过程。

精益生产管理建立在三个简单原则的基础之上：① 及时生产。② 每个人都对品质负责，一旦发现任何品质缺陷都应尽快纠正。③“价值流”。强调不要把企业看作一系列互不相关的产品和过程，而应将其看作一个连续的统一整体，一个包括了供应商和顾客的流。

精益生产管理方法有四个特点：① 拉动式准时化生产。以最终用户的需求为生产起点，强调物流平衡，追求零库存，要求上一道工序加工完的零件立即进入下一道工序。② 全面品质管理。生产过程中对品质的检验与控制在每一道工序都进行，如果在生产过程中发现品质问题，根据情况可以立即停止生产，直至解决问题。③ 团队工作法。组织团队的原则并不完全按行政组织来划分，而主要根据业务的关系来划分。④ 并行工程。在产品的设计开发期间，将概念设计、结构设计、工艺设计、最终需求等结合起来，保证以最快的速度按要求的品质完成。

精益生产管理思想的最终目标是企业利润的最大化。但管理的核心是通过消灭生产中的一切浪费来实现成本的最小化。我们知道，企业生存发展的核心目标是赚取利润，但利润本身并不是企业竞争优势所在。一个企业一时利润丰厚，并不能说明它的实力必然强大，真正体现企业竞争优势的是它对外的市场开拓能力和对内的成本控制能力。精益生产管理思想恰恰为我们提供了一套关于成本控制的有效的管理理念和方法。

“精益生产”体现的是一种创新精神。

纵观丰田精益生产的历史，正是企业创新争先的过程。第二次世界大战以后，日本汽车工业开始起步，但此时统治世界的生产模式是以美国福特公司为代表的大批量生产方式。这种生产方式以流水线形式生产大批量、少品种的产品，以规模效应带动成本降低，并由此带来价格上的竞争力。当美国汽车工业处于发展的顶点时，日本的汽车制造商是无法与其在同一生产模式下进行竞争的。此外，日本企业还面临需求不足、技术落后和资金不足等诸多严重困难。在当时的环境下，丰田汽车公司不可能也没必要走大批量生产方式的道路，而是根据自身的特点，逐步创立了一种独特的多品种、小批量、高品质和低消耗的生产方式，并取得了显著的成效。

回顾丰田开创和发展“精益管理”的历史，对我们有很大的启发。它体现的正是企业面对竞争不断创新的进取精神，丰田的成功更让我们看到创新对企业的重要作用。

"精益生产"展示的是一种企业文化。

有这样一句话：小型企业靠领导，中型企业靠制度，大型企业靠文化。像丰田这样的跨国企业，引领它前进的正是独特的企业文化。这一点对我们中国企业也有很强的借鉴意义。

首先，我认为，"精益生产"体现的是一种追求卓越的企业文化。精益管理的核心思想就是最大限度地细化工作流程、消除浪费和一切非增值活动，以最少的投入获得最大的产出，向市场提供成本最低、品质最好的产品，以满足市场的需求。这正是一种追求卓越的企业文化。

其次，"精益生产"体现的是以人为本的企业文化。传统大批量生产方式强调管理中的严格层次关系，对员工的要求在于严格完成上级下达的任务，人被看作附属于岗位的"设备"。而精益生产则强调个人对生产过程的干预，尽力发挥人的能动性，每位员工在工作中不仅是执行上级的命令，更重要的是积极地参与，起到决策与辅助决策的作用。它强调人力资源是管理中最重要、最活跃的能动因素，把员工的智慧和创造力视为企业的宝贵财富和创新发展的原动力。

最后，"精益生产"体现的是团结协作的企业文化。从前面提到的精益生产管理方法的四个特点可以看到，由于采用拉动式生产，生产中的计划与调度实质上是由各个生产单元自己完成，在形式上不采用集中计划，但操作过程中生产单元之间的协调则极为必要。协作的文化使生产效率大大提高，保证以最快的速度按要求的品质完成任务。

"精益生产"蕴涵的是一种社会责任。

如前所述，"精益生产"的核心在于最大限度地减少浪费。只要消耗了资源、增加了成本或是占用了时间而没有创造价值的活动或过程，都会成为被消除的对象。而这一点恰恰与全球范围内普遍倡导的合理有效利用资源的观念是相吻合的。可以说，企业在通过"精益生产"追求利润最大化的同时，也承担了一种社会责任。

对于中国企业来讲，这一点显得尤为重要。众所周知，我们在经济建设的进程中，面临着资源、环境及经济社会发展中诸多困难问题的挑战。从总体上看，我国经济增长方式没有实现根本转变，以"高投入、高消耗、高排放和低效率"为特征的粗放型经济增长格局仍然存在。所以运用"精益管理"思想对各个生产环节进行检验和控制，消除浪费，特别是减少对资源和能源不必要的消耗，是对经济增长方式转变的有力促进。中国的企业应当努力通过“精益管理”走一条科技含量高、经济效益好、资源消耗低、环境污染少的新型工业化道路，为建设节约型社会尽自己的一份责任。

3.2.3 什么是六西格玛管理

关于这个命题，笔者已在本书的第214～216页做了详尽的阐述，在此不予赘述。

3.2.4 精益，还是六西格玛

对于精益与六西格玛，我们已经不再感到陌生，通过精益生产方式的改进，很多制造型企业获得了丰厚的利润回报。Motorola和GE等世界一流公司所热衷的六西格玛管理法诱惑着我们，时下国内众多的公司对于导入六西格玛也是趋之若鹜，其中既有国际国内知名的大公司，希望借由六西格玛的革新引导企业走向卓越；也有名不见经传的中小型公司，希望能破茧而出更上一层楼。在精益之后的六西格玛，更像一股管理思潮的风暴，席卷了各行各业，没有谁能拒绝这种成就企业梦想的诱惑。精益和六西格玛孰优孰劣，已经不只是业界的困惑，也成为理论学术界的研讨课题，在一些管理前沿阵营，精益和六西格玛得到有机结合，管理学界称其为Lean Sigma，它是企业有效经营管理的核武器（即一种培养企业核心竞争力的管理武器）。

问题一：精益生产和六西格玛的区别是什么？

这个问题通常可以被理解为：“我究竟应该采用精益生产还是六西格玛来改善我的业务活动？”在回答这个问题之前，让我们先来简要回顾一下这两种工程改善方法的产生背景。

精益生产（Lean Production，LP）的提出基于日本的丰田生产方式（Toyota Production System，TPS），它最早于1990年由美国麻省理工学院数位国际汽车计划组织（IMVP）的专家提出，精益是对日本“丰田生产方式”的赞誉之称，精，即少而精，不投入多余的生产要素，只是在适当的时间生产必要数量的市场急需产品（或下一道工序急需的产品）；益，即所有经营活动都要有益有效，具有经济性。

20世纪初，美国的福特汽车公司创立了第一条汽车生产流水线，自此，福特生产方式即大规模的流水生产成为现代工业生产的主要特征。大规模生产方式是以标准化、大批量生产来降低生产成本，提高生产效率的。这种方式适应了美国当时的国情。但是“二战”以后，社会进入了一个市场需求向多样化发展的新阶段，相应地要求工业生产向多品种、小批量的方向发展，单品种、大批量的流水生产方式的弱点就日渐明显了。

到了20世纪50年代，战后的日本经济萧条，缺少资金和外汇，经济和技术基础也与美国相距甚远，“规模经济”法则在这里遇到了严峻的挑战。如何建立日本的汽车工业？在考察了美国底特律的福特公司的轿车厂后，丰田英二和他的伙伴大野耐一进行了一系列的探索和实验，根据日本的国情，提出了解决问题的方法。经过30多年的努力，终于形成了完整的丰田生产方式，使日本的汽车工业超过了美国。

精益生产综合了大量生产与单件生产方式的优点，力求在大量生产中实现多品种和高质量产品的低成本生产。精益生产成为当前工业界最佳的一种生产组织体系和方式。其指导思想是，通过生产过程整体优化，改进技术，理顺物流，杜绝超量生产，消除无效劳动与浪费，有效利用资源，降低成本，改善质量，达到用最少的投入实现最大产出的目的。LP的主要特点：① 拉动式；② 准时化生产；③ 均衡生产；④ 一个流，等等。

六西格玛（Six Sigma）的概念是1987年由美国摩托罗拉公司通信业务部的乔治·费舍首先提出的，当时的摩托罗拉虽有一些质量方针，但没有统一的质量策略，同很多美国和欧洲的其他公司一样，其业务正被来自日本的竞争对手一步一步地蚕食。为了提高产品质量的竞争力，六西格玛这一创新的改进概念在摩托罗拉全公司得到大力推广。采取六西格玛管理模式后，该公司平均每年提高生产率12.3%。到了20世纪90年代中后期，通用电气公司的总裁杰克·韦尔奇在全公司实施六西格玛管理法并取得辉煌业绩，使得这一管理模式真正名声大振。

六西格玛是一项以数据为基础，追求几乎完美的质量管理方法。西格玛是希腊字母σ的中文译音，统计学中用来表示标准偏差，即数据的分散程度。对连续可计量的质量特性：用“σ”度量质量特性总体上对目标值的偏离程度。西格玛是一种表示品质的统计尺度。任何工作程序或工艺过程都可用西格玛表示。6个西格玛可解释为每100万个机会中有3.4个出错的机会，即合格率是99.999 66%；而三个西格玛的合格率只有93.32%。

从实质上讲，六西格玛管理法是一种从全面质量管理方法（TQM）演变而来的高度有效的企业流程设计、改善和优化技术，并提供了一系列同等地适用于设计、生产和服务的新产品开发工具。六西格玛管理法的重点是将所有的工作作为一种流程，采用量化的方法分析流程中影响质量的因素，找出最关键的因素加以改进，从而达到更高的客户满意度。从目前的实践来看，六西格玛管理法主要有两种类型：六西格玛改进和六西格玛设计。现今，六西格玛已经逐步发展成为以顾客为主体来确定企业战略目标和产品开发设计的标尺，是企业追求持续进步的一种质量管理哲学。

六西格玛管理法的主要特征，简单归纳起来有以下六点：① 以顾客为中心；② 以过程为中心；③ 科学的问题解决方法；④ 培养专家人力；⑤ 以课题方式开展活动；⑥ 追求极大的财务效果。

然而，对于不同的行业，对于处于不同的管理水准又急切寻求管理改进或突破的众多企业，究竟是采用精益生产方式，还是推行六西格玛？有些企业家在问，毕竟精益生产在日本的丰田汽车公司获得了极大成功，而且是在与汽车相关的行业。我们企业的生产特点是品种少、批量大，也适用精益生产吗？相比离散型制造业，流程型制造业如何推进精益生产？也有关注六西格玛的企业家在问，我们企业管理基础薄弱，质量水平还不到三西格玛，是不是不适合推行六西格玛？或者说，推行精益生产还是六西格玛，哪个更有效？

每一种管理理念的提出和发展从来都不是孤立的，也不是静止的。精益生产还在发展，六西格玛理论仍然在充实和完善，对于企业的经营改进活动，两者既有区别，又有很多相通和相互支持之处。已经有一些企业（如天津的中美史克制药有限公司）在推行两者的结合，即 Lean Sigma 革新。

以下浅述精益生产和六西格玛的差异。

1. 对于企业基础管理水平的要求不同

精益讲求的是循序渐进，在真正实现以需求拉动式的准时化生产前，对企业的 5S 管理与设备自主保全体系以及员工的多技能等方面都有较高的要求，否则拉动不能实现，或者短期局部的拉动也因为设备、人员、品质的变动而不能够有效维持，这也是众多企业家担心的“反弹”。六西格玛法明确了企业存在的目的是赚取利润，对于处于不同水准的企业通过界定自身的问题而开展持续的 DMAIC 循环活动，并不是说处于三西格玛以下的企业不适合推行六西格玛，事实上它适合于各行各业不同水平的企业。

2. 思想范畴不同

精益立足于拉动式的准时化生产，消除的是在企业生产活动中产生的在工在库的浪费，精益思想追求的是用最佳的资源配置来满足顾客的要求。六西格玛法是一种得到科学优化的解决问题的思想流程，在没有界定问题的核心之前，避免盲目行动，如同现代管理中的戴明循环一样，六西格玛所倡导的DMAIC 成为企业解决核心问题的思想武器，企业应用六西格玛既可以解决直接生产部门的问题，也可以解决研发、销售以及采购等间接生产部门的问题，精益生产是企业运用六西格玛法消除企业生产中浪费的一件利器。

3. 解决问题的出发点不同

精益生产以减少 7 种 MUDA 为核心目标，直接对症下药，六西格玛则从顾客的要求（VOC/VOB/COPQ）出发，（六西格玛的六大特征）通过自上而下的政策方针展开，列出所有需要解决的课题，从中选择对顾客最具影响力的课题作为六西格玛课题实施。

4. 对财务效果的认识不同

精益生产方式的实现，因为 7 种浪费的消除或减少，主观上对企业的财务经营产生贡献，客观上这种贡献的大小对企业财务环境的影响没有经过科学分析和规划（财务贡献或许是微乎其微的），六西格玛的一个直接特征就是以财务成果为中心，运用帕累托法选择最能为企业带来利润的课题进而实施，也就是说不赚钱或赚钱少的课题不被优先选择。

5. 系统化的工具使用

精益生产在解决问题时更多地依赖专家的经验，应用了顾客价值流分析、动作分析和时间测定、工厂设施布置技术、Jidoka（自动化）和防错法、多能工的训练、5S/TPM 等多项技术。六西格玛法可以应用包括上述工具在内的一切可以应用的工具，但不是各种工具的简单堆砌，而是逻辑性地将各种工具有机地结合在一起，掌握了这一方法，即使不是某一领域的专家，也可以快速地制订解决方案。

6. 统计知识的应用

相对于精益生产，六西格玛法应用了大量的统计技法，通过对指标进行量化和分析，来验证你所做出的判断，从而避免解决问题时凭经验、凭直觉，或者想当然。经验固然重要，六西格玛法集中了团队组织中的集体智慧，把实际问题转化为统计问题［建立数学模型 $Y=F(X)$］，再由统计的解决方案得出实际的解决方案。可能正是由于统计技术的应用才使得六西格玛法不如精益生产显得那么“平易近人”。的确，六西格玛法注重以数据事实说话，但统计技术不等于六西格玛，没有因为统计应用不足而不成功的课题，但是有很多革新课题的失败是因为一开始就选错了方向。

7. 对波动的认识和处理原则不同

波动是客观存在的，企业实施精益生产的失败绝大多数是由于波动造成的，这些波动的因素可以概括为人员、机器、材料、方法、测量、环境（即5M1E）的波动，在实施精益生产前之所以要导入5S/TPM等方法，就是要提高企业的基础管理水平，使得波动最小化。然而，一般企业往往急于求成，上来就拉动，其短期的效果也难以维持。六西格玛则视波动为敌人，意在消灭或减少波动，波动减少了，品质也就提高了，所谓提高企业的管理水平其实就是减少5M1E因素的波动。

8. 人才培养机制不同

参与企业经营活动的主体是人，通过精益生产的实践，可以提高企业干部的革新意识和培养一批革新的中坚力量，但这种人才的养成是非系统化的，是自主自发地边干边学，因个人悟性而参差不齐。而六西格玛注重系统化的人力培养，并建立内在的激励机制，通过专业的培训而养成企业自身的问题解决专家，以黑带为中心成立多个跨部门的问题解决团队。六西格玛的组织建设如图3－2－1所示。

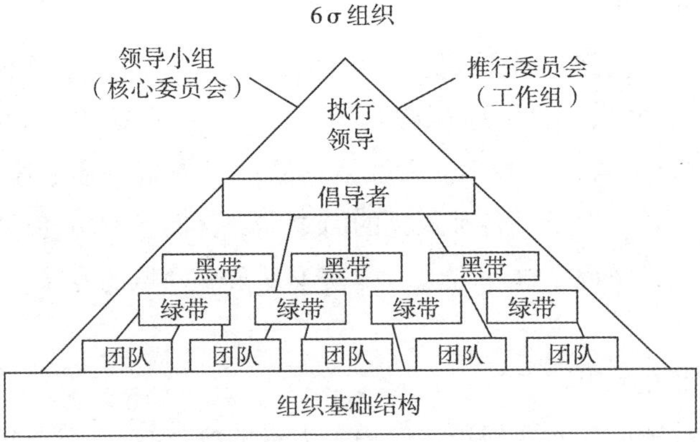

图3－2－1　六西格玛管理实施组织机构

问题二：何时应用精益生产？何时应用六西格玛？

简单地说，如果你面临的情形是顾客需求变化大，多品种少批量的生产方式，这是可以直接采用精益解决问题的，那么你应该毫不犹豫地选择精益，也就是说，精益提供了对已知问题的解决方案。对于离散型制造业，由于工序间的大批量在制品的流转而造成在工在库的浪费，制造周期的延长，实施单件流转的精益生产后可以收到立竿见影的效果。然而，六西格玛不仅可以应用于解决精益的问题，同时它也帮助解决非生产领域的问题，对于品种少、大规模订制的流程型制造业，采用六西格玛可以清晰地发现企业现存的问题，从品质、成本和顾客满意度等多方面改善企业的经营状况。

问题三：精益生产和六西格玛怎样结合?

精益方法追求的是将生产活动中的所有浪费（在价值流中被称为 MUDA）减到最少。所谓 MUDA 包括所有的有缺陷的工作类型，不仅仅是有缺陷的产品。时间、动作和材料的浪费也是 MUDA。在实施精益生产时应用六西格玛的思考流程可以获得减少浪费的科学途径，有利于识别和减少波动，通过定量化的方式寻找产生波动和浪费的根本原因，在以下方面，两种方法的结合可以互为补足：

（1）把握当前状况和数据收集时，可以应用六西格玛的问题定义和数据收集计划以及分析工具。

（2）当前 layout 和流程分析时，可以应用六西格玛的 Process mapping and flowcharting。

（3）过程时间的测量和分析时，可以应用六西格玛的数据收集工具和技巧，SPC。

（4）计算过程能力和生产节拍（T/T），可以应用六西格玛的过程能力分析 Cp/Cpk。

（5）确认改善的有效性时，可以应用六西格玛的假设检验，SPC。

等等，不一而足。

综上所述，对于企业界来讲，无须讨论精益生产和六西格玛法孰优孰劣，已经识别了问题和解决方案，直接实施就可以了，能够用简单方法实现的不要复杂化，当需要界定困扰企业发展的关键问题，或者需要介入管理或非生产领域的问题时，六西格玛管理法将和精益生产一道帮助你持续改进。

3.2.5 精益六西格玛项目实施流程

我们把精益六西格玛活动分为简单精益改善活动和精益六西格玛项目活动。简单精益改善活动主要是针对简单问题，这类问题可以直接用精益的方法和工具解决，传统的精益项目和六西格玛项目按原来运用传统的方法和工具处理，这里不再论述。

精益六西格玛项目活动主要针对复杂问题，狭义的精益六西格玛项目活动把精益生产的方法和工具与六西格玛的方法和工具结合起来，实施流程采用新的定义—测量—分析—改进—控制流程，称为 DMAICⅡ，它与传统的 DMAIC 过程的区别是它在实施中加入了精益的哲理、方法和工具。

DMAICⅡ各阶段内容为：定义阶段利用精益思想定义价值、提出流程框架，在此框架下，结合六西格玛工具，定义改进项目；测量阶段把精益生产时间分析技术与六西格玛管理工具结合测量过程管理现状；分析阶段将六西格玛技术与精益流动原则结合，分析变异和浪费；改进阶段以流动和拉动为原则，运用两种模式中的所有可以利用的工具对流程增加、重排、删除、简化、合并，同时改进具体流程稳定性和流程能力；最后是控制阶段，除了完成六西格玛管理控制内容外，还要对实施中产生的新问题进行总结，以便在下一个循环对系统进行进一步完善。

精益六西格玛项目的实施步骤如下：

定义阶段：① 定义顾客需求，分析系统，寻找浪费或变异，确定改进机会；② 分析组织战略和组织的资源；③ 确定项目：包括项目的关键输出、所用资源、项目范围。

测量阶段：④ 定义流程特性；⑤ 测量流程现状（包括各流程或动作需要的时间）；⑥ 对测量系统分析；⑦ 评价过程能力。

分析阶段：⑧ 分析流程，查找浪费根源或变异源；⑨ 确定流程及关键输入因素。

改进阶段：⑩ 确定输入输出变量之间的关系，提出优化方案；⑪ 制订改进计划。

控制阶段：⑫ 建立运作规范、实施流程控制；⑬ 验证测量系统，验证过程及其能力；⑭ 对实施结果进行总结，规范成功经验，提出新问题。

3.2.6 实施精益六西格玛的必要性和可行性

实施精益六西格玛是必要的。

（1）六西格玛优化的对象经常是局部的，缺乏系统整体的优化能力，所以它需要将自身需要解决的问题与整个系统联系起来，然后优化流程；而精益生产理论的优点之一就是对系统流程进行管理，它可以为六西格玛的项目管理提供框架。系统中经常存在不能提高价值的过程或活动，无论员工如何努力，他们都无法超越系统流程的设计能力，流程重新设计的目标就是尽量消除此类活动或过程，精益生产对此有一套完整有效的方法和工具。

（2）精益生产依靠专家人才的特有知识，采用直接解决问题的方法，因此对于简单问题，其解决问题的速度更快，但它缺乏知识的规范性，对于复杂的问题，它缺乏效率，无法保证其处于统计受控状态；而六西格玛管理更好地集成了各种工具，采用定量的方法分析、解决问题，解决问题有规范的DMAIC流程，为复杂问题提供了操作性很强的解决方法和工具。总之，精益生产告诉六西格玛做什么，六西格玛管理告诉我们怎样做，以保证过程处于受控状态，对于复杂程度不同的问题，需要采用不同的方法去解决，两者是相互促进的，精益生产和六西格玛管理相互促进关系见表3－2－1，因此两者结合是必要的。

表3－2－1 精益生产和六西格玛管理相互促进关系

精益生产对六西格玛管理的促进作用	六西格玛管理对精益生产的促进作用
（1）较少的库存意味着较少的损坏 （2）小的生产批量保证发货之前的各道工序及时地发现产生的质量问题 （3）当备用物料减少时，下游工序对上游工序产生的问题造成压力（逼迫上游减少问题） （4）全面设备维护可以保证减少设备故障造成的变异 （5）为六西格玛管理项目指出改进机会	（1）提高质量可以减少生产批量；减少安全库存；缩短生产提前期 （2）可制造性设计减少准备时间，减小生产批量 （3）再加工的减少可以缩短生产节奏 （4）建立在质量上的供应关系可以减少不增加价值的检验，并缩短生产节奏 （5）加工过程中的检验减少，从而缩短生产节奏 （6）保证过程处于受控状态 （7）为精益生产提供了具有操作性的工具和方法

精益生产与六西格玛管理进行集成形成精益六西格玛是可行的。首先，精益生产追求通过不断改善达到零库存、零缺陷，而六西格玛也是一种近乎完美的目标。所以两者都是通过持续改进，追求完美理念的典范，这是两者精髓上

的同质性，正因为如此，两者才能有结合的可能性。其次，精益生产和六西格玛管理都与 TQM 有密切的联系，它们的实施都与 PDCA 的模式大同小异，都是基于流程的管理，都以顾客价值为基本出发点，精益生产以价值流为研究对象，把流程与顾客需求紧密相连；而六西格玛管理最大限度地吸收了现代质量管理理念，运用流程分析的方法提高顾客满意度，这为两种生产模式整合提供了基础。最后，精益的本质是消除浪费，六西格玛的本质是控制变异，而变异是常常引起浪费的一种原因，所以两种模式关注的对象不是对立的，而是关注问题的着眼点不同。

3.2.7 本章小结

本章首先分析了精益管理、精益生产和六西格玛的思想，指出了精益六西格玛项目实施流程的主要方法。

其次，本章总结了实施精益六西格玛的必要性和可行性。

最后，结合一个 NOKIA 赛尔康实例对精益生产和六西格玛管理相互促进关系表以证结合之必要。

3.3 精益六西格玛实施流程及关键成功因素

在上一章介绍的几种优化方法中，精益生产，因其简单易行而应用最广，但应用该方法进行复习优化时却存在一些问题，所以对精益六西格玛进行优化是必要的。本节主要如前所述，精益的本质是消除浪费，六西格玛的本质是控制变异，而变异常常是引起浪费的一种原因，所以两种模式关注的对象不是对立的，但关注问题的着眼点不同。

3.3.1 当精益遭遇六西格玛

"2005 年开始，GE 逐步将精益的思想和工作方式与六西格玛思想相结合。精益六西格玛为 GE 带来了巨大的变化，提高了效率和客户满意度。"GE 亚太地区质量总监金毅敏如是说。

3.3.1.1 从六西格玛到精益六西格玛

1996 年，GE 公司前任 CEO 杰克·韦尔奇在谈到六西格玛时曾这样说过："采用六西格玛是 GE 公司有史以来最重要的一项举动。"尽管六西格玛给 GE 公司带来了巨大的成功，然而两年后，韦尔奇却道出了它的不足之处："我们试图用我们的力量和六西格玛哲学将订货和最终交货之间的提前期缩短到 12 天。但问题是，正如有人说的，时间从来没有平均过，客户仍会发现交货时间时长时短。有时对于一个订单，我们勇敢地承诺 4 天交货，而在另一个订单上我们却只能承诺 20 天。差异给我们带来了灾难。"

六西格玛（Six Sigma）的概念是 1987 年由美国摩托罗拉公司通信业务部的乔治·费舍首先提出的。20 世纪 90 年代，GE 公司前任 CEO 杰克·韦尔奇在全公司实施六西格玛管理法并取得辉煌业绩，使得这一管理模式真正名声大振。

西格玛是一种表示品质的统计尺度。任何一个工作程序或工艺过程都可用若干西格玛表示。6 个西格玛可解释为每 100 万个机会中有 3.4 个出错的机会，即合格率是 99.999 66%；而 3 个西格玛的合格率只有 93.32%。

“常常有人追问 GE 是几个西格玛，或者有客户和供应商直接让我们帮助他们推行六西格玛，六西格玛很大程度上已经被神化了”，金毅敏说。

金毅敏以航空公司的例子来说明对六西格玛认识的偏差。人们通常认为西格玛等级越高，意味着产品质量越好，客户越满意，其实这是一种误区。在航空公司，就飞行事故率而言，目前已超过六西格玛，但这仍远远不够，因为百万分之一的误差就关系着上百名乘客的性命。虽然飞机行李管理 4 个西格玛还不到，但顾客相对来说更注重安全。

“单纯用六西格玛作为唯一工具还存在一个问题，就是简单问题复杂化。可以直接伸手摘苹果，为什么规定大家必须爬上梯子再弯腰去做呢？以前我们只是把改进的流程图做出来即可，从不管会用多长时间，做完这个复杂的流程其成本是否太高。”

金毅敏指出，从 5 个西格玛提高到 6 个西格玛也许要花费 3 倍或更多的成本，费时费力，但客户却感觉不到显而易见的效果。但自从精益的思想引入后，成本、时间、价值流则成为重要的参考因素。

GE 日益认识到时间上的改进几乎与质量上的改进同样重要。缩短周期，减少时间差异，这与改进质量一样能提高一个公司的业务绩效。可以通过精益生产工具快速压缩周期，降低间接生产费用和质量成本。六西格玛不直接关注加快流程速度和减少资本投入，而精益生产方式则不太能直接使用统计方法和管理流程，所以 GE 将精益生产与六西格玛结合起来，通过提高客户满意度、降低成本、提高质量、加快流程速度和改善资本投入，来实现企业经济效益最大化。

1 +1 >2。

与六西格玛的体系相比，精益工具简单却很有效。GE 实行精益六西格玛以后，在时间流程控制上有了非常明显的变化——客户从获得产品信息，发出订单直至收到产品的周期大大缩短。以 GE 塑料为例，在某些地区，通过实施精益六西格玛，从收到订单到交付货物的时间由 28 天减至 6 天。管理人员发现在完成某项工作的过程中，只有 15% 的时间被有效利用，而 85% 的时间则由于流程管理的误区被大大浪费。

金毅敏强调，千万不要将所有的事都做成精益六西格玛项目。有些事情简单并且能够很快找到答案，那就直接去做。有些比较复杂的问题可以运用一些精益六西格玛的工具。只有比较大的、复杂的项目才能做成精益六西格玛项目。

GE 在浙江的某一工厂就有过这样的案例：一种生产原料的使用周期性不明显，没有规律可循，工厂常常不定期地向供应商下订单，会出现库存过量或供货不及时的情况。解决办法简单来说就是使供应商通过最直接的联网方式在第一时间了解工厂的库存，这就是精益的思想；再通过六西格玛设计新的流程，就可以实现供应商实时了解原料库存情况，保证及时供货。

3.3.1.2　精益遭遇六西格玛的冲突

很多制造型企业认为它们不得不选择精益生产或六西格玛中的一种，而把另一种排除在外。而一些尝试将两者同时进行的公司经常会发现这两种工具会互相争夺资源，甚至产生文化上的冲突。

GE 也曾经将两种工具思想分开实施。精益生产注重工人在生产线上的改进。而六西格玛体系则倾向于发展质量工程师们的贵族统治，这些工程师会花数月的时间收集数据并输入计算机，但他们距离车间的日常工作较远，有时并不了解一线情况。

精益思想强调时间，六西格玛强调质量。如何使两者有效结合，判断标准是最高的性价比和顾客的满意度。一个简单陈述事实的报告需要 3 天，一个详细描述产品细节的报告需要 3 个月，两者相比没有孰优孰劣，关键在于客户需要的是什么。无论是对内部客户还是对外部客户，都根据其需要来设计和改进流程。

目前 GE 主要将精益六西格玛推广到新产品开发（创新）、信息到客户下订单（销售）、出订单到交货（订单交付）3 个流程，关注从客户开始到客户结束，贯穿始终的价值链方法，而不局限于供应链的一段。

但是，这不仅限于生产流程，还可以是服务流程、培训流程等。关键在于从客户开始到客户结束，这样才能真正了解到客户的满意度。

3.3.2　基于精益六西格玛的服务运营精确化管理创新研究

精确化管理是对精细化管理的量化和改进，主要通过运用信息技术和数理方法等工具，实现组织管理及运营过程的规范化、专业化和体系化，精确化管理的思想最初来自制造业，它与精益生产、六西格玛管理、全面质量管理等一脉相承，并相互融合。随着服务业的快速发展，以及社会对服务质量问题的普遍关注，有关服务运营的精确管理也日益引起企业界的重视，例如，2005 年，中国电信提出了“通过实施精确化管理和精确化经营，促进中国电信全面协调可持续发展”的企业发展战略，以精确化管理作为实现企业战略转型的指导思想和手段，不仅在财务、人力资源、市场营销等方面加以实施，还延伸到加强服务运营、提升顾客满意等领域。

本节通过对比分析精确化管理与精益生产、六西格玛管理的内涵、特征与适用范围，提出以精益六西格玛融合精益生产和六西格玛的优势，弥补各自不足，作为实施精确化管理的重要工具，并提出了明确的实施步骤和过程方法，将精细分析、明确界定、量化管理、规范操作等精确化管理的要求落到实处。

3.3.2.1 以精益六西格玛实现精确化管理

精确化管理的主要特征可以概括为四个字：精、准、细、严。其中，“精”是工作要做精，抓住问题的关键；“准”是要找准需求，明确标准，设定清晰的指标，并准确执行；“细”是做深、做透、做到位；“严”指目标严格，执行严格，管理严格。如果把“精”视为经营管理的关键环节，“准”是关键环节的主要控制点，“细”是可操作的控制措施，精确化管理就是通过系统解决关键环节的主要控制点来实现过程运行的平稳、高效和低成本。

为了将精确化管理精、准、细、严的特征落到实处，需要从组织实施、项目管理、评审与监控、方法工具等角度做好准备，融合精益生产和六西格玛管理两者优点的精益六西格玛可为顺利推进精确化管理提供有效的途径和手段。

1. 精益六西格玛是推行精确管理的有效工具

精益生产主要通过及时制造、消灭故障、消除生产过程中的一切浪费，来提高生产效率，实现零缺陷和零库存的目标，但是，精益生产对顾客感知的关键质量特性关注不够，缺乏有效的组织结构，尤其是在过程能力及过程波动性方面，缺少有效的分析和控制手段，六西格玛管理主要通过持续地改进企业的业务流程，减少过程波动，实现无缺陷的过程设计与运行，使过程缺陷逐步逼近百万分之三点四的水平，但是，与精益相比，六西格玛更多地关注过程波动性分析，而没有明确定义浪费所在及区分增值与非增值流程，缺乏对质量与速度之间关系的分析，没有提出减少 WIP 是提高流程速度的有效途径等，因此，精益与六西格玛具有很强的优势互补性。通过将精益和六西格玛进行有机整合，建立精益六西格玛的管理思想和方法体系，协调运用精益与六西格玛两套工具，将有助于在消除过程浪费、减少过程波动的同时，加快过程速度，提高质量水平，真正实现利润最大化和顾客满意的双赢目的。

精益六西格玛不仅融合了精益生产关注速度、消除浪费的特点，以及六西格玛管理关注过程、减少波动等特征，同时也与精确化管理的精、准、细、严的理念相吻合，是实现精确化管理的有效模式和途径，以精益六西格玛实现精确管理的特点和优势主要表现如下。

（1）职责分明的组织结构。为保证顺利实施，精益六西格玛需要从管理和技术角度设置专职资源，如倡导者、倡导执行者、黑带大师、黑带、绿带等，以从上到下的推动方式，首先实现管理工作的精确化，而不是下属执行的精确化，充分抓住了精确化管理的前提。

（2）层层推进的项目管理机制。主要从顾客需求与企业运营的薄弱环节入手，以具体项目为突破口，抓住关键问题、关键原因，区分轻重缓急，由点及面，带动全局，符合精确化管理决策要“精”、问题要“准”的要求。

（3）结构化、系统化的流程方法。实施过程具有明确的阶段划分，每一阶段都有具体的步骤和可选工具箱，既包含六西格玛工具如 DOE、MSA、ANOVA、REGRESSION，也包含精益工具如价值流、拉动系统、单件流、看板、快速切换等，这种极高的可操作性满足了精确化管理做“精”做“细”的要求。

（4）严格的阶段性评审。对各阶段都设定明确而具体的要求，各阶段结束时都要按要求进行评价和审核，合格后才能进行下一阶段的评审，从而保证了各阶段执行的质量和项目的进度，充分体现精确化管理的“准”和“严”的特征。

（5）整合与标准化。为建立长效机制以项目为单位的改进结束后，为保持改进成果，必须将改进成果标准化，并融合到企业的管理规范和标准中，并对关键指标进行统计数据监控，在改进和控制的不断循环中，企业向精益求精的方向转变，同时也改变着企业员工的习惯和文化，精确化管理的“严”体现在执行和控制上，没有严格的执行和控制，一切结果都会落空，精益六西格玛为防止执行打折扣，特别注重严格控制。

2. 通过精益六西格玛推进精确化管理的过程与步骤

如果将实施精确化管理的对象，或者说待解决的问题视为因变量 Y，将影响该问题的有关因素视为自变量 X，精益六西格玛方法及其实施过程就是一种揭示 $Y=F\ (X)$ 之间作用机制的函数映射。根据“二八定律”，抓住了关键问题，找准了重要原因，就可以事半功倍地实现管理的目标。因此，对问题进行清晰界定，并细化、量化问题，同时，对影响因素进行归类、排序，就构成了实施精确化管理的核心内容，此外，对改进措施的设计、措施有效性的判断，以及对关键影响因素的监控和调整等，都是精益六西格玛方法不可缺少的部分，体现出系统化解决问题的特色。

基于上述分析，提出利用精益六西格玛思想和方法推进精确化管理的路线与步骤（参见图3－3－1基于精益六西格玛的精确化管理技术路线图），具体实施步骤如下。

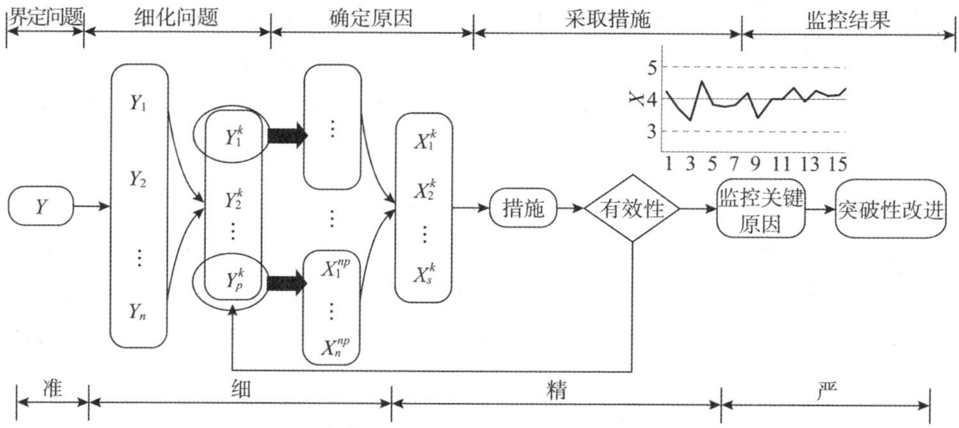

图3－3－1　基于精益六西格玛的精确化管理技术路线

Y，待解决问题；Y_j，细化问题，$j=1，2，\cdots，J$；Y_p^k，关键问题，k 表示关键；$p=1，2，\cdots，P$；X_n^{ip}，关键问题 Y_P^k 的影响因素，$n=1，2，\cdots，N$；X_s^k，合并后的关键影响因素，k 表示关键；$s=1，2，\cdots，S$。

（1）界定问题。明确地界定问题 Y 是实施精确化管理的前提，也是精益六西格玛项目成功与否的关键，这一阶段的主要工作内容包括精辟地描述问题是什么，需要实现的目标有哪些，并努力用公式、图、表等形式刻画问题及目标；绘制详细的流程，并识别流程中的相关方，如供方、需方等，以及构建项目团队等。

（2）细化问题。以集合论语言来表示，细化问题就是按照某种性质或原则对问题集合进行的全划分，这是进一步明确问题所必需的。细化问题的关键是选择合适的细分标准，在实际操作中，应从“用户为关注焦点”的原则出发，确定若干不同角度的分解标准，进行有效的问题细分和目标分解，从而确定 Y_j，针对所有细分的问题 Y_j 进行数据搜集，采用排列图方法，确定关键问题 Y_p^k。

（3）确定原因。针对每一个关键问题 Y_p^k，寻找并确定其主要影响因素 X_n^{ip} 及其影响机制，其实质类似于系统评价中的指标设计。本阶段重点：在确保影响因素全面性的同时，提炼筛选出重要的、可控的原因，以便采取改进措施。对不同问题所涉及的影响因素进行归类、合并，可以确定若干关键的影响因素 X_s^k，作为改进、控制的重点。

为了能够系统地确定影响因素，文献［3］提出了一些颇具共性的分析思路，如“从个案归纳到理论推导”“从影响主体确定到系统结构分解”“流程遍历分析”等，具体到精益六西格玛项目的实施，要多问、多思、多测算，从质量记录入手，运用统计手段科学地梳理和归纳，结合流程现场调查与多方讨论，由表及里，去粗取精，逐步揭示问题的原因。

（4）采取措施，针对具体问题具体原因，在与管理、操作人员深入沟通的基础上，制定对策，落实责任部门，分解任务指标，指定人员和期限，以实现持续改进，本阶段工作相当于求解函数 $Y=F(X)$ 的过程，通过调整、改变 X 以实现改进 Y 的目的。

（5）监控结果，监控阶段的主要任务包括：对关键影响因素的波动进行监控以便及时预警问题的再次发生；将改进措施文件化、制度化、程序化，以便执行和控制等。

3.3.2.2 上海电信降低话费异议率的实证分析

话费异议率是电信企业用于衡量用户感知电信服务质量的一个重要指标，降低话费异议率对于提高用户满意度、降低内部成本、避免无效的投资改进决策等具有非常积极的意义。

1. 问题界定与细分

话费异议率是指在一定数量的投递账单中所出现的异议账单次数，这是本例中的待解决问题 Y，这里的“异议账单”是指进入电信部门账务中心投诉处理流程中的账单。

根据精确化管理的要求，从用户投诉内容及上海电信对投诉账单的处理方式两方面，对“话费异议率 Y”进行了细分，首先，从投诉类型看，用户产生话费异议的重点集中在：区间区内通话费、声讯费、对投诉处理结果不满意等 9 项收费项目，在对投诉账单的处理方面，根据同一张账单的投诉次数和处理结果，可以划分为一次投诉正常收费、一次投诉调整收费、二次及以上投诉正常收费、二次及以上调整收费，分别简称为：一次（正常）、一次（调整）、二次（正常）、二次（调整）。其中，一次（正常）是指由于用户误解所造成的投诉，经查证后线路正常，并非电信业务流程差错导致，故可称为疑似异议；一次（调整）和二次（调整）则是由于电信方面工作失误或流程缺陷等原因，对用户收费进行了调整，故统称为真实异议。此外，二次（正常）主要是由于电信服务人员解释、宣传工作不到位而造成的同一账单多次投诉，故将其也归入真实异议类别。由此，将话费异议率具体细分为两类四方面问题 Y_j（$j=1, 2, 3, 4$），参见表3－3－1话费异议率问题的分解表。即每百万张账单中出现的异议总量（PPM）。

表3－3－1　话费异议率问题的分解

类　别		区间区内通话费	声讯费	宽带月租费	长途费	其　他
疑似异议	一次（正常）	★★★★★	★★★	★	★★★★★	
真实异议	一次（调整）	★★★	★	★★★★★	★★★	
	二次（调整）	★	★	★	★	
	二次（正常）	★	★	★	★	

注：★代表异议量的多少。

由于电信业务的增长量并不限于账单数（用户数）的增长，而是直接反映为业务项目量的增长，根据2004～2005年的数据统计，账单数的增长率平均每月不到1%，而业务项目量的增长率每月达到5%，随着收费项目越来越多，账单出错的机会也会随之增加，单纯根据异议总量或PPM来衡量话费异议率，将无法真实反映电信服务的质量水平，因此，引入DPMO（百万机会缺陷率）来重新定义话费异议率指标，以便正确评价电信业务量与话费异议的比例关系。

根据2005年3～5月的数据，利用DPMO表示的总话费异议率水平为213。其中，疑似异议水平为142，真实异议水平为71。

2. 确定原因

在所有话费异议中，疑似异议的产生主要由于电信部门与用户之间沟通有误，宣传不到位，并非业务流程存在缺陷；而真实异议则是因为流程设计欠妥、服务工作不细致等原因造成的，是电信部门进行业务改进的重点，其中，真实异议的重点是一次投诉调整收费所产生的异议，而二次（调整）及二次（正常）异议较少，故可将一次（调整）异议界定为关键问题 Y_2^k，根据3.2.1

小节以及文献［3］所述确定影响因素的思路和方法，首先对一次（调整）异议账单进行归纳汇总，确定主要投诉内容和类型；其次针对具体类型的异议，确定主要的相关方，并进行流程遍历分析，以确定真实原因所在。根据2004年12月至2005年3月的统计数据，一次（调整）异议的主要投诉类型包括宽带月租费、月租费、违约金和区间区内通话费等。

$$DPMO = \frac{\text{缺陷数}}{\text{缺陷机会}} \times 10^6 = \frac{\text{异议数}}{\sum(\text{账单} \times \text{收费项目数})} \times 10^6$$

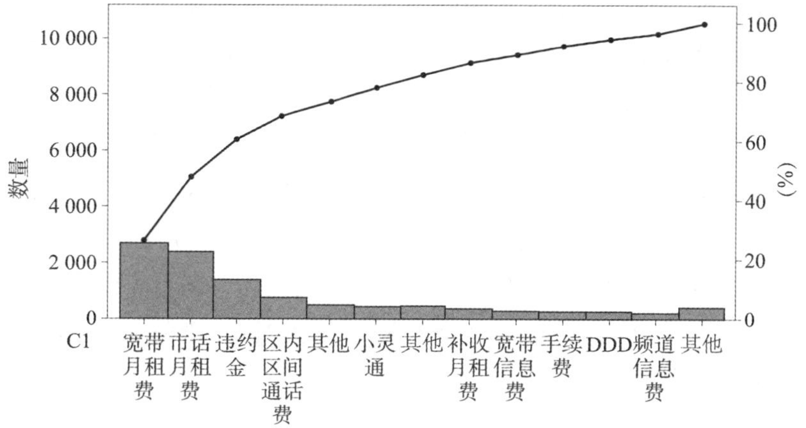

图3－3－2　一次（调整）异议的主要投诉类型（2004年12月至2005年3月）

从一次（调整）异议的主要投诉类型（2004年12月至2005年3月）图可见，宽带月租费、市话月租费和违约金三项所产生的异议总量占所有一次（调整）异议的60%左右，是最主要的投诉内容，在看似不可能产生投诉的月租费方面，为何有如此高的一次（调整）异议？下面重点以宽带月租费和市话月租费这两类月租费异议为例，具体剖析其影响因素，并对主导原因进行筛选，其他类型异议的分析思路与之类似。

从影响主体看，造成月租费异议的主要相关方包括：用户（包括合同用户和家庭用户）、电信服务的前台人员（包括“10000”号接听人员和其他受理前台），以及电信服务运营的后台（包括账务中心、信息处理中心等，可统称为后台支持人员），从月租费异议的内容构成看，主要异议来自业务查询与咨询、收费项目的有无以及收费准确性三方面。

根据话费异议率问题的分解表，对月租费异议进行统计分析和现场调查后，可总结出产生异议并进行调整的三类主要原因：① 由于当前服务处理流程设计不当，对于“资费调整”的计数不能区分“正常业务”与“异议处理”，统统归入了“真实异议”类别，如根据管理规定，在用户更换套餐、移机拆机时所涉及的正常退费都归入了异议调整；同时，在异议处理系统操作界面上，市话月租费代码排在首位（01），在服务接听时许多难以归类的异议也都被点入“月租费”异议类别，这些流程设计上的不当往往造成大量正常资费变更被划入异议调整中。② 由于电信部门在合同用户信息管理方面存在漏洞，导致用户合同到期信息未能及时反映给账务中心，从而有可能发生相同时间相同地址出现成百上千条内容相同的异议，此类问题发生的频率较小，但往往会造成当月异议量的陡升。③ 在涉及费用减免、退还等账务处理时，由于服务人员录入差错、前后台衔接不够紧密等工作失误所造成的异议调整。

基于过程和数据的分析，对于识别疑似异议的原因，同样发挥了很大作用，例如，针对前台人员解释宣传过程所造成的疑似异议，管理部门此前认为是由于服务专线“10000”号新进员工经验不足造成的，但通过对新老员工投诉记录数据进行列表分析后发现，异议量多少与是否为新员工没有明显的统计关系，从而澄清了误解，剔除了此类似是而非的原因，避免了无效决策。

3. 采取改进措施并进行效果监控

对各类异议产生原因进行潜在失效模式及其效应分析（FMEA），从严重度、频度和探测度三方面进行综合评价，可以得到各类原因的风险顺序指数（RPN），然后根据 RPN 大小确定关键原因，以便对症下药，采取改进措施，例如，针对月租费异议，改进措施包括：细分用户话费异议的处理流程，区分正常资费调整和话费异议；完善话费异议处理流程，杜绝填写不规范的话费异议单据；加强对合同用户到期信息管理，做到账务中心与受理前台信息联动；对营销活动到期之前，以及申办新业务开通之前，提前告知资费变动情况，变事后被动解释为事前主动告知，等等。

通过实施相应的改进措施，上海电信在降低话费异议率方面取得显著成效，话费异议率下降幅度同比达到 20%。

3.3.2.3 结论

上海电信成功地降低话费异议率的实践，验证了精益六西格玛在实施精确化管理创新中的有效性，为进一步推进精确化管理的实践提供了有益的素材和经验，通过理论分析与实证案例，可总结出如下一些结论。

（1）管理决策精确化是实施精确化管理的前提，对问题和标准的准确界定是管理决策精确化的直接体现，将对资源投入的方向和效果产生重大影响，例如，关于话费异议率的衡量标准，从原有的异议量占账单总量的比修正为百万机会缺陷率之后，可以更细致地反映具体业务内容的服务水平，符合电信业务多元化发展的趋势。

（2）抓住关键的细节是开展精确化管理的关键，在利用精益六西格玛开展精确化管理过程中，不仅要对问题和原因进行细分，还要进一步确定关键问题及关键原因，从纷繁芜杂的现象中抓住关键的细节，事半功倍地解决问题，例如，关于疑似异议和真实异议的层次划分。

（3）挖掘数据背后隐含的信息是进行精确化管理的精髓，定性判断与定量分析各有其适用范围，两者的有机结合将实现从数据到决策信息的真实转换，例如，关于新老员工工作经验与异议率多少之间关系的分析。

1. 实施精益六西格玛的关键成功因素

（1）关注系统。精益六西格玛的力量在于整个系统，而不是单个的项目，实施精益六西格玛不能把注意力仅仅集中在项目上，还要考虑运作系统整体的改进状况，把短期财务绩效与公司长期战略平衡考虑。精益六西格玛不是精益和六西格玛简单相加，而是把精益和六西格玛有机结合起来，处理整个系统的问题，对于系统中不同过程或同一过程的不同阶段的问题，精益和六西格玛相互补充，才能达到 1 + 1 > 2 的效果。例如当过程处于起始状态，问题较为简单，可以直接用精益生产的方法和工具解决；但随着过程的发展，当问题处于复杂状态时，就要用六西格玛的方法解决。所以在实施中要关注整个系统，用系统的思维方式，综合考虑、恰当选用精益六西格玛的方法或工具。现时一些企业实施精益六西格玛时之所以没有达到预期效果，就是因为它们虽然同时做了精益和六西格玛，但是没有把两者结合在一起，而是不同的部门分别使用不同的模式。

（2）重视文化建设。不论是精益生产还是六西格玛管理，文化对其成功都起到了重要的作用。同样，实施精益六西格玛也离不开文化建设。通过文化建设，使公司每一个员工形成一种做事的习惯，自觉地按精益六西格玛的方式去做事情。精益六西格玛的文化是持续改进、追求完美、全员参与的文化。只有追求完美，持续地对过程进行改进，才能不断超越现状，取得更大的绩效；而现代的组织管理是一个非常复杂的系统，个人或一部分人的力量是有限的，只有靠全员参与，才能最大限度地发挥出集体的能力。

（3）以流程管理为中心。精益生产和六西格玛管理都是以流程为中心的管理方式，因此精益六西格玛管理也必须以流程为中心，摆脱以组织功能为出发点的思考方式。只有以流程为中心才能真正发现在整个价值流中哪些是有价值的，哪些是浪费的，进行高效的管理。

（4）领导的支持。精益六西格玛需要处理整个系统的问题，同时要分析和解决的问题也更复杂，需要与不同的部门进行沟通，需要得到更多资源的支持，所以没有领导的支持是不可能成功的。领导的支持应该是实实在在的支持，而不仅仅是口头上的承诺，这就要求领导也参与到精益六西格玛管理变革中去，只有参与其中，才能发现问题，有力地推动精益六西格玛。

（5）选择正确的人员。精益六西格玛实施涉及整个公司范围内的所有人员，精益六西格玛在意识、道德、技术水平等方面对人员素质都有较高的要求。在意识方面，要求员工具有不断进取、追求完美的精神；在道德方面，要求员工有高尚的职业道德观，不要斤斤计较，要有团队精神；在技术方面，要求一般员工是多能工，领导者能熟练运用精益和六西格玛的工具和技巧，接受过系统的管理知识的培训，有良好的沟通能力。

（6）正确使用方法和工具。在利用精益六西格玛方法对系统分析之后，针对具体某一点的问题，可能仅仅用到精益生产或者六西格玛的方法或工具，也可能需要把两个管理模式中的方法和工具结合起来使用。例如，对于简单的问题，就应该用 Kaizen 的策略，用精益生产的方法与工具直接解决，如果还用六西格玛的方法和工具，必然降低过程的速度；而对于复杂的问题，如果不用六西格玛的方法和工具，就不能发现真正的原因，不能有效解决问题；还有一些复杂问题需要同时利用精益和六西格玛的方法和工具来解决，才能达到其目的。因此，精益六西格玛管理要实现精益生产速度和六西格玛的过程稳健性，必须确定问题的种类，针对具体问题选用恰当的处理方法和工具。

2. 本节小结

精益六西格玛是精益生产与六西格玛管理的结合，其本质是消除浪费。将精益生产和六西格玛管理相结合，实施精益六西格玛是必要的，精益生产为六西格玛管理提供了改善的框架，保证了系统整体的优化目标，对于简单的问题，精益生产提供了快速有效的解决方法和工具；六西格玛管理保证过程处于统计受控状态，对于复杂的问题能够发现变异的来源，从根本上解决问题；实施精益六西格玛也是可行的，两者是互补的。精益六西格玛汲取两者的优点，把两者有机结合，而不是精益生产和六西格玛的简单相加，精益六西格玛活动包括简单精益改善活动和精益六西格玛项目活动。实施精益六西格玛要注重其关键成功因素：关注系统，注重文化建设，以流程为中心，领导支持，选择正确的人员、正确方法和工具。对于简单的问题，可以直接用精益的方法和工具解决；对于复杂问题的精益六西格玛项目，可以用文中提出的 DMAIC Ⅱ 的方法和流程解决，在实施 DMAIC Ⅱ 时应正确选择实施步骤和各个阶段的工具。

3.4 结论与展望

3.4.1 结论

通过对精益生产和六西格玛管理进行研究，从文化、战略、运作模式、过程改进方式、员工培训、关注对象等多方面对两种管理模式进行了对比，分析了它们的相同点和不同点。通过研究发现，精益生产和六西格玛各有优缺点，精益生产能够更迅速地发现、解决直接的问题，而六西格玛能够更好地利用数据解决复杂的、本质性的问题，揭示了两种模式整合的必要性和可行性，两者结合能够更好地优化流程。通过研究，提出了实施精益六西格玛的关键成功因素：关注系统、重视文化建设等。在此基础上，提出 DMAIC Ⅱ 的实施流程和步骤，为实践提供了理论上的指导和可行的方案。

实施六西格玛是一项复杂的系统工程，同时对于企业来讲也意味着一场管理变革。六西格玛是一项自上而下的活动，高层管理者的决心和参与度将决定六西格玛实施的成效。实施六西格玛需要结合企业的实际进行周密的规划。六西格玛不是冲动，不是为企业脸上贴金，更不是空洞的口号。只有根据企业的自身实际，踏踏实实地推进，中国企业才能走出一条有特色的六西格玛持续改进之路。

项目通过在 NOKIA 赛尔康的实施案例，从实践上证明了精益生产与六西格玛结合可以相互促进，产生更好的改善效果，实现企业效益的最大化。

3.4.2 展望

精益和六西格玛虽然不同源，但其基本思想是一致的。精益生产也是一个企业实现业务流程持续改进的过程，与六西格玛实现持续改进类似，这个过程也需要发现企业在流程中存在的问题。在发现问题方面，精益思想特别强调暴露问题，找到引起该问题的根本原因，然后才能彻底解决问题。在很多企业里，过多的库存量非常普遍，究其原因，可能是由于供应商供货不及时或时间不确定、机器需要较长的时间换模或换线、某台设备机器经常出故障等，为了保证整个生产看起来顺畅，企业不得不增加大量的库存以备不测，即使采用统计分析或经济批量模型求得最佳的批量从而控制库存，也是治标而非治本。从精益思想的角度看，库存是万恶之源，不仅占用资金而且消耗库存管理成本，更重要的是掩盖了这些问题，从而使得这些问题成为企业的顽疾。因此，精益生产要求尽量减少库存，才能暴露出这些问题，然后调动团队，确定改进项目，找到根本原因，解决问题，保持持续改进。精益强调消除一切不必要的浪费，六西格玛则强调通过将过程量化消除过程中存在的变异，消除变异的过程本身就是消除浪费的过程，从方法论上讲，两者具有很好的互补性。推行精益的企业常常把六西格玛作为一个有效的工具；而推行六西格玛的企业又往往使用大量的精益工具；有关六西格玛和精益生产的比较、融合等方面的文章已经很多，可以参阅相关文献，见参考文献［9］、［10］，内地不少企业也成功地实施了精益和六西格玛的结合。笔者认为，精益和六西格玛之间不存在谁大谁小，谁是理念谁是方法或者谁包含谁的问题，两者都旨在实现持续改进的管理模式和技术体系，应该相互融合，不管企业推行的是精益生产、六西格玛或者精益六西格玛，名字本身并不重要，重要的是真正地建立符合企业自身特点的可持续发展的业务改进模式。

这里要特别指出，六西格玛不仅意味着质量，精益也不仅意味着速度，当然，精益六西格玛不等于速度加质量。只有真正理解六西格玛和精益的本质属性，才能从战略层面将精益和六西格玛有效融合。

参考文献

[1] Michael L., George. Lean Six Sigma: Combining Six Sigma Quality With Lean Speed [M]. New York: The McGraw-Hill Companies, Inc., 2002: 8-13.

[2] Udit Sharma. Implementing Lean principles with the six sigma advantage [J]. Journal of organizational excellence, 2003, 22 (3): 43-52.

[3] Edward D. Arnheiter and John Maleyeff. The integration of lean management and Six Sigma [J]. The TQM Magazine, 2005, 17 (1): 5-18.

[4] Bengt Klefsjö, Häkan Wiklund, Rick L., Edgeman. Six Sigma seen as a methodology for total quality management [J]. Measuring Business Excellence, 2001, 5 (1): 31-35.

[5] Reed M. Six Sigma eavesdropping on the net [J]. Quality Australia, 2000, (15) 1: 10.

[6] 何桢. 黑带计划与连续质量改进 [J]. 中国质量, 1999 (9): 21-24.

[7] 何桢, 施亮星, 生静. 6σ 计划与连续质量改进 [J]. 工业工程, 2001, 14 (4): 13-17.

[8] Mikel Harry, Richard Schroeder. Six Sigma [M]. New York: Currency, 2000.

[9] Forrest W. Breyfogle Ⅲ etc. Managing Six Sigma [M]. New York, John Wiley and Sons, 2001.

[10] 胡亚琴, 何桢. 论六西格玛的本质属性 [J]. 科学学与科学技术管理, 2004, 125 (10): 137-139.

[11] 何桢, 魏明, 周善忠. Six Sigma Implementation Issues in China [C]. The 3rd Sino-Korea Bilateral Symposium on Quality, 2004: 151-155.

[12] 何桢, 张志红. 精益与六西格玛的比较研究 [J]. 工业工程, 2006, 9 (1): 1-4.

[13] 何桢, 车建国. 精益六西格玛: 新竞争优势的来源 [J]. 天津大学学报 (社会科学版), 2005, 7 (5): 321-325.

[14] Jiju Antony, Ricardo Banuelas. Key ingredients for the effective implementation of six sigma program [J]. Measuring Business Excellence, 2002, 6 (4): 20-27.

[15] James R. Evans, Willian M. Lindsay. The management and control of quality [M]. South-Western College Publishing, 1999: 88-89.

[16] Shoemake A. C., Tsui K. -L., Wu C. F. J. Economical experimentation methods for ro-

bust design [J]. Technometrics, 1991, 33 (4): 415 -421.

[17] Lee Iing Tong, Su Chao - Ton. Optimizing multi - response problems in the taguchi method by multiple attribute design making [J]. Quality and Reliability Engineering International, 1997, 13: 25 -34.

[18] Myers R. H.. Response surface methodology in quality improvement [J]. Communications in Statistics - Theory and Method, 1991, 20: 156 -476.

[19] Michael W., Siddall J. N. The optimization problem with optimal tolerance assignment and full acceptance [J]. Journal of Mech. Design, 1981, 103: 842 - 848.

[20] Bates R. A., Wynn M. P. Toleranceing and optimization for model - based robust engineering design [J]. Quality and Reliability Engineering International, 1996, 12: 119 -127.

[21] Kusiak A., Feng E. X. Robust tolerance design for quality [J]. Journal of Eng. For Industry, 1996, 118: 166 -169.

[22] 陈立周，翁海珊，等. 基于随机模型的产品质量设计原理与方法 [J]. 工程设计，1995 (4): 12 -16.

[23] Parakinson A. Mechanical design using engineering models [J]. Journal of Mech. Design, 1995, 117: 48 -54.

[24] 陈立周. 基于质量—成本模型的稳健优化设计——面向21世纪的工程设计 [M]. 北京：人民交通出版社，1998.

[25] Dong Z., Hu W., Xue D. New production cost - tolerance models for tolerance synthesis [J]. Journal of Eng. Industry, 1994, 116: 199 -201.

[26] 陈立周. 稳健设计 [M]. 北京：机械工业出版社，2000.

[27] Belegundu A. D., Zhang S. Robustness of through minimum sensitivity [J]. Journal of Mech. Design, 1992, 114: 213 -217.

致　　谢

值此博士后研究报告完成之际，谨在此向我的导师何桢教授表达真挚的谢意与诚挚的感激之情。

何老师治学态度严谨，业务功底深厚，从他的身上我慢慢体会到了应该如何去做研究。在我的博士后求学过程中，一路走来，何老师对我的学业和生活都给予了极大的指导、帮助和鼓励。每当我在学业、生活中遇到困难时，何老师总是能在适当的时候对我进行点拨和提醒，其中所体现出来的敬业精神和高尚品格会使我受益终生；可以说，没有何老师的引导，今天我就不能够顺利地出站并取得博士后证书。做何老师的学生是我终生的幸运，感激之情无以言表，在此祝愿何老师身体健康，工作顺利。

感谢学院各位老师特别是人事处常洪亮给予的帮助。

感谢我的父母，是您们含辛茹苦地养育了我，在我生活、学业遇到困难的时候关心我、鼓励我，帮我走出困境，继续前行，从您们身上我学到了做人的道理，谢谢您们！

在两年的研究过程中，我还要感谢我的朋友和同事，并祝他们有一个美好的未来。

陈勤业

第四篇　法律完善研究篇

绿色壁垒　国际惯例　劳动争议

4.1　WTO 下绿色壁垒条款的合法适用及局限

——基于纵横两个层面的评析

4.1.1　导言

所谓绿色壁垒，是指以保护自然资源、生态环境和人类健康为名，通过制定一系列复杂苛刻的环保标准，对来自其他国家的产品及服务设置障碍，以保护本国产业的一种新型的非关税壁垒[❶]。观之 WTO 框架下的关于绿色贸易的法律条款，主要散见于《关贸总协议》第 20 条、《技术性贸易壁垒协议》《动植物检验检疫措施协议》《农产品贸易协议》《补贴与反补贴协议》等规则中。由于其分布松散、规定模糊，故常使争端无法可依，许多案件需依靠专家组的解释，因此使绿色壁垒大行其道。又鉴于绿色壁垒本身也具有其特殊性，此特殊性在于其既涉及自由贸易问题（壁垒），又涉及环境保护问题（绿色）。纵观当今形势，此两问题皆为各国所瞩目，即环境与贸易问题不仅是以 WTO 为统领的世界贸易体制与以多边环境协议为代表的世界环境体制争论不休的焦点，也是发达国家与发展中国家之间矛盾的焦点。故，如何阐明 WTO 体制下绿色壁垒条款之适用，具有一定的复杂性。本文拟从纵（法条适用受 WTO 体制之影响）和横（法条适用受环境保护的影响）两个层面，评述绿色壁垒条款的

❶　本文对“绿色壁垒”定义的表述，参见葛壮志、宋彦禄：“试析绿色壁垒与 WTO 多边贸易规则”，http：//www. law－walker. net/detail. asp? id＝1928，访问日期：2012 年 10 月。

合法适用及局限，并据此探讨造成这种局限的根源。鉴于“心有余而力不足”，不当之处，敬请各位读者批评指正。

4.1.2 纵向层面诠释 WTO 中绿色壁垒条款的适用

4.1.2.1 绿色壁垒概述

1. 特点

绿色壁垒是新贸易保护主义和环保运动结合的产物，其具有以下特点❶。一则，虚假性。以保护地球生态环境与人类健康之名，行“贸易保护主义”之实。二则，不平衡性。发达国家和发展中国家由于国情之不同，采用两者不同标准，造成标准的不平衡性。三则，广泛性。绿色保护的内容非常广泛，不仅涉及资源环境与人类健康有关商品的生产、销售方面的规定和限制，而且这些绿色保护措施，对生产技术水准较低的发展中国家来说，涉及面就更大、更深。随着人们生活水平的提高，此种环保性质的标准更具有普遍性。

2. 主要的制度安排

WTO 对可持续发展理念的重视，为绿色壁垒的产生提供了多边法律基础。《建立世贸组织协议》的序言中就规定：“成员方认识到，在处理贸易和经济领域的关系时，应以提高生活水平、保证充分就业、保证实际收入和有效需求的大幅稳定增长以及扩大货物和服务的生产和贸易为目的，同时应依照可持续发展的目标，考虑对世界资源的最佳利用，力争达到既保护环境又符合经济发展水平不一国家的需要。”可见，WTO 对环境问题的重视和许多国际环保条约的制定，为各国制定环保标准、实施绿色壁垒创造了多边法律基础。

从主要的制度安排来看，主要有环境附加税和市场准入制度、产品加工标准制度、环境标志制度、绿色包装和标签制度、绿色补贴制度、绿色卫生检疫制度等。

4.1.2.2 WTO 下绿色壁垒法律条款的合法适用及局限

WTO 关于绿色壁垒的规定主要体现有《关贸总协议》（GATT）1994 第 20 条、《卫生与动植物检疫措施协议》《技术贸易壁垒协议》《补贴与反补贴协

❶ 关于绿色壁垒的特点，是笔者参见众多论者的观点整理出来的。可参见林汉川、田东山：“国际绿色贸易壁垒及其突破对策探析”，载《广东省 WTO 事务咨询服务中心研究论坛论文集》。

议》，下面针对每种规定做一分析。

1.《关贸总协议》1994 第 20 条

其一，合法适用。《关贸总协议》1994 第 20 条规定了“一般例外”条款，允许成员国采取“保护人类与动物健康和生命的措施”。“基于养护可用尽的天然资源保护”为目的，可以背离 WTO 的基本原则和承诺。根据 WTO 争端解决机构对《关贸总协议》第 20 条的解释，任何成员依第 20 条采取的措施不仅要符合该条第 1 款到第 10 款的任一具体规定，尚须符合《关贸总协议》第 20 条的引言，否则例外规定就不能援引。而《关贸总协议》第 20 条的引言是如此规定的：“本协议的规定不得被解释为禁止缔结方采取或加强下述措施，但对情况相通的各缔约方，实施的措施不得构成武断的或不合理的差别待遇，或构成对国际贸易的变相限制。”而这里值得我们思考的就是如何去界定“武断的或不合理的差别待遇”以及“构成对国际贸易的变相限制”。关于前者，有学者认为[1]：构成武断的或不合理的差别待遇必须符合三个条件：（1）措施的实施必须产生歧视；（2）歧视的性质必须是武断的或不合理的；（3）歧视必须是在情况相同的各成员间实施。此可见美国汽油案，上诉庭裁定歧视不单指不同的出口国之间，还包括出口国与相关进口国之间的歧视。由此推之，只有在被援引《关贸总协议》第 20 条第 1 款至第 10 款不违反第 20 条前言的情况下，方可有效援引该一般例外。

其二，局限性。这条例外突出强调了“环保例外权”，但如上分析，其在如何行使这种权力上缺乏明确有效的约束性规则，常被成员做扩大性的解释。在一定程度上，例外规定经常面临着被滥用的威胁。而这也是导致绿色壁垒在 WTO 体制内泛滥的主要根源。例如，从 1982 年加拿大诉美国禁止进口金枪鱼案，到 1990 年美国诉泰国限制香烟进口案；从 1993 年欧盟诉美国保护限制金枪鱼中间国家进口案，到 1996 年 WTO 成立第一案——委内瑞拉巴西诉美国汽油标准案，环保案件不胜枚举，被诉方都以《关贸总协议》第 20 条例外作为其实施绿色壁垒的抗辩理由。

2.《卫生与植物检疫措施协议》

其一，合法适用。该协议规定了各国有关卫生和动植物检疫领域的法律法规、检验方法及检疫措施，要符合 WTO 的非歧视待遇和透明度原则，以国际

[1] 王贵国：《国际贸易法》，北京大学出版社 2004 年版，第 147 ~ 148 页。

标准为基础。从其内容上看，应是《关贸总协议》第 20 条第 2 款的具体化。其很大程度上也是基于《技术贸易壁垒协议》而订的，只是范围更窄。如何合法地去适用此条款？下面从文本角度和个案中专家组的解释对其进行阐述。

一是，文本角度。根据该协议第 2.1 条规定，各成员有权采取为保护人类、动物或植物的生命或健康所必需的卫生与植物卫生措施，只要此类措施与本协议的规定不相抵触，即成员方对其所采取的措施至少必须保证：

（1）只是为保护人类、动物或植物的生命或健康，并以科学原理为依据。（第 2.2 条）

（2）不得在成员间造成歧视，也不能造成对国际贸易的变相的限制。（第 2.3 条）

（3）应当以国际标准为依据。（第 3.1 条）

（4）若成员采取的措施比根据国际标准制定的措施所可能达到的保护水平更高，则必须有科学根据，或符合协议第 5 条第 1 ~8 款以及协议的其他规定。（第 3.3 条）

（5）所采取措施应以合格的风险评估为基础。（第 5 条第 1 ~4 款）

（6）所采取措施对贸易的限制不超过为达到适当的保护水平所要求的限度。（第 5.6 条）

（7）符合透明度原则的要求。（第 7 条及附件 B）

但观文本之阐述，其规定过于模糊，不能具体到实际，特别是一些词语的界定，比如科学根据、国际标准、风险评估。故专家组通过个案，对这些基本的规定做了阐析，下面简要分析之。

二是，专家组的解释。到目前为止该协议共有三个已经解决了的案件，即欧盟牛肉和肉类产品（荷尔蒙）案、澳大利亚大马哈鱼案以及日本农产品措施案。此三个案件分别涉及食品、动物及植物所引发的对人类或动植物生命或健康的危害风险，经争端解决小组及上诉机构的调查认证，在争端解决报告中对该协议的实质权利和义务有许多讨论，此有利于条文含义之诠释，对协议相关条款合法适用有一定的指导作用。主要体现在以下几个方面：一则是科学根据。在欧盟牛肉和肉类产品（荷尔蒙）案中，欧盟主张其根据“预防原则”而采取的检疫措施符合协议的风险评估要求，并认为“预防原则”是国际公法上一般公认的解释惯例。但小组及上诉机构都认为，即使“预防原则”为国际公法所普遍承认，仍然无法取代或优先适用于协议第 5.1 ~5.2 条的规定，而独立成为抗辩事由，由此可以看出充分的科学根据是援引的一个必要条件。❶ 二则是关于必要限度。必要限度的确定涉及风险评估，而风险评估不仅要考虑技术层面，也要考虑经济层面。保证相关措施“对贸易的限制不超过为达到的卫生与植物卫生保护水平所要求的限度”，也保证措施在技术和经济上的可行性。三则是透明度。透明度是 WTO 的灵魂。按照美国出口限制案的裁定，日本不具有强制性的检疫措施指引便没有能力违反 WTO，即其本身就不可能违反 WTO 的规定，但不公开此类措施则可能违背 WTO 的透明度原则，故可以看出，透明度在该协议中具有严格的要求。❷

其二，局限性。一则，该协议引入了“预防原则”，即在找不到“科学依据”时，可以临时性地采取更严格的卫生检疫措施，这就为一些国家设立复杂苛刻的绿色检疫壁垒大开方便之门❸。欧共体曾以在牛饲料中添加激素会危害人体健康为由，禁止进口美国牛肉，美国认为欧共体的决定没有科学依据，将争端诉诸 WTO，结果欧共体败诉。二则，风险评估制度的界限不明确。比如“由食品带来的”风险和病菌或害虫风险所要求的风险，两者的评估有何区别，可接受的风险水平是否可以设立在“零”点上，风险评估应当具体到什么程度。❹

3. 《技术贸易壁垒协议》

其一，合法适用。该协议规定各国在采取技术措施时，要体现非歧视和透明度的原则，尽量采用国际统一标准，进行必要的协调，对贸易影响最小。同时，也允许任何成员方采取以保护人类、动植物生命和健康的必要技术措施，可以与国际标准不一致。其体现在绿色贸易壁垒上的内容，和《卫生与动植物检疫措施协议》有很大的重复和相似性，根据《卫生与动植物检疫措施协议》的规定，同时涉及两者时则适用《卫生与动植物检疫措施协议》。

其二，局限性。发达国家在保护环境的名义下，制定了严格的强制性的高技术标准，对技术水准低下的发展中国家构成了歧视。比如，英国食品标准机构就以发现酱油中有致癌物质为由，禁止进口来自中国、泰国等地的酱油。欧

---

❶ 参见余劲松主编：《国际经济法问题专论》，武汉大学出版社 2004 年版，第 165 页。

❷ 参见王贵国：《国际贸易法》，北京大学出版社 2004 年版，第 334～335 页。

❸ 本文对“绿色壁垒”定义的表述，参见葛壮志、宋彦禄：“试析绿色壁垒与 WTO 多边贸易规则”，http：//www. law－walker. net/detail. asp？ id＝1928，访问日期：2012 年 10 月。

❹ 参见何志鹏、孙璐：“国际贸易法律体制与环境问题：一个发展中国家的视角”，见《北大法律评论：国际法与比较法》（第 3 卷第 1 辑），北京大学出版社，访问日期：2004 年 6 月。

盟内部各成员国对药品规定了不同的技术要求，外国药品进口必须经所有成员国检验，漫长的过程加重了进口负担、削减了竞争力等。

4.《补贴与反补贴协议》

其一，合法适用。该协议规定了补贴的定义和内容，把补贴分为禁止性的、可申诉的和不可申诉的补贴三类，其中“按新的环保要求，促进设备改造，而对企业负担给予的资助”为不可申诉的补贴，这为绿色补贴提供了合法性基础。❶

其二，局限性。一些进口国经常以绿色补贴引起了受补贴产品的价格扭曲、损害本国产业为由，按照本国的《反补贴法》征收反补贴税。由于WTO没有详细规定哪些绿色补贴合法，很容易产生贸易冲突。比如，美国就曾以环境补贴为由对巴西的人造胶鞋和加拿大的速冻牛肉提出反补贴申诉。

4.1.3 横向层面分析环境保护对绿色壁垒条款适用的影响

我们知道，绿色壁垒有其自身的特殊性，那就是其反映的不仅有贸易的一面，也有环境保护的一面。实践中，由于WTO关于环境方面的规定比较模糊，而国际环保法在这方面有比较翔实的规定，故有可以借鉴的可能。但由于两者的目的、判断根据不同，故造成实际中的众多冲突。由此可推之，尽管专家组依据WTO的原则对法律条款做出了解释，但仍会必然引起争论。随着环境问题的严重加剧，此种冲突必定会越来越明显。故，笔者认为，在探究WTO关于绿色壁垒条款的适用的合法性和局限性的时候，应该从横向进行延伸，分析环境问题给条款适用带来的问题。下面是针对国际环境法层面的几个问题，对其WTO框架下的绿色壁垒条款的影响做粗略分析。

1. “风险预防原则”等国际环境法的基本原则是否需要借鉴

从国际环境法的角度来看，风险预防原则是其重要的一项基本原则。其自1987年首次在国际北海大会通过的宣言中出现，到1992年《里约宣言》对它做了完整的表述，之后经过发展，其地位已经与日俱增，兼之其对经济贸易活动的重大影响，已经成为一个引起广泛关注的问题。如前文所分析，在欧盟牛肉案中，欧盟没有宣称其有关进口禁令是一项“临时措施”，而是援引了“风

❶ 参见本文“绿色壁垒”定义的表述，葛壮志、宋彦禄：“试析绿色壁垒与WTO多边贸易规则”，http://www.law-walker.net/detail.asp?id=1928，访问日期：2012年10月。

险预防原则”。它提出，风险预防原则是一项习惯国际法的一半规则，或者至少是一项一般法律原则。故，想借此来排除 WTO 成员思考和评价有关风险的必要性。但上诉机构在裁定关于各国是否已经将原则接受为一般习惯国际法时，尚未存在合意❶。风险预防不应超过《卫生与动植物检疫措施协议》第 5 条第 1 ~2 款的规定。从这里就可以看到 WTO 在接受其他领域法律原则之时，往往存在进行明显区分的意识。欧盟是否有足够证据来证明这种风险预防的合理，对于我们来讲并不重要。我们主要是要进行这样的考虑，即，是否能够鉴于环境问题的严重性，WTO 将该原则合理地纳入自己的体系？假如可以这样，那么 WTO 的这种协调该如何合理纳入？而这种纳入是否意味着能够减少绿色壁垒的发生？

2. WTO“同类产品”的相关概念需要修正

“同类产品”是 WTO 法的基石，是指产品进入市场到最终消费过程流通的，具有相同成分和使用用途的物品。WTO 的最惠国待遇和国民待遇原则都要求各成员方不允许对其他成员方的同类产品有歧视，但是，随着生物工程技术的发展，同类产品的概念受到了挑战。比如，转基因产品在完成自己生命周期前不能自行复制和繁衍，与一般的产品存在根本的不同。而两者的用途与成分是一致的，又是同类产品。对转基因食品的贸易问题，目前的贸易规则中没有明确的解释。经历过食品安全危机的欧洲国家规定，转基因食品要贴上生态标签由消费者进行购买决定。由于转基因食品是否安全，现在没有明确答案，这种做法构成了对美国等掌握先进生物技术国家食品的一种歧视。美欧之间的转基因食品大战，反映出传统的产品定义与飞跃发展的技术变革间的矛盾，已经开始在贸易领域出现。❷ 当然，对与同类产品紧密相连的生产过程和方法问题，我们也要给予合理定义和适用。在 1991 年墨西哥诉美国金枪鱼案中，美国以墨西哥捕捉金枪鱼的方法危及与金枪鱼共生的海豚的生命安全不符合美国国内法律——《海洋哺乳动物保护法案》及产品的卷标要求，限制进口墨西哥金枪鱼。美国的贸易限制涉及了产品的生产过程，而不仅仅是产品本身。墨西哥认为不能用产品生产方法（Process and Production Methods，PPM）对同类

❶ 参见何志鹏、孙璐：“国际贸易法律体制与环境问题：一个发展中国家的视角”，见《北大法律评论：国际法与比较法》（第 3 卷第 1 辑），北京大学出版社，访问日期：2004 年 6 月。

❷ 参见本文对“绿色壁垒”定义的表述，参见葛壮志、宋彦禄：“试析绿色壁垒与 WTO 多边贸易规则”，http：//www. law – walker. net/detail. asp？ id =1928，访问日期：2012 年 10 月。

产品进行比较，美国禁止进口的规定不符合 WTO 的非歧视原则。美国认为根据《关贸总协议》第 20 条，为了环保要求可以越过《关贸总协议》规则。WTO 专家小组研究了《关贸总协议》第 20 条环保例外的起草历史，认为其只能应用于采取行动的成员方管辖范围之内，不允许当事一方将其境内有关动物及自然资源的法律措施，越界强加于另一方，所以美国不能因为墨西哥的捕捞方法而限制其同类产品的进口，必须给予墨西哥金枪鱼不低于美国金枪鱼产品的待遇❶。WTO 虽然否定了根据生产方法进行贸易限制的做法，但 PPM 问题却不得不引起我们的重视。

4.1.4 原因及其出路

假如把绿色壁垒放在全球化这样一个大背景下进行考察，我们可以发现，这种绿色壁垒的出现伴随着两个层面的原因：一则是纵向的 WTO 贸易领域的法律在不断地朝完善方面深化，这表现在其法律规定得越来越具体，而绿色壁垒此时能盛行，则明显乘了当今法律的“缺陷”之机；二则是随着经济全球化的深化，开始朝横向的方面完善，具体表现在随着环境和贸易问题的凸显，两者之间不同的法律也将会顺大势，逐步走向协调，朝中和方面发展。诚如有学者所言：“法律规范的中和是一个流行，是一个不断更新的流行。”❷ 而绿色贸易壁垒反映出来的环境和贸易的矛盾，说明 WTO 的法律，已不断地朝横向的层面协调，而此种横向的完善，就是“新”的体现。故依照其趋势，WTO 法律应是和环境法律之间取得协调，而趋之于“中和”。

因此，具有前瞻和可行地解决绿色壁垒的做法应是，通过 WTO 体制和环境领域取得协调，而不是各执己见，“固守穷”。相应地，WTO 的相关绿色贸易壁垒的条款，也可以多从环境领域方面考虑，采纳和吸取有益因素，以使之不断完善。

---

❶ 参见本文对“绿色壁垒”定义的表述，参见葛壮志、宋彦禄：“试析绿色壁垒与 WTO 多边贸易规则”，http：//www. law - walker. net/detail. asp？ id = 1928，访问日期：2012 年 10 月。

❷ 参见王贵国：“全球化以致中和——从阿根廷家禽反倾销案说起”，载《法学家》2003 年第 4 期。王教授提到全球法律中和的趋势，笔者认为甚有道理。而将绿色壁垒放在这种法律中和的大势下考察，也可以发现其同样具有此趋势。

4.2 国际惯例的诠释和适用

——基于我国立法层面的分析

4.2.1 导言

随着改革开放之深入和“与国际接轨”理念之影响，按国际惯例办事，已成为我国各行各业的一笔谈资。但到底何为国际惯例，其性质和地位如何？理论界和实务界尚存分歧。值得注意的是，综观各国之立法，不论是大陆法系还是英美法系，对国际惯例大多“言及而不定义”[1]。这给学者之诠释留下了一定的空间，但却更添国际惯例适用之迷雾。鉴于阐明国际惯例之适用于理论和实务两界皆具重要意义，故撰此文予以评析，不妥之处敬请各位读者批评指正。

4.2.2 在我国立法层面上诠释国际惯例

4.2.2.1 国际惯例释义

法是需要解释的，法在解释中存在并在解释中发展。当然也不排除这种可能：法在解释中迷失乃至在解释中湮灭[2]。综观各国之立法，不论是大陆法系还是英美法系，对国际惯例大多皆“言及而不定义”。我国之相关立法亦然。1985 年颁布的《中华人民共和国涉外经济合同法》（以下简称《涉外经济合同法》）第 5 条第 3 款规定：“中华人民共和国法律未作规定，可以适用国际惯例。”这是我国最早规定国际惯例的立法。1986 年颁布的《中华人民共和国民法通则》（以下简称《民法通则》）第 142 条第 3 款规定：“中华人民共和国

[1] 参见郑斌：“国际贸易惯例的性质”，载《当代法学》2002 年第 10 期。该文中作者提到许多国家贸易立法都以“言及而未定义”的处理方式，比如《德国民商法典》《国际商事仲裁示范法》《关于民商事判决的管辖与执行公约》（联合国欧洲经济会制定），都只提到国际惯例之作用，尚未做出定义。《美国统一商法典》是一个例外，但对“贸易惯例之界定是十分宽泛的”。

[2] 参见陈兴良主编：《刑法疏议》，中国人民公安大学出版社 1997 年版，第 717 页。

法律和中华人民共和国缔结或参加的国际条约没有规定的，可以适用国际惯例。”之后颁布的《中华人民共和国海商法》（以下简称《海商法》）、《中华人民共和国民用航空法》（以下简称《民用航空法》）和《中华人民共和国票据法》（以下简称《票据法》）皆采用了与《民法通则》相似的规定。[1] 笔者认为，正是这种“言及不定义”的规定，造成了关于国际惯例含义争论不息的结果。因此，我们应该从立法本身层面对概念进行分析，这不仅符合法条的本义，更有利于法律之实践。下面诠释国际惯例在我国立法上的含义。

1. 理论界对国际惯例含义之阐述

主要有两种观点：第一种观点是，区分于国际习惯。认为国际习惯（custom）是具有法律约束力的惯行，是国际法的法理渊源，而国际惯例（usage）则是不具有法律约束力的国际惯行，不是国际法的渊源。关于此观点之权威论述可见诸于《国际法院规约》第 38 条之规定，国际法院在裁判中可以适用国际条约和国际习惯（international custom）及一般法律原则，这种“习惯”就是“有了证据表明以被接受为法律的一般惯常做法（general practice）”。《奥本海国际法》中明确将 custom 视为具有法律约束力的国际法渊源，而 usage 则认为不具有法律约束力。国内多数学者也持此类似观点，如国际法学家王铁崖教授认为，应该用“国际习惯”一词称呼国际法的一种渊源，它是各国重复类似行为并具有法律约束力的结果，必须具有“常例”（usus）与“法律确信”（opinio juris）主客观两方面的因素。[2] 其所强调的“习惯”，显然是指 custom，而不是 usage，更不是 general practice。此外，国际私法专家韩德培教授在他新近主编的《国际私法》教材中，采用之观点也与王教授相同。[3] 但值得注意的是，持相反观点的国际经济法学家陈安教授则认为，“惯例”是指那些具有法律约束力的惯常做法，而“习惯”则不具有法律约束力。据陈教授之分析，在汉语用法中，“惯例”语气更强于“习惯”，“惯例”的“例”有

---

[1] 说其采取类似规定是因为：《海商法》第 268 条和《民用航空法》第 184 条与《民法通则》第 142 条的规定几乎一样，只少了《民法通则》第 142 条第 1 款的规定。而《票据法》第 96 条则规定：本法或中华人民共和国缔结或者参加的国际条约没有规定的，可以适用国际惯例。其未采用“中华人民共和国法律”这一表述。

[2] 参见王铁崖：《国际法》，法律出版社 1995 年版，第 13 ~ 15 页。

[3] 参见韩德培主编：《国际私法》，高等教育出版社、北京大学出版社 2000 年版，第 32 页。值得注意的是，韩教授在主编新中国第一部国际私法教材中却只提“国际惯例”是国际私法的渊源，而未提“国际习惯”。此见韩德培主编的《国际私法》，武汉大学出版社 1989 年修订本，第 27 ~ 28 页。

"先例、规例、条例、律例"诸含义，"惯例"诠释为"由习惯而形成的规例"，相应的《国际法院规约》中之 international custom 翻译为国际惯例，更切合中国社会生活和日常习惯用语的实际。[1] 看来，其分歧之产生主要是由于几位学者对英文中的 custom 和 usage 的翻译不同而造成，而他们之主张，实质都与上述观点一致。第二种观点则认为国际惯例即国际习惯，两者同一含义。有关之论述，譬如权威的《布莱克法学辞典》将 custom 和 usage 列为一个词条进行统一解释。[2]

2. 立法层面上的合理解释和观点排除

针对上述两种不同的观点，我们该采用何种诠释方能符合我国之实际？笔者认为，既然我国在立法层面上已经对国际惯例进行了相关立法，那么我们就应该根据立法条文逻辑及其理念加以诠释，这样会使解释更具有权威性和可行性。鉴于立法层面的分析，笔者认为第一种观点较为合理，主要有以下两方面的理由。

其一，从立法背景和意图来分析。如《涉外经济合同法》中之规定："中华人民共和国法律未作规定，可以适用国际惯例。"据《全国人民代表大会法律委员会对〈中华人民共和国涉外经济合同法（草案）〉审议结果的报告》（1985 年 3 月 13 日）之第一部分阐述，提出"国际惯例"来补充法律此主要是考虑到我国涉外经济法律尚不完备，在我国法被确定为合同准据法时可能出现法律空白的情况。之后，最高人民法院之司法解释——《关于适用〈涉外经济合同法〉若干问题的解答》也规定："（九）在应当适用我国法律的情况下，如果我国法律对于合同当事人争议的问题未作规定的，可以适用国际惯例。"[3] 此表明，立法层面上对适用国际惯例之理念，乃基于弥补实体规则之欠缺，而非丰富其渊源之种类。故将国际惯例作为我国法律之渊源，与我国立法意图相悖。

其二，从法律条文的逻辑上分析。如《民法通则》中之规定："中华人民共和国法律和中华人民共和国缔结或参加的国际条约没有规定的，可以适用国际惯例。"由此观之，我们便可推论，这里的"国际惯例"不可能为国际法渊源之国际习惯（international custom）。因为如果此处的国际惯例是国际习惯，则上升为国际法，那么按照国际法优先之原则，国际惯例应该优先国内法而适

---

[1] 参见陈安："论适用国际惯例与有法必依的统一"，载《中国社会科学》1994 年第 4 期。

[2] 参见杜涛："论国际惯例在我国国际私法中的性质和地位"，载《当代法学研究》2004 年第 2 期。

[3] 此处两个资料皆转单文华："中国有关国际惯例的立法评析——兼论国际惯例的适用"，载《中国法学》1997 年第 3 期。

用，而非须待国内法找不到规定之后方可适用。

4.2.2.2 国际惯例的性质诠释

1. 是否为法律之渊源

国内不少学者将国际惯例作为我国法律之正式渊源，这在国际私法和国际经济法领域中尤甚。其认为，既然立法上承认可以适用国际惯例，那么其为何不是法律之渊源？笔者认为该观点值得商榷。认真剖析之，发现其有两方面不妥之处。

其一，表述之逻辑自相矛盾。这些学者在论述国际惯例时，皆以《联合国国际法院规约》第38条来定义，而该规定所指向为国际法意义上之国际习惯。至于其后在阐述国际惯例时，又列举国际贸易中的商事惯例，如国际贸易术语，这在逻辑上不免犯自相矛盾之误。因为众所周知，国际贸易术语由民间国际机构制定并不具有法律拘束力。❶

其二，理据乏力。笔者以为，单就我国法院在审理涉外民事案件时，“可以适用国际惯例”，便推及其为法律渊源，此种推理未免片面。因为我国法院在审理涉外民事案件时也可适用美国法、日本法等，那么难道这些国家的法律也皆为我国法律之渊源？❷ 笔者认为，问题的根本在于法律的本质，而该本质只有基于真实的立法本意方能推出，此才能以理服人。

2. 立法层面之本意：法律漏洞补充的性质

笔者以为，国内立法虽然对国际惯例“言及而不定义”，但基于其立法层面上的理念，即关于惯例立法时之意图和立法之传统，可以明确国际惯例之法律漏洞补充的性质，主要有以下两个方面的理由。

其一，立法之意图。观之我国国际惯例之适用，皆发生于司法过程中，而非于立法范畴之内。其立法背景主要考虑到两方面，一是为保持法律之稳定性，二是由于社会快速发展而导致立法存在之“无法可依”。此种背景可以从《涉外经济合同法》的立法过程窥探到（相关论证参见上文之对人大审议报告和最高人民法院司法解释之分析）。这表明，立法层面上对适用国际惯例之理

❶ 不少教材中存在此种情况，如李双元：《国际私法（冲突法篇）》，武汉大学出版社2001年修订本，第62页以下；黄进主编：《国际私法》，法律出版社1999年版，第81页以下。此处观点之阐述参见杜涛：“论国际惯例在我国国际私法中的性质和地位”，载《当代法学研究》2004年第2期。

❷ 有人认为国际惯例可以作为国际私法中的“准据法”，就如美国法、德国法、日本法也可以作为我国法院审理案件所适用的“准据法”一样。参见杜涛：“论国际惯例在我国国际私法中的性质和地位”，载《当代法学研究》2004年第2期。

念，乃基于“弥补实体规则的欠缺，而不是丰富法律渊源的种类”❶。故我国立法并没有承认国际惯例为法律渊源的性质，反之认为其不具有法律渊源之性质，只是对实体规则起补充解释作用。

其二，不管纯民事还是涉外民事，皆没确立习惯或惯例为渊源之传统。我国早期民事立法很少提到“习惯”或“惯例”。《民法通则》中仅仅是在涉外部分提到，但表述是“国际惯例”而非国内惯例。至于1999年颁布的《中华人民共和国合同法》（以下简称《合同法》）第125条第1款则提到“交易习惯”，其表述为：“当事人对合同条款的理解有争议的，应当按照合同所使用的词句、合同的有关条款、合同的目的、交易习惯以及诚实信用原则，确定该条款的真实意思。”❷ 据该条意思，“习惯”可作为解释合同的真实意思的工具。显然，立法上并没有将其作为法律渊源之意。可见，国内从纯民事之立法，到涉外民事之立法，不管是“惯例”还是国际惯例，立法都不将其作为法律之渊源，只作为法律解释或法律漏洞之补充。

4.2.3 国际惯例在我国的适用

4.2.3.1 适用次序和效力来源

1.“国际条约—国内法—国际惯例”的法律适用次序

基于上述对国际惯例性质之诠释，可知其并非法律之渊源，而且其在法律适用中只存在于司法领域，对法律只起补充漏洞之作用。按照我国相关立法，当涉及涉外民事纠纷时，法律的适用顺序依次是：国际条约—国内法—国际惯例。这种次序体现了国内法对国际惯例效力的态度，很好地体现出国际惯例在我国立法中的地位。

2. 适用的法律效力

在我国立法中，虽然国际惯例不属渊源，但能否借此便否认其法律适用之效力？笔者认为，国际惯例的这种补充法律漏洞，非具法律约束力的性质，而是理论上应然的结果，但这并不能说明国际惯例在进行适用时不具有法律拘束力，因为其在被适用之条件下已转化为具有法律约束力之准据法。关于这种任意性的

---

❶ 参见袁发强：“关于国际惯例的立法思考”，载《武汉大学学报（哲学社会科学版）》2004年第1期。

❷ 参见杜涛：“论国际惯例在我国国际私法中的性质和地位”，载《当代法学研究》2004年第2期。

法律规范如何转化成强制性的法律规范，在我国立法层面上，主要有两种途径：其一，通过当事人的自愿选择。该途径以当事人双方的共同意思表示为前提，如对于目前已被编纂成文的国际上的重要惯例：1932 年《华沙—牛津规则》、2000 年《国际贸易术语解释通则》、1994 年《约克—安特卫普规则》以及 1993 年《跟单信用证统一惯例》等规定，“一旦当事人在其达成的合同中明示或默示采用某项惯例，则有义务遵守该惯例，即使在某些情况下当事人并未明示或默示采用某项被普遍适用的惯例，法院或仲裁庭也应依据其国内法或该国所接受的国际条约中关于确定惯例的法律地位的条款而强制适用某项惯例以解决有关争议。”[1] 其二，通过国内冲突法规范的指引。如《民法通则》第 142 条第 3 款的规定。而在未被指引之前，国际惯例只是一种具有潜在拘束力的规则。

4.2.3.2　值得注意的公共秩序限制条款

1. 值得注意的公共秩序保留条款

窥探我国关于国际惯例的相关立法，可以发现，在适用国际惯例之时，法律将公共秩序保留制度作为其适用之先决条件。譬如我国《民法通则》第 150 条和《海商法》第 276 条规定，在依我国冲突法指定应适用“国际惯例”时，如其适用违背我国社会公共利益，可予以排除。不少学者对该限制条款持肯定态度。其认为该限制主要表现在下列两种情况：第一，如果当事人的合同关系受制于一外国法律，则这种国际商事惯例不得与该国法律的强制规定及其所规定的公共秩序相抵触；第二，如果当事人的合同关系受一般法律原则的支配，则该国际商事惯例的效力以不违反这种一般法律原则中的强制性原则和公共秩序原则为前提条件。[2]

亦有不少学者持否定态度。其认为，我国立法采用公共秩序保留条款是世所罕见。[3] 因为各国一般认为适用国际惯例不会损害公共秩序；而一旦当事人选择了某一国际惯例，就取得了高于国内法的效力，即使其适用有可能导致损害公共秩序的后果，也不能使国内法限制其使用。[4]

---

[1] 参见沈木珠：《国际贸易法研究》，法律出版社 2002 年版，第 6 ~ 7 页。

[2] 参见肖永平教授：“国际商事惯例在我国仲裁实践中的应用”，http：//translaw. whu. edu. cn/cn/salonreplec/20040325/195545. php，访问日期：2013 年 10 月。

[3] 参见胡振杰：“国际惯例立法修订的法律思考”，载《法学》1993 年第 2 期；李双元主编：《中国与国际私法统一化进程》，武汉大学出版社 1993 年版，第 123 页。

[4] 参见胡振杰：“国际惯例立法修订的法律思考”，载《法学》1993 年第 2 期。

2. 必须慎用限制条款

“慎用”包括以下两方面的意思。

其一，有必要存在。观之当今国际惯例之种类繁多，既有全球性的，也有区域性的，况乎各国之社会形态、文化历史、经济政治状况等差异很大，故在延引国际惯例之时必定存在损害我国公共秩序之虞。鉴于我国立法不健全，故保留制度之存在，可以使我国立足于国情，针对国际社会形形色色的国际惯例，权衡利弊，达到保护自己之作用。譬如，西方发达国家坚持的某些国际惯例往往会损害发展中国家的利益。如在国际投资领域其要求东道国对于财产被征用的外商，“按照国际法上的公平标准”，给予“迅速及时、充分足够、切实有效”之赔偿，索价之高导致发展中国家征用境外资本之权利被剥夺。此国际惯例就带有浓厚的殖民主义色彩。经过长期之斗争和论战，新的国际惯例终于形成，对于因社会公共利益而被征用的外国资产，可以东道国的法律给予“适当的补偿”，而非“充分、及时、有效”的补偿。❶

其二，要少用。为何这样说？一则基于司法实践中，存在国际惯例与我国公共秩序相冲突现象稀少。据统计，目前我国运用公共秩序排除国际惯例的案件只有一件，即1989年海南省木材公司案。该案中，广州海事法院援用我国《民法通则》的公共秩序条款，排除了有关跟单信用证项下的贷款。而许多学者认为在案子中法院的做法是不恰当的。❷ 二则基于国际惯例之不断变化，经社会选择逐渐呈合理化。综观当今全球经济一体化，各国法律制度渐趋一致，特别是我国加入WTO之后，慎用该条款，能更好地扩大交流，取信于国际社会。

4.2.4 结论

综上可知，在我国现有立法层面上，国际惯例是指不具有法律约束力的国际惯行，其不是国际法的渊源，其性质是补充法律漏洞。在适用次序上，其地位次于国际条约、国内法。而且在适用国际惯例之时，我们必须慎用公共秩序保留制度之限制条款。既要大胆“拿来”，也要基于国情进行扬弃，这才是与国际惯例接轨之道。

---

❶ 该处列举之例子转引自邓翊平：“国际惯例刍议”，载《江苏广播电视大学学报》2004年第4期。

❷ 该处列举之案例，转引自刘萍、马慧珠：“公共秩序保留制度及其在我国的运用”，载《民主与法制》2003年7月。

4.3 论中国内地（大陆）与中国香港、澳门及台湾劳动争议的处理

4.3.1 导言

劳动法学已有两百多年的历史，在新中国成立后至“文化大革命”前的劳动法学，是在计划经济的体制下设计之劳动政策法规，深受苏联劳动法学的影响，主要为配合我国计划经济下的劳动关系。

中国的劳动法学在“文化大革命”后，虽然主要是研究经济体制改革中的劳动政策法规，但在1986年国务院制定《国有企业实行劳动合同制暂行规定》以前，还是沿用计划经济的那一套劳动法规，所以在1994年以前，中国的劳动法规仍然有很重的计划经济色彩，对于调整新经济中的劳动关系严重脱节。1994年制定的《劳动法》，是劳动制度和劳动法发生根本转变的里程碑，它为中国市场经济的劳动法制度奠定了法律基础，其中的设计，要求放弃计划经济相应的理论，建立与市场经济体系特色相对应的劳动法理论和法规。

中国劳动法发展有很多障碍，此前有计划经济时代留下的色彩，主要并非法规上的保守，而是国内仍有大量的国有企业，它们的经营模式虽也发生变化，但企业文化和处理劳动关系的思维还是相对滞后，不管在日常运作管理或在处理劳动争议时往往不能摆脱固有观念，甚至劳动者也不知自己权益所在。而中国内地法制观念也普遍不强，一般经营者只向经营效益看，经常枉顾劳动者的合法权益。中国在发展劳动法规时既要参考世界各国的理论，也要照顾中国的传统文化特色和经济结构模式，既不能照搬他国的劳动法规，也不能与之脱节。特别到现在中国已加入WTO组织，必须与世界接轨和实施在世贸的承诺，其中涉及劳动法相关的问题很多，而中国近年来经济发展太快，各种新颖的经营模式，在劳动法的实施，尤其是在劳动争议上的问题愈来愈多，而且单靠现时的劳动机制已不足以应对有关的问题，况且能完全遵从国家劳动法要求和对劳动争议处理程序的企业还是少数。所以，我们实在有必要在这个范畴加

以研究，特别是在劳动争议方面的处理。

现时，国际上已大力推广以调解方式处理劳动争议的模式，这样不但可以节省因处理有关问题的资源损耗，而且功效较佳，也符合我国“以和为贵”的民间传统智慧。

本章将主要分析劳动争议的问题，根据调解的模式趋势做深入探讨并研究我国劳动争议的处理程序及机构，然后提出建议。

4.3.2 中国劳动法渊源浅议

4.3.2.1 引言

到目前为止，大部分学者都认为劳动法最早起源于1349年英皇爱德华三世颁布的《劳工法则》，而就其内涵而言，其实主要指为实施剥夺劳动者，使其在法规下臣服不易反抗的法律，所以严格来说并没有劳动法保护劳工的意思。而在随后的数百年中，虽然在欧洲不断有不同内容的劳动法出现，但都脱离不了偏重于雇主立场或以剥削为基础的法例，我们可以从它们的以下特点来判断。

1. 变相强迫劳工受雇

有关劳动法规定了无业者必须为资本家工作，如果不受雇则视为流浪者，会受到鞭打甚至对再犯者采取更严峻的人身刑罚。而同时，管治者却用各种强迫手段使更多农民被夺去土地，变为无业者，这些无业者都只有选择与资本家建立雇佣关系才能避免触犯法律。

2. 对工资和工时的反向限制

现代的劳动立法，往往在最低工资和最高工作时间上着墨。但那时期的劳动法规定的却是最高工资和最低工作时间，而且法规明令如果任何人支付给受雇者超过法律规定的最高工资则会受到处罚，而接受超过最高工资的劳工的处罚会更重。

到了1804年，史上第一部民法典——《法国民法典》诞生，其中包含了有关定性劳动关系的条文，但观其含义，实质上是把劳动关系的法律视为一般的民事关系处理，因为在《法国民法典》中劳资关系只被定义为“劳动力的租赁”，并把劳动协议解释为双方当事人的约定，一方为他方完成一定的工作量，他方按约定支付报酬的契约。还把劳动力的租赁与物的租赁并列，此后大部分有关劳资关系的法则都把劳资关系视为一般自由条约，以同样的法律意义处理。

我们之所以不同意《法国民法典》或更早的欧洲劳动法规为劳动法的最早起源，不单因为它没有劳动法立法的全面含义（照顾劳动者及调整双方关系），还因为反观我国，早在1349年，大概是中国的元朝末年，在元朝以前中国已有数千年之历史及法律体制，在不同的朝代都有变相的相关劳工法则，例如周朝的《井田法》规定围绕公田的八家人要轮流为公田工作；在唐朝有《租庸调法》规定有田者须被征收田租及谷物，有丁者须每年服役二十日，其后更有为公家劳动一年的相关法规。虽然这些法则表面上为赋税的一种，但在实际表现上却规定了必需的劳动和劳动关系。如果西欧的单边功效之劳动法也视为调整劳资关系的法律，那么中国与劳动关系相关的法规应为更早的劳动法雏形。

4.3.2.2　劳动法的法之关系和渊源

在界定法的关系时，现时把劳动法归为经济法内的类属，因为以劳动法的立法原意来看，劳动法调整的是劳动者与雇用者之间的关系；但以劳动法的功效来说，劳动法不单只调整劳动者与雇主的关系，在经济上、社会上都有其他的关联和影响，而在劳动立法时必定已考虑到很多劳资关系外的因素和影响范围，据之而设计、制定劳动法，在制定劳动法时也必然已顾及劳动法与其他法律关系的模式、回避可能之冲突。因此，笔者认为劳动法实质上与其他法也产生密切的关系和渊源，包括以下方面。

1. 民法

劳动法原则上调整的是劳动者与雇主之间的关系，如任一方违反双方雇佣协议则须向另一方赔偿，一般是向雇员作出金钱上的补偿或赔偿，但雇佣双方可以在不与劳动法冲突的情况下签订劳动合约，类似一般的民事协议，所以也是在民事的范畴内。

2. 行政法

劳动法主要由行政机关执行，而对雇佣者的违反行为，除了必须向受损人赔偿外，有些情况会受到行政处罚，包括经济刑或人身刑的处罚，例如：

（1）用人单位如违反劳动安全卫生法律规范的行为，则要处以5 000～20 000元的罚款；

（2）用人单位非法招用童工的行为会处以5 000元以下的罚款；

（3）用人单位采用非法手段强迫劳动者劳动的处以 15 天拘留。

违规者须在赔偿外付出更大的代价，是受到行政处罚的结果，所以劳动法也带有行政法的意味。

3. 专门法

劳动法是专门调整劳资双方关系的法律，在主体和客体方面都有指定的对象范围，如果没有产生劳资关系，则不会在劳动法的管辖调整范围内，所以劳动法为一种专门的法例。

4. 社会法

虽然劳动法是调整劳资双方关系的法律，但因为社会上绝大部分人都在不同情况、不同模式下与别人产生劳资关系，所以维持劳动者与雇用者的稳定关系是使社会稳定的要素之一，相对而言，劳动法实则是调整社会成员间的特定关系，使社会得到安稳的法例，所以可以视为社会法之一种。

5. 国际法

现在的世界经济模式已趋于全球化，任何国家都很难不受别国的影响，劳工的跨境服务或受雇已十分普遍，而劳动法的标准本身是由一些国际条约（如《国际劳动宪章》）、国际通行或惯例为根据而设立，例如，每天工作八小时、童工限制等。部分的商品进口国会对商品出口国的雇用条件特别关心，甚至作为合约的必然条件，例如，现在开始盛行的 SA8000 环境与社会责任标准，其中很大比例是针对商品出售国的劳工环境问题，所以任何国家在劳动立法时都必须考虑到国际上的认可、国际条约的限制等，而国家也参与国际上的劳工组织和条约，所以劳动法包含了国际法的味道。

6. 部门法

中国的劳动法执行与监督是专由劳动行政主管部门负责的，在没有其他特别规定的情况下，其他行政或执法机关不会插手（除了由劳动行政主管机关要求外），劳动法的运用与执行几乎都是单一的行政部门，所以劳动法是接近于部门法的法规。

7. 地区法

除了国家制定的统一劳动法规外，国内不同的地区会因当地不同的情况，制定适应当地的劳动行政规章。例如，各地的最低工资标准不一样，经济发达的地区较高、经济落后的地区较低，或因地区经济特色、人口情况等差异而制定，只要不与国家劳动法有所冲突，经过规定的程序报请国务院便可，所以劳动法带有很重的地区性，是地区的法律。

8. 宪法人权精神的体现

任何国家的法律都是在宪法精神及其框架下制定的基本法或单行法，而劳动法最基本的含义是维护人的基本权利，所以很大程度上是人权精神的体现。

4.3.3 中国内地（大陆）劳动法与中国香港、澳门及台湾“劳动法”之比较

4.3.3.1 比较范围

随着经济与贸易的全球化，处理劳动关系应该与国际基本概念接轨，但考虑中国长期形成的劳动心态及经济特色，如果与其他不同民族意识的国家滥做比较或仿效，则可能不切合本国的民族性和经济特色需求。因此，我们在这里只与中国香港地区、台湾地区等相同民族成员的地区比较，寻求异同，找出更适合的法律规定。

4.3.3.2 劳动争议立法

中国内地（大陆）的劳动争议立法在前文及后述中都有简略的介绍，这里不再冗笔，以下主要简介中国港、澳、台地区的劳动立法。

1. 澳门地区

澳门地区解决劳动争议有以下两种方式。

（1）自我解决争议方式。即当事人在“法院”外解决相互间争议或冲突。具体又包括两种：一是谈判和对话方式，实质上是双方协商解决的方式；二是调解的方式，但对于此种方式，澳门地区没有直接的“法律规范”指定处理，当事人可以自由选择，但在选择采取这种方式解决争议时，应遵守“法律一般原则”所定的限度。在调解处理方面，澳门地区“法律”规定必须通过调解委员会进行调解，调解委员会由政府、劳方及资方共同参与。

（2）他人解决方式。即通过“审判机构”（“法院”）解决。劳动问题是由具有一般审判权的“第一审法院”负责审判。

2. 香港地区

香港地区的劳资关系争议处理的立法主要有以下几种。“劳资关系条例”“劳资审裁处条例”及其他相关的劳工立法。香港地区处理劳资争议可分为三类：

（1）依照“劳资关系条例”采取的调解方式。包括普通调解和特别调解。

（2）特首会同“行政局”的处理方式。一般是为处理较大型的劳资冲突，包括仲裁庭仲裁、调查委员会处理和采取颁发冷静期命令等。

（3）依照“劳资审裁处条例”由具有民事审裁权的劳资审裁处进行审裁处理。

3. 台湾地区

台湾地区的“劳资争议处理法”将处理劳资争议分为以下两种方式：

（1）权利事项的争议。权利争议是指劳资双方当事人基于“法律”、团体契约、劳动契约的规定的权利义务争议。对权利事项的争议，“法律”规定依调解程序处理，“法院”为处理权利事项争议可设立“劳工法庭”。

（2）调整事项争议。调整事项的争议必须依照“法定”的调解、仲裁程序处理。

此外，台湾地区的“劳资争议处理法”规定，劳资争议在调解、仲裁期间，资方不得因该劳资争议事件而歇业、停工、终止劳动契约或做出其他不利于劳工的行为；劳方不能因该争议事件而罢工、怠工或做出其他影响工作秩序的行为。

4.3.3.3 劳动争议调解制度比较

在劳动争议的自愿协商调解原则上，中国内地、香港、澳门及中国台湾基本上是一致的，但在实际运作上却有些差异，具体包括以下三个方面。

1. 劳动争议调解性质不同

中国内地（大陆）的劳动争议调解是由用人单位内部组织进行的，具有非诉性和民间解决的特点，但在效力方面却容易被进一步的仲裁和更进一步的提请起诉所掩盖。而中国香港、台湾地区的劳动争议调解都是由“行政机关”决定或主导的，香港是“劳工处”处长授权或委派“劳资关系科”的调解员调解；在台湾，当事人申请调解的，必须向主管“机构”提出调解申请书，请求调解处理，所以中国香港、台湾地区的劳资争议调解实质上是行政性质的调解。

2. 劳动争议调解机构的组成不同

中国内地（大陆）的劳动争议调解机构由用人单位代表、工会代表和职工代表组成，其中工会代表任调解委员会主席，调解委员会的办事处设于工会。台湾的劳动争议“调解委员会”由当事人双方各选一人和“主管机关”

指派的1人或3人组成，工会得被当事人委托作为代表权利事项争议的且仅为个别劳工申请并参加调解；香港是由“劳动处处长”委派下属“劳资关系科”的调解员进行调解。

3. 劳资争议调解协议的法律约束力不同

中国内地（大陆）劳动法规规定，劳动争议经调解达成协议的，当事人应当履行。但在《中华人民共和国企业劳动争议处理条例》中又规定，当事人对达成的调解协议应当自觉履行。在中国内地（大陆）的法律中，应当且必须是两种的法律效果表现，换句话说，即前者属于合约性质的约束且此种约束大于法律的约束；而实际上中国内地（大陆）的法律又允许调解后再申报仲裁和进一步提请诉讼，所以架空了调解的作用。而中国香港的“劳资关系条例”规定，当事人理应遵守已达成的调解协议，但没有规定调解协议具有强制的执行效力，在运作上还可以由民事起诉来处理。只有中国台湾的“劳动争议处理法”规定劳资争议调解协议视为当事人之间的契约，一方不履行，他方当事人可以申请“法院”强制执行。中国澳门并没有立法规定劳动争议调解，只是通过“社会协调常设委员会”采取调解程序。

4.3.3.4 劳资争议仲裁制度的比较

劳动仲裁制度是广泛存在于中国内地（大陆）、香港、台湾的解决劳动争议的机构，但中国澳门却并未设立。中国内地（大陆）、香港、台湾的三种劳动争议仲裁制度在具体操作方面有以下差异。

1. 仲裁的地位和受案范围

中国内地（大陆）的劳动争议仲裁，在整个劳动争议解决程序中处于中置位置，或者处于劳动诉讼的前置位置，因此在劳动争议处理制度中的地位十分重要。在中国香港，仲裁不是必经程序和方式；在中国台湾，仲裁是处理调解事项的劳动争议之基本程序，对于劳动争议的另一种类，即权利事项劳动争议则没有规定采取仲裁方式。

有关仲裁的受案范围，中国内地（大陆）的劳动法规定，仲裁适用于所有的劳动争议，但在《中华人民共和国劳动法》第84条第1款又规定“因签订集体合同发生争议，当事人协商不成的，当地人民政府劳动行政部门可以组织有关各方协调处理”，而没有特别指定可采取仲裁程序，这明显是针对特别重大的劳动争议事件。中国香港的仲裁受案范围没有特别的规定，只强调行政的管理和当事人的意愿。在中国台湾，仲裁方式只适用于调整事项争议，即因继续维持和变更劳动条件发生的争议。

2. 仲裁的启动

中国内地（大陆）的劳动仲裁程序只由当事人申请，任何一方当事人皆可，虽然可以算是自愿仲裁，但它是提起诉讼前的必经程序，所以亦应视为指定程序而非完全自愿。中国台湾调整事项的劳动争议仲裁，有自愿申请和“主管机构”强制交付仲裁两种方式。中国香港的劳资争议仲裁则以行政程序规定和当事人意愿两者结合为条件。

3. 仲裁的法律效力

中国内地（大陆）的劳动争议仲裁裁决自做出并送达当事人以后至裁决生效之前有 15 天生效期，在此生效期内，当事人对裁决不服的，可向法院提起诉讼，生效以后如没有提起诉讼也不履行裁决的，另一方可向法院申请强制执行。在中国台湾，劳动争议仲裁被视为争议当事人之间的契约或团体契约，当事人对“仲裁委员会”的仲裁不得声明不服，当事人一方不履行的，他方当事人可直接向管辖的“法院”申请强制执行。而在中国香港，仲裁裁决对劳动争议当事人没有强迫遵守的效力，但由于各方均自愿参与仲裁，一般都会接受仲裁的裁决。

4.3.3.5 劳动争议诉讼制度的比较

劳动争议诉讼是中国内地（大陆）、香港、澳门、台湾最后解决争议均采用的方法，但对争议的规定表现出以下几个方面的不同。

1. 诉讼的前置程序不同

在中国内地必须是对劳动争议仲裁的裁决不服才能向法院起诉，也即仲裁是劳动争议诉讼的必然前置过程；在中国香港，劳动争议要经“劳资审裁处”立案处理，必须先经“劳工处”调解，也即行政调解是其前置程序；在中国澳门，如果原告未进行事先的和解尝试，则个体劳动合同中产生的诉讼行为不得继续进行。可见，和解尝试是诉讼前必须经过的程序。但在中国台湾，调解是劳资争议处理前的先置程序。

2. 审判机构不同

中国内地（大陆）审判劳动争议诉讼的是法院的民事审判庭；在中国台湾，“法院”处理权利事项的劳资争议必要时可设立“劳工法院”；中国香港有专设的，适用于较为灵活的简单诉讼程序的“劳资审裁处”；而中国澳门，则是由具有一般诉讼管辖权的普通“法院”来审理。

3. 诉讼受理案件的范围不同

中国内地（大陆）的一般劳动争议都可通过诉讼程序处理，只是对因签订集体合同所发生的争议，劳动法规定另行处理，没有规定应当或可以采取诉讼程序；在中国香港，“劳资审裁处”受理的劳资争议没有特别的限制；在中国澳门，“劳动诉讼法”规定法院受理的范围限于“产生于从属劳动关系中的问题”，即出现于个体劳动合同中的问题，也即个体争议；在中国台湾，劳动争议诉讼程序主要适用于权利事项的劳资争议。

4. 诉讼的具体程序不同

中国内地（大陆）的劳动争议诉讼适用于《中华人民共和国民事诉讼法》所规定的普通程序；中国香港的劳资争议诉讼适用于“劳资审裁处条例”规定的劳资审裁程序；在中国澳门，劳资争议诉讼适用于《中华人民共和国澳门特别行政区基本法》；而中国台湾，劳动争议诉讼适用于“民事诉讼法”所规范的通常诉讼程序。

4.3.4 劳动争议的一般原因

4.3.4.1 引言

虽然劳动争议的处理程序是规律性的，不管由什么源头或原因引起的劳动争议，都以相同的法律规范和程序处理；但在法定程序中，当事人还可以选择采用调解或直接以劳动仲裁甚至提请人民法院裁决，来决定采用什么途径来解决争议，除了当事人的意愿外，还会考虑事件的性质、复杂程度、是否直接涉及违反劳动法规等，所以劳动争议的起因也主导了如何去处理和程序的选择。

劳动争议产生的一般原因是多元性的，由劳动关系的性质、背景和直接导致争议的事件所引致，可以说是层出不穷，单看每天发生的案例就常有意想不到的新情况，如果以争议事件来分类可以说是无法穷尽的，但是对于处理劳动争议的研究，把劳动争议的起因分类还是必要的，至少可以思考根据什么性质的争议来设计处理的程序和方法，以节省交易成本和增加社会效益。

综合劳动争议的成因，归纳来说可以按其产生的根源来分类，即以当事人的行为来分类，不管这些行为是直接或间接，是根源性（劳动合约有关的或企业规章有关的）、是引导性（如工作的编排或管理）或引发性（违约或直接冲突的行为），我们把它作为“在行为方面”的劳动争议起因；而导致冲突或争议的背后，除了一些如合约或行为的结构性因素外，当事人的思想和对劳动关系（包括劳动法）的认知程度也是一个非常主要的抽象因素。因此，我们把劳动争议的起因分为以下两大类。

4.3.4.2 行为方面的劳动争议起因

行为方面的劳动争议起因与其他促成违反法规的行为表现一样，可以概括为作为（做了触动劳动争议的行为）和不作为（没有贯彻有关维护劳资关系和法规要求的行为）。此外，还可以根源性和直接行为两种表现来划分，这里我们不再细分，只简述其内容、意义。

1. 没有签订劳动合约

劳动协议是用来约定劳资双方关系的，把双方的合作条件在法律规范下签订，使双方在任何情况产生冲突或疑难时有所依据。但很多时候，劳资双方都会忽视劳动协议，认为只要双方口头合意便可以进行劳资的合作。或者在一些项目性、短期性的工作中，为减免文件手续，甚至为了逃避税务而不订立劳动协议。有时，很多雇主以为不签订劳动协议会在劳资关系中掌握较多优势，认为没有劳动协议双方合作条件就没有了依据，在必要时否定劳资关系或乘机欺压劳动者，所以劳动争议往往由此而起；但我国劳动法的原则是以事实关系为据，所以一切这些行为都不能脱离劳资关系的制约。

2. 劳动协议不清晰

因为无法把任何形式或内容的劳动条件完备地写进法律，有时只是一种架势或规范，所以劳动协议不但要求符合劳动法规，而且必须清晰，劳资双方可以在法律框架下根据双方的真实意愿订定劳动协议和条件。如果缔约双方没有将双方的意愿简单清晰地写在劳动协议上，或者使用复杂、难理解或有多个不同解释的语言，则将来这些不清晰的条文可能导致理解的差异，而在文字上又没有普遍认同的惯用语，调解者也难以引据习惯支持。不清晰的情况还包括条件前后矛盾、工资或工时计算得含糊等。

3. 劳动合约没有依据劳动法的框架和要求订立

虽然劳动合约并不一定需要完全依照某些标准的合约格式，但在内容基础方面却必须根据劳动法相关法规来签订。在现实中，不同地区会根据地区发展和经济情况来判定劳动法规，最常见的有最低工资规定等，但很多雇主不但没有依据国家劳动法的规定，而且没有参照地区劳动法规来订立劳资双方的合约，或者会把其他地区的劳动法规错误引用在劳动合约上，特别是一些在国内不同地区同时设有分支机构的企业，最容易犯这类错误。一些企业会把企业的单方意志表现在劳动合约上，而不考虑有关法律的规定，劳动者在以找工作为前提时或对劳动法认知有限的情况下都会同意签署，但双方在实践合约时，很容易产生争议。如培训费、试用期、制服费、工资计算和入职担保金等错误的应用都会经常出现在劳动合约上。

4. 一方或双方违约

可能由于合约的问题或其他因素，任何一方的违约是最经常导致劳动争议的原因。

5. 劳动意外

一般劳动合约都会说明工业意外的处理方式或不须说明而根据劳动法的规定处理。但在意外发生时，有关赔偿金额的计算、评审的方式、赔偿的时间及责任的追究等，劳资双方都很容易有不同的理解，如果合约中有较明确的工作程序、工资计算、工时和工作范畴等的说明，则较容易判断归责，反之则极有可能造成争论。

6. 合约条件发生变化

劳动合约是根据缔约双方当时的情况及企业的条件而订立的，但有任何一方的条件发生变化而相对方不能接受时，则很容易产生争论。例如，在企业重组、搬迁、经济困难或业务转型时，有关的问题便会突出，从而发生争议。

7. 双方或单方的误会

由于对法规或劳动合约条文的理解差异、知识水平层次或信息背景的不平衡，不同的缔约角色可能对同一条文会有不同的理解，或误解，或偏向于对己有利的误会，以致在引用劳动合约条文时发生争议。又或在日常工作中劳动者与管理者的误会，都经常会产生劳动争议。

8. 知识产权的理解和难定标准的工作素质问题

一些劳动性质是难以厘清素质标准的，例如，研发人员的工作、创作人员的绩效、表演者的水平，都容易使双方有不同的感受，产生争议。虽然对知识产权有明文的法规管理，但知识产品的内涵却不容易规范，极易产生类似、雷同或有近似含义的问题，一旦劳资双方的利益稍有冲突，便容易产生争议。

9. 悔约

劳动合约中的违约情况固然是产生争议的导线，但有些情况是在违约情况发生前，一方后悔接受对方的条件，从而怠于实现合约条件，但并未实质违约，则极可能产生争议。例如，知识型劳动者的创作怠慢，对人员的绩效的考核，企业奖励的多寡等都容易产生争议。

4.3.4.3 思想与认知方面的劳动争议起因

行为方面的争议较容易以完善的合约和管理来防止，但行为产生的背景往往是由思想和认知方面导致，以下是一些较常见的因素。

1. 对劳动法和劳动关系认知不足

劳动法是一成文的条例，如果认真处理，应该没有太大的困难，但一般的劳动者对此没有认真地了解，而雇人者却经常会感觉企业处于较优势的地位不去认真了解，或认为企业在劳资关系中是主导者，从而不考虑劳动者的感受和研究如何优化劳资关系，所以误会或不同认知从此而起，是产生争议的主要因素。

2. 法制观念不正确

不管在何位置，都存在一些对法律制度的理解不正确的人士，他们总觉得可以通过某种途径或关系改变法律后果，或者以想当然的态度套在法规上，所以在处理劳资关系时经常不考虑法律后果，或者误会了法律后果及其处理方式，这很容易引起争议，甚至违反劳动法的规定。

3. 对劳动法的误解

劳动法设置的主要原意是为调整劳资双方在经济运作中的角色和作用、调解劳资双方的关系等，并非单为保护某一方的利益而设计、制定，但现实中还有很多人仍然以为劳动法会偏向于其中一方，在处理劳资关系时有所误解，以致做不当的处理产生争议。

4. 传统思想

中国的传统思想，把劳动者当作雇主的工具、奴役或家臣，而雇主为支配者；在近代思想中，劳动者则视雇主为剥削者、劳役者，把劳雇关系经常放在对立的位置。这种思想使劳雇双方处于不平等的地位，在潜意识中会经常性地不满意对方的行为，产生争议的概率也自然较高。

5. 放任自重

有些当事人经常把自己放在关系的核心位置，思想中感觉周边的人应该配合他的想法和行径，从而行为较放任，偶尔不如意便诉诸情绪表现或非常行径，而在劳资关系中是讲求互相尊重及互利、群体利益的，这些行径与群体利益不符，虽然可能不会直接与劳动法规或企业规则冲突，但却容易引起关系的紧张和冲突，继而产生争议。

4.3.5 现在劳动争议处理程序和机构简述

4.3.5.1 劳动争议的一般处理程序

根据劳动法的规定，一旦发生劳动争议，当事人可以依法申请调解、仲裁、提起诉讼，也可以协商解决。

劳动争议申报程序一般如下：如有劳动争议产生，当事人双方应先行协商解决，如不愿协商或协商不成，可以向本企业劳动争议调解委员会申请调解，调解不成的，可以向劳动争议仲裁委员会申请仲裁。当事人也可以直接向劳动争议仲裁委员会申请仲裁。对仲裁裁决不服的，可以向人民法院起诉。

4.3.5.2 劳动争议的处理机构

根据《中华人民共和国劳动法》的规定，以下是中国内地（大陆）目前处理劳动争议的机构。

1. 企业劳动争议调解委员会

调解本企业内部劳动争议的劳资双方联合组织，调解委员会由职工代表、企业行政代表和企业工会委员会代表组成。

2. 地方劳动争议仲裁委员会

由市、县或区等行政管辖区域设立劳资争议仲裁委员会，负责其行政区内的劳动争议，仲裁委员会是处理劳动争议的专门机构，1994 年 7 月 5 日全国人大常委会通过并颁布的《劳动法》第 81 条规定，地方劳动争议仲裁委员会的成员包括：①劳动行政部门的代表（仲裁委员会主任）；②同级工会的代表；③用人单位的代表。1993 年 7 月 6 日，国务院发布的《企业劳动争议处理条例》所规定的代表有：①劳动行政主管部门的代表；②工会的代表；③政府指定的经济综合管理部门的代表。

以上两种劳动争议仲裁委员会成员的规定，分别由人民代表大会常务委员会通过颁布国家劳动法及国务院颁布的行政规章所规定。

3. 地方人民法院

人民法院是国家的司法机构，在劳工问题上如果其他途径不能解决或有必要，人民法院将负责最终解决劳动争议。例如，劳动争议当事人对劳动仲裁委员会的裁决不服的，可以进行起诉，由人民法院予以受理。

目前解决劳动争议的程序和机构可以用简单的图解来说明：

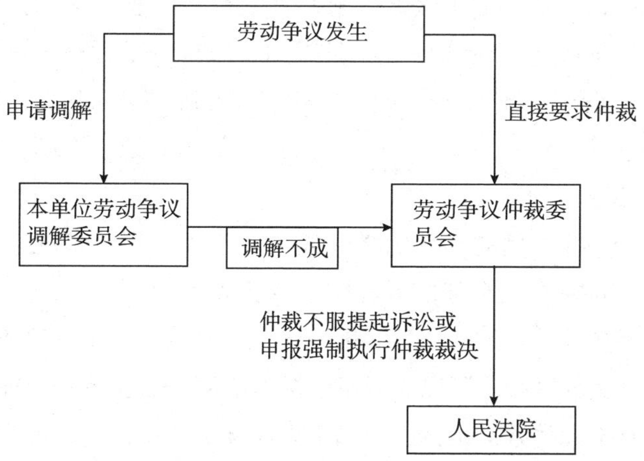

图 4-3-1　我国目前解决劳动争议的程序和机构

4.3.6　中国劳动法存在的问题和解决的方式

4.3.6.1　普遍的问题

虽然中国劳动法涉及多种法律关系，但总的来说，其法律后果一般都是金钱上的民事经济模式，除了涉及安全或暴力行为外，不曾有刑事的处罚，所以劳动法的执行往往也在经济利益取舍中被放弃。事实上，有关劳动法中的人身刑或自由刑的处罚，在刑法或民法中早已涵括，例如，由于工地出现安全问题，除了应受劳动法的规范管理外，亦可因疏忽管理引致他人受伤而受处罚（与其他场合发生的情况一样）；暴力胁迫做危险工作也可以引用劳动法以外的法律规范的惩处。因此，目前仍有很多企业在成本心态下不依照劳动法的要求处理劳资关系和劳动安全。这些情况在很大程度上是因为劳动法中的强制性规范不足、针对性不够及惩处力度不够。除了一些较为抽象的劳动法痼疾外，在法规中还有一些是较为明显的问题，列举如下。

1. 最低工资的规定

最低工资的规定是根据劳动合约中签订地区的最低工资标准计算，但如果员工受雇后被外派到其他地区工作，最低工资的计算怎样才是标准呢？此外，不同经济发展程度地区的最低工资计算设定基础不同，而目前国内地区性经济发展迅速，最低工资的调整频率往往追不上通货膨胀及经济发展速度。

2. 员工的离任

目前外派、借调到联营或附属企业工作的企业员工，如离任必须分别向服务企业及签订劳动合约的企业呈辞才被算作有效，法理上应该只需向雇用单位呈辞，获得批准即可，但现实中外派员工的雇用单位是远离工作地点，难以作有效而被确认的呈辞。此点在劳动法规中并未明确规定。最近已有多个案例与此相关，最终造成争议，并且往往使劳动者在争议中处于不利位置。

3. 法例的解释

目前，对于一些法例的不明确之处或相对于某些特殊情况，最高人民法院会引用回复请示的模式（对某地区法院请示的若干问题解释）来指示某具体案例以某法规处理和其立法意义。但一般出现的案件可能会在其他地区再次发生，而中国并非案例法的国家，所以后者不能援引前例，需要重新处理，但处理时可能对相同情况有不同的处理结论，对当事人实属不公平，地区也难掌握法规。

4. 针对个别行业及知识产权有关的劳动法规不足

劳动法颁行于1994年，与现在已相距了整整十年，目前经济发展中的产业模式和科技状况与十年前已有很大的差异，十年前的法规实在不足以有效调整现在劳资关系的争议。

5. 劳动法中的劳动争议条文与企业劳动争议处理条例

劳动法是全国人民代表大会常务委员会颁布的正式法律，而企业劳动争议处理条例是国务院颁布的行政法规，理论上行政法规不会与法律冲突，但对有关劳动争议仲裁委员会成员的规定两者已有不同，虽然后者是只针对企业与员工关系，而前者涵括所有的劳动者与雇用方的关系，显然仍有重叠之处，如果认真处理会造成另一个争议。行政法规中仲裁委员会成员包括“政府指定的经济综合管理部门的代表”，原意是针对特定行业的劳动争议所涉及的专业问题，但遇上法律与行政法规之争时可能产生不了作用。

实际上可能还有更多的问题存在，这里限于篇幅及研究范围，所以予以简略。

4.3.6.2 处理方式和程序的问题

虽然现在国外其他地区或国内已极力推行以调解作为解决劳动争议的方式，可我国行之已久的是以行政主导或长官意志的处理模式，很多时候调解是在这些主导意见中达成的，最后双方都不愿意执行，转而进行仲裁，变相把调解的角色和程序减弱了，使事件的程序重复。事实上，调解的功能除了使争议能在和平气氛下解决外，还使各方的交易成本下降（包括当事人和政府），但如果早已知道调解是失效的，则社会资源会很容易在重复运作中消耗。

此外，处理争议的人员的水平和法规给予相应的支持也十分重要，现在却在这些重要环节中有了结构性的缺失，列举如下。

1. 争议发生日期的确定

确立劳动争议发生日会影响诉讼有效期，目前通常的说法是知道或应该知道，但事实上很难作一准则。

2. 调解与仲裁

目前的机制是既可以先调解后仲裁，或直接提请仲裁，但实际上劳方往往是难以直接提请仲裁，因为通常会被各方强行劝喻以调解方式解决，然后以转接的程序移到仲裁委员会。

3. 法例的配套

目前规定，对于仲裁的裁决，如在 15 日内任一方不服仲裁裁决，可以向法院提请诉讼，这样可能会把整个争议解决的时间从一再调解、仲裁、诉讼至有最后的结论拖得过久，对经济实力较弱的劳方不利。而在 15 日内不提起诉讼也不执行，才会被提请强制执行，不管提请诉讼或被强制执行，结果都只是付出原来的代价或加上有限的利息等，相对于当事人的金钱时效，对于弱势一方仍然不公平。这等于说仲裁的决定不一定会被执行，而需要向法院申请强制执行才算有效，情况可能导致重复工作，浪费社会成本及时效，对胜方不公平或对劳动者不一定能产生补偿的作用，应考虑增加罚则。

4.3.6.3 处理机构的问题

依据相关法规的规定，处理劳动争议的机关分别有：劳动争议调解委员会、劳动争议仲裁委员会、人民法院。

虽然劳动争议的调解机制被强调是社会组织，但实际上委员会是包括了劳动行政主管部门的，受到一定的影响，而连同其他解决劳动争议的机构，除了表面上的机构外，实质上还包含这些机构的成员，有劳动行政主管部门、企业内工会、地区平级工会、经济综合管理部门、企业。而法院背后也涉及地方行政力量，似乎涉及的关系及力量太多，相对于劳雇方会有不平衡的影响，特别是对经济力量较强的地方企业，如纳税大户等来说，会有较大的优势。

4.3.7 相关建议

4.3.7.1 相关建议的基础

当顺应以调解方式作为解决劳动争议的趋势及发展，所有改革应该根据一些原则来设想，包括以社会效益作基础、考虑社会经济成本、为争议双方的交易成本设想以及简易地达到公平公正的结局。

4.3.7.2 劳动关系的布置

任何争议的最佳解决办法应该是防范争议的产生，所以对于劳动者与雇用方以至劳动管理机构和工会关系的合理布置是减少争议的主要方向。劳动合约在签署时最好能有第三方的处理解释和公正，针对不同知识层次和信息背景的缔约方协助了解合约内容，引导双方在同一认知内公正确认。在这个关系的布置下可以包含以下数个基础范畴：

（1）清晰合法的劳动协议；

（2）提倡劳资平等的合约地位；

（3）劳动管理当局应加强对劳资两方的关系并非只强调监管；

（4）工会应该加强在劳资关系中的沟通角色，不单是在冲突中；

（5）真实意愿和情况的表示；

（6）沟通途径应正确设立；

（7）合理的待遇；

（8）劳资双方劳动关系知识的培训

重新布置的劳动各方关系大致如下：

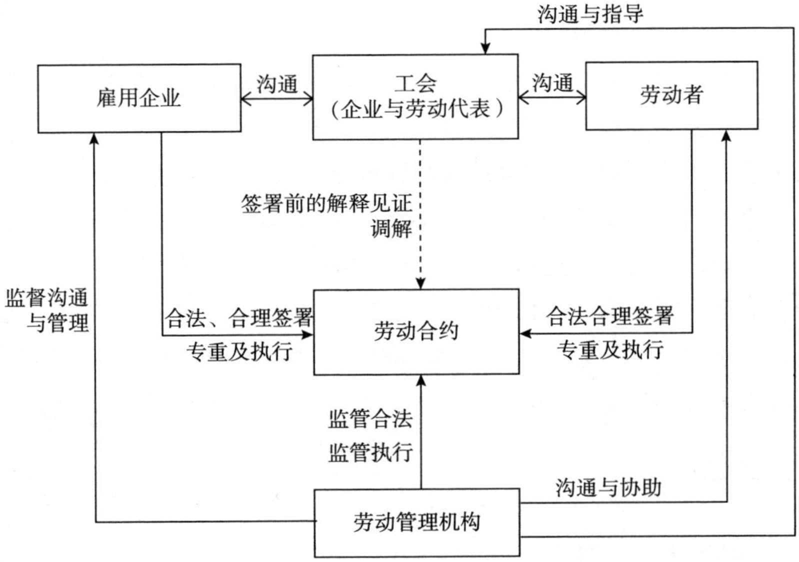

图4－3－2　雇用者、劳动者、劳动管理机构和工会的关系

4.3.7.3 劳动关系之监管

目前的劳动监管机构虽然同时要监督管理劳资双方的法规遵守情况，但其大前提是保护劳动者的利益，在定位方面以使一般雇用者有受偏袒的直觉，而在实际运作上却可能使大型企业与监管机构间的关系更密切，所以除非是特大的劳资冲突事件，否则难以使人有公正立场的感觉。所以劳动管理机构应该强调保护劳雇双方的权益，并非保护某一方的利益，而在运作上应该更具透明度。除了监管运作中的劳动关系，更重要的是检查及处罚不依劳动法规制订的劳动合约。此外，劳动管理机构应该加强宣传和推行劳动关系及法规教育，设立培训机构，使劳雇双方都有机会接近正确的劳动观念和法规认识。

4.3.7.4 一般及基础的问题

前文提及了目前的一般的劳动问题，其实每个问题都可以给予解决，列举如下。

（1）最低工资的规定

目前，最低工资与地区人均收入有较大距离，例如，全国人均收入最高及差距最小的深圳，其人均收入是 9 422 元/月，而最低工资设定的是 610 元/月（折让差距大概 22%）；但全国收入差距最大的西安人均收入是 7 738 元/月，最低工资标准分四级从 185 元/月至 260 元/月（折让差距 71% ~60%），虽然深圳和西安的比较是区内从事制造业和农业的劳力比例不同所致收入差距大，但显然最低工资制订的基础并非以地区人均收入比例、公平劳力绩效或地区生活水平为基础，从现时的结构看来，似乎是以地区最低的生活保护（一般生活水平以下）作为基础制订的。这样对于付出相同劳动贡献者不公，而且易于使劳动力流向工资保障较高地区，虽然地区的生活水平可以作为最低工资的设定基础，但也应考虑地区物价等通胀因素，应该加强检讨最低工资的频率，或参考通货膨胀率做适时的调整。

（2）员工的离任

长期外派或向附属单位挂靠工作人员的单位，应在当地劳动管理单位登记，同时制定针对这些情况、的地区性劳动法规应用归属（最低工资及合约处理）。

（3）法例的解释

国家劳动法应该采用统一性的解释，且解释应具通用性，应该可供其他地区在处理同类事件时参考，用作裁判时的引据。

（4）针对个别行业及知识产权有关的劳动法规

很多其他国家或地区的政府，都针对一些个别的行业从行业的经营守则到劳资双方的关系进行特别的监管，而国内的相关法规却是通识性的，即不管哪一类的行业都受相同的条例管理。而现在新形态的产业不断发展，如果不紧随新产业特质而制定相关法规，则容易引起争议，特别是知识产权的归属、竞业禁止及脱密期等问题都需要由法规来明确。

（5）劳动法中的劳动争议条文与企业劳动争议处理条例

对应最新的市场经济及产业发展，应重新调整劳动法规和争议的处理方式，统一系统及法规，把调解作为解决劳动争议的原则。

4.3.7.5　劳动争议处理机构的调整

处理劳动争议的机构由最初级的内部处理变为企业劳动争议调解委员会，再到劳动争议仲裁委员会，虽然可以给予当事人选择的权利，先经由调解或直接仲裁，但往往在调解阶段未能真正解决双方的分歧，只是把问题按住，或者调解后仍然需要仲裁。产生这种情况的主要原因是劳动者对调解没有信心，所以建议设立劳动争议评审委员会，成员由劳资双方及劳动管理行政单位代表组成，在预设符合资格的公开名单中选择。劳动争论产生时，先经由劳动争议调解评审委员会评审，如果适合调解则由劳动争论调解委员会调解，如果不适合则直接移送劳动争议仲裁委员会仲裁，免却调解后再仲裁的耗损。

4.3.7.6　劳动争议的处理程序

劳动争议发生后，如当事人趋向于以调解方式解决，建议先由劳动争议调解评审委员会研究，决定是否接纳，或移送劳动争议仲裁委员会仲裁。而经由劳动争议调解委员会双方协议的决定，如果其中一方不履行，则应该直接向法院提请起诉，不应再经由劳动争议仲裁委员会仲裁，因为这样会使劳动争议调解委员会的功能间接消失，重复处理。然而，一些主要的问题还必须予以改革，列举如下。

1. 争议发生日期的确定

厘清时效准则，不能只形容为知道或应该知道如此抽象的定义。

2. 调解与仲裁

强调劳动者的主导性，可以完全自行决定，不受其他人、单位的游说影响而自主决定调解或仲裁。

3. 法例的配套

除了调研更适合最新劳资情况的劳动法规外，对不执行劳动仲裁决定而被法院强制执行的、经法院判决败诉的，应该增加罚则，使其最终的付出与依劳动争议仲裁委的裁决有较大差距，使败诉者在经济后果上权衡，有利于执行较公正的裁决和增强在事件中受损者的补偿功效。

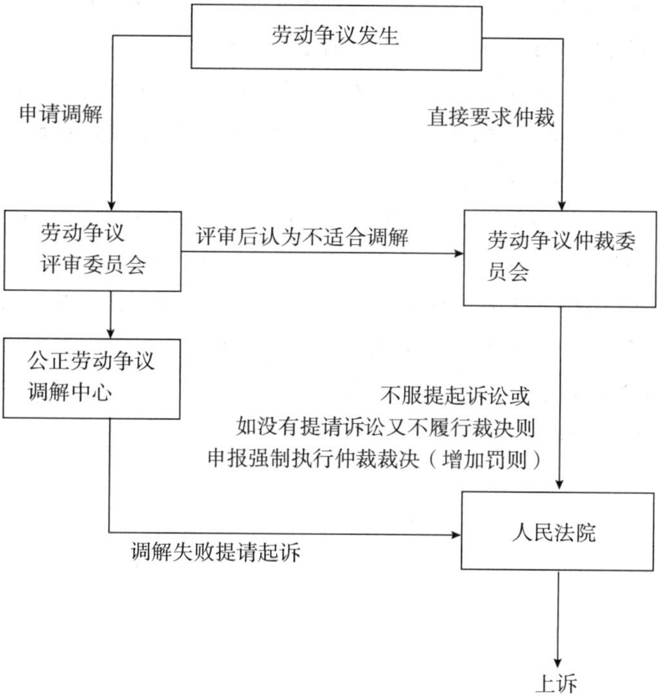

图 4－3－3　重整的劳动争议处理程序

4.3.8　综合结论

综上，我国的劳动法仍有很大的调整空间。现代产业与经济发展的步伐较之前的年代有很大的速度差距，如果停留在过去的基础模式思考，可能就会被时代愈来愈抛在后面；如果国家的劳动立法不能紧贴实际需要，则地区上有关劳动之行政规章愈来愈多，将可能造成多面的冲突，或者总体上没有足够的劳动法律规范去调整现实的情况；因此，不管劳动法和其争议程序或机构都有深入调研的必要。

参考文献

[1] 陈兴良. 刑法疏议 [M]. 北京: 中国人民公安大学出版社, 1997.

[2] 王铁崖. 国际法 [M]. 北京: 法律出版社, 1995.

[3] 韩德培. 国际私法 [M]. 北京: 高等教育出版社、北京大学出版社, 2000.

[4] 许光耀. 国际惯例的法律性质与地位 [J]. 徐州教育学院学报, 2003 (3).

[5] 贾俊玲. 劳动法学 [M]. 北京: 北京大学出版社, 2008.

[6] 中国法制出版社. 劳动法及其配套规定 [M]. 北京: 中国法制出版社, 2002.

[7] 程延国. 劳动关系 [M]. 北京: 中国人民大学出版社, 2007.

[8] 韩兆洲. 劳动争议处理程序的现代化 [M]. 北京: 中国方正出版社, 2007.

[9] 郑尚元. 最低工资——实践与问题的国际评述 [M]. 北京: 经济管理出版社, 2009.

[10] 大卫·桑普斯福特, 泽弗里斯·桑纳托斯. 劳动经济学前沿问题 [M]. 北京: 中国税务出版社, 2000.

第五篇　经验分享篇

热烈庆祝陈勤业先生图书出版
分享企业管理心得和经验

主贺：

龙杰（香港）有限公司

国际博士后协会

联贺：

QUALITY CLUB 中国质量俱乐部

NU SKIN THE DIFFERENCE DEMONSTRATED

KONICA MINOLTA

大上海鐘錶珠寶(香港)有限公司 GRAND SHANGHAI WATCH & JEWELLERY (HK) CO., LTD.

綠園 GREEN FOOD

羅寶錶 LOBOR®

囊才 TOP IN

三鳴諮詢策劃有限公司 SAM MING Consultant Co., Ltd

九龍表行 1952 KOWLOON WATCH CO.

ERICA

LUCKY BABY 江苏幸运宝贝安全装置制造有限公司

SHUN HING GROUP 信興集團 SINCE 1953

SANMINA

感谢上海圣瑞敕律师事务所创办人胡晓博士后的大力支持！

质量与客户服务环环相扣

——生产商龙杰的成功奥秘

成立于1981年的龙杰集团（Leoco Group）是生产连接器和定制电缆及线材组合的世界级制造商，其以创新自我品牌，为全球一流的公司设计、制造连接器和不同类型线材产品。龙杰的品牌优势体现在客户的高度信赖，而这源于管理上打造的两个核心环：质量环及客户服务环，环环相扣。

龙杰（香港）有限公司董事总经理赵芝胜于东莞龙杰电子有限公司（2011年及2012年都市盛世卓越商界奇才获奖者）

质量环——质量管理模块

立足于零件行业，龙杰（香港）有限公司有着极好的口碑。对于品牌的重视，很多同行无法企及。公司董事总经理赵芝胜说："目前这个行业不是我们独有的，就算没有品牌也可以做。根据客户的需求，我们会帮助其进行产品研发，我们的品牌树立在行内的专业性，代表客户对我们的信赖，所以我们对维护好自己的品牌非常重视。"

重视品牌的龙杰，对于品质管控，一直秉持这样的理念——品质是生产出来的，而非事后检测出来的。为了保证产品的高质量，追求产品生产的零缺陷，龙杰在营运管理上选用德国SAP公司的 ERP企业资源管理方案。它提供了信息化的管理平台和系统，使得龙杰能够快速应对市场和行业的变化并采取相应的措施，业务流程更加规范。

而且，龙杰在此基础上加以改造和创新，招聘专才，强化计算机部门软件开发功能，形成了自我资源管理方案。这套方案以智能化、系统管理为方针，以创新思维和持续改善为文化，不断地优化资源分配，有效地提升公司整体运作能力。赵芝胜说："我们碰到一些事情就会去检讨，我们现在的流程有哪些漏洞，修改过来，让这些漏洞以后不会再出现。"龙杰在管理上强调以优化的系统运作流程带人做事，而非以人为因素操作。

好口碑，也需要持续创新的综合营运能力。龙杰在不断探索及持续进行自主技术开发，主要从生产设备工艺改良、材料应用研究、管理软件优化、学习创新、质量效率提升五个方面着手。

例如，龙杰自主研发的智能电子生产排程看板及MPS1+13(Master Planning Schedule)模块，能够在市场变动或客户交期时，实时了解及预测未来13周的材料和人力资源状况，并做出适当调动。这极大地提高了资源动用率和生产效率，增加了成本效益和降低库存量。

例如，自主发明矩阵管理模式，各部门所有会议都会以矩阵管理思考方式进行协商，把责任量化分工到部门，定时定标共同合作完成。

由此，龙杰的产品质量获得了客户高度的信赖。此外，龙杰在采购、洽谈原料方面的能力在行业中非常具有竞争力。

客户服务环——客户管理模块

作为生产商，龙杰因与客户之间亲密的合作伙伴关系而令人刮目相看。赵芝胜认为，仅仅把客户和自己的企业的关系定位于买卖关系是不正确的。"定位于买卖关系是肤浅的，这样定位的深度不够，大家的关系也不好。我们要从长远看——定位于合作伙伴，我们希望跟客户成为朋友，双方具有很高的信任度，当然，要做到这一点，首先自己要以身作则。"

龙杰自主开发客户管理系统，能提供灵活的交货时间安排和安全库存计划。客户下订单后，会得到龙杰的授权账户，进入客户管理系统，查看订单、收货、生产、出货等具体动态的情况，增加了客户对龙杰的信任感，也使得公司能够及时满足客户的诉求，达到客户满意。“客户会感受到我们的认真，客户能不能信任你，就看你做事情够不够认真。”赵芝胜说。

龙杰公司发源于中国台湾地区，如今，总部设在中国苏州，在中国深圳及东莞、中国香港、美国、印度尼西亚、丹麦、新加坡等地均设有工厂或销售部，各地的设施为客户提供了实时访问公司自主研发最新技术的机会，这给客户最直接的体验，增强了客户信心。

更重要的是，龙杰认为客户的问题就是龙杰的问题，在企业运营过程中，遇到问题，主动与客户寻求解决方案。赵芝胜一直跟员工强调，即使是客户的问题，比如客户出错漏下一张订单，也等于我们内部的采购部门漏下一张订单，首先要面对这个事情，解决问题，事后再寻找原因以及承担责任。龙杰稳定的客户关系即得益于此。赵芝胜并不担心问题的发生，无论是与客户共担责任还是独自承担责任，都要直面问题，并且把问题当作一次学习的机会。

在客户关系管理中，龙杰也会有大小客户的分类，不过，基于对客户关系所秉持的理念，虽然在资源的分配上会有所差异，但龙杰对大小客户同样重视。

环环相扣

客户服务环及质量环，“环”字意味环环相扣，相互关联，共同发展。如何将其紧密关联？靠的就是人才、培训和沟通。

赵芝胜说，公司各部门都有责任在人才、培训和沟通工作上做出贡献和努力，而非客户服务只局限在客服部门，质量也非局限在质量部门的责任而已。管理层会定期检讨及听取各部门主管汇报在两个核心环做出的努力及进展。公司各部门主管也需要经常检讨组织营运架构，与培训部门保持充分沟通，配合公司的发展，为人才培训做好准备。

为了提高公司内部沟通效率及文化，龙杰还引进信息管理五常法1M5S，五常法源自日本，由5S概念（Structurise，Systematise，Sanitise，Standardise，Self-discipline）组成，即“常组织、常整顿、常清洁、常规范、常自律”。中高层管理者必须学习五常法及通过考核，新进人员也必须学习1M5S的沟通文化，务求全公司沟通文化达到一致性，提升工作效率。

永远抱着学习态度，才会用追求心和开放的态度吸收新事物，不断创新思维才能创造行业营运的制高点。龙杰在工程、品质和生产引入专才后更成立专业培训部门，对不同部门、不同岗位开设针对性的培训课程，每次培训后及时考核机制，也有月/季度考核量化方法去挖掘人才、提拔人才、储备人才。除了内部培训外，也会对一些专业课题或知识聘请专业人员到工厂进行培训或委派人员去公司外学习一些新理念和知识。

在培训过程中，龙杰的管理者非常注重跟员工的沟通。“沟通是一项长远的工作，要让员工知道，龙杰要成为一家什么样的公司，公司的愿景如何，市场能做多大，产品线能扩多宽，目的是让员工知道公司的方向，让员工能够随着公司的成长而成长。”

绩效考核制度也是很重要的一环，主要从两个角度考察，部门的绩效考核和员工的绩效考核，考核的范围也比较广泛。在赵芝胜看来，龙杰的综合竞争能力表现在软硬件多个方面，但人才是最重要的。

全球经济变幻莫测，市场竞争已进入白热化阶段，企业的制胜法则在于随机应变。在2003年以前，龙杰以经济规模取胜（品种少、量多），但是相同品种的竞争对手过多，不利于公司的长远发展，于是，龙杰调整公司经营策略，以品种多量少为营运方针。在不同行业发展客户，由集中改为分散投资。“很多竞争对手看到量少没有兴趣做，但我们不是这样。调整策略后，我们增加了品种，这是综合实力的表现。”经营模式的转变，让龙杰在市场上减少了竞争，提高了边际利润，成功渡过了2003年“非典”及2008年金融海啸危机。

赵芝胜对公司的前景也非常看好，他说：“我们很相信，有工业就有我们产品的空间！问题在于我们有没有创新思维，勇于探索，不断检讨，持续投资。站在客户立场思考问题，创造出具有成本竞争力的、优质的产品和服务，去体现我们对客户的价值。”

龙杰厂房

国际博士后协会为博士后发声

“博士后”这个头衔，对于很多获得博士学位后继续从事研究或深造的高级人才来说，既是值得骄傲的资本，也是沉甸甸的压力。博士后事业、学业、生活的发展既是博士后个人的考虑，也是“国际博士后协会”关注的焦点和承担的使命。

国际博士后协会（IPostDocA）是第一个旨在促进大中华区博士后研究人员发展的全国性组织。它将中国、亚洲地区的博士后人才聚集在一起，关注博士后的事业发展和生活状态，积极推动博士后相关管理政策变化，为博士后研究人员发声，以推动大中华区研究事业发展为使命。（www.IPostdoc.org）

IPostDocA自成立初便与科研机构、中国博士后事务办公室、世界博士后协会（PADs）、专业组织和科研资助机构进行了建设性的合作。例如，加拿大魁北克大学博士后研究班，为很多职业人士提供了进修的机会，推动了博士后队伍的发展壮大。

作为国际博士后协会中国香港分会的主席，廖宝城博士后曾于2012年修读了加拿大魁北克大学博士后研究班。该博士后项目建立在传统的硕博学位教育之上，针对接受过专业教育的高级管理人员而办，是研究与实践相结合的高端教育项目。经过学习和交流，廖博士后提高了个人研究和创新能力，而这些综合素质又为其职业发展带来新的契机。

尽管工作非常繁忙，廖博士后仍积极为国际博士后协会的建设出力。IPostDocA主要从事以下几个方面的工作：

① 为博士后群体中的利益相关方提供资源，加强资源整合，倡导责任制；

② 制定并倡导实施改善博士后经历的政策；

③ 加强收集、分析和传播有关博士后学者的数据；

④ 建设一个给予博士后群体中的利益相关方更多自主性的自立、民主组织。

廖宝城博士后（左）现任职于香港政府机构。尽管工作繁忙，他仍然积极为国际博士后协会的会务出力并担任香港分会的主席，时常与总会主席陈勤业教授（右）探讨国际博士后协会的建设与发展。

IPostDocA正成为凝聚博士后高级人力资源的不容忽视的力量，并逐渐在博士后个人、企业、学界之间发挥桥梁纽带作用，积极为博士后发声。

IPost DocA 活动合照

如新人才观的大智慧

2014年1月1日，在世界第三高楼——台北101举办的盛大的跨年烟火秀，照亮了巨大的NU SKIN如新LOGO，并以此开启了NU SKIN如新集团30周年庆的大幕。创立于1984年的NU SKIN如新集团，从开发纯天然个人护肤品，到如今全球抗衰老领军企业；从美国到全球53个市场，从1984年以5 000美元始创资金到2013年超过30亿美元的营业额，NU SKIN如新短短30年的迅速成长离不开其独特的人才战略。而在领先于NU SKIN如新全球市场的大中华区，以“四心”择才和用“五 i”育人，显得尤为独特。

选拔人才用“四心”

优秀人才向来是企业的争夺重点，然而如何评判人才的素质和能力，挑选符合公司文化和需要的优秀人才，一直是个难题。NU SKIN如新在选拔人才时，相对于惯常的学历、工作经验或背景，更看重的是具备野心、善心、信心、热心这样的特质。自2013年NU SKIN如新在大中华区启动校园招聘以来，招聘规模不断扩大，2014年更是奔赴全球高校广纳贤才，世界各地的优秀毕业生正成为源源不断的“新鲜血液”，输入NU SKIN如新。在NU SKIN如新所提供的完善职业发展平台上，这些具备“四心”素质的人才，可以不拘泥于教条和经验，充分发挥个人专长，塑造和培养自己的创业家精神及领导才能，与NU SKIN如新一起发展和成长。

培育人才重“五 i”

NU SKIN如新秉承的企业文化理念是“以人为本，尊重、平等、信任”，在组织结构上体现得尤为明显，它颠覆了一般公司自上而下“管理”、自下而上“汇报”的Reporting Line传统，而是创新地采用以“支持”Supporting Line为核心理念的倒三角形模式，即管理层在底部作为支持方，为上一层级提供全方位的工作支持，最终为处于顶部的事业经营伙伴服务。

NU SKIN如新大中华组织事务区域副总裁暨华北总裁刘明欣博士说，在如新的大家庭里，她经常与员工探讨的问题是“他们所做的事”和“为什么做”，而不是“怎样做”。关于方法和技巧，NU SKIN如新并没有刻板的规定或既定的流程，而是鼓励员工自己去探索和总结，找出一种既切合实际、有效，又能展现个人特长的方式。

刘明欣博士

相对于招募人才的“四心”理念，在培育人才方面，NU SKIN如新则更强调“五i”，即independence（自主个性）、interaction（互动共赢）、innovation（创新驱动）、infiltrative（融入共享）和intrepreneurial（创企精神）。

坐落在上海奉贤工业园区的NU SKIN大中华创新总部园区拥有全开放的办公空间，还配备有花园、健身房、台球桌等休闲设施，所有人都可以根据自己的心情与喜好自主选择工作地点，甚至可以选择在家里做事。因为NU SKIN相信宽松、自主的氛围更有助于激发人的潜能，也会让工作更有动力，而不是压力。另外，开阔的空间格局更有益于打破格栅，给人创造良好互动的机会。当有形的空间格局被打破时，人与人之间的距离才能被拉近，在NU SKIN如新每一位同事都是“家人”，无论职位头衔是什么，互相都直呼其名，这样的互动既亲切又简单直接。如果非要对方称呼自己为“某总”，就会“被捐钱”——替这么称呼他的员工买单，当然这些钱将被捐给如新“善的力量”基金会。在NU SKIN如新，丝毫不必怀疑创新的重要性，因为世界不停变化，与时俱进则是企业必须做的功课，不强调做到最好，但求每天通过革新做得更好，每天进步一点点。当你融入这种融合的环境中时，就会发现每天的工作更显得是一种享受的过程，而不易平衡的工作与生活关系，也更容易和谐相处。发自内心的归属感和主人翁意识，能激发才智、创新和企业家精神，通过公司提供的创业孵化平台，将想法变为现实，在有机会亲身实践成为创业家的同时，也能将NU SKIN大中华创新总部园区建设得更加美好。

人才一直是NU SKIN如新集团的优势和核心，而追求员工对企业价值观的内心认同，则诠释出NU SKIN如新作为最佳雇主背后所蕴涵的大智慧。刘明欣博士表示，在当前战略同质化、知识资本化、人才竞争化的时代背景之中，人才战略已经与“产品战略”和“服务战略”一样，成为企业发展战略的“风向标”和“路线图”。对NU SKIN如新而言，通过全员使命感和归属感的创造，来成就一个社会型企业所能承担的社会责任和历史使命，才是它背后蕴涵的大智慧。

站在客户角度的创新
——柯尼卡美能达（Konica Minolta）

传统相机和胶卷行业巨头在数码技术变革下纷纷破产，而柯尼卡美能达株式会社（Konica Minolta,KM）却凭借着“创新”成功转型，在数码多功能打印系统、打印机、数字印刷系统等领域开拓发展，凭借尖端技术成为引领市场潮流的世界级企业。

KM于2003年由两家日本公司——胶卷与感光技术专家柯尼卡（Konica）及摄影与光学技术专家美能达（Minolta）合并而成。在2006年正式剥离相机和胶卷业务之后，KM不断扩展业务，由最初的复印机供货商，发展至早年提供各种办公室商业方案，以至成为商业顾问服务的供货商，提供多元化专业商务解决方案，如综合提案服务（Optimised Print Services）、业务流程外派服务、IT-Guardians一站式信息维护及管理服务等。

“创意改变世界”（Giving Shape to Ideas）是KM于2011年9月提出的新口号。这包含“不断求变创新”的意念，从客户的角度探究他们现在与未来的需要，专注创造更全面、更出色的产品、服务及解决方案，从而为客户及社会带来创新价值，实现经营理念。

KM具有强大的创新能力，不单是产品研发方面，所提供的文件管理服务也不会局限于套装软件，而是通过专业团队分析客户办公室在信息科技及文件管理上所面临的困难，找出他们实际的需要，帮助他们全面优化业务流程，提升工作效率；与时俱进，主动了解客户的需要。

2008～2009年间，金融海啸席卷全球，企业都面临着严峻的经济形势，需要节流才能保持赢利增长。KM了解到客户的需求，于是整合公司团队，运用创新意念，推出iDOC专业文件顾问服务及贴心的客户支持服务，以迎合当时严峻的经济环境，为客户带来节流良机，进一步提供各种有效控制成本的工具；借由开拓新的产品及服务，协助KM渡过难关，转危为机，创下销售佳绩，业务达双位数增长的KM亦自此积极转型成为多元IT公司。

叶卓雄博士

KM市场推广、销售及技术服务董事叶卓雄先生强调：“企业面对不断变化的社会和经济环境，需要灵活变通，积极运用创新思维来开拓商机，不能墨守成规，创新的同时需要了解顾客的想法，开发符合他们需要的产品和服务，才能够提升与客户的关系和企业的价值。”他认为，企业持续改善从而迈向顶级企业的最重要的3个要素如下。

① 弃旧迎新：为了时刻保持优势，不能只着眼于以往的成功，必须与时俱进，洞悉社会转变，将业务适当地调整配合，以迎接市场机遇。

② 不断学习：重视员工培训，除了解公司产品的特点和优势外，也鼓励同事自我增值，不断精益求精，保持专业，为客户解答疑难，提供最好的服务与最大的信心保证。

③ 坚持创新：能够突破常规，让创新意念得以应用，为日常生活和各种业务不断带来启迪和灵感，个人及企业才能得以向上发展。

随着世界环境不断变迁，社会的价值观与客户的期望也不断改变，企业需要做好准备以迅速响应变化对市场所带来的影响。KM在集团内实行全球统一的行动口号“simply BOLD”，激励员工以锐意改革、勇于开拓的进取精神，推出革命性的产品及服务，努力将社会变化转化为企业成长的契机，继续迎接各种各样的挑战。

绿园食品的蓝海策略

“加工后的芦荟果肉清甜、爽口，可以加入杂果做成沙律……”绿园食品国际有限公司负责人曾远航博士正在亚视娱乐CIA通识节目“天然食材大解构之芦荟”中介绍绿园的芦荟产品和功效。绿园是一家致力于为客户提供物有所值的优质自然养生食品的公司，主要开发和销售即食燕窝及芦荟等天然健康食品系列。当其他企业还在“传统恶性削价竞争”的红海市场挣扎时，绿园食品已经在“开创新兴市场”所代表的蓝海市场走出一条新路。

红海市场、蓝海市场是《蓝海战略——超越产业竞争，开创全新市场》（*Blue Ocean Strategy*）中提出的概念。在这本经济学畅销书中指出企业惯用的获益方程式：压低成本、提高市场占有率、大量倾销等传统商业手法已经不能适应当今的市场，提出要开创尚未被开发之全新市场，创造独一无二的价值。

绿园食品自创立起，并没有在传统的、饱和的食品加工行业与行业巨头相争，而是在尚未完全开发的芦荟健康食品行业另辟蹊径。创办人曾博士利用近20年开发及销售天然健康食品的经验，积极地开拓蓝海市场，很快在香港的天然健康食品市场站稳脚跟，即食芦荟产品进入百佳、惠康、Market Place等大众超市；改善即食燕窝的质量及口感，得到了消费者认同；引进韩国和日本纯天然产品，增加健康食品的产品多样性。

找准市场需求

可供食用的芦荟，本身带有苦味，影响口感，且不易保存。绿园公司看到这个市场需求，广纳优秀的人才，凭借精湛的技术及对高质量的不断追求，开发出适合市场需求的产品。芦荟产品系列除了不同口味之即食芦荟外，更推出芦荟原汁、蜂蜜芦荟精华液等，以满足不同年龄及口味的消费者。晶莹剔透的芦荟果肉，经加工后，去除原本的苦涩感，更加美味可口；浓缩芦荟汁，含有酵素、维生素，凸显其美容功效；芦荟精华液，可以解酒、润喉，更发挥芦荟的保健功效。

绿园食品国际有限公司负责人曾远航博士深知蓝海策略对企业和社会的重要意义，积极投身专业及社会组织活动，帮助其他中小企业开拓蓝海市场。曾博士身兼国际中小企业联合会副会长及香港餐饮联业协会董事等职，也是香港专业及资深行政人员协会及中国香港聚贤的创立人之一。

推广养生理念，开拓市场

中国香港地区生活节奏快，职业人士压力大，快餐文化兴盛。很多人并不注重天然养生和健康，只一味地追求快和方便，大量食用高糖分饮品、即食面等不健康食品，服用损害身体的减肥药或美容药。绿园食品不遗余力地推广天然养生的理念，普及芦荟养生的知识，引进由46种有机蔬菜制成之韩国纯天然食品——君美纤秀营养餐，改变大众对于生活质量的意识，为繁忙而无暇顾及健康生活的香港人带来一个绝佳选择，也为自己开拓了市场。曾博士说，“我们相信医食同源，食得健康，身体自然健康”。

囊才顾问有限公司总舵手：邱柏民博士

邱柏民博士是一名建筑设计师、室内设计师、环境保护师及测量师……1996年至今，先后从事的工程项目包括：广州新白云国际机场一期工程、中国国际贸易中心第二期塔楼、北京建国公寓等装修的总体设计工作，曾先后任职富力地产工程部总经理、太古地产项目部总监。

囊才顾问有限公司是在1994年由邱柏民博士与几位志同道合的专业人士一同创建的主要从事建筑设计业的高级顾问公司，参与了香港、内地多个城市地标性建筑的工程项目咨询，在建筑设计、室内设计、环保、项目管理和安全等专业领域均表现卓越，并积极发展项目管理一条龙服务。邱博士后认为企业通过持续改善而迈向顶峰的最重要的因素有以下几个方面。

企业领导人的心态

作为企业的舵手，领导人主导了整个企业的前进方向。领导人只有将视野扩大，不断地吸收新知识，才能通过其行为改善企业。例如，金融危机时，百业萧条，囊才公司也无可避免地受到冲击。幸亏领导者未雨绸缪，及早地拓展及扩大服务范围，同时也涉足中国内地市场， 才渡过难关。作为囊才的领导者，邱博士明白唯有以积极的心态和开阔的视野，不断进修，才能为企业把好舵，谋求更好的发展。其本人2012年被世界名牌大学加拿大魁北克大学录取为博士后研究生，正是践行了这项理念的结果。

企业文化

企业文化对企业的前行有着深远的影响，营造一个良好的企业文化乃是企业迈步向前的重要因素。作为一间专业服务公司，囊才公司最重要的资产就是人才，一个项目的成功有赖不同层次的人员去完成。所以，囊才公司管理文化相对轻松愉快，强调沟通和合作，尽量让同事在一个愉快而融洽的环境中工作，从而发挥出团队的力量。同时，也会安排一些有志年轻人跟随一些经验丰富的人员学习，提升其技能，创造出互帮互助的良好氛围和不断学习的企业文化。除能帮公司发展外，宏观来说，对年轻人个人和社会发展也有贡献。

与时俱进

以往顾问公司只将目光放在本土市场，但现时经济及商业活动已转趋全球化，来自四面八方的竞争对手也越来越多，未来市场竞争越来越激烈。企业要在这样的环境下前行，并想在行业内再创高峰，必须吸收各方面的信息，才能有效地掌握市场脉搏，根据市场需求做出相应的调整，持续改善，才可成就辉煌。

而且，客户的要求也在不断变化，单靠一两项专业服务是不能满足客户需求的。囊才也根据客户需求推出了多元化服务，尽量将服务范围扩阔， 提供整体服务，比如一条龙服务，即从项目之初的规划、设计、项目管理到完工后的物业管理等，不断提升竞争力以迎合市场需求。

邱博士后强调：囊才顾问公司将继续巩固现有专业领域，积极拓展服务领域和市场范围，持续改善而迈向顶峰。

罗宝表：自创品牌运营精髓

个人品牌运营成功有道，罗汉忠先生更想与行业分享个人经验，整合行业资源，为行业的整体发展贡献力量。他加入深圳市钟表行业协会、香港表厂商会、香港专业及资深行政人员协会，并自愿参加深圳市钟表行业协会理事选举，为行业工作付出更多时间和资源。

中小企业的出路在何处？大量仿制、复制、抄袭知名品牌？贴牌、代加工、为他人作嫁衣裳？还是如同罗宝表（LOBOR），自创品牌，并以精湛的工艺、时尚的设计以及多元化的品牌宣传打造成国际知名品牌？

1989年，罗宝表创办人罗汉忠，以独到的眼光在瑞士注册品牌，苦心经营20余年，产品远销东南亚、欧洲、中东等地，得到海内外消费者的认同。2006年罗宝表被列入世界名表网站前100名，2013年在“香港十大卓越中小企业评选”中被提名为“香港最卓越钟表品牌”。今日，罗宝表也成为被抄袭、被仿制的对象。对于管理者来说，培养和运营自创品牌确实是个难题。罗宝表的品牌运营精髓对找不到出路的中小企业起到很好的借鉴作用。

精湛的工艺

罗宝表采用高素质瑞士原厂机芯，运用精湛工艺，生产高质量的产品。优秀的质量是品牌经营的基础。罗汉忠董事长在接受《成报》访问时说，面对部分竞争者以次充好，提供低价格的产品，公司会受到一定冲击，唯有一直采用上好材料，严控质量，借此坚持不降价。罗宝表虽坚持高工艺，但在价钱上定位较为亲民，是大众买得起的高质量手表，而不是奢侈品。2012年获得中国香港特区政府颁发CEPA(中国内地与中国香港关于建立更紧密经贸关系的安排)证书，成为少数获得此资格的品牌表，质量得到认可。

时尚的设计

消费者的喜好在不断变化，罗宝表也不断地推出领先潮流的款式，使得腕表在功能及外表上均能迎合现代人的活力，在市场上更别具一格。公司每个月推出8~10款新产品，设计风格以经典款和时尚款为主，主要有机械系列、原装进口不锈钢系列、多功能精英运动系列、高级时尚女装系列、陶瓷系列。其中全钢、镶60粒真钻石共1.278卡的钻石表是公司的王牌产品。罗汉忠说，就算竞争者不断抄袭，也已经“走了5个月的货”，将抄袭者甩在身后。

多元化品牌宣传

在中国内地与香港地区两地加强更紧密的经贸关系的趋势下，罗宝表表现锐意，加大力度抢攻中国内地市场，近年来展开了多轮铺天盖地的宣传攻势，覆盖电子、文字传媒、贸易展销、商业赞助活动等。2013年9月25日至28日，第十届中国国际中小企业博览会在广州国际会议展览中心举行，罗宝表是唯一参展的钟表品牌。广东电视台、珠江卫视、南方卫视等都有采访罗宝表，并在专题、新闻时段播放。

除了广告外，罗宝表还通过多种形式的赞助活动，增加品牌的文化价值，宣传公司的社会价值理念。例如，2010年赞助香港无线电视台制作“正识第一”节目，该节目通过游戏形式，介绍中文字词、成语的正确用法，无形中给品牌增加了文化价值。2013年赞助“2013国际太太”竞选，鼓励潜在的妇女回归社会，协助及贡献自身的力量创造社会价值；赞助“百乐门2013中华文化小姐全球大赛——香港赛区(初赛)”这一宣扬“用美丽传播中华文化；用智慧演绎华夏文明”的比赛。另外，罗宝表冠名的马驹，获得了澳门赛马冠军，也引起了媒体广泛报道，为品牌树立了拼搏进取的外在形象。

大上海鐘錶珠寶(香港)有限公司
GRAND SHANGHAI WATCH & JEWELLERY (HK) CO., LTD.

高级腕表“电影院”

——大上海钟表珠宝行

走进大上海钟表珠宝行（以下简称“大上海”），如同进入了一家高级腕表小型“电影院”，浪琴（LONGINES）、劳力士（ROLEX）等传统瑞士品牌手表正在出演一部古典浪漫电影；亚诺（ARNOLD & SON）、播威（BOVET）、保时捷（PORSCHE DESIGN）、雷达表（RADO）等新兴的欧洲品牌手表正在一部外层空间电影里崭露头角。在这里，顾客不是买一块显示时间的手表，而是为自己的人生电影挑选合适的配角；而大上海，就是一个必不可少的经纪人角色，为每一位顾客提供最匹配的选择。

大上海董事、总经理黄雯英一直记得一位前辈说过，“A shop is a cinema”（一家商店就是一个影院），在钟表行的经营管理中，她不断地领悟并实践着这句话的内涵。30年来，黄女士将一家钟表店铺扩张到目前的四家钟表连锁店，从3名员工发展到40多名管理销售团队，逐渐地将钟表店做成高级腕表的“电影院”，其主要管理及营销方法包括：

一方面，不断地丰富货品种类，使得品牌结构多元化，零售价格从几百元到几百万元，应有尽有，为客户提供更多选择。

另一方面，与客户建立更密切的联系。大上海于铜锣湾开店迄今15载有余，主要做熟客生意，黄雯英说：“我们靠口碑，从没卖广告，只要熟客开声，任何表都会替他们找回来。”而且，建立数据库，分析客户的购买喜好，对客户进行分类管理。不仅给老顾客更加优惠的折扣和更优质的售后服务，而且会定期发出邀请函，邀请VIP客户对新到款式进行鉴赏，既能增强客户对表行的归属感，更能提高销售业绩。

更重要的是，建立零售商品牌，发挥“经纪人”在销售方面的独特魅力。

科技网络的发展，让实体店铺的角色悄然发生变化。零售商不再是信息的垄断者，客户想要购买品牌手表，大多数已经在网上搜索过、比较过。可能有些人通过品牌的官网发布的照片，连表壳底部的每一颗螺丝，都放大一百倍看过；也有些人通过Facebook的讨论组将最新的市价、功能了解得一清二楚。零售商不能只是推销产品，而应该扮演客户“经纪人”的角色，站在客户的角度，从手表的外观设计、客户的需求、品牌背后的价值等，给予更加专业的建议，帮助客户挑选到合乎

黄雯英董事总经理一直记得并在生意实务中探索“A shop is a cinema”这句话的精髓，致力于让 大上海成为一个货品齐全、钟表及珠宝多样化、满足客户多元化需求的“电影院”。

“心水”的产品。零售商要作为品牌手表与客户之间的桥梁而存在，并应加强彼此之间的沟通和协调。

为了使自己发挥在客户心目中不可替代的角色作用，大上海每年都会派职员前往瑞士国际钟表展，交流经验，收集最新的钟表资料，参观瑞士的传统制表工厂，了解品牌的历史及发展；对于一些钟表的革新技术，也给予非常大的关注。黄女士认为，企业持续改善迈向顶级企业最重要的3个要素是：远见、资源、管理。

中国质量俱乐部——质量人的高水平朋友圈

商界沉浮，人脉与资源远比个人埋头苦干要重要，高水平的朋友圈正是商界人士忙于建立的资源。正当质量管理人才为建立人脉、积累资源而苦恼时，孙磊为质量管理领域建立了一个高水平的朋友圈——中国质量俱乐部，圈内成员既有国内外质量管理方面的专家学者、也有质量管理行业内的中高层管理人员、还有众多的刚刚进入质量管理行业的年轻人才。

中国质量俱乐部2007年10月27日成立于上海，是由活跃在长三角地区跨国、国内民营上市企业的质量管理实践者孙磊、梁玮、王志祥等人共同发起成立的民间公益性的质量高级论坛。2013年11月，中国质量俱乐部举行了6周年庆典暨“创新，质量与可持续发展”的高端研讨会，邀请了国内外知名质量专家、质量专业高等院校、质量技术监督行业、企业管理高层、质量部门负责人等700多位专业人士出席。这样的研讨会既给各专业人士提供了思想交流、建立人脉的机会，也给质量领域上下游需求与解决方案提供零距离对接。

创始人之一孙磊从企业工艺工程师开始，逐渐走向质量经理、质量总监的中高层管理职位，在工作实践中学习质量管理知识，最终成为中国质量协会注册质量经理培训教师，美国认证协会（ACI）注册六西格玛和质量管理职业证书教师，荣获“中国卓越项目管理者”称号。孙磊有感于国内对质量管理教育和行业交流的缺乏，萌发了构建一个平台的想法。在中国经济文化网对他进行采访时他说：“很多行业协会是没有资源与精力顾及所有性质的企业（尤其民营企业）基层质量人才的培养的，结合我们在企业实践的经历来看，培养一批实战性的、真正符合企业需要的质量人迫在眉睫，同时目前正在企业生产一线从事质量管理的人也普遍感觉缺乏系统的学习与交流的空间。”

于是，中国质量俱乐部依托多位国内外质量专家，为企业家及实战派的质量管理人员提供互动学习的机会，通过有价值的交流和探讨的模式加强质量人才的培养。专家组成员赫赫有名：美国克劳士比（中国）学院高级合伙人、被誉为“中国零缺陷之父”的杨钢，国内六西格玛黑带培训导师、天津大学数学系马逢时教授，中国兵器工业系统总体部研究员李良巧教授，加拿大魁北克大学博士后导师陈勤业，等等。

目前有120 000多人加入中国质量俱乐部，构建了中国质量管理行业的高水平朋友圈。中国质量俱乐部打造了一个质量人才的网上家园，会员们可以通过网络免费在线注册、在线交流和参加在全国主要大中型城市举办的线下沙龙进行面对面交流。活跃在网络论坛的俱乐部成员有：网名叫“熊猫”的科勒中国公司六西格玛黑带大师潘海龙先生，被称呼“老李”的原上海鸣志集团ISO&质量管理总部经理李义超，等等。他们相互交流行业管理经验，也在网上相互PK、相互鼓励，排遣职业压力。除了网站论坛外，中国质量俱乐部也建立了微信公众账号，扫描二维码就可以收到行业信息和中国质量俱乐部的相关信息。

中国质量俱乐部为质量人提供免费质量论坛交流、质量人沙龙活动、质量与六西格玛领域的职业资格证书考前培训与认证、质量人才猎头、在职质量管理方向工程硕士学位教育等服务；同时也为企业提供研发管理、质量管理、供应链管理、精益六西格玛管理、政府质量奖及企业定制化质量人才培训与项目咨询等服务。但是孙磊介绍：“质量俱乐部不会发展成咨询机构，不做认证机构。短期内并不注重经济收益。我们要把中国质量俱乐部打造成中国质量界的谷歌。让质量管理领域的相关机构可以在中国质量俱乐部的平台上做推广，可以方便、快捷地找到买家、供货商，可以找到客户。到那时，中国质量俱乐部的价值、收益自然就形成了。”

高端质量人访谈栏目是其中的一项特色活动，俱乐部组织高级管理人才访谈，以此平台分享成功企业管理者的质量管理、行业质量实践经验与理论研究。例如，访问杭州恒立公司董事长葛关浩先生、浙江赛豪实业有限公司质量部副部长谢存松先生、西安科技大学管理学院副院长王新平博士等。孙磊先生也经常在行业访谈中分享个人的管理经验，他在一次项目经理沙龙即项目管理者联盟网站访谈时对在企业一线的质量同人建议并强调要利用网络平台结交朋友，而这也正是中国质量俱乐部朋友圈的重要性：

① 要有系统的质量知识与方法，不要仅仅停留在小Q的视角，而应该从大Q的眼界来思考质量、看待质量管理。尤其是身处企业的质量经理们。

② 培养自己良好的跨部门沟通与协调能力，必要时学习点管理心理学、质量心理学等管理知识。

③ 锻炼并培养自己处理危机的能力，因为在企业管理质量工作时，会时不时地碰到很多看似棘手、没有准备的仗，但即使没有准备还要能打好，故需要平时修炼。

④ 利用网络等平台结交质量相关的朋友，可以相互探讨企业质量管理的困惑、分享彼此的经验与教训，这比被动地自学与听课要好N倍，或许在这里能找到发挥自己长处的地方，或许是你跳槽、创业的最好途径之一。

新美亚公司：名牌背后的制造者

作为世界领先的电子产品制造商，新美亚公司服务于飞速增长的全球电子制造服务（Electronic Manufacturing Services，EMS）市场。提供一站式全能制造服务，是行业技术的引领者，从1980年创业至今，新美亚坚持“以客户为中心”的核心价值观，在通信、企业计算器和存储系统、国防和航天工业、汽车电子控制系统、可再生能源(如风力发电机)、多媒体(如卫星接收及电视广播信息)、医疗系统等诸多领域，为国际品牌提供卓越的质量支持。

以今天的眼光观察承包制造商模式，这种商业模式在经济转型国家正遭遇人们的重新审视，不过，新美亚有着属于自己的特质。“我们为客户提供的服务，涵盖了整个产品的生命周期。”公司执行副总裁兼新美亚大中华区执行董事陈伯强先生强调说：“这与竞争对手有着本质的区别，这使我们能够更好地满足客户的需求，加强我们的竞争优势。”

持续改进

新美亚之所以有别于很多地区性企业，是因为其始终强调以下几点。

客户满意：所有工厂都能及时、持续地从客户处获得有用的回馈信息，新美亚对这些信息进行整理与综合评测，并根据客户意见及时做出改进。

最佳实践：最佳实践通过工厂和其他管道进行验证认可。被提议的流程通过企业专家的“过滤”，得到回馈信息和改进意见。标准化的流程总述随后传达至各个工厂，根据详细条目和注解执行操作。

产出率：通过实时数据采集及管理控制系统，产品产出率被收集分析。统计过程控制（Statistical Process Control，SPC）之类的质量统计工具被应用到生产线，以实现生产率的实时监控和报告。

内部审计：新美亚有多种形式的审计。与众不同的是，新美亚的审计被广泛应用在过程、质量体系运行和最佳实践评估中。作为第三方评估，审计师则由来自工厂以外的人员担任。

精益管理：顾客希望精益理论在企业得到大范围的应用，因此，新美亚每家工厂都将一定数额的收入用于精益六西格玛体系的建设；也对企业内认证黑带和认证绿带的比率进行了统计，来推进六西格玛企业文化在企业的发展。

作为世界财富500强企业及全球领先电子产品制造公司之一，新美亚在全球化的背景下拥有自己的观察与战略。通过持续提升自己的核心竞争力，新美亚有机会获得更多的新的客户与市场，在这个过程中，新美亚也通过创新技术等方式引领行业的发展走向，进一步降低成本与提高利润。

新美亚的管理者坦言，未来会敏锐把握战略机遇，未来的潜在交易可能会涵盖与涉及收购、分拆、战略合作、重组、资产剥离、股权或者债权投资等，当然，无论何种形式，都是致力于新美亚建立与发展有吸引力的终端市场与新的客户关系。

陈伯强拥有30多年跨国高级企业及资产管理经验。他在高科技电子产品及系统的全球化制造和营销领域拥有丰富的专业经验；特别是在电信、企业电子计算系统、航空航天和军工领域的磁环计算机记忆系统的设计、测试及全球营销。陈先生现为新美亚公司(Sanmina-SCI Corporation) 大中华区执行副总裁兼执行董事。新美亚公司为世界财富500强企业及全球领先电子产品制造公司之一(Electronic Manufacturing Services，EMS)，专注于提供“一站式全能制造服务”，由主要零部件到整个系统的测试制造(End-to-End manufacturing solutions)，总部位于美国加利福尼亚州圣荷西(San Jose)，环球市场涉及通信、企业计算器和存储系统、国防和航天工业、汽车电子控制系统、可再生能源(如风力发电机)、多媒体(如卫星接收及电视广播信息)、医疗系统等诸多领域。于1999年加入新美亚公司之前，陈先生曾任美国上市公司Hayes Microcomputer Products, Inc.的总裁及首席营运长，总部位于美国乔治亚州亚特兰大 (Atlanta)，是全球著名调制解调器系统设计之先锋，拥有超过156项专利，同时也是全球领先的设计制造营销公司。

作为天津财经大学名誉教授，陈先生于1997年荣获天津财经大学经济学荣誉博士学位。1999年，他被天津市对外经济贸易委员会聘任为经济科技顾问，并出任天津市经济技术开发区高科技产业投资高级顾问。2003年，陈先生被授予江苏省昆山市“荣誉市民”，并于2007年被昆山市人民政府聘任为名誉市长高级经济顾问。2012年，陈博士正式加入香港董事学会成为其资深会员，同年也被委任为国际博士后协会美国分部主席。另外，他于2012年得到工商管理博士学位，在2013年3月又获得加拿大魁北克大学管理及科技博士后之学历。

伊丽嘉的变革与创意

伊丽嘉董事长高少伟博士（加拿大魁北克大学博士后）
第八届“十大中华经济英才”最佳诚信奖得主

成立于1998年的伊丽嘉珠宝有限公司是一家集设计、生产、加工、批发和销售于一体的专业珠宝首饰有限公司。其产品以镶有钻石、珍珠或晶石的14K或18K金首饰为主，包括戒指、吊坠、耳环、襟针、手链以及项链。公司在国内自设厂房，每年平均推出大约1 000款新颖首饰。

伊丽嘉珠宝的设计风格包罗万象，产品远销美国、澳大利亚、中国（台湾地区）、新加坡等东南亚地区以及中东地区，为当地的进口商、批发商、百货公司及连锁店提供了优质时款的首饰。

品牌拓展与创意

伊丽嘉的产品简约、优雅、经典、时尚而又极具创意的特色设计，质量均达国际同类产品先进水平，赢得了广大客户和各界爱美人士的一致赞赏。纵观伊丽嘉的发展历程，创意是表现伊丽嘉自身与其他品牌的不同，从中带出公司的风格和潮流。所以，伊丽嘉的设计师会参与不同形式的设计比赛，通过赛事展示伊丽嘉的创意理念。

伊丽嘉的管理者很早就意识到原创产品以及品牌的重要性，因此也在这方面有诸多举措。原创产品是伊丽嘉的一个主题，在设计比赛方面，伊丽嘉的设计师在不同的比赛中获奖。在展览会上很多客人对伊丽嘉的新产品产生浓厚的兴趣。

伊丽嘉是自主品牌，事实上，自主品牌的培育是一个艰辛的过程，与一些已经在品牌培育方面相对成熟的国际知名品牌相比，伊丽嘉认为，自身还需要进行自我塑造与持续改进。通过多参加比赛，在比赛中获奖，来提高公司的产品和知名度是塑造品牌较为实际的方略。

管理变革与改进

自1998年伊丽嘉珠宝有限公司创办以来，公司董事高少伟博士凭借超凡的领导能力和管理艺术，与其兄长一起引领公司在强手如林的香港珠宝界打拼出属于他们的一片天地。近期，在高少伟博士和其兄长主导下，伊丽嘉转变行业固有发展模式，采取积极引入现代化管理等一系列有效措施，为公司打造百年伟业矢志创新。

在高少伟博士看来，现在的企业不能只看自己做得多好不管其他公司，因时代不断进步，一旦与市场或潮流脱节就会落后于他人。公司管理层需要有广阔的视野，看清楚公司的发展方向，以最少的资源获得最大的回报。

一方面，作为管理者，高少伟博士一直在探索与转变行业固有的发展模式，在他看来，珠宝行业是比较传统的行业，要改变管理模式要花大量人力、物力和资金。譬如对于重组管理模式，中小企业是比较困难的。另一方面，老板或管理层不明白现代管理模式。高少伟博士曾经谈及珠宝企业运用BPR去进行业务流程重组，在他看来，珠宝企业运用BPR，公司内部沟通非常重要，因为错误信息会影响到公司运作，可能是金钱、时间、公司声誉或其他损失。“每一家公司所面对的问题都不同，首先要把公司出现的问题找出来，然后细心研究错误是怎样形成的，再探讨问题之间的关系，最后按先后程序处理。”

伊丽嘉的视野

现代企业管理的一个发展趋势是越来越重视顾客的需求以及满足顾客不同的消费体验，珠宝行业有自身的特点，对伊丽嘉而言，把握好顾客不断变化的审美需求的要义在于多与客户接触，从不同角度去看珠宝。

作为决策者与管理者，面对行业里的竞争者，如何保持伊丽嘉自身的竞争优势？伊丽嘉管理者认为，要知己知彼，先要了解自身存在的问题并做出改善才能与别人竞争。在质量水平上要保持稳定，生产技术要不断提高，设计要有潮流触觉。

近些年来，中国的奢侈品市场发展迅速。伊丽嘉管理者认为，中国市场是一个很大的市场，伊丽嘉产品质量达标，要在这个基础上多开发多设计，以迎合国内消费者。伊丽嘉也希望能与一些国内品牌合作。在全球化背景下，伊丽嘉拥有自己的视野：信息流通竞争比以前更大，要在这样的环境中生存，公司要上下齐心不断进步，以保持竞争力。

坚守品质 坚持创新

江苏幸运宝贝安全装置制造有限公司的质量之路

江苏幸运宝贝安全装置制造有限公司是中国最早从事儿童汽车安全座椅的设计、生产、销售的企业。公司董事长曹光明放弃安逸的机关工作环境，毅然投身商海创业。在他的带领下，企业在困境中求生存，在改革中求发展，坚守品质、坚持创新。经过几年的商海拼搏，他终于走向成功，成为当今国际童车市场上叱咤风云的人物。

良驹配好鞍

1997年，随着国内对儿童健康安全日益关注，曹光明毅然从商创立幸运宝贝安全装置制造有限公司，专门从事儿童安全产品的研发及生产。创业初期，由于经验缺乏，导致产品滞销，原因在于产品没有得到任何国际认证，此后将产品远送欧洲权威的测试公司，在获得标准的欧洲认证后，客户渐渐接受公司产品。幸运宝贝业务这才逐步步入正常轨道，市场由此开始扩大，公司进入良性发展阶段。

经历磨难之后，曹光明深明企业营运之道：一方面，要根据市场的变化不断创新；另一方面，则必须坚守产品质量，只有一流的产品才能赢得一流的市场。此时，他结识了瑞典雄霸儿童安全制品公司的陈勤业先生，并发现在陈勤业先生统领下的公司，其生产的安全部件是市场上难寻的优质配件，在优势互补的合作下，幸运宝贝借鉴雄霸的经验加快产能建设，增强设计力量，生产出了多类型且符合国际标准的优质产品，逐步打开海外市场。

重视产品质量

曹光明深切认识到自己所从事的安全配品行业的严谨性，对生产线的质量管理尤其重要。他认识到质量必须由标准控制，每个动作、每个程序都必须有其执行的标准，并对每个标准的结果进行不断地验证。

1. 重源头建设，建立严格的供应商管理制度，对同一型号配件优选出三家以上的供应商，并在生产过程中实行优胜劣汰的竞选机制，将不合格品控制在源头。

2. 加大对质量标准的建设力度和品管人员的培训力度，对产品质量实行过程控制，将不合格品控制在过程中。

3. 通过培训将质量意识灌输到每一位职工，将产品质量与绩效挂钩，制定每日进步制度，树立每日目标，让质量标准成为公司发展的先行力量。

树立企业文化

江苏幸运宝贝董事长曹光明博士

（加拿大魁北克大学博士后）

曹光明在企业管理中，通过树立企业文化全面实现幸运宝贝的市场竞争力，企业文化是企业经营的灵魂，更是企业发展的原动力。通过企业文化树立市场品牌，没有品牌就等于没有市场。幸运宝贝乃至中国企业想要与国际接轨，必须严格按照各项国际标准来组织生产和经营，争取尽早通过国际质量体系认证以及主要发达国家的产品认证，拿到通向国际市场的通行证。

在发展过程中，幸运宝贝不断结合实际情况，与国外知名设计公司合作，在原有的基础上不断创新，不断地自我否定，自我超越，并制定出国际化的销售战略，从而使幸运宝贝在国际市场竞争中占据较为有利的位置。

开辟新的发展领域

在曹光明的领导下，企业除了专注于制作儿童汽车安全座椅外，还积极开拓航空座椅市场，在江苏镇江航空工业园内购置了200亩地，用于建设生产用房，作为公司的生产基地曹光明强调，航空飞机上的座椅比汽车安全座椅要求更为严格，属于“零缺陷”产品，就算一颗螺丝、一个部件，都必须通过多种安全验证。

为了强化企业产品质量标准，曹光明要求以航空座椅的设计、生产、管理理念来生产高品质的汽车儿童安全座椅，不仅在规模上而且在品质上做到中国第一。

曹光明始终认为，制作安全产品必须带着一种对消费者、对生命高度负责的神圣使命感，无论在天空还是在陆地，都要为保护每一个生命提供最安全、最可靠的产品。

黄锦成博士的应世无畏篇

这数十年间，中国奢侈品交易量大增，企业便纷纷生产奢侈品，九龙表行也不例外。起初，九龙表行只卖高价表，问题却渐渐浮现。内地消费者的消费观念逐渐成熟，炫耀性的消费开始减少，奢侈品市场萎缩。

这时，九龙表行发现改革开放后，不少中产人士会出资供父母来港消费，他们希望购买中价货品，是一个竞争较少而具有潜力的市场。

经过详细的市场分析后，九龙表行决定由“红海策略”改为“蓝海策略”，“红海策略”是指在血流成河的旧有市场进行竞争，称为“传统恶性削价竞争”，企业需要降价竞争求胜，不但会减少利润，消费者还会因缺乏独特性而减少消费。

欧洲管理学院的学者金伟灿与莫伯尼，针对30多种不同行业采取的150多种策略行动进行分析，写出《蓝海策略》一书。书中指出，现有市场是会饱和的即出现“红海”，真正持久的胜利，在于创造“蓝海”，开发新的市场。

为了开拓市场，九龙表行在旺角信和中心开了第一家专卖中价手表的分店。新分店的生意额大增，甚至高于专卖高价手表的分店，九龙表行乘胜追击，开了十三家专卖中价手表的分店。他们不断研究市场需要，希望能满足最多的顾客群体。

开拓新市场的同时，不一定要放弃旧市场。由于奢侈品仍占有一定的市场，九龙表行仍然保留西洋菜街的分店，专卖高价手表。

“蓝海”持续一段时间后会染红，如果因创新而获利丰厚，便会吸引新竞争者，瓜分市场。没有人能在“红海”竞争中取得永远的胜利，所以企业要不断地创新，开拓新市场，以击退其他竞争者。

黄锦成博士，九龙表行董事总经理

佛经中说“应世无畏”，勇气是成功不可或缺的元素，行商必有风险。没有人能保证一个计划必定成功，但风险往往带来机会。只有抱着“无畏”的心态，保持一颗前进的心，才能把握机会，有勇气去适应市场，开发“蓝海”，创新业务模式，实现更高的经营目标。

信兴电器服务中心
——松下电器背后的女人

说起信兴电器服务中心有限公司（Shun Hing Electric Service Centre Ltd，简称“SHESC”），你也许面面相觑；但说起松下电器，你不禁为其好品质点赞。

都知道优秀男人的背后，有一个默默支持的女人；你有所不知的是，信兴电器就是站在松下电器背后的女人，那个默默为松下提供全方位安装、维修、客户服务等支持的女人。

松下电器承诺为全世界的人们带来可持续的，安全、舒适、充满欢乐的生活。但是如果没有优质的售后服务，购买大型电器就是一件烦心、担惊受怕的事情。这一角色的重要性，不言而喻。所以无论是松下还是信兴，都在这个重要角色上花了大功夫。

SHESC已经扮演这个重要角色数十多年。自从1953年，蒙民伟博士成立信兴行，就获松下电器产业株式会社(现称“Panasonic Corporation”)委任为乐声牌产品之港澳区总代理，最先将30部真空管手提收音机进入香港，极大地提升了香港人的日常娱乐和文化生活。如果说信兴集团与香港市民息息相关，并且一起成长，一点都不夸张。

信兴SHESC董事总经理李光耀博士，加拿大魁北克大学（UQAM）博士后研究员

这个角色扮演的好不好?

多年来SHESC为乐声牌及多个名牌（包括Technics、JVC、KDK等等）的各类家庭电器、影音、文仪、电脑、通信及专业视听器材等，提供最佳服务，经验丰富。SHESC除拥有最好的维修器材和装备外，更拥有500多位具备丰富专业知识和工作经验的员工，务求为客户提供最优质的服务，以达到“百分百顾客满意”为目标。

要看这个角色扮演的好不好，一张手写的顾客表扬信就足以看出一切。在这个将时间看地如此金贵的香港社会，竟然有顾客凌女士愿意花时间，用心的，洋洋洒

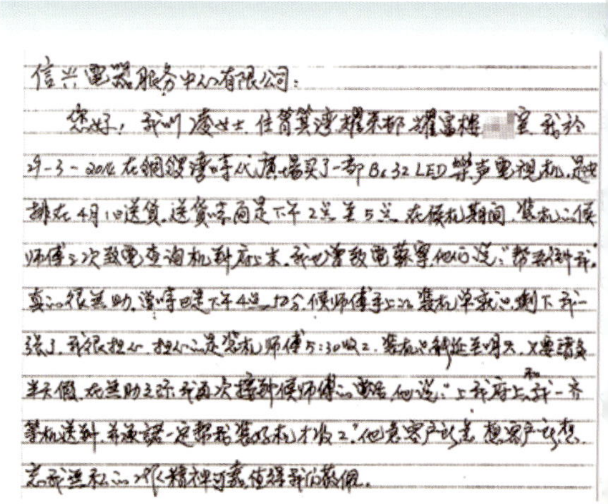

信兴電器服务中心有限公司：
您好！我叫凌女士，住筲箕湾耀东邨耀富楼[illegible]室。我於31-3-2016在铜锣湾时代广场买了一部B×32 LED乐声電视机，是安排在4月1日送货，送货時间是下午2点至5点。在候机期间，装机之候师傅三次致電查询机到府上未。我也曾致電蔡寧，他们说："帮我跟进"。我真的很無助。當時已是下午4点10分，候师傅手上的装机单就只剩下我一张了。我很担心，担心的是装机师傅5:30收工，装机的时间並不够，又要请多半天假。在無助之际，我再次接到候师傅的電話，他说："上我府上和我一齐等机送到，并承诺一定帮我装好机才收工。"他急客户所急，想客户所想，[illegible]的服务精神可嘉，值得我们敬佩。

SHESC为多个知名电器品牌提供优质售后服务

西手写了两页纸，感谢装机师傅“即使加班也要完成工乍”的热情服务，表扬其“想客户所想、忘我无私的工乍精神”。无论是这位师傅还是顾客，他们的故事都让人动容。装机师傅的认真负责任态度，让人钦佩；顾客理解，并懂得感恩的心态，也让人感动。

这样的表扬信还有很多，例如表扬“技术员专业、有礼、敬业乐业的精神令人衷心感谢”“技术员详细讲解十分专业、友善，值得赞赏”“不怕麻烦，亲力亲为，全心全意热情为顾客服务的精神令人万分感动”“技术员准时、认真及可靠”，等等。

在管理上是如何做到持续优质服务的呢？

信兴SHESC的董事总经理李光耀先生说：公司建立了符合ISO9001要求的品质管理系统，修订《品质政策》，更加着重顾客的意见和要求，鼓励员工助人为乐，与顾客建立持久关系，并且以不断改进的优质服务达到“百分百顾客满意”的最高目标。

而且，信兴秉承“以人为本，以客为尊”的宗旨，不断吸纳人才及培养新一代，并定期举办技术及品质培训课程，使员工能掌握新技术和品质知识，精益求精，以满足不断发展的业务和市场需求。

陈勤业先生活动集锦

1. 参加加拿大魁北克大学(UQAM)博士后课程
2. 菲律宾总统府高等教育专员Hon Nona S.Ricafort PhD
3. 2014年12月8日获香港工业专业评局颁发首届[工程院士]证书
4. 2014年12月8日与获2014杰出成就奖郭位教授JP（香港城市大学校长）
5. 在广州仲裁委员会当首席仲裁司裁决案件
6. 中国香港特区全国人大常委范徐丽泰，大紫荆勋贤，GBS，CBE，JP
7. 2014年12月15日香港理工大学旧生（各旧生均获魁北克大学博士后）与理大校长唐伟章教授合影时向唐校长敬赠持续改善中文繁体版

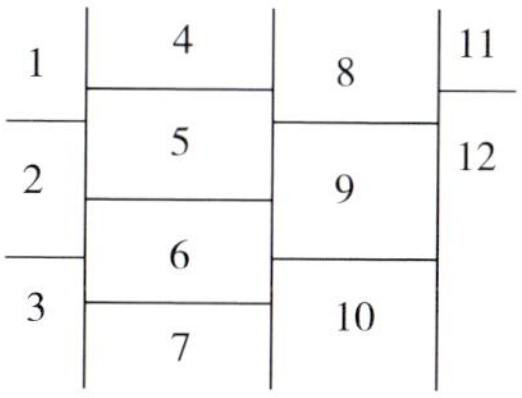

8. 中国最高人民法院院长周强接收《持续改善》一书
9. 加拿大魁北克省前省长Berhard Landry教授在魁北克大学作专题报告后接收《持续改善》一书
10. 2014年12月15日晚宴获香港立法会主席曾钰成颁发[工业精英会]首届副会长委任状
11. 英国牛津大学校长Andrew Hamiefon教授接收校友《持续改善》一书
12. 国学大师饶宗颐教授为本书题字后合影

加拿大魁北克大学博士后研究班

加拿大魁北克大学（蒙特利尔）简介

加拿大魁北克大学创建于1969年，由分布在魁北克的10余所院校组成，目前注册学生超过86 000名，按学生人数统计是加拿大最大的大学。魁北克大学蒙特利尔分校(Universit é du Qu é bec à Montr é al，UQAM)是魁北克大学最大的分校，位于蒙特利尔市中心，作为加拿大综合性公立重点大学之一，UQAM由魁北克政府拨款，是本地发展最快的大学。

魁北克大学蒙特利尔分校开设管理、经济、工程、语言、戏剧、历史等200多个本科、硕士和博士专业课程，其管理学院为北美最大的管理学院之一，以优质的生源和卓越的教学质量著称，并通过了国际高等教育权威EQUIS认证。UQAM是加拿大第一个提供环境学博士学位的学校，世界卫生组织也将这里的研究中心作为环境和健康的研究基地之一。

蒙特利尔分校与全球五大洲、40多个国家的近250所大学院校建立了广泛而深远的合作，涉及100多种专业方向共350多个交流项目。学校有专门的国际关系服务机构，帮助解答学生的所有问题。近年来，魁北克大学与中国各大院校在学术交流方面合作紧密，例如，与中山大学和广州大学相关专业的学分互认、与北京语言大学的师生互换交流、与清华大学艺术专业的合作交流、与中国矿业大学合作举办工商管理硕士学位教育项目等。

博士后项目介绍

加拿大魁北克大学招收中国以及亚洲地区高级管理人员参加博士后项目，项目针对系统接受过专业教育的人士而开办，为研究与实践相结合的高端教育项目；具备研究和创新能力是高级管理人员必备的素质，参加博士后项目将取得研究经验来提升个人的综合能力。

博士后项目建立在传统的博士学位教育之上，是更具有现实指导意义的高层次教育项目，该项目注重交流性的学习模式，促使学生不断地思考和创新，并建立终身学习并提升自己的国际性平台。

项目特色

1. 亚洲唯一的欧美名校博士后研究项目。

2. 突破传统的课堂教学范式，先进的导师指导管理理念。

3. 学员亲赴加拿大，近距离感受魁北克大学等欧美名校学术氛围。

4. 免语言成绩，中英双语培养模式。

入学条件

1. 博士后申请人为获得博士学位5年以内人员。

（申请人为获得博士学位5年以上人员，申请人可申请访问学者）

2. 未获得博士学位的特别优秀人员需要特别申请。

加拿大魁北克大学博士后项目大中华地区负责人

Ir Prof. Dr. PHILIP CHAN Postdoc（陈勤业博士后导师，教授）

电话：（中国）86-15814765582，（香港）852-91270290

电邮：philip.chan@lifelong.edu.hk / philip@pcconsulting88.com

Universit é du Qu é bec à Montr é al

315 rue Sainte-Catherine East

Montreal，Quebec H2X 3X2

www.uqam.ca

加拿大魁北克大学博士后项目北京办公室

地址：北京市宣武区马连道11号一商大厦1307室

项目责任教授

Prof. Dr. Prosper Bernard

Bernard教授是魁北克大学蒙特利尔分校的前副校长、管理学院教学院长，MBA和EMBA项目主管，研究生教育委员会会长及四所蒙特利尔大学联办的商业PhD项目主管。Bernard教授为魁北克大学（蒙特利尔）管理学院经营策略系博士，曾获加拿大魁北克大学优秀教师奖和管理学院最佳教师奖。

Prof. Dr. Michel Plaisent

工商管理博士，教授。蒙特利尔魁北克大学的信息管理系主任。博士后项目负责人。

博士后指导教授

http://blog.sina.com.cn/chenqinye

Ir Prof. Postdoc. Dr. PHILIP CHAN Postdoc Supervisor（陈勤业教授，博士后导师）博士后项目大中华地区负责人。

加拿大魁北克大学博士后导师

中国政法大学法学博士后研究员

天津大学管理科学与工程博士后 / 魁北克大学管理与科技博士后

北京大学、天津大学、北京师范大学客座教授

国立雷省科技大学、比立勤国立大学、太历国立大学客座教授，博士生导师

博士考官及课程顾问

香港国际仲裁中心/北京仲裁委员会/上海仲裁委员会/广州仲裁委员会/泉州仲裁委员会 仲裁员

博士后研究员证

加拿大魁北克大学博士后

1. 出站博士后

1) 陈伯强博士后

新美亚公司(Sanmina Corporation) 大中华区总裁兼执行董事 天津财经大学名誉教授

2) 陈勤业博士后

魁北克大学博士后导师

斯坦福大学、伯克利加州大学、加州州立大学博士后导师

3) 邱柏民博士后

囊才顾问有限公司董事长 地质大学客座教授

4) 黄淑仪博士后

工程公司董事

5) 黎治国博士后

艺美达实业有限公司顾问

6) 廖宝城博士后

中国香港特区政府公务员

国际博士后协会香港分会主席

7) 叶卓雄博士后

柯尼卡美能达（Konica Minolta）香港有限公司
销售及市务董事

8) 高少伟博士后

伊丽嘉(ERICA)珠宝有限公司
董事长

9) 苏汝培博士后

汇辉控股有限公司董事长

10) 胡骁博士后

上海圣瑞敕律师事务所创办人

2. 博士后在站研究员

11) 曹光明博士

江苏幸运宝贝安全装置制造
有限公司董事长

12) 张竞博士

冠豪餐饮有限公司董事长
（KFC特许加盟商）

13) 李光耀博士

信兴SHESC董事总经理

后 记

这本书用了了两年多的时间编辑加工，在即将付梓出版之际，感慨颇多！感谢颇多！

特别感谢国学大师饶宗颐老先生（选堂）以近100岁高龄为本书书名“持续改善”和作者姓名“陈勤业”题字，令本书倍添光环；特别感谢李焯芬教授，中国工程院院士将《持续改善：迈向顶级企业的秘笈》一书收编入香港大学饶宗颐学术馆供读者参阅，可以将慈母之家训——努力不懈，**持续改善**，成就事业，回馈社会得以发扬光大；特别感谢在本书的成书过程中给予我帮助的各界人士；特别感谢我的天大校友、知识产权出版社资深策划编辑荆成恭的专业素质和在本书编辑加工过程中的尽心尽力。

特别感激恩师天津大学何祯教授、加拿大魁北克大学Prosper M. Bernard教授和Michel Plaisent教授、中国政法大学张楚教授的提携及逓逓善诱的指导，使我分别在上述三所知名大学的博士后工作站做研究工作并获得博士后证书。

潘伟骏博士

因此，我也先后成为加拿大魁北克大学和美国三大名校即**斯坦福大学**（Stanford University）、**伯克利加州大学**（UC Berkeley）、**加州州立大学**合作的亚洲唯一的博士后培养项目的博士后导师，并于2015年4月录取了首名**美国三大名校联合培养的博士后研究员**潘伟骏博士，他是威发国际集团有限公司（香港上市编号：00765）的执行董事。

加州州立大学联合斯坦福大学和伯克利加州大学招收亚洲地区的高级管理人员参加博士后项目，该项目针对系统接受过博士专业教育的人士而开办，是研究与实践相结合的高端教育项目。具备研究和创新能力是高级管理人员必备的素质，参加博士后项目将取得研究经验以提升个人的综合能力。该博士后研究项目建立在传统的硕、博学位教育之上，是更具有现实指导意义的高层次教育项目，该项目注重交流性的学习模式促使学生不断地思考和创新，并建立终身学习及提升的国际性平台。

该项目的特色是：亚洲唯一的美国三大名校合作博士后研究项目。突破传统的课堂教学范式，先进的导师指导管理理念；学员亲赴美国，近距离感受加州三大名校学术氛围；也可选择留在亚洲接受三大名校聘任之亚洲名牌大学教授的指导；中英双语培养模式，免语言成绩，**双证书：（1）参加美国培训1周可得高级研究证书，（2）博士后学员在12个月内完成学术文章发表可得博士后研究证书。**

该项目的进修方式：项目总时长12个月，安排有阶段性的亚洲及美国的指导教授见面会，项目期间统一前往美国进行一段时间的课程学习及课题研究；加州州立大学与斯坦福大学、伯克利加州大学将为学生举办学术研讨会，对学生进行研究方法指导，并安排有责任教授主讲课程；还可前往欧美著名大学进行交流访问。学业以个人研究为主，由加州州立大学与斯坦福大学、伯克利加州大学和亚洲区特聘教授共同指导，学员需撰写一篇学术论文并在英文期刊上发表（中国学生可用中文撰写后再翻译成英文），发表的期刊是《加州州立大学学报》（California Journal of Management and Technology）或由加州州立大学推荐的专业学术刊物。学员个人也可在加州州立大学进行长期学习与研究。

请有兴趣的、具备条件的同仁与我联系：**philip@pcconsulting88.com**或philipchan88@yahoo.com。

加拿大魁北克大学和美国斯坦福大学、伯克利加州大学、加州州立大学
博士后导师**陈勤业**教授（工程院士）
2015年6月29日